ALASKA
& Kanadas Yukon

Eine Übersichtskarte des Reisegebietes mit den eingezeichneten
Routen finden Sie in der vorderen Umschlagklappe.

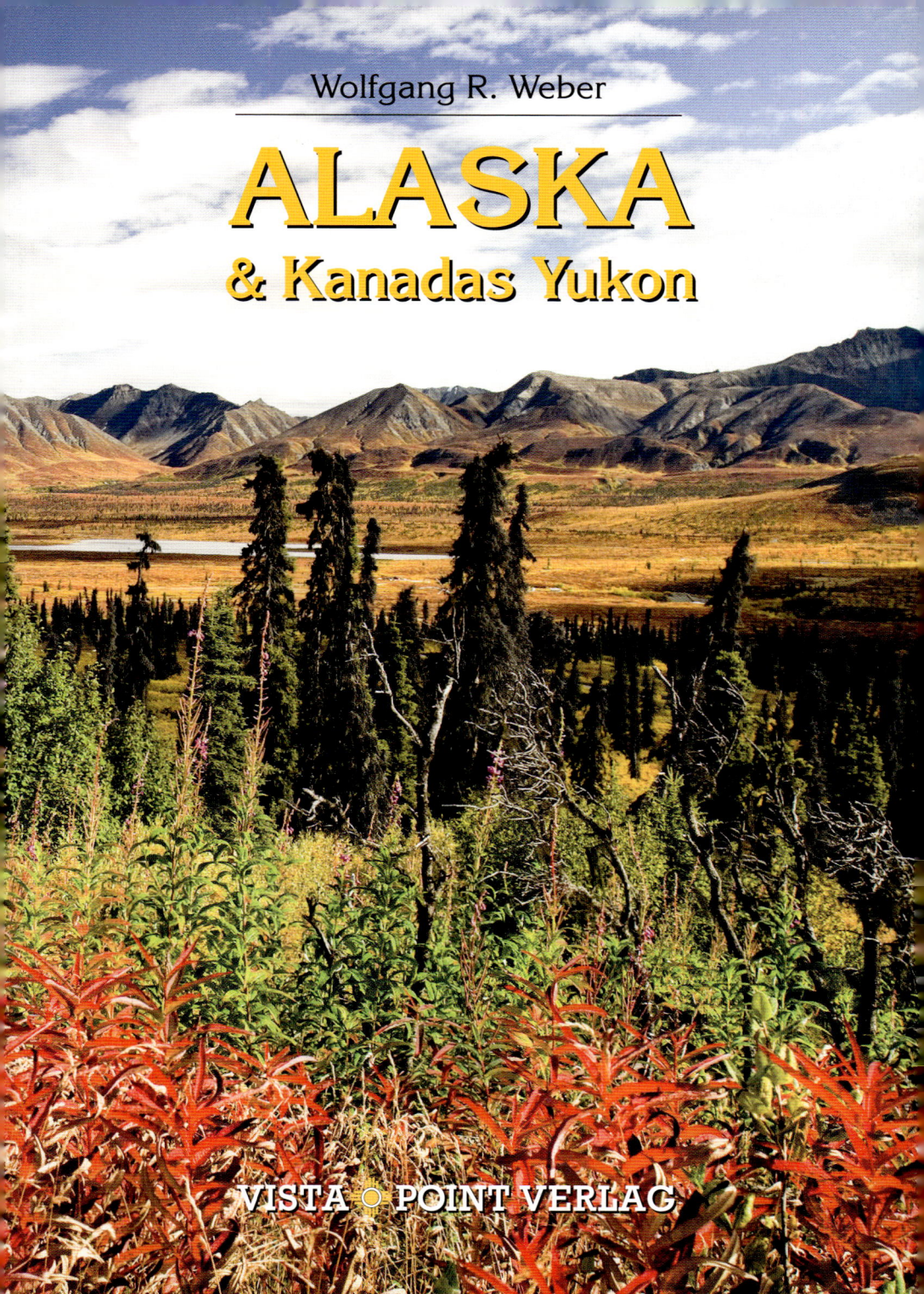

Wolfgang R. Weber

ALASKA
& Kanadas Yukon

VISTA ● POINT VERLAG

Inhalt

DURCH DAS LANDESINNERE ALASKAS

DURCH DAS YUKON TERRITORY

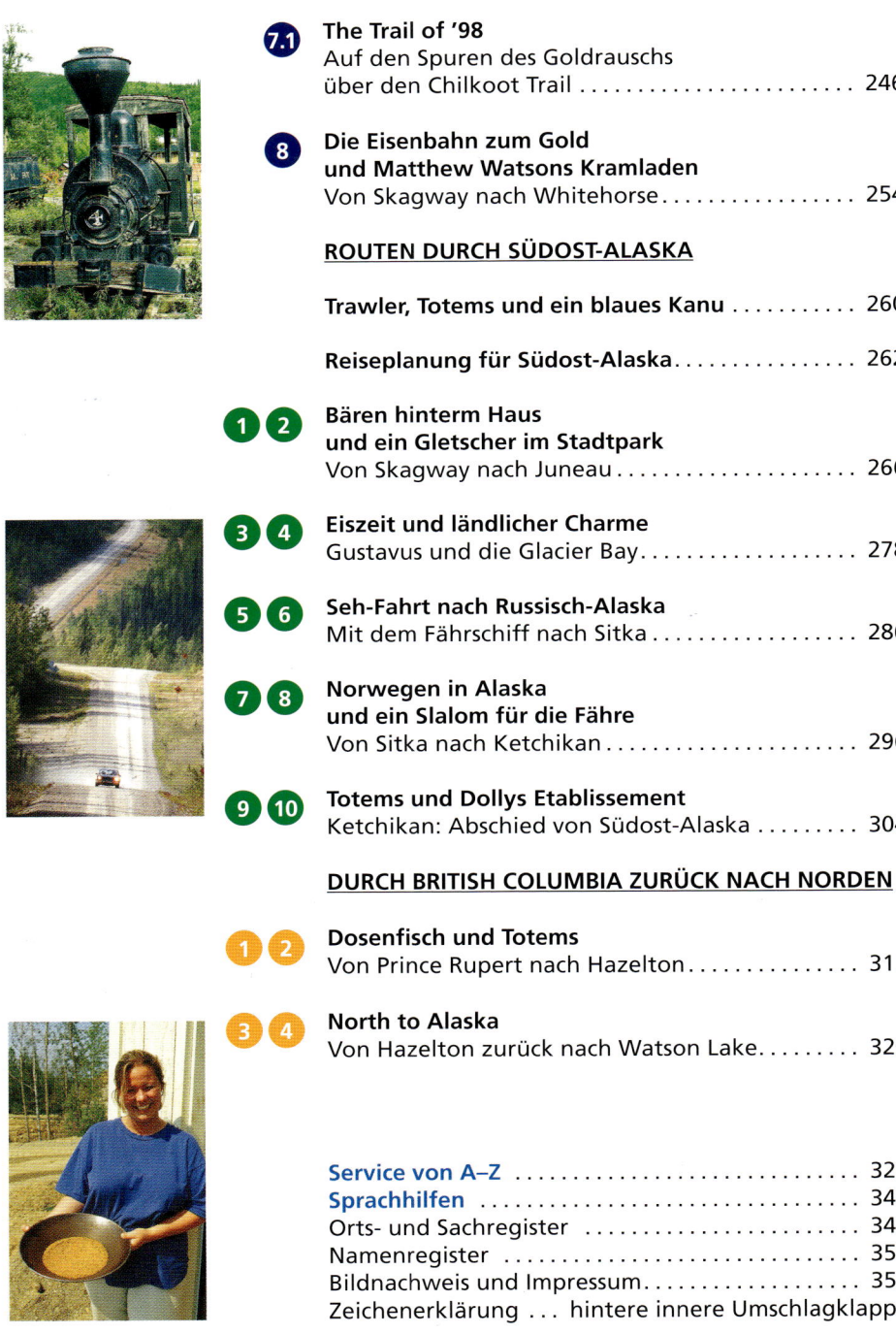

Über Sitka thront majestätisch der Mount Edgecumbe ▷

Der spröde Charme der Last Frontier

Alaska und der Nordwesten Kanadas zählen zweifellos zu den beeindruckendsten Landschaften der Erde. *North of Sixty* nennen die Nordamerikaner dieses einzigartige Gebiet nördlich des 60. Breitengrads zwischen Beringsee, Eismeer und Hudson Bay. Gletscher kalben blauweiße Eisberge ins schwarze Wasser der Fjorde, die höchsten Berge des Kontinents türmen sich hier auf, und weglose dunkelgrüne Wälder stehen schweigend, so weit man sehen kann. Donnernde Wasserfälle zeugen von der Kraft ungezähmter Flüsse, einsame Seen, gesäumt von den roten Blüten des *fireweed,* spiegeln das Blau des Himmels, und karge Tundra-Ebenen dehnen sich bis zum grenzenlosen Horizont. Hier findet man eine der wenigen Landschaften der Welt, die der Mensch noch nicht verändert hat und die von einer vielfältigen und artenreichen Tierwelt bevölkert ist.

Kein Wunder also, dass sich jeden Sommer eine bunte Mischung von Besuchern nach Norden bewegt: Angler und Jäger fliegen mit den Buschpiloten zu den abgelegenen Lodges im Busch, Bergsteiger erstürmen die vergletscherten Gipfel, erlebnishungrige Outdoor-Enthusiasten streifen durchs Hinterland der Nationalparks, paddeln im Kanu die Flüsse hinab oder wagen sich im Kajak zwischen Wale und Eisberge. Die weitaus größte Zahl der Besucher jedoch, bar jeglicher Wildniserfahrung, bleibt auf den oder in Reichweite der Straßen, bewundert die Aussicht und beschränkt sich aufs kontrollierte Abenteuer, die geführ-

te Wanderung mit dem Nationalpark-Ranger oder die Bootstour zum nächsten Gletscher.

   Ganz gleich, auf welche Weise und wie intensiv sich der Besucher dieser einzigartigen Naturlandschaft anzunähern versucht, ein unvergessliches Erlebnis ist eine Reise
über die Highways, ein Flug mit dem Buschpiloten oder eine Schiffsreise entlang der
phantastischen Pazifikküste in jedem Fall. Vielen genügt es vollauf, vom Deck eines

Ein besonderes Erlebnis: kalbender Gletscher im Kenai Fjords National Park

Kreuzfahrtschiffs das monumentale Landschaftspanorama der Westküste zu bewundern oder wohl behütet mit dem Bus von Highlight zu Highlight gefahren zu werden. Die meisten Besucher rollen jedoch mit Mietwagen oder Campmobil durchs Land und erfreuen sich dabei am Gefühl, das Land selbst zu »erfahren« und einen kleinen Hauch von Jack Londons großer Freiheit des Nordens zu genießen.

Der **Alaska Highway** war die Voraussetzung dafür, dass die Touristen in die Wildnis des Nordens gelangen konnten. Auf ihm wurde der Mythos vom Reiseabenteuer in unberührter und unberechenbarer Naturlandschaft geboren. Noch heute gehört der Aufkleber mit dem stolzen »I drove the Alaska Highway and survived« zu den Erkennungszeichen der jährlichen Auto- und Wohnmobilkarawane, die auf gut gepflegten Straßen mit Beginn des Sommers nach Norden rollt.

Natürlich sind die Zeiten schon lange vorbei, in denen eine Reise durch Alaska und den Nordwesten Kanadas eine Unternehmung war, die sorgfältig vorbereitet sein wollte. Moderne Automobiltechnik und geteerte Straßen lassen die tagelangen Strapazen und unberechenbaren Abenteuer auf unbefestigten Wegen und den nervenzermürbenden Rüttelpisten der *dirt roads* heute der Vergangenheit angehören. Selbst auf den geschotterten Neben- und Neubaustrecken durch die unendliche Weite der nordischen Wälder gibt es keine unkalkulierbaren Risiken mehr, man erobert, geborgen im motorisierten Schneckenhaus, die *last frontier*, die letzte Grenze. Einträchtig ziehen jedes Jahr die jungen Alten des Kontinents und der stetig wachsende Strom der Touri-

Karibu in der herbstlich gefärbten Tundra des Denali National Park

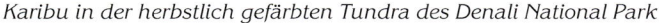

Grizzlies beim Lachsfang an den Brooks Falls im Katmai National Park

sten aus Übersee durchs Land – im Kopf ein diffuses Bild, angesiedelt irgendwo zwischen »Ruf der Wildnis« und Safaripark. Man will die große Freiheit eines grenzenlosen Landes erleben, die unberührte Wildnis aus sicherer Perspektive sehen und eintauchen in den Mythos der *last frontier.* Und wirklich: Allen, die Fortbewegung nicht lediglich als die Bewältigung einer Distanz begreifen, die die Nase über das Lenkrad hinausheben und es wagen, weiter in die Ferne zu blicken als auf die nächsten paar Meter Straße oder die nächste Siedlung, wird sich die ganze Bandbreite der Landschaften des Nordens wirklich als eine Aneinanderreihung beeindruckender Szenarien erschließen.

Die Landkarten täuschen. Nicht dass es mehr gäbe als die Hand voll eingezeichneter Straßen, der weitaus größte Teil des Landes bleibt mit dem Fahrzeug unerreichbar. Aber hinter manchem Ortsnamen auf der Karte verbergen sich weder eine Stadt noch ein Dorf im europäischen Sinne, sondern nur wenige Häuser, oft nur eine Tankstelle, die moderne Variante des alten *roadhouse.* Die ist dann meist für viele Meilen im Umkreis die einzige Anlaufstelle und vereint für Einheimische wie Touristen die Funktionen von Einkaufszentrum, Treffpunkt und Nachrichtenbörse.

»Schön« sind diese Orte oft nicht. Da liegen Schrottautos auf einer Lichtung, rosten Öltanks und allerlei Zivilisationsmüll vor halb verfallenen Schuppen und Stapeln alter Reifen vor sich hin. Die Einstellung der Bewohner ist pragmatisch: Man bietet Dienstleistungen an und damit basta. Ein asphaltierter *driveway* zur Tankstelle, unter Umständen gesäumt von Gras statt Schlamm und Steinen, dazu ein adrettes Haus hinter der Tankstelle sind da schon eine mit *nice place* zu bezeichnende Ausnahme. Selbst die urbanen Zentren **Anchorage**, **Fairbanks** und **Whitehorse** sind umgeben von einem

Mount McKinley, höchster Gipfel der Alaska Range ▷

Seelöwen an der Küste bei Juneau

Ring aus Gewerbebrache, Schrotthaufen, Fastfood-Schuppen, Gebrauchtwagenhändlern und Tankstellen. Ein anderes Bild bieten allerdings die ehemals russischen Siedlungen auf der **Kenai-Halbinsel,** die Küstenstädtchen Südost-Alaskas und die während des Goldrauschs gegründeten Orte. Sie haben sich etwas vom Charme der alten Zeit bewahrt und locken entweder mit morbider Idylle oder sind, wie **Skagway** und **Dawson City,** auf dem besten Wege zu einem Goldrausch-Disneyland zu werden.

Der Tourismus in Alaska und im Yukon boomt und ist für viele Orte zu einer wichtigen Einnahmequelle geworden. Äußerst erfolgreich werden die Reisenden hier mit Slogans wie »North To Adventure« angelockt. So kommt es dann, dass in der Hochsaison die staatlichen Campingplätze dem Besucheransturm nicht mehr gewachsen sind. Die Saison ist kurz und hektisch, in drei Monaten müssen alle ihr Geld verdient haben. Wenn Ende Mai die Vorhut der vielen tausend Saisonarbeitskräfte eintrifft, schießen auch die Zimmerpreise in den Hotels und Motels der Besucherzentren kräftig in die Höhe. Die Besitzer können es sich leisten, Spitzenpreise zu verlangen – ausgebucht ist man bald, zumindest im Juli, sowieso. Bereits Ende August schließen die ersten T-Shirt- und Andenkenläden wieder, Mitte September hängt dann auch der letzte auf die Touristen eingestellte Betrieb das Schild »Closed for the Season« vor die verrammelte Tür, in den wenigen jetzt noch geöffneten Hotels halbieren sich die Preise.

Auch wenn es den Anschein hat: Der griffige Slogan vom Leben an der *last frontier* wurde nicht zum Wohle des Tourismus erfunden. Weitaus die meisten Bewohner Alaskas, auch wenn sie von neun bis fünf an einem Schreibtisch sitzen, sind in irgendeiner Art der Vorstellung vom Pionierdasein verbunden. Sie reden vom in Alaska herrschenden Unabhängigkeitsgeist und besitzen ein unerschütterliches Vertrauen in die eigene Fähigkeit zu überleben – dabei kassieren sie jedes Jahr die 1 200 Dollar pro Kopf, die die Staatsregierung ihnen alleine dafür zahlt, dass sie in dem nördlichsten Bundesstaat der USA leben. Was sie andererseits natürlich nicht daran hindert, gemeinsam nahezu einstimmig gegen eine Staatssteuer auf das Einkommen oder die Einführung einer Umsatzsteuer zu stimmen.

Auch ist es für viele Einwohner Alaskas selbstverständlich, ihr Haus selbst zu bauen und sich den persönlichen Bedarf an Fleisch und Fisch in den Wäldern und Gewässern des Landes zu beschaffen – oder sich zumindest den Anschein zu geben, als täten sie das. Ein möglicherweise nicht ganz ernst zu nehmender Kommentator in Anchorage hat dazu die folgende Rechnung aufgemacht: Jährlich geben die Einwohner Alaskas mehrere hundert Millionen Dollar für das nicht kommerzielle Fischen aus. Pro Jahr summiert sich die Beute der Sportfischer aber nur auf mehr als einige hundert Millionen Fische. Das sind im Durchschnitt etwa 150 Dollar pro gefangenem Fisch. Aber man ist ja Selbstversorger – koste es, was es wolle! ❖

Sonnenuntergang über dem Thomsen Harbor in Sitka

Die Routen – und was man daraus machen kann

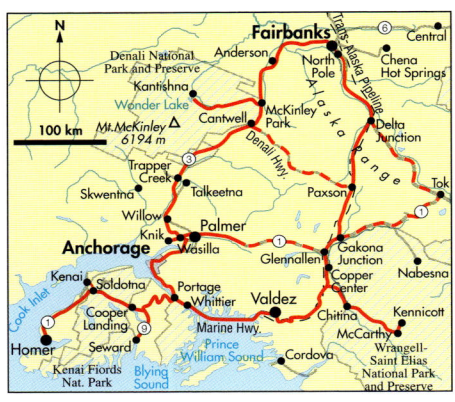

nördlicher Breite. Sie berühren zwei Klimazonen: das mit verhältnismäßig mildem, maritimem Klima gesegnete Südost-Alaska und das Innere des amerikanischen Kontinents jenseits der Küstenberge, in dessen Kontinentalklima die Temperaturen zwischen plus 30 Grad im Sommer und minus 40 Grad im Winter schwanken. Am Weg liegen die Lachsbäche der Kenai-Halbinsel, die mit Wildreichtum und spektakulärer Landschaft prunkenden Nationalparks des Inneren,

Die vorgeschlagenen Reiserouten führen in mehreren Schleifen durch den äußersten Nordwesten des amerikanischen Kontinents zwischen 55 und 65 Grad

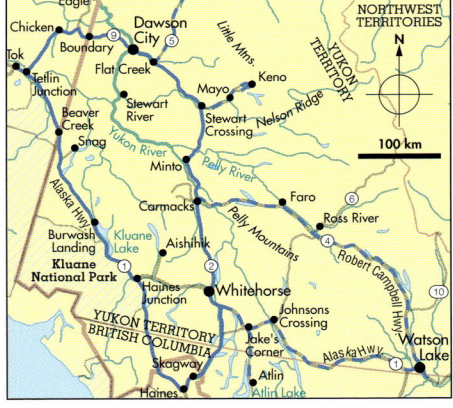

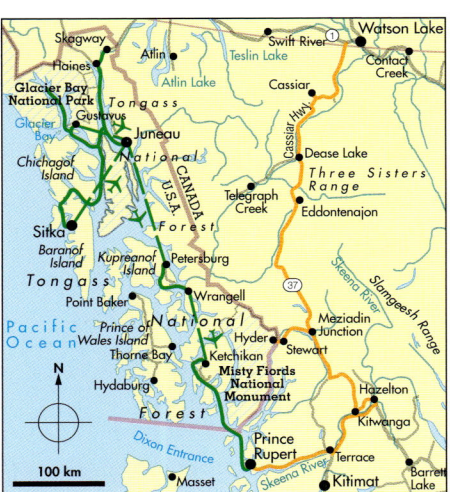

die geschichtsträchtigen Siedlungen der Westküste und die Goldfelder des Klondike, deren reichhaltige Vorkommen in den letzten Jahren des 19. Jahrhunderts den entscheidenden Anstoß zur Besiedlung und Erschließung des bis dahin nahezu unbewohnten Landes gaben.

Die beiden ersten in diesem Buch vorgestellten Hauptrouten, die sich auch miteinander verknüpfen lassen, führen als Rundkurse auf den in den letzten 60 Jahren auf dem Festland gebauten Straßen **durch das Landesinnere Alaskas** (Seite 28 bis 151) und das **kanadische Yukon Territory** (Seite 152 bis 259). In Kombination damit oder als selbstständige Unternehmung erschließt eine dritte Route per Fähre die amphibische Welt **Südost-Alaskas** (Seite 260 bis 311) mit der Option, auf den im Landesinneren verlaufenden Straßen **durch das nördliche British Columbia** in den Yukon zurückzufahren (Seite 312 bis 325).

Reisedauer und Entfernungen

Einen detaillierten Überblick über den zeitlichen Ablauf und die verschiedenen Kombinationsmöglichkeiten der in diesem Buch empfohlenen Routen vermittelt außer den Karten dieses Kapitels die grafische Darstellung auf Seite 20/21. Neben den Routenverläufen finden Sie in der Grafik auch Informationen über die Mindestdauer der einzelnen Routen und Angaben zu den Entfernungen zwischen den Orten, die als Anfangs- und Endpunkte einer Teilstrecke ausgewählt wurden. Dies soll eine erste, grobe Planung erleichtern. Anhand der Grafik kann so die Mindestdauer der individuell zusammengestellten Route ebenso ermittelt werden wie die Mindestzahl der zu fahrenden Kilometer. Diese Daten können wiederum als Basis dienen, um die Kosten für die Fahrzeugmiete abzuschätzen und zu entscheiden, ob unter Umständen ein Pauschaltarif ohne Berechnung der gefahrenen Kilometer sinnvoll ist oder nicht.

Die drei Hauptrouten mit einer Reisedauer von acht (Yukon), neun (Südosten Alaskas) beziehungsweise 15 Tagen (durch das Landesinnere Alaskas) bieten eine optimale Einführung. Die Tageseinteilung dieser Routen ist als Orientierungsrahmen für den minimalen Zeitbedarf gedacht. Straßenzustand und Verkehrsaufkommen sind so unterschiedlich, dass es für den Ortsunkundigen meist schwierig ist, Fahrzeiten halbwegs richtig einzuschätzen. Auch wer für die in diesem Buch vorgestellten Touren genügend Zeit mitbringt, wird bald feststellen, dass es sich nicht unbedingt empfiehlt, die Tage in der vorgegebenen Abfolge nahtlos hintereinander »abzuspulen«. Die täglich zurückzulegenden Strecken sind zwar insgesamt zu bewältigen, erfordern aber eine gewisse Zeitdisziplin, die schnell in »Urlaubsstress« ausarten kann. Auch die Fährschiffreise durch Südost-Alaska gewinnt durch eingeschobene Pausen in den Hafenorten, die mit Ausflügen zu Lachs fischenden Bären, Gletschern, heißen Quellen, mit Wanderungen im pazifischen Regenwald oder Kajaktouren in versteckten Fjorden nach eigenem Gusto ausgefüllt werden können. Wer darüber hinaus in der Lage ist, ein oder zwei Schlechtwettertage – in Südost-Alaska nicht ungewöhnlich – »auszusitzen«, wird die Fährfahrt durch das Inselgewirr der Inside Passage vor der Kulisse eis- und schneebedeckter Felsenberge umso mehr genießen.

Die Reiserouten sind so aufgebaut, dass sie sich problemlos zu einer längeren Unternehmung kombinieren lassen. Den vorgeschlagenen Rundkurs durch Alaska kann man aber auch in kleinere, in sich geschlossene Teilrouten aufteilen. Dies eröffnet Reisenden mit begrenzt verfügbarer Zeit die Möglichkeit, auch einige der zahlreichen Alternativangebote, Extratouren und Umwege auszuprobieren, die in jedem Kapitel zusätzlich zum Hauptprogramm vorgestellt werden. Beispiele für eine Zerlegung der Alaska-Route sind:

Teilroute 1: Kenai-Halbinsel (Zeitbedarf: 7 bis 10 Tage)
Von Anchorage aus führt die Reise nach Südwesten zum Portage-Gletscher und weiter auf die Kenai-Halbinsel. Über Kenai, Homer und Seward schließt sich der Kreis dann wieder in Anchorage.

Teilroute 2: Prince William Sound und Matanuska-Tal (Zeitbedarf: 7 bis 10 Tage)
Die Reiseroute verläuft von Anchorage aus zunächst ebenfalls über den Portage-Gletscher und anschließend nach Whittier. Dort nimmt man die Fähre nach Valdez und fährt weiter über McCarthy und Kennicott sowie Palmer zurück nach Anchorage.

Teilroute 3: Das Innere Alaskas (Zeitbedarf: 8 bis 12 Tage)
Nach dem Start in Anchorage geht es über Palmer zum Denali National Park. Weitere Stationen sind Fairbanks, Delta Junction, Glennallen und Palmer, bevor man wieder den Endpunkt Anchorage ansteuert.

Im Klartext: Wer wenig Zeit hat, sollte lieber eine solche Teilstrecke auswählen als die Hauptroute durch Abkürzungen und Weglassen zu straffen und dabei möglicherweise auch noch auf Erholung zu verzichten. Reiz und Erlebnis einer Reise in den Norden liegen zum großen Teil in kleinen Schlenkern und Extratouren ins Hinterland, bei denen man in Kontakt mit den Bewohnern kommt und ihren Hinweisen auf Verborgenes am Rande nachgehen kann.

Noch eine Bemerkung zu den in diesem Buch genannten Distanzen: Keine Entfernungsangabe, weder auf einer Karte noch in einem Buch oder im Internet ist als absolut richtig und einzig verlässlich zu verstehen! Auch die Angaben in diesem Reiseführer sind lediglich »ungefähr« genau. Bei meinen Reisevorbereitungen und später während der Reise selbst bin ich ständig auf Widersprüche in den Entfernungsangaben gestoßen, je nachdem welche Quelle ich gerade zu Rate gezogen habe. Das liegt zum Teil daran, dass bei unterschiedlichen Messungen oft nicht die selben Ausgangs- und Endpunkte gewählt werden. Bedenken Sie außerdem, dass die Kilometerzähler vieler Mietwagen nicht geeicht sind. Hier kann es zu Abweichungen von bis zu zehn Prozent kommen. Schließlich beeinflussen Faktoren wie Reifenzustand und Reifendruck des Fahrzeugs die auf dem Tachometer angezeigten Werte.

Für die Entfernungsangaben in den am Anfang jedes Kapitels zu findenden Routenprotokollen habe ich die Differenzen der Kilometer- beziehungsweise Meilenstände auf dem Tacho des von mir benutzten Fahrzeugs verwendet. Dieses Verfahren hat den Vorteil, dass in den genannten Werten die Entfernungen zwischen der Hauptroute und ein wenig abseits liegenden Sehenswürdigkeiten sowie die Wege zum Hotel oder Campground enthalten sind.

Reisezeit

Es gibt Einheimische, die behaupten, Alaska kenne nur zwei Jahreszeiten: neun Monate Winter und drei Monate Touristensaison. Andere widersprechen: Ihnen zufolge gibt es doch vier Jahreszeiten – Juni, Juli, August und Winter. Ein wenig Wahres steckt in dieser Demonstration nördlichen Humors schon. Einen Frühling im europäischen Sinne kennt man hier nicht, stattdessen kommt es Ende April oder Anfang Mai für einige kurze Wochen zum *breakup*. Dann reißt das Eis der Flüsse auf, der Schnee schmilzt rapide und im Inneren Alaskas versinken die unbefestigten Wege im Schlamm.

Der gesamte Mai ist meistens sonnig und trocken, selbst im regenfreudigen Südost-Alaska kann, zur Freude der noch nicht sehr zahlreichen Reisenden, die Sonne manchmal tagelang vom Himmel strahlen. Ab Mitte des Monats öffnen nach und nach die Besucherattraktionen, die Hotelpreise sind um einiges niedriger als in der Hauptsaison, und die ersten Gäste werden besonders freundlich begrüßt.

Die Hauptsaison dauert von Mitte Juni bis Mitte August. Der Juni ist der trockenste, der Juli der wärmste und der August oft der feuchteste der Sommermonate. Die Sonne steht in dieser Zeit lange am Himmel. In Anchorage verschwindet sie im Juni nur für vier Stunden hinter dem Horizont, richtig dunkel wird es dann auch während der kurzen Nacht nicht. In mancherlei Hinsicht ist der Juni der beste Reisemonat, für einige Gegenden gilt diese Empfehlung allerdings nur mit Ein-

Schneehuhn zwischen Sommer- und Wintergefieder

schränkungen: In den höheren Regionen, zum Beispiel auf dem Chilkoot Trail, halten sich noch die Überbleibsel des Winters und in den arktischen Gebieten beginnt jetzt erst die Schneeschmelze. Außerdem haben die Moskitos im Juni ebenfalls ihre »Hauptsaison«.

Der Juli ist zweifellos der Monat, in dem Alaska und der Yukon die meisten Touristen zu verzeichnen haben. Hotelzimmer, Plätze auf der Fähre und im Shuttlebus des Denali National Park müssen lange im Voraus gebucht werden. Die staatlichen Campgrounds sind oft schon ab der Mittagszeit bis auf den letzten Platz belegt, und selbst auf den nicht gerade billigen privaten Plätzen ist dann oft kein Unterkommen mehr. Mitte August ist der Rummel vorbei, die Besucherzahlen nehmen wieder deutlich ab.

Schon Ende August beginnt der kurze Herbst mit Wolken, Regenschauern und allgemein kühleren Temperaturen. Mit dem Wetter kann man Glück haben oder auch nicht, klare, sonnige Perioden sind genauso möglich wie Phasen mit Regen und Kälte. Es gibt aber durchaus regionale Unterschiede. Während es im Weststau der Küstenberge oft tagelang regnet, zeigen sich im Landesinneren die Wälder im leuchtenden Gelb und Rot des Herbstlaubs. Ein besonderes Erlebnis ist dann eine Fahrt auf dem Dempster Highway: Über dem strahlenden Farben des Buschwerks und der Tundra wölbt sich ein klarer blauer Himmel, und die Bergspitzen am Weg sind vom ersten Schnee weiß überpudert.

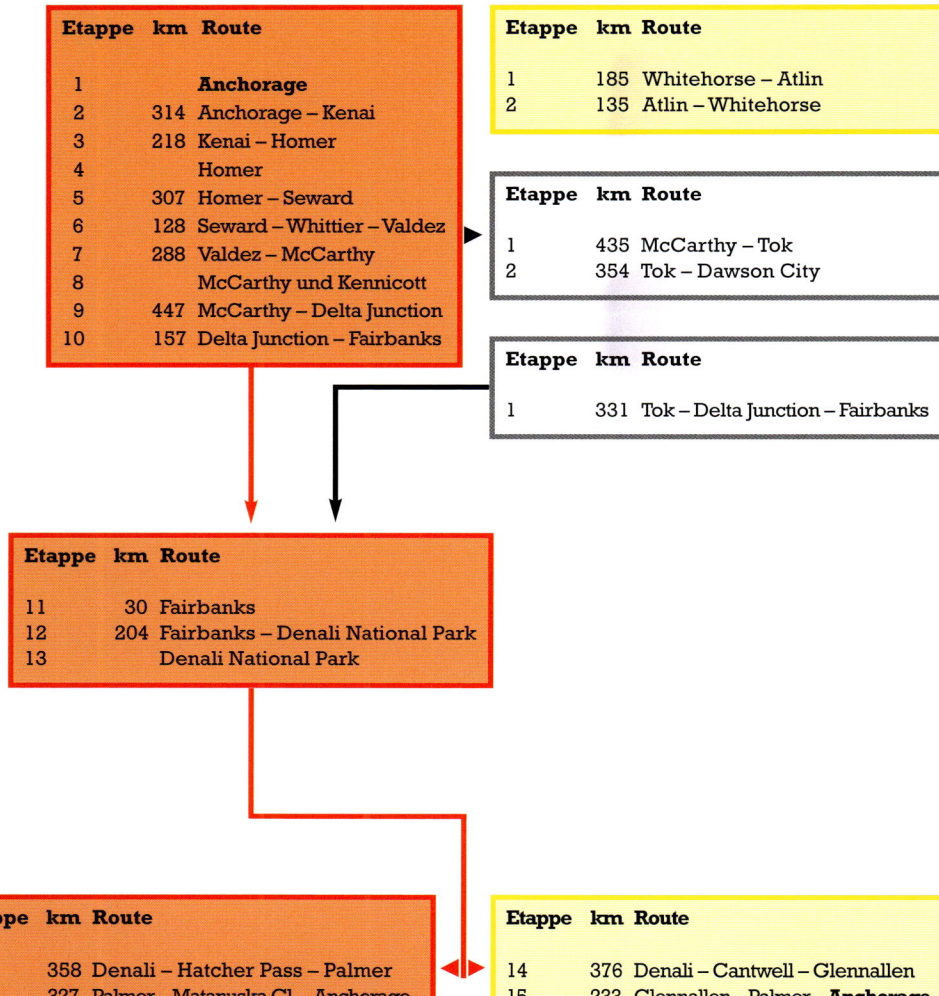

Etappe	km	Route
1		**Anchorage**
2	314	Anchorage – Kenai
3	218	Kenai – Homer
4		Homer
5	307	Homer – Seward
6	128	Seward – Whittier – Valdez
7	288	Valdez – McCarthy
8		McCarthy und Kennicott
9	447	McCarthy – Delta Junction
10	157	Delta Junction – Fairbanks

Etappe	km	Route
1	185	Whitehorse – Atlin
2	135	Atlin – Whitehorse

Etappe	km	Route
1	435	McCarthy – Tok
2	354	Tok – Dawson City

Etappe	km	Route
1	331	Tok – Delta Junction – Fairbanks

Etappe	km	Route
11	30	Fairbanks
12	204	Fairbanks – Denali National Park
13		Denali National Park

Etappe	km	Route
14	358	Denali – Hatcher Pass – Palmer
15	327	Palmer – Matanuska Gl. – Anchorage

Etappe	km	Route
14	376	Denali – Cantwell – Glennallen
15	233	Glennallen – Palmer – **Anchorage**

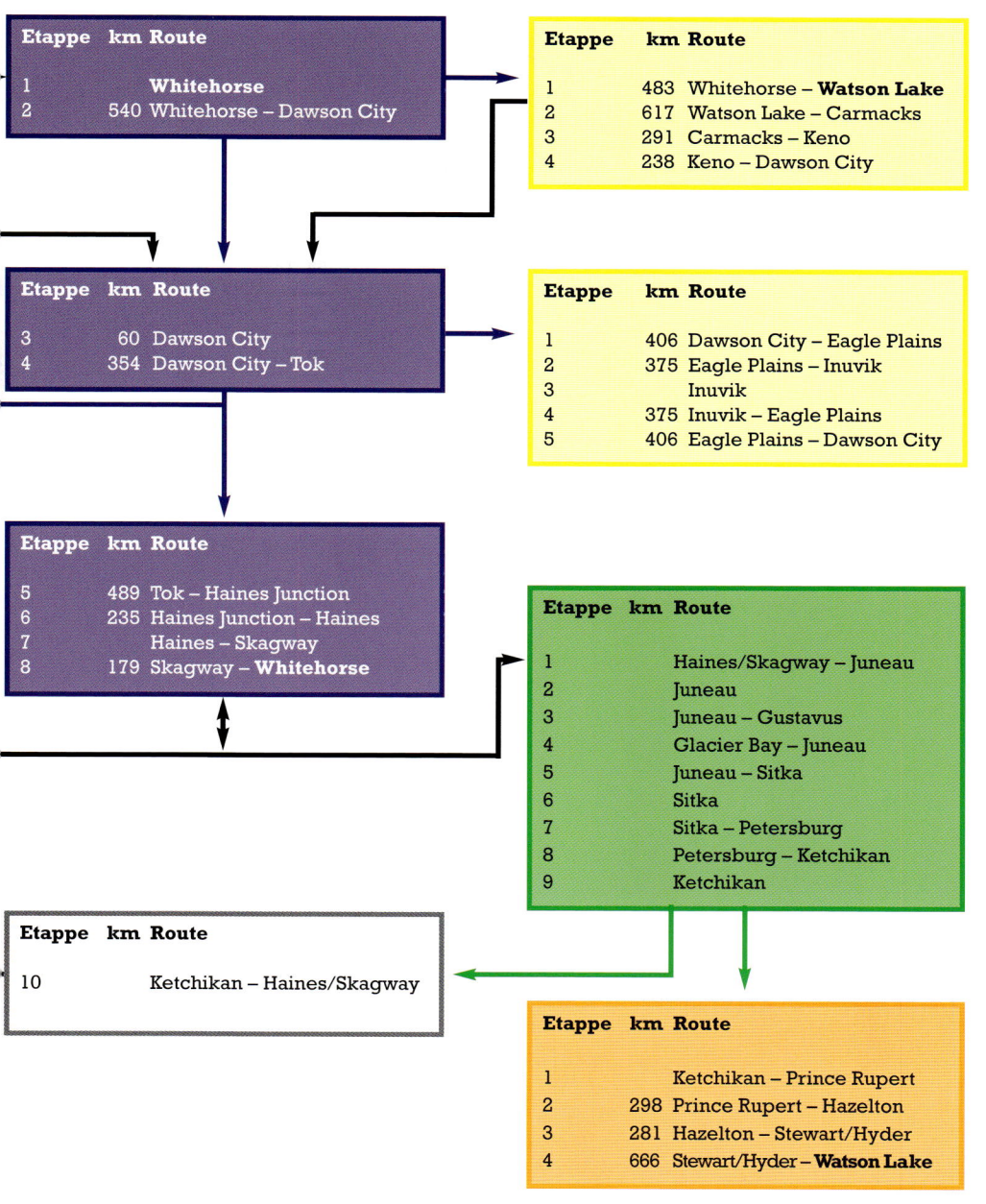

Etappe	km	Route
1		**Whitehorse**
2	540	Whitehorse – Dawson City

Etappe	km	Route
1	483	Whitehorse – **Watson Lake**
2	617	Watson Lake – Carmacks
3	291	Carmacks – Keno
4	238	Keno – Dawson City

Etappe	km	Route
3	60	Dawson City
4	354	Dawson City – Tok

Etappe	km	Route
1	406	Dawson City – Eagle Plains
2	375	Eagle Plains – Inuvik
3		Inuvik
4	375	Inuvik – Eagle Plains
5	406	Eagle Plains – Dawson City

Etappe	km	Route
5	489	Tok – Haines Junction
6	235	Haines Junction – Haines
7		Haines – Skagway
8	179	Skagway – **Whitehorse**

Etappe	km	Route
1		Haines/Skagway – Juneau
2		Juneau
3		Juneau – Gustavus
4		Glacier Bay – Juneau
5		Juneau – Sitka
6		Sitka
7		Sitka – Petersburg
8		Petersburg – Ketchikan
9		Ketchikan

Etappe	km	Route
10		Ketchikan – Haines/Skagway

Etappe	km	Route
1		Ketchikan – Prince Rupert
2	298	Prince Rupert – Hazelton
3	281	Hazelton – Stewart/Hyder
4	666	Stewart/Hyder – **Watson Lake**

Chronik Alaskas und des Yukon Territory

35000 v. Chr.
Nomadische Jäger wandern über die Landbrücke der Beringstraße von Asien nach Nordamerika. Der älteste Hinweis auf eine menschliche Besiedelung ist ein rund 27 000 Jahre alter bearbeiteter Karibuknochen, gefunden bei Old Crow, einem Indianerdorf im Norden des Yukon. Die Besiedelung erfolgt in mehreren Wellen. Den Athabasca-Indianern folgen die mongolischen Eskimo. Zuletzt, etwa 1000 vor Christus, wandern die Thule ein, die Vorfahren der heutigen Eskimo. Ihre Sprache unterscheidet sich grundlegend von den Sprachen der Indianervölker.

1610
Henry Hudson segelt mit der »Discovery« in die Bucht im Nordosten Kanadas, die später seinen Namen tragen wird, und überwintert dort.

1670
Am 2. Mai begründen Prince Rupert, ein Vetter des englischen Königs Charles II., und 17 Londoner Kaufleute eine Gesellschaft, die später als »Hudson's Bay Company« eines der größten Handelsimperien der Welt wird. »The Governor and Company of Adventurers Trading into Hudson's Bay« erhalten die Handelsrechte und de facto Hoheitsrechte für alles Land im Einzugsbereich der Gewässer, die in die Hudson Bay fließen. »Rupert's Land« ist rund vier Millionen Quadratkilometer groß. Man ist besonders an Biberpelzen interessiert, aus den Haaren des Unterfells werden die in Europa so begehrten seidig glänzenden Zylinderhüte gefertigt. Die Pelzhändler der Gesellschaft dringen bis ins Innere des Yukon vor.

1725
Zar Peter der Große beauftragt den dänischen Forscher Vitus Bering, die Nordost-Passage durch die Arktis nach Indien und China zu suchen. Bering unternimmt zwei Expeditionen. Bei der zweiten Unternehmung erreicht Alexei Chirikof, Kommandant eines der beiden Expeditionsschiffe, am 15. Juli 1741 Sitka. Vitus Bering selbst betritt Alaska nie; wie viele Mitglieder seiner Mannschaft stirbt er auf der Rückreise. Die Überlebenden bringen eine Ladung Seeotterfelle nach Sibirien und lösen mit den bislang unbekannten Kostbarkeiten einen Ansturm der Russen auf Alaska aus.

1743
Russische Pelzhändler erreichen die Aleuten-Inseln und versklaven die Bewohner. Eine Revolte der Aleuten endet mit einem Massaker, ihre Kultur und ihre Traditionen werden systematisch eliminiert.

1772
Unalaska auf den Aleuten-Inseln wird die erste permanente russische Siedlung in Alaska.

1778
Auf der Suche nach der Nordwest-Passage beginnt James Cook mit der systematischen Erforschung und kartografischen Erfassung der Westküste Nordamerikas zwischen dem Nootka Sound und dem Cook Inlet, an dem heute Anchorage liegt. Bei dieser Expedition passiert er unter anderem auch die Aleuten.

Nach ihm wurde zeitweise der größte Teil Kanadas genannt: Prince Rupert, der Gründer der Hudson's Bay Company

1791 Alexander Andrejevich Baranof wird erster Gouverneur der russischen Kolonie und Chef der Russian American Company, die ab 1799 das Handelsmonopol für Pelze innehat. Er organisiert die Pelzhandelsgesellschaft neu und beschäftigt zeitweise bis zu tausend Einheimische als Jäger. Weil der Tierreichtum rund um die Aleuten-Inseln zurückgeht, gründet Baranof neue Siedlungen entlang der amerikanischen Westküste. Die südlichste davon ist das heutige Fort Ross nördlich von San Francisco.

1792–94 George Vancouver bereist die Westküste Nordamerikas und kartiert sie von See her. Dabei sichtet er auch Nordamerikas höchsten Gipfel, den Mount McKinley.

1799 Baranof gründet sein neues Hauptquartier, Fort Archangelsk nahe Sitka, das 1802 bei einem Angriff der Tlingit-Indianer zerstört wird. 1804 entsteht Neu-Archangelsk, das heutige Old Sitka, das auch nach Baranofs Tod 1818 blüht und gedeiht.

1839 Im Hamburger Vertrag legen Russland, Großbritannien und die Vereinigten Staaten die Grenzen ihrer jeweiligen Einflusssphären im Norden des Kontinents fest.

Die Hudson's Bay Company beginnt damit, russische Stützpunkte in Südost-Alaska zu pachten.

1847 Die Pelzhändler der Hudson's Bay Company dringen in die im Hamburger Vertrag Russland zugesagte Einflusssphäre im hohen Norden Amerikas vor und bauen einen Handelsposten in Fort Yukon. Fünf Jahre später entdecken die Russen Öl im Cook Inlet. Auf der Kenai-Halbinsel wird Kohle abgebaut.

1867 Für 7,2 Millionen Dollar – weniger als fünf Cents pro Hektar – kaufen die Vereinigten Staaten während der Amtszeit von Präsident Andrew Johnson Alaska von Russland. Die meisten Amerikaner halten den vom amerikanischen Staatssekretär William H. Seward und dem russischen Minis-

ter Edouard de Stoeckel ausgehandelten Kauf für eine Fehlinvestition, das Wort von *Seward's Folly* oder *Seward's Icebox* macht die Runde. 200 000 Dollar an Bestechungsgeldern sind notwendig, damit sich in Senat und Repräsentantenhaus die nötige Mehrheit für die Zustimmung zu dem Vertrag findet. Am 18. Oktober wird in Sitka die russische Flagge eingezogen und die amerikanische gehisst.

1868 Goldfunde in Circle und Fortymile locken die ersten Goldsucher an den Yukon River.

1870 Für 300 000 englische Pfund erwirbt Kanada das Territorium der Hudson's Bay Company, schenkt dem größten Teil des Gebiets aber keine große Beachtung. Erst 1888 wird die Canadian Yukon Expedition unter George Dawson nach Norden geschickt.

1879 Der amerikanische Naturwissenschaftler und Autor John Muir erforscht Südost-Alaska und entdeckt dabei die Glacier Bay. Seine faszinierenden Reiseberichte wecken in den sonst eher indifferenten USA neues Interesse an Alaska.

1880 Joe Juneau und Richard Harris entdecken mit der Hilfe örtlicher Indianer eine reiche Goldader am Gastineau Channel. Der Goldfund führt zur Gründung der Landeshauptstadt Juneau, nach Sitka die zweitälteste Stadt Alaskas.

1896 Am 17. August finden Tagish Charlie, Skookum Jim Mason und George Washington Carmack Gold in einem Bach, nicht weit von der Mündung des Klondike River in den Yukon River. Es dauert noch ein Jahr, bis die Nachricht von den Schätzen im Tal des Rabbit Creek in den rezessionsgeplagten Süden gelangt, dann beginnt der größte *gold rush* der Geschichte. Er wird zum Auslöser für die geografische und wirtschaftliche Erschließung des Nordwestens.

1898 Goldfunde am Strand von Nome. Viele Goldsucher, die im Yukon kein Glück hatten, ziehen weiter an die arktische Küste.

1899 Die erste Zivilregierung Alaskas tritt in Nome zusammen.

1902 Am Zusammenfluss von Tanana und Chena River wird Gold gefunden. Im Zuge des darauf folgenden *gold rush* wird der Grundstein zur Entstehung von Fairbanks gelegt. Die Ausbeutung der Bodenschätze schreitet fort:

Weitere Goldfunde locken in den Jahren bis 1914 Goldgräber und Geschäftsleute ins Innere Alaskas. In Katalla beginnt die Ölförderung, ab 1911 wird in Kennicott Kupfer abgebaut.

1903–06 Roald Amundsen durchquert als Erster die Nordwest-Passage und telegrafiert 1905 nach einer Hundeschlittenreise von über 1 000 Meilen von Eagle aus die Nachricht über seinen Erfolg in die Welt.

1912 Alaska wird Territorium der USA.

1913 Transportwege werden angelegt; das erste Automobil bewältigt die *wagon road* von Valdez nach Fairbanks. Im Jahr darauf gibt Präsident Wilson den »Startschuss« für den Bau der Alaska Railroad, die heute von Seward über Anchorage und den Denali Park nach Fairbanks führt.

1914 Der Name »Anchorage« erscheint erstmals am Postgebäude der Bahnarbeiter-Zeltsiedlung am Cook Inlet.

1925 Leonhard Seppala und andere Hundeschlittenführer bringen in einer Staffette Diphterie-Serum in das von einer Epidemie heimgesuchte Nome.

1935 Das Matanuska-Valley-Projekt startet: Im fruchtbarsten Tal nordöstlich von Anchorage werden Bauernfamilien aus den nördlichen US-Bundesstaaten angesiedelt, um Alaska als Agrarland zu entwickeln.

1936 Der Raubbau an den natürlichen Ressourcen erreicht einen Höhepunkt. 126,4 Millionen Lachse werden aus Alaskas Gewässern gefischt.

1940 Die Amerikaner erkennen die strategische Lage des nördlichen Territoriums und bauen Alaska als Verteidigungsbasis aus; die Militärstationen Fort Richardson und die Elmendorf Air Base entstehen. Zu diesem Zeitpunkt leben 33 000 Eingeborene und 40 000 Siedler in Alaska.

Die endlose Schlange der Goldsucher quält sich über den letzten Anstieg zum Chilkoot Pass

1942 Am 3. Juni attackiert die japanische Marine Dutch Harbor, einen amerikanischen Stützpunkt in der Unalaska Bay auf den Aleuten. Später besetzen die Japaner die Inseln Attu und Kiska am westlichen Ende der Aleuten. Präsident Roosevelt ordnet den Bau einer Militärstraße durch Kanada nach Alaska an, um die Versorgung sicherzustellen. Binnen acht Monaten schlagen 11 000 Soldaten und 16 000 zivile Bauarbeiter einen Fahrweg durch die Wildnis. 1948 wird die Straße als Alaska Highway für den zivilen Fahrzeugverkehr freigegeben.

1952 Whitehorse wird Hauptstadt des Yukon Territory.

1953 Erste Ölbohrungen in Eureka am Glenn Highway leiten das Ölzeitalter ein.

1957 Große Ölvorkommen werden am Swanson River auf der Kenai-Halbinsel gefunden.

1958 Der US-Kongress verabschiedet die Aufnahme Alaskas als 49. Bundesstaat der USA, die am 3. Januar 1959 in Kraft tritt.

1964 Am Karfreitag, dem 27. März, um 17.36 Uhr bebt an der Golfküste Alaskas die Erde. Das Beben erreicht eine Stärke von 8,75 auf der Richter-Skala. Am härtesten betroffen sind Anchorage, die Insel Kodiak sowie die Hafenstädte Seward und Valdez. Bei dem Beben und den nachfolgenden Flutwellen *(Tsunamis)* verlieren in Alaska 111 Menschen ihr Leben; Tausende werden obdachlos, der Schaden beträgt 206 Millionen Dollar.

1968 In der Prudhoe Bay werden Öl und Erdgas gefunden. Unter Berufung auf übergeordnete nationale Interessen setzt Präsident Nixon die Naturschutzauflagen für die fragilen arktischen Gebiete außer Kraft.

1971 18 Millionen Hektar Land aus Regierungsbesitz und zusätzlich 900 Millionen Dollar werden zwölf »Native Corporations« übergeben *(Alaska Native Claims Settlement Act)*.

1973 Das erste Iditarod-Schlittenhunderennen, das über mehr als 1 000 Meilen von Anchorage nach Nome führt, findet statt.

1973–77 Die 1 280 Kilometer lange Röhre der Trans-Alaska Pipeline wird verlegt. Sie führt über 13 Flüsse und drei Gebirgsketten von der Prudhoe Bay zum eisfreien Hafen von Valdez. Zeitweise werden 25 Prozent des US-Bedarfs mit dem Öl aus der Arktis gedeckt.

1980 Der US-Kongress billigt den von Präsident Jimmy Carter initiierten *Alaska National Interest Lands Conservation Act*, mit dem etwa 46 Millionen Hektar Wildnis für die Anlegung von Nationalparks und Reservate ausgewiesen werden. – Mit Öl-Dollars reich geworden, beschließt der Staat Alaska die Abschaffung aller Steuern.

1982 Erstmals werden aus einem speziellen Ölfonds jedem Einwohner, der mehr als sechs Monate in Alaska lebt, 1 000 Dollar gezahlt.

1985 Libby Riddles gewinnt als erste Frau das Iditarod-Schlittenhunderennen, ihr folgt in den kommenden drei Wintern sowie 1990 Susan Butcher.

1987 Der Boom ist vorbei. Sinkende Ölpreise ruinieren die einseitig ausgerichtete Wirtschaft Alaskas. Zehntausende verlassen den Staat, die Mehrzahl der Banken in Alaska meldet Konkurs an.

1989 Am Karfreitag läuft der Tanker »Exxon Valdez« auf ein Riff und löst die bis dato größte Ölkatastrophe der US-Geschichte aus. Mehr als 40 Millionen

	Liter Rohöl fließen in den Prince William Sound und verseuchen binnen zwei Wochen 2 000 Küstenkilometer.
1994	Exxon wird als Folge der Exxon-Valdez-Katastrophe zu einer Schadenersatzzahlung von 5 Milliarden Dollar verurteilt.
2001	Am 11. September erleiden die USA den größten Schock ihrer Geschichte. Terroristen entführen vier Passagierflugzeuge, zerstören das World Trade Center in New York und beschädigen das Pentagon in Washington, D. C. Über 3 000 Menschen finden dabei den Tod.
2003	Ohne UN-Mandat greifen die USA unter George Bush mit ihren Verbündeten am 20. März den Irak an und lösen damit weltweite Proteste aus. Am 4. 5. 2003 wird der Krieg für beendet erklärt, US-Militärs bleiben als Besatzungsmacht im Land. Kanada gehört nicht zu Bushs Verbündeten. – Nach zehn Jahren als kanadischer Premierminister erklärt Jean Chretien seinen Verzicht auf das Amt. Der Liberale Paul Martin übernimmt das Amt für die folgenden drei Jahre.
2004	Wiederwahl von George W. Bush als US-Präsident. Paul Martin als kanadischer Premierminister wird am 23. Januar abgelöst von Stephen Harper von der Konservativen Partei.
2006	Im November wird Sarah Palin zur Gouverneurin Alaskas gewählt – als erste Frau und jüngste Person in diesem Amt im Staat Alaska.
2007	Nach einem Beschluss der Internationalen Walfangkommission im Mai dürfen Alaskas Ureinwohner, die Inuit, bis zum Jahr 2012 eine festgelegte Anzahl von 260 Grönlandwalen erlegen.
2008	Gegen Jahresende sind die Nordost- und die Nordwestpassage zum ersten Mal beide gleichzeitig eisfrei und schiffbar. Und es kommt zur Regierungskrise in Kanada. Auf Antrag des Ministerpräsidenten Stephen Harper wird Kanadas Parlament für einen Monat ausgesetzt. Mit diesem einmaligen Schritt versucht er, ein Misstrauensvotum abzuwenden und seine Minderheitsregierung zu retten. Die Opposition wirft ihm vor, zu wenig für die kanadische Konjunktur zu tun und Gelder für die Parteien zu kürzen.
2009	Am 20. Januar tritt Barack Obama sein Amt als 44. Präsident der Vereinigten Staaten an. Nach dem Rücktritt Sarah Palins als Gouverneurin von Alaska (2006–09), übernimmt im Juli der Republikaner Sean Parnell das Amt.
2010	Im März gewinnt Lance Mackay als erster zum vierten Mal in Folge das Iditarod-Schlittenhundrennen in Alaska. Seine Zeit: neun Tage. Bei den Gouverneurswahlen in Alaska am 2. November siegt der Amtsinhaber Sean Parnell.
2014	Neuwahlen im August und November.

Pipeline-Brücke über den Tanana River

① Downtown Alaska
Anchorage

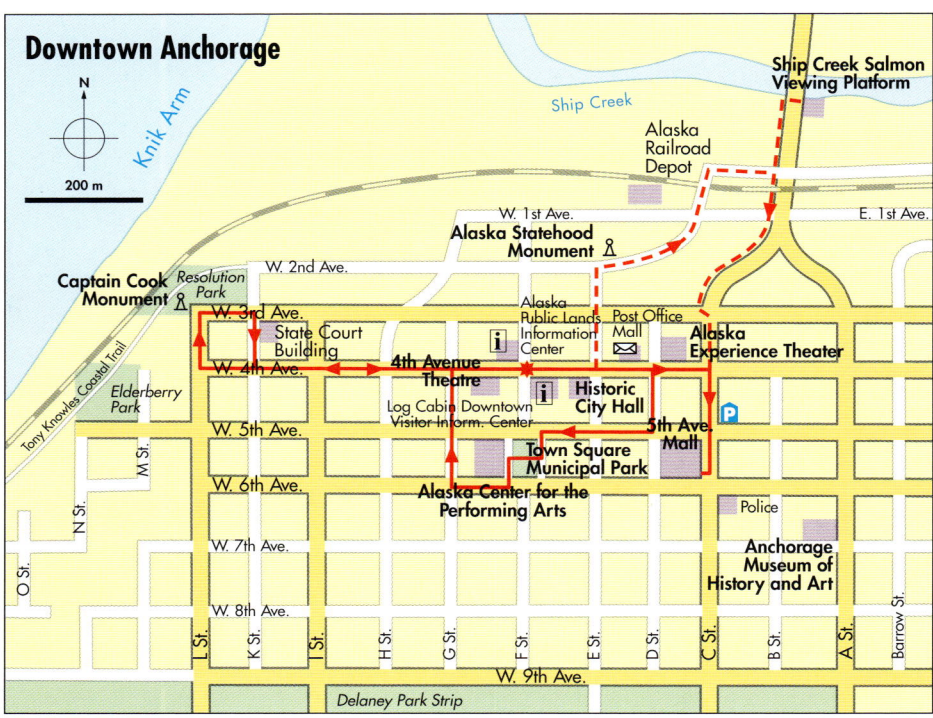

Downtown Anchorage

1. Programm: Anchorage

Vormittag Rundgang durch Anchorage: Vom **Log Cabin Visitor Information Center** auf der 4th Ave. nach rechts bis zur **Historic City Hall**, dort einen Abstecher in die Lobby unternehmen, und weiter zum **Alaska Experience Theater**. Rechts in die C St. bis zur 5th Ave. und weiter zum **Alaska Center for the Performing Arts**. Auf der G St. nach Norden (rechts). Auf der linken Seite der G St., zwischen der 5th und 4th Ave., gibt es ein gutes Café **(Side Street Espresso)** und eine nette Bar **(Darwin's Theory)**. Links in die 4th Ave. und an deren Ende rechts zum Aussichtspunkt **Resolution Park** mit dem **Captain Cook Monument**.

Anschließend auf der 3rd Ave. einen Block stadteinwärts und rechts in die K St. zu den Totempfählen vor dem **State Court Building** an der 4th Ave. Auf der 4th Ave. stadteinwärts, vorbei am **Alaska Public Lands Information Center** und dem **4th Avenue Theatre** zurück zum Log Cabin Visitor Information Center. Weiter auf der 4th Ave. bis zur D St. und diese einen Block nach Süden zur **5th Avenue Shopping Mall**.

Wer genug Energie und Zeit für eine Erweiterung der Route hat, macht auf der E St. einen Abstecher nach Norden zum **Alaska Statehood Monument** mit der **Büste Präsident Eisenhowers** und Blick auf Bahnhof und Hafen. Von dort aus geht es neben der Brücke hinunter zur **Ship Creek Salmon Viewing Platform**.

Nachmittag   Auf der 6th Ave. stadtauswärts zum **Glenn Hwy**. Die **Ausfahrt Muldoon North** nehmen, links auf der Brücke über den Highway und die erste Straße rechts zum **Alaska Native Heritage Center**.

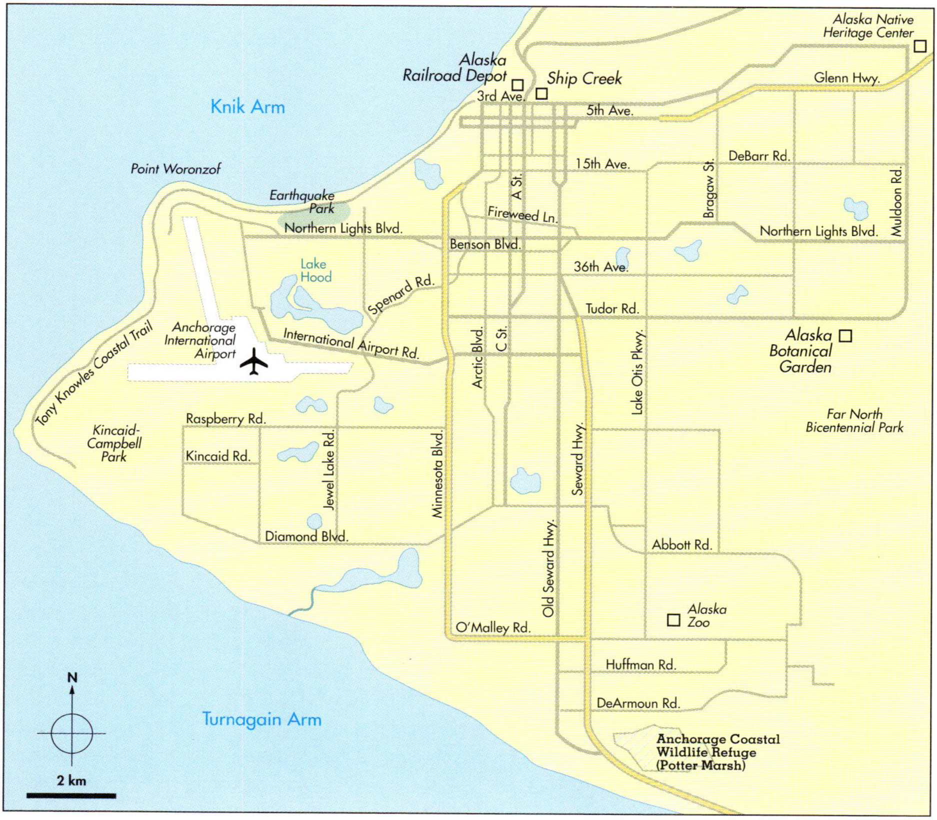

Touristen willkommen: Hier knipst der Bär

Alternativen & Extras: Am Nachmittag Besuch im **Anchorage Museum of History and Art**.

Für **Zusatztage in Anchorage** bieten sich folgende Möglichkeiten an:
– Ein Besuch im **Alaska Aviation Heritage Museum** und im **Anchorage Museum of History and Art**, ein ausgedehnter Spaziergang im **Earthquake Park** oder eine Fahrradtour auf dem **Tony Knowles Coastal Trail** von Downtown Anchorage am Ufer des Cook Inlet entlang bis zum Kinkaid Park (Fahrradvermietung: Downtown Bicycle Rental, 333 W. 4th Ave., Suite 206, ✆ 907-279-5293, www.alaskabike-rentals.com).
– Ein **Sightseeing-Flug** mit einem Helikopter zum Denali Nationalpark oder zu den mächtigen Juneau-Eisfeldern (Era Helicopters, ✆ 907-266-8351 oder 1-800-843-1947, www.flightseeingtours.com).
– Ein Tagesausflug mit dem Buschflugzeug zum **Angeln** im Hinterland (Alpine Air Alaska, ✆ 907-783-2360, www.alpineairalaska.com oder Rust's Flying Service, ✆ 1-800-544-2299, www.flyrusts.com).
Auch für längere Extratouren mit dem Ausgangspunkt Anchorage stehen einige Möglichkeiten zur Auswahl:
– Sport Fishing Alaska kennt die besten Plätze und Lodges für den **Angelurlaub** (Adresse s. S. 41).
– Wer keine Fahrt auf die Kenai-Halbinsel plant, für den ist ein Abstecher per Zug mit dem »Wildlife Express« nach **Seward** und anschließender Bootstour in den **Kenai Fjords National Park** empfehlenswert (Kenai Fjords Tours, ✆ 1-877-777-4051, www.kenaifjords.com). Dauer: Ein Tag.
Zwei Tage einplanen sollte man für die folgenden Programmpunkte:
– Besuch im **Katmai-Nationalpark**, einer von vulkanischer Aktivität geformten Landschaft.
– Beobachtung der riesigen **Braunbären** auf der **Insel Kodiak**.
– Flug zur Goldgräberstadt **Nome** und nach **Kotzebue** an der Beringsee (Alaska Airlines Vacations, ✆ 1-866-500-5511, www.alaskaairalaska.com
– Flug nach **Barrow**, Alaskas nördlichster Eskimosiedlung, und nach **Prudhoe Bay**, Erdölförderort in der Arktis und Beginn der Trans-Alaska Pipeline (Alaska Airlines Vacations, ✆ 1-800-252-7522, www.alaskaair.com
Drei Tage dauert ein Besuch der **Pribiloff-Insel St. Paul**. Hier leben 600 000 Pelzrobben und unzählige Seevogelarten.

Buchung der Extratouren bei All Alaska Tours (Adresse s. S. 41) oder einem anderen Reisebüro in Anchorage. Die großen Hotels vermitteln ebenfalls viele der hier vorgestellten Unternehmungen.

Anchorage: spektakuläre Lage zwischen Cook Inlet und Chugach Mountains

Der erste Eindruck, den man von **Anchorage** gewinnt, wird unmittelbar davon bestimmt, wie man sich der Stadt nähert. Manch einem präsentiert sich Alaskas größte Stadt nach Wochen in der Wildnis oder einer langen Fahrt auf dem Highway als zivilisierte Metropole mit einer bemerkenswerten Vielfalt an kulturellen, gastronomischen Angeboten und Shopping-Möglichkeiten. Verlässt man jedoch nach einem langem Flug von Frankfurt oder einer anderen europäischen Stadt den Jet, fühlt man sich beim Anblick der Verkehrs-staus und des Wildwuchses von Tankstellen, Lagerhäusern, Fastfood-Restaurants und Supermärkten eher an eine der gesichtslosen amerikanischen Provinzstädte des Südens erinnert.

Die Wahrheit liegt, wie so oft, irgendwo in der Mitte. Einerseits erstrecken sich die Vororte von »Los Anchorage«, wie es böse Zungen aus dem konkurrierenden Fairbanks nennen, über eine weit größere Fläche als man bei knapp über 286 000 Einwohnern annehmen sollte. Andererseits hat gerade die kleine Downtown im letzten Jahrzehnt an

31

Der Ted Stevens Anchorage International Airport

Gesicht und architektonisch an Attraktivität gewonnen. Einerseits hat die Stadt gute Museen, das Alaska Center for the Performing Arts mit Oper und Symphonieorchester und erstklassige Restaurants vorzuweisen. Andererseits hat der selbst von Einheimischen viel zitierte, böse Spruch »das Beste an Anchorage ist, dass es nur eine halbe Stunde von Alaska entfernt ist« etwas Wahres an sich. Kein Punkt der Stadt ist mehr als sieben oder acht Kilometer vom »Busch«, der weglosen Wildnis Alaskas, entfernt. Jeden Winter werden liebevoll gepflegte Büsche und Sträucher in den Vorgärten der Einfamilienhäuser das Opfer von Elchen, für die die Grünpflanzen offensichtlich zu den besonderen Delikatessen zählen. Hin und wieder kommt es zu Verkehrsstaus, weil einer dieser Besucher aus dem Busch in dickköpfiger Missachtung der Verkehrsregeln weder die richtige Fahrbahn benutzt noch an einer der vielen roten Ampeln anhält. Und das Einfangen und der Abtransport von Bären, die im Sommer auf der Terrasse aus dem Napf des Familienhundes fressen, zählt für die Mitarbeiter der *Wildlife Protection* inzwischen schon zur Routine.

Anchorage liegt auf einem Stück Schwemmland, das von zwei Armen des Cook Inlet und den meist schneegekrönten Gipfeln der Chugach Mountains begrenzt wird. Als 1915 mit dem Bau der Alaska Railroad begonnen wurde, war die Ebene neben dem halbwegs geschützten Ankerplatz an der Mündung des Ship Creek der natürliche Platz für ein Depot, in dem die von den Schiffen entladene Ausrüstung gelagert werden konnte. Fast über Nacht entstand eine Zeltstadt für 2 000 Eisenbahnarbeiter, noch im gleichen Jahr wurden die ersten Grundstücke vermessen und verkauft. Als 1918 der erste Zug aus Seward in den kleinen Ort dampfte, gab es am Ankerplatz (englisch *anchorage*) bereits zwei- und dreistöckige Häuser, einen Baseballplatz und ein Kino. Mit dem Ende des zweiten Weltkriegs und den ersten Ölfunden auf der nahe gelegenen Kenai-Halbinsel begann das unaufhörliche Wachstum der Stadt. Hatte Anchorage im Jahr 1940 nur knapp 3 000 Einwohner, so waren es 1951 bereits 47 000. Selbst das Erdbeben am Karfreitag 1964, das große Teile der Stadt zerstörte, trug indirekt zu ihrem wirtschaftlichen Aufschwung bei. Zu dieser Zeit war Alaska bereits der 49. Bundesstaat der USA, und bald flossen denn auch üppige Hilfsgelder aus dem Süden für den Wiederaufbau. Der Ölfund an der Prudhoe Bay und der Bau der Trans-Alaska Pipeline lösten einen Boom aus, der bis heute nachklingt. Anchorage ist noch immer eine der am schnellsten wach

senden Städte der USA, 2012 wurden hier bereits fast 300 000 Einwohner gezählt.

Erster Anlaufpunkt für den Besucher der Stadt sollte das **Log Cabin Visitor Information Center** sein, das sich im besten Buscharchitektur-Stil wie ein Blockhaus aus alten Trapperzeiten präsentiert. Auf dem Hüttendach wächst Gras, die Blumenrabatten am Eingang leuchten im Sommer, wie überall in der Stadt, in den knalligsten Farben. Drinnen beantworten die engagierten Mitarbeiter des Convention & Visitor Bureau kompetent und mit Engelsgeduld alle Fragen und verteilen den »Anchorage Visitors Guide«, der ein aktuelles Veranstaltungsprogramm, Adressentipps und einen detaillierten Vorschlag für einen Rundgang durch die Stadt enthält.

Nebenan in der Lobby der **Historic City Hall** an der 4th Avenue berichtet die Ausstellung »Early Anchorage« mit Fotos und Dioramen über die Anfänge der Stadt. An der nächsten Straßen-

Alles einsteigen: Die »Alaska Railroad« fährt nach Seward und zum Denali National Park

ecke geht es dann zwei Blocks auf der E Street nach Süden zum hübschen **Town Square Municipal Park**, dessen Blumenbeete sich in einer wahren Farborgie – die langen Sonnenscheinstunden des Sommers zeigen Wirkung – bis zum **Alaska Center for the Performing Arts** erstrecken. Hinter der postmodernen Fassade dieses Kulturzentrums verstecken sich zwei Theater und ein Konzertsaal, in denen ein breit gefächertes Programm von Pop über Broadway Musicals bis zu Operetten angeboten wird. Außerdem hat hier das Anchorage Symphony Orchestra seine Heimat.

An der Ecke vierte Avenue und C Street wartet das **Alaska Experience Theater** mit einer typisch amerikanischen Attraktion auf. Während eine *Earthquake*-Ausstellung auf wandgroßen Bildern die Folgen des katastrophalen Erdbebens von 1964 zeigt, läuft im Kinosaal ein 15-minütiger Film, in dem Überlebende des Infernos ihre Erlebnisse an jenem schicksalhaften Karfreitag schildern. Die eingebaute Technik liefert dazu ein simuliertes Beben von 4,5 Einheiten auf der Richter-Skala, das die Kinostühle regelrecht hüpfen lässt.

Beeindruckender sind hingegen die im zweiten Kinosaal gezeigten Filme »Journey to Alaska« und »Northern Lights Adventure«. 40 Minuten haben die Zuschauer dabei den Eindruck, teils gemächlich, teils in atemberaubenden Manövern über Alaskas spektakuläre Wildnis zu fliegen. Möglich machen dieses Erlebnis eine besondere Kameratechnik und die über drei Stockwerke reichende 180-Grad-Leinwand.

Captain Cook, der wohl als erster Europäer in der heute nach ihm benannten Bucht auftauchte, haben die Stadtväter im kleinen **Resolution Park** am Ende der 3rd Avenue ein Denkmal gewidmet. Der »Park« ist im Wesentlichen

eine Anzahl durch Treppen verbundener Balkone am Rande des Steilufers. Vor dort aus kann man den Blick über das Wasser des Cook Inlet auf den Mount Susitna genießen.

Zurück geht es, an den Totempfählen vor dem **State Court Building** vorbei, auf der 4th Avenue. Am Weg liegt hier das **4th Avenue Theatre** zwischen F und G Street. Das renovierte Art-déco-Gebäude hat das Erdbeben von 1964 unbeschadet überstanden und beherbergt heute einen Souvenirladen und im Keller eine Fotoausstellung aus der Erdbebenzeit. Wer seinen Blick ein wenig durch das Innere schweifen lässt, wird interessante Wandmalereien und an der Decke des früheren Kinosaals das funkelnde Sternbild des »Großen Wagen« entdecken.

Genau gegenüber, im historischen Old Federal Building, ist das **Alaska Public Lands Information Center** untergebracht. Hinter dem nichtssagenden Titel verbirgt sich eine staatliche Einrichtung, die Besuchern und Einheimischen gleichermaßen jede noch so ausgefallene Frage über Alaska beantwortet. Die freundlichen Mitarbeiter des Centers bieten Reiseberatung an und helfen bei der Suche nach Campgrounds oder geeigneten Touren in die Wildnis. Man kann hier zwischen ausgestopften Vertretern der Tierwelt umherlaufen und auf Knopfdruck verschiedene Videos abrufen, die einen lebendigen Eindruck von der Flora und Fauna Alaskas vermitteln. Ein kleiner Leckerbissen ist die »Historic Alaska in Stereo View«, die zahlreiche historische Aufnahmen mit solch sprechenden Titeln wie »City of Cold Feet, Alaska«, »Our Alaskan Sister up in the Klondike« oder »Dr. Sheldon Jackson and Reindeer« präsentiert. An einem Stand vor dem Information Center werden Rentier-Hotdogs gebrutzelt.

Unverkennbar: die Fassade des Museum of History and Art

Anchorages neueste großstädtische Errungenschaft ist die einen Häuserblock große, mehrstöckige **5th Avenue Shopping Mall**, die über eine Brücke mit einem eigenen Parkhaus verbunden ist. Neben den üblicherweise in einem solchen Einkaufszentrum vertretenen Geschäften gibt es in dem riesigen Gebäude auch einen so genannten *Food Court* mit einem breit gefächerten Angebot an Fastfood. Hier war längere Zeit das Education Center des **Wolf Song of Alaska** untergebracht, das in neue Räumlichkeiten nach Chugiak umziehen soll. Es finden Ausstellungen in und um Anchorage statt, wo für ein größeres Verständnis für den Wolf geworben wird. Informationen zu aktuellen Ausstellungen bitte der Homepage entnehmen (s. S. 39).

Ganz in der Nähe, einen Block weiter nach Süden und Osten, steht das **An-**chorage **Museum of History and Art**. Aleuten, Eskimos, Indianer, russische Pelzhändler, britische Walfänger und die Goldgräber vom Beginn des 20. Jahrhunderts sind in der Alaska Gallery als lebensgroße und lebensechte Puppen in ihrer natürlichen Umgebung dargestellt. Wie im Zeitraffer werden hier die verschiedenen Geschichtsepochen Alaskas und die Lebenswelten seiner Bewohner präsentiert – vom Erdsoden- und Walknochenhaus der Eskimos bis zum Teenagerzimmer unserer Tage.

Einen hervorragenden Einblick in die zeitgenössische Kultur der Ureinwohner Alaskas bietet das 1999 fertig gestellte **Alaska Native Heritage Center**. Im 2 600 Quadratmeter großen *Welcome House* gruppieren sich ein Kino, eine Ausstellungs- und Studiofläche und eine Bibliothek um eine große Eingangshalle. Fünf Kulturkreise, die Tlingit,

Alaskas Ureinwohner

Haida und Tsimshian des Südostens, die Aleuten, die Athabasca-Indianer des Landesinneren, die Yup'ik von der Küste der Berinsee und die Inupiaq (Eskimos) des arktischen Nordens werden hier mit Filmen und einer Ausstellung vorgestellt. Vertreter der einzelnen Volksgruppen üben in eigenen kleinen Werkstätten ihr traditionelles Kunsthandwerk aus und beantworten Fragen der Besucher. Auf der Bühne des *Gathering Place* wird musiziert und getanzt, Geschichtenerzähler aus den Dörfern geben mit Augenzwinkern und ausdrucksvoller Gestik Märchen und Sagen zum Besten oder berichten von Ereignissen aus der Stammesgeschichte.

Sie vermitteln so einen lebendigen Eindruck von den über Generationen weitergetragenen mündlichen Überlieferungen ihrer Völker. Auf dem Freigelände gruppieren sich fünf traditionelle Behausungen der Volksgruppen um einen kleinen See. In jedem der fünf Gebäude erhalten die Besucher ausführliche Informationen über das Leben im Dorf, Stammesmitglieder erklären Aspekte wie traditionelle Bautechniken, Methoden der Jagd oder der Essenszubereitung.

Nach so viel Kultur ist, sofern der Jetlag nicht vorher schon unbarmherzig zugeschlagen hat, ein landestypisches Kontrastprogramm für den Abend empfehlenswert. Ein oder mehrere Drinks im gepflegten Ambiente der Dachbar des Hotels Captain Cook oder zwischen den freundlichen einheimischen *bar flys* in Darwin's Theory in Downtown sind die eine Möglichkeit. Nicht weniger reizvoll ist ein Ausflug zur Bar-Meile an der ein wenig außerhalb gelegenen Spenard Road, die am besten mit dem Taxi anzusteuern ist.

Hier hat man zahlreiche Alternativen zur Auswahl, die alle nur einen kurzen Fußweg voneinander entfernt sind. Fast schon den Status einer Institution unter dem Angebot an der Spenard Road besitzt das **Chilkoot Charlie's**. Das *Koot's*, wie es im Volksmund genannt wird, ist eine der bekanntesten Bars in Alaska. Es bietet derb-rustikale Atmosphäre mit Sägespänen auf dem Boden, Fischernetzen unter der Decke und Live-Musik. Wenn hier Freitag- und Samstagabend Rock und Reggae die Wände vibrieren lassen, verschwinden die wenigen Touristen zwischen den hautengen Jeans und den knapp anliegenden Hemden, die sich um die sechs Theken drängeln – und die Nacht hat kein Ende. ✧

Anchorage Convention & Visitors Bureau

524 W. 4th Ave.
Anchorage, AK 99501-2212
℡ (907) 276-4118, www.anchorage.net
Nur für schriftliche Anfragen, vor Ort informiert man sich im Visitor Center.

Log Cabin Visitor Information Center

4th Ave. & F St., Anchorage, AK 99501
℡ (907) 274-3531, tägl. Juni–Aug. 7.30–19, Mai, Sept. 8–18, Okt.–April 9–16 Uhr
Hier gibt's u. a. eine Straßenkarte von Anchorage und einen Führer für einen Spaziergang durch Downtown.

Alaska Public Lands Information Center

605 W. 4th Ave., im alten Federal Building, gegenüber dem Visitor Information Center, Anchorage, AK 99501
℡ (907) 644-3661 oder 1-866-869-6887
www.alaskacenters.gov/anchorage.cfm
Im Sommer tägl. 9–17, sonst Mo–Fr 10–17 Uhr, an Feiertagen geschl.
Interessante Displays. Informationen zu National und State Parks, Wildniswandern, Fischen und Jagen. Landkarten, Broschüren und Hilfe bei der Trip-Planung durch einheimische Experten.

Millennium Alaskan Hotel

4800 Spenard Rd.
Anchorage, AK 99517-3236
℡ (907) 243-2300
www.milleniumhotels.com
Hotel mit 248 Zimmern in Flughafennähe mit Blick auf die Wasserflugzeugbasis Lake Spenard. Die Lobby ist im Stil einer Alaska-Lodge gestaltet. $$$$

Hotel Captain Cook

939 W. 5th Ave., Anchorage, AK 99501
℡ (907) 276-6000 oder 1-800-843-1950
www.captaincook.com
Großes Hotel (451 Zimmer, 96 Suiten) mit allen Annehmlichkeiten und Restaurant mit schönem Blick auf die Stadt. Stark von Reisegruppen frequentiert. $$$$

Die Auflösung der $-Symbole finden Sie auf Seite 337 bzw. 342 und auf der hinteren inneren Umschlagklappe.

America's Best Value Inn – Executive SuiteHotel

4360 Spenard Rd.
Anchorage, AK 99517
℡ (907) 243-6366 oder 1-800-770-6366
www.executivesuitehotel.com
Komfortables Hotel mit 102 Zimmern. Nur 2,5 km vom Flughafen entfernt, rund um die Uhr kostenloser Airport-Shuttle. $$$–$$$$

Historic Anchorage Hotel

330 E St. & 3rd Ave.
Anchorage, AK 99501
℡ (907) 272-4553 oder 1-800-544-0988
www.historicanchoragehotel.com
Angenehmes kleines Hotel mit nur 26 Zimmern in einem Gebäude aus den 1930er Jahren. $$$–$$$$

Rodeway Inn

501 K St., Anchorage, AK 99501
℡ (907) 277-9501 oder 1-877-424-6423
www.rodewayinn.com
Im Herzen von Downtown. Von den Zimmern (insgesamt 40) in den oberen Etagen hat man einen schönen Ausblick auf die Berge und die Bucht. $$$–$$$$

The Anchorage Downtown Hotel

826 K St.
Anchorage, AK 99501
℡ (907) 258-7669 oder 1-866-928-7669
www.anchoragedowntownhotel.com
Kleines, aber feines Hotel mit nur 16 Zimmern. Manche Zimmer teilen sich ein Bad. $$–$$$

Econo Inn

642 E. 5th Ave.
Anchorage, AK 99501
℡ (907) 274-1515 oder 1-888-653-7144
www.econoinnanchorage.com
Relativ preiswerte Unterkunft am Rande der Downtown. $$

Anchorage International Hostel
700 H St. No. 2 & 7th Ave.
Anchorage, AK 99501
℡ (907) 276-3635
www.anchoragehostel.org
Jugendherberge, mit Waschmaschinen und Küche. $

 Bed & Breakfasts in und um Anchorage vermittelt:
Alaska Private Lodgings
P.O. Box 1924, Homer, Alaska 99603
℡ (907) 235-2148
www.alaskabandb.com

 Anchorage Alaska Bed & Breakfast Association
P. O. Box 242623
Anchorage, AK 99524-2623
℡ (907) 272-5909 oder 1-888-584-5147
www.anchorage-bnb.com
Die Organisation verschickt auf schriftliche oder telefonische Anforderung eine ausführliche Beschreibung aller Mitgliedsbetriebe.

 Moose Gardens Bed & Breakfast
6345 W. Dimond Blvd.
Anchorage, AK 99502
℡ (907) 245-1978
www.moosegardens.com
Komfortables B&B in modernem Blockhaus in Stadtnähe, mit Blick in die Wildnis. Schöner Garten. Vier Zimmer. $$$–$$$$

 Copper Whale Inn
440 L St.
Anchorage, AK 99501-1925
℡ (907) 258-7999 oder 1-866-7999
www.copperwhale.com
Schöne Aussicht auf Fjord, Berge und Garten aus diesem komfortablen, modernen B & B in Downtown. 14 Zimmer. $$$–$$$$

 Centennial Camper Park
8300 Glenn Hwy. (Muldoon Exit)
Anchorage, AK 99519, von Hwy. 1 Muldoon Rd. Exit South, links in die Boundary Rd., nächste Straße wieder links
℡ (907) 343-6986
www.muni.org/parks/camping.cfm
1. Mai–30. Sept. geöffnet
Öffentlicher Campground, auch für große Wohnmobile. Duschen.

 Ship Creek Landings RV Park
150 N. Ingra St., am Ende der 1st Ave.
Anchorage, AK 99501
℡ (907) 277-0877 oder 1-800-323-5757
www.bestof-alaskatravel.com
Platz in direkter Nähe von Downtown.

 Golden Nugget Camper Park
4100 DeBarr Rd.
Anchorage, AK 99508
℡ (907) 333-2012 oder 1-800-449-2012
www.goldennuggetcamperpark.com
Campground mit Duschen, Waschmaschinen usw.

 Creekwood Inn Cabin and RV Park
2150 Gambell St.
 Anchorage, AK 99503
℡ (907) 258-6006 oder 1-800-478-6008
Motelzimmer mit Kühlschrank und Mikrowellenherd ($$) sowie Wohnmobilstellplätze mit Duschen, Waschmaschinen usw., das Sears Mall Shopping Center liegt gegenüber. An stark befahrener Straße.

 Midtown Camper Park
545 E. Northern Lights Blvd. #C
Anchorage, AK 99503
℡ (907) 277-2407
Ganzjährig geöffneter Platz mit 42 *full hookups*. Geschäfte befinden sich direkt gegenüber, der Platz liegt in der Nähe vom Flughafen.

 Eklutna Lake Campground
Meile 26.5 Glenn Hwy., nördlich von Anchorage
Waldiger Campingplatz am bergumrahmten Eklutna Lake im Chugach State Park.

Alaska Experience Theatre
332 W. 4th Ave., in der 4th Ave. Market Place Mall, Anchorage, AK 99501
✆ (907) 272-9076
www.alaskaexperiencetheatre.com
So–Do 10–18, Fr 9–18 Uhr
Eintritt $ 10, Earthquake Exhibit $ 6
Im Omnimax-Kino laufen die Alaska-Filme »Journey to Alaska« und »Northern Lights Adventure« auf 180°-Leinwand (40 Minuten) und ein Film über das Karfreitag-Erdbeben von 1964.

 Anchorage Museum of History and Art
 121 W. 7th Ave., Anchorage, AK 99501
✆ (907) 343-4326 oder (907) 343-6173 (Programmansage vom Band)
www.anchoragemuseum.org
Mai–Anfang Sept. tägl. 9–18, sonst Di–Sa 10–18, So 12–18 Uhr
Eintritt $ 15/10, Kinder $ 7
Sehenswert ist die Alaska Gallery mit einer Darstellung der Geschichte Alaskas aus Sicht der Ureinwohner und der ersten Siedler. Ausstellung zeitgenössischer, insbesondere amerikanischer Kunst. Im Sommer außerdem täglich Filme zu Geschichte, Ethnographie und Kunst Alaskas.

 Wolf Song of Alaska
P.O. Box 770950
Eagle River, AK 09577-0950
✆ (907) 622-9653
www.wolfsongalaska.org
Derzeit geschl.
Alles über Wölfe, ihr Leben in der Natur und ihr Verhältnis zum Menschen.

 Alaska Aviation Heritage Museum
Lake Hood Air Harbor, 4721 Aircraft Dr.
Anchorage, AK 99502-1080
✆ (907) 248-5325
www.alaskaairmuseum.org
Ganzjährig 9–17 Uhr, Okt.–April Mo/Di geschl., Eintritt $ 10
Museum zur Geschichte der Buschfliegerei in Alaska, 22 historische Busch-flugzeuge, Aussichtsplattform mit Blick auf landende und startende Wasserflugzeuge.

 Alaska Native Heritage Center
8800 Heritage Center Dr.
 Anchorage, AK 99504
✆ (907) 330-8000 oder 1-800-315-6608
www.alaskanative.net
Mitte Mai–Mitte Sept. tägl. 9–17 Uhr
Eintritt $ 25/21
Ausgezeichnete Präsentation von Kultur und Geschichte der Ureinwohner Alaskas. Museum und Freianlage mit typischen Häusern der fünf vertretenen Volksgruppen.

 Crow's Nest Restaurant
Im Captain Cook Hotel
✆ (907) 276-6000
www.captaincook.com/dining/crows-nest
Serviert gutes Essen in formeller Atmosphäre. Phantastischer Blick auf Stadt und Berge. Nur Dinner. $$$$

 The Kobuk Coffee Company
504 W. 5th Ave., Anchorage, AK 99501
 ✆ (907) 272-3626
www.kobukcoffee.com
Kaffee und Tee, Donuts und andere Köstlichkeiten. Laden zum Stöbern nach schönen Dingen dazu. $–$$

 Downtown Deli & Cafe
525 W. 4th Ave., Anchorage, AK 99501
 ✆ (907) 276-7116
6–21.30 Uhr
Große Sandwiches und sehr gutes Frühstück. Morgens oft sehr voll. $–$$

 Simon and Seafort's Saloon & Grill
420 L St., Anchorage, AK 99501
✆ (907) 274-3502
www.simonandseaforts.com
Bekannt für Fisch und Meeresfrüchte, aber auch gute *prime ribs* und Steaks. Preiswert sind Sandwiches und Suppe an der Bar. Lunch, Mo–Sa, $–$$, und Dinner, tägl., $$–$$$$

Marx Brothers Cafe
627 W. 3rd Ave., Anchorage, AK 99501
✆ (907) 278-2133, www.marxcafe.com
Kreative Küche, sowie eine ausgezeichnete Weinauswahl. Reservieren! Nur
Dinner. So/Mo geschl. $$$$

 Jens' Restaurant
701 W. 36th Ave., Anchorage, AK 99503
✆ (907) 561-5367
www.jensrestaurant.com
Jens Hansens Restaurant war lange ein
Geheimtipp, hier essen fast nur Einhei-
mische; gute Weinkarte. $$$–$$$$

 Glacier Brewhouse
737 W. 5th Ave., Anchorage, AK 99501
✆ (907) 274-2739
www.glacierbrewhouse.com
Gutes Essen, Grill über einem Holzfeu-
er, mehrere selbst gebraute Biere. Re-
servierung ratsam. Lunch und Dinner.
$$$–$$$$

 Sacks Cafe
328 G St., Anchorage, AK 99501
✆ (907) 274-4022
www.sackscafe.com
Gourmet-Restaurant mit innovativer Kü-
che. Weinbar. $$–$$$

 Side Street Espresso
412 G. St., Anchorage, AK 99501
✆ (907) 258-9055
Populäres Café in Downtown, mit gutem
Kaffee und gelegentlichen Fotoausstel-
lungen.

 Coffee Land
4505 Spenard Rd.
Anchorage, AK 99517
✆ (907) 243-0303
Nettes kleines Café im Rock'n'Roll-Stil.

 Darwin's Theory
426 G St., zwischen 4th & 5th Aves.
Anchorage, AK 99501-2127
✆ (907) 277-5322
Bar mit Charakter, freundliche Leute.

 Chilkoot Charlie's
2435 Spenard Rd.
Anchorage, AK 99503
✆ (907) 272-1010, www.koots.com
Tägl. ab 11.30 Uhr
Berühmte Kneipe, in der jeder einmal ge-
wesen sein muss. Beliebte Single-Bar, am
Wochenende meistens überfüllt.

 Army-Navy Store
320 W. Fourth Ave.
Anchorage, AK 99501-2415
✆ (907) 279-2401
www.army-navy-store.com
Regenzeug, Campingzubehör, Mücken-
spray – alles, was man zum Leben
»draußen« braucht und haben möchte,
ist in diesem Laden erhältlich.

 5th Avenue Mall
320 5th Ave. & C St.
 Anchorage, AK 99501-2329
✆ (907) 258-4003
www.simon.com
Mo–Fr 10–21, Sa 10–18, So 11–18 Uhr
Shopping Mall mit mehr als 110 Ge-
schäften und *food court*.

 **Oomingmak Musk Ox Producers
Cooperative**
6th Ave. & H St., Anchorage, AK 99501
✆ (907) 272-9225 oder 1-888-360-9665
www.qiviut.com
Mo–Fr 8–20, Sa/So 10–18 Uhr
Gestrickte Schals, Mützen usw. aus *Qi-
viut*, der Unterwolle des *mosk ox*. Qiviut-
Bekleidungsstücke sind leicht, weich
und halten, in Kombination mit einem
Windschutz, extrem warm. Nicht gerade
billig, aber eine gute Investition.

 The ULU Factory
211 West Ship Creek Ave.
Anchorage, AK 99501-1603
✆ (907) 276-3119 oder 1-800-488-5592
www.theULUfactory.com
Kunsthandwerk, speziell ULU-Messer,
Schüsseln und andere einzigartige Ge-
genstände der Eskimos und Indianer.

Laura Wright Alaskan Parkys/ Heritage Gifts

333 W. 4th Ave.
Anchorage, AK 99501
℡ (907) 274-4215
Bietet die Original-Parkas an, wie sie traditionell in Alaska getragen wurden.

Sport Fishing Alaska

9310 Shorecrest Dr.
Anchorage, AK 99501-2328
℡ (907) 344-8674
www.alaskatripplanners.com
Sport Fishing Alaska plant für Kunden den individuellen Angelurlaub. Im Gegensatz zu der sonst üblichen Praxis kassiert die Agentur keine Kommission von den Anbietern, sondern tritt als Interessenvertreter ihrer Kunden auf, von denen sie $ 100 für ihre Dienstleistung verlangt.

All Alaska Tours

413 G St., 2nd Floor North
Anchorage, AK 99501
℡ 1-866-317-3325
www.alaskatours.com
Kompetente Agentur, arrangiert individuelle Touren in ganz Alaska und im Yukon.

Buchung der Fähre für die Fahrt von Seward nach Valdez (s. S. 76 ff.) bei:
Alaska Marine Highway
℡ 1-800-642-0066
www.dot.state.ak.us/amhs

Denkmal für Balto, den Leithund des Teams mit dem rettenden Serum für Nome

❷ Gletscher und Gold
Zum Portage Glacier und nach Kenai

2. Route: Anchorage – Kenai (314 km/196 mi)

km/mi	Zeit	Route
0	9.00 Uhr	Abfahrt von **Anchorage**, auf dem Hwy. 1 (Seward Hwy.) nach Süden bis zur
16/10		Ausfahrt zur **Potter Marsh** (auch: **Anchorage Coastal Wildlife Refuge**), Weiterfahrt zum
27/17		**Beluga-Point-Aussichtspunkt**, auf dem Hwy. 1 bis km/mi
59/37	10.30 Uhr	und links ab Richtung Girdwood zur **Crow Creek Mine**. Danach zum **Alyeska Resort** und Fahrt mit der Seilbahn auf den Mt. Alyeska. (Alternative: Alaska Wildlife Center, s.u.).
	13.00 Uhr	Zurück zum Seward Hwy. und nach links in Richtung Portage bis zum
85/53		**Alaska Wildlife Conservation Center**, von dort links in die Portage Glacier Rd., weiter zum
94/59		Begich Boggs Visitor Center am **Portage Glacier** (Film im Visitor Center, Option: Rundfahrt auf dem See mit der »MV Ptarmigan«),

	15.00 Uhr	zurück zum Seward Hwy., links ab in Richtung Seward/Kenai, bei km/mi
205/128		rechts in den Sterling Hwy. (Hwy. 1), in
296/185		**Soldotna** rechts ab in den Kenai Spur Hwy.
314/196	19.00 Uhr	Ankunft in **Kenai**.

Hinweis zur Zeitplanung: Die Kenai-Halbinsel ist das Wochenendziel vieler Bewohner von Anchorage und Umgebung, besonders zur Zeit des Lachszuges wird der Platz in den Hotels und Campgrounds knapp. Dieses Ziel sollten Sie deshalb möglichst für den Zeitraum Montag bis Freitag einplanen. Vielleicht wollen Sie ja Lachse oder Forellen angeln im Kenai River …

Extratouren/Zusatztage:
– Lachse oder Forellen **angeln** im Kenai River.
– Mit dem Flugzeug zu **Bären**- oder anderen **Wildbeobachtungen**, zum **Angeln**, zu kürzeren oder längeren Aufenthalten in einem **Wildniscamp** mit Natron Air, Talon Air Service, High Adventure Air Charter u. a. (Adressen s. Infos).

Zum Auftakt des Tages bestimmt die nahe Großstadt die Kulisse, auf dem Seward Highway rollt man im gemächlichen 55-Meilen-Tempo nach Südosten, durch die zersiedelte Landschaft hinaus aus Anchorage. Auch nach der Stadtgrenze ist der Wald jenseits des **Anchorage Coastal Wildlife Refuge**, das der Highway vom Ufer des **Turnagain Arm** trennt, gesprenkelt mit Wochenendhäusern. Ein hölzerner *boardwalk* führt mitten durch die **Potter Marsh**, etliche Bestimmungstafeln vermitteln Ornithologie-Fans einen Eindruck vom Leben in dieser Übergangszone zwischen Wasser und Land, die unter anderem auch 90 verschiedenen Vogelarten als Heimat dient. Leider ist die Straße meist so stark befahren, dass das Gezwitscher der hier nistenden Singvögel im Verkehrsgedröhn untergeht.

Auf dem weiteren Weg gen Südosten rücken die steilen Hänge der schneebedeckten Berge ans Ufer der Bucht heran. Immer häufiger stürzen Wasserfälle am Straßenrand die Felsen herab und blaue Lupinenteppiche säumen den Highway, der sich auf einem schmalen Streifen ebenen Landes am Ufer entlangschlängelt. In dieser Bucht musste Captain Cook 1779 auf seiner Suche nach der Nordwest-Passage zwischen Pazifik und Atlantik wieder einmal enttäuscht umkehren, womit die Bucht ihren Namen weg hatte: Turnagain Arm. Der Tidenhub von bis zu zehn Metern sorgt hier zwei Mal täglich für ein außergewöhnliches Spektakel. Bei Ebbe läuft der flache Meeresarm fast leer, mit auflaufender Flut rollt dann eine Wasserwalze mit 20 bis 25 Stundenkilometern Geschwindigkeit über den Schlick.

Richtig beeindruckend wird diese *bore tide* bei einer Springflut, wenn die hereinbrechende Wasserwalze eine Höhe von einem bis zwei Metern erreicht. Doch auch ohne die Tide ist ein Spaziergang im schlammigen Watt extrem gefährlich. Die fein gemaserten, je nach Lichteinfall satt braunen bis pastellgrauen Schlickpolster sind fast überall leicht zugänglich, bestehen aber stellenweise aus tückischem Treibsand, der schon einige unvorsichtige Besucher das Leben gekostet hat.

Einen weiten Blick über den Meeresarm und eine detaillierte Erklärung der Gezeitenwelle bietet der Aussichtspunkt **Beluga Point**. Von hier aus kann man nicht nur die *bore tide* beobachten, sondern auch das Auftauchen der weißen Belugawale, die sich in den Sommerwochen mit der Flut die Lachse in den Schlund treiben lassen. Fahrzeuge am Straßenrand und lange Autoschlangen auf dem Highway signalisieren aber weder eine außerplanmäßige Flutwelle noch eine besonders gefräßige Gruppe von Meeressäugern: Die Ursache für die Staus ist in der Regel eine Herde von Bergziegen, die ungerührt vom Verkehr auf der Suche nach Futter in den Felsen herumturnen oder, in hochgradig fotogener Pose, von Felsvorsprüngen auf die aufgeregt knipsenden Touristen unter ihnen herabschauen.

Es gibt viel zu sehen entlang der Strecke, was zum Langsamfahren verführt. Und das ärgert natürlich die Einheimischen, denen die in Schleichfahrt dahinrollenden Touristen gewaltig auf die Nerven gehen. Inzwischen verteilt

Filmreif: die Crow Creek Mine

Zwischen Wasser und Land: die Potter Marsh im Anchorage Coastal Wildlife Refuge

die Verkehrspolizei der *Alaska State Troopers* teure Strafzettel an jeden, der eine Schlange von mehr als fünf Fahrzeugen hinter sich herschleppt.

Linker Hand führt bald die **Alyeska Access Road** in die Berge, wo sich Alaska gleich von seiner besten Seite zeigt. Eine Schotterstraße zweigt vor dem Dörfchen **Girdwood** links ab zur filmreifen **Crow Creek Mine** in wildromantischer Gebirgskulisse. Acht authentische Blockhütten aus dem Jahre 1898 stehen hier auf einer stets frisch gemähten Almwiese zur Besichtigung, darunter Kühlhaus, Vorratskammer, Küche und die Goldwaschanlage mit dem Originalwerkzeug. In der Nähe rauscht der Namen gebende Creek durch die Schlucht. Am Ufer knien Besucher mit Schaufeln und Pfannen und sind eifrig auf Goldsuche. Von 1898 bis zum Zweiten Weltkrieg war die Crow

Creek Mine erfolgreich in Betrieb. Die dicksten Brocken, die das Bachbett freigab, waren angeblich groß wie Hühnereier – heute gibt der Crow Creek, wenn überhaupt, eher stecknadelkopfgroße Flocken her.

An einem Berghang hinter Girdwood steht das Top-Resort The Alyeska Hotel mit 304 De-Luxe-Zimmern. **Alyeska** (sprich AliESka) ist das Zentrum der am niedrigsten gelegenen alpinen Wintersportregion der USA, in Alaska reicht das trotzdem für das Prädikat »größtes Skigebiet«. In der warmen Jahreszeit ist der Ort eine Sommerfrische, dann bringt die Gondel der »Alyeska Tramway« die Gäste in wenigen Minuten aus dem Hotel hinauf zum Seven Glaciers Restaurant und zum atemberaubenden Blick über Gletscher, die Chugach Mountains und den Turnagain Arm.

Zurück auf dem Seward Highway, lockt das **Alaska Wildlife Conservation Center** mit dem Versprechen, dass die Besucher hier Elche und Karibus, *musk ox* und Büffel, Adler, Hirsche und anderes Alaska-Getier aus der Nähe sehen können. Dann biegt in **Portage** links die Straße zum **Portage Glacier** ab. Das Karfreitags-Erdbeben von 1964 hat dem kleinen Ort übel mitgespielt, ein, zwei windschiefe Reste von Holzhäusern versinken im Sumpf, mehr ist nicht geblieben. Während des Bebens senkte sich das ganze Land in der Umgebung um mehr als einen Meter ab. Das in den Boden eindringende Meerwasser ließ die Bäume absterben, ihre ausgebleichten Gerippe sind heute noch überall zu sehen.

Neben dem Visitor Center am Portage Glacier rollt man am Seeufer nach bester amerikanischer Drive-in-Manier mitten ins Breitwand-Panorama einer beeindruckenden Berg- und Gletscherlandschaft. Die Planer des **Begich Boggs Visitor Center** haben das Gebäude perfekt in die Bilderbuchoptik der Natur integriert. Am Counter geben die Mitarbeiter die aktuellen Termine der *bore tide* im Turnagain Arm bekannt und laden zu geführten Wanderungen auf den Gletscher ein. Schautafeln und mobile Plastiken erläutern die Entstehung der Gletscher; im eleganten, blau bestuhlten, 200 Zuschauer fassenden Theater wird mehrmals täglich der preisgekrönte Film »Voice from the Ice« gezeigt, der mit Pathos und Perfektion das Werden und Vergehen der gewaltigen Eisriesen erklärt. Ist die effektvolle Vorführung zu Ende, öffnet sich plötzlich ein weiterer Vorhang und gibt dem überraschten Kinopublikum wie mit einem Paukenschlag den beeindruckenden Blick auf das echte Gletscherpanorama frei.

Ein paar hundert Meter vom Visitor Center entfernt legt alle 90 Minuten die »**MV Ptarmigan**« zur einstündigen Kreuzfahrt auf dem Gletschersee ab. Nach kurzer Fahrt zieht sie hautnah und im Schritttempo am Ende des Portage Glacier entlang.

Mit etwas Wetterglück lehnen die Zuschauer derweil im Sonnenschein an der Reling und bestaunen Alaska von seiner friedlichsten und freundlichsten Seite: Am Himmel ziehen Seeadler weite Kreise, Wasserfälle rauschen die pechschwarz glänzenden Felswände der Bucht hinab, am Heck des Schiffs knattert das Sternenbanner, und ab und an tuckert eine einmotorige Piper über den gleißenden Gletscher hinweg.

Nach diesem Abstecher geht es zurück auf den Highway und über den Turnagain Pass weiter auf Kenai zu. In der weiten, ausgedehnten Landschaft erheben sich nur einige abgerundete Hügel mit kargem Bewuchs, erst allmählich wird der Wald wieder dichter. Nach der einzigen Straßengabelung bei Meile 70.3 biegt der Sterling Highway rechts ab in Richtung Kenai. Linker Hand begleitet bald darauf der von umgestürzten Baumriesen gespickte Kenai River mit seinem jadegrünen Wasser und gurgelnden Stromschnellen den Weg. An besonders gut zugänglichen Stellen stehen die Angler im Sommer dicht an dicht im eiskalten Wasser, alle voller Hoffnung, demnächst einen neuen Weltrekordlachs am Haken zu haben oder zumindest ihre Kühlboxen mit den Filets eines Durchschnittsexemplars des schmackhaften Fisches füllen zu können: *Combat fishing* nennt man das hier mit hintergründigem Humor. Zum letzten Mal war 1985 ein Rekord fällig, als ein knapp 44 Kilogramm schwerer *king salmon* aus dem Fluss gezogen wurde. Er hängt heute im **Kenai Penin-**

Portage Glacier: Am Gletschersee können immer wieder treibende Eisberge beobachtet werden

sula **Visitor Information Center** des
4 500-Einwohner-Ortes **Soldotna**, passend für das Zentrum der Sportfischer,
an der Wand. Etwa fünf Prozent der in
der Gegend gefangenen Lachse besitzt
Rekordpotenzial: Wenn die Fische nach
sieben Jahren im Meer zu ihren Laichplätzen schwimmen, wiegen sie über
30 Kilo. Selbst die »kleineren« Exemplare, die schon nach fünf Jahren im
Pazifik den Fluss hinauf ziehen, erreichen immer noch an die 20 Kilo und
mehr.

Im großen Bogen führt anschließend der
Kenai Spur Highway von Soldotna aus
zehn Meilen weiter zum heutigen Tagesziel, der Ortschaft **Kenai** an der Mündung des Kenai River. Die Sonne steht
hoffentlich noch am Himmel, denn so
lässt sich der Tag (auch später am
Abend) mit einem neuen, aufregenden
Ausblick abschließen: über das Wasser
des Cook Inlet hinüber auf die Gletscherkulisse der Alaska Range, die weiter im Süden in die Inselkette der Aleuten übergeht. ✳

Infos: Girdwood, Soldotna

 Anchorage Coastal Wildlife Refuge

 Auch Potter Marsh genannt: ein Stopp für Tierfreunde, ca. 20 km südl. von Anchorage. Ein hölzerner Steg führt in die Potter Marsch, die eine Vielzahl Vögel beherbergt. Anfang Juli ist die Population am größten. Im August sind die meisten Vögel weg, dafür kann man während der Laichsaison Lachse sehen.

 Beluga Point
Aussichtspunkt mit Blick über die Meeresbucht des Turnagain Arm. Mit Glück kann man bei auflaufender Flut eine bis zu 2 m hohe Flutwelle (*bore tide*) sehen.

 Alyeska Resort
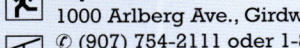 1000 Arlberg Ave., Girdwood, AK 99587
 © (907) 754-2111 oder 1-800-880-3880
www.alyeskaresort.com
Alaskas größtes Skigebiet: bei Girdwood, ca. 65 km südl. von Anchorage, Sommerfrische mit Hotels, Restaurants, Läden und Wanderwegen. Erstes Hotel am Platz ist das noble **The Alyeska Hotel** mit 304 Zimmern ($$$$). Die Seilbahn **Alyeska Aerial Tram** fährt auf den Mt. Alyeska, mit tollem Blick auf den Turnagain Arm (Ticket Office: © 907-754-2275, Tickets $ 18, Kombiticket mit Lunch $ 28, mit Dinner frei). In der Seilbahn-Bergstation lädt das **Seven Glaciers** (Reservierung: © 907-754-2237) zum exzellenten Dinner ($$$$).

 Crow Creek Mine
Meile 3.5 Crow Creek Rd.
 Girdwood, AK 99587, © (907) 229-3105
www.crowcreekmine.com
Mitte Mai–Mitte Sept. tägl. 9–18 Uhr
Eintritt $ 10, Goldwaschen $ 20, Kinder $ 10
Ein Goldgräbercamp aus dem Jahr 1898, das sich aus einem Goldbergbau-Familienbetrieb in einen Tourismus-Familienbetrieb verwandelt hat. Möglichkeiten zum Goldwaschen, Campground.

 Alaska Wildlife Conservation Center
Meile 79 Seward Hwy.

© (907) 783-2025, www.alaskawildlife.org
Im Sommer tägl. 8–20 Uhr
Eintritt Erwachsene $ 10, Kinder $ 7.50
Wildtier-Park mit Elchen, Büffeln, Moschusochsen, Karibus, Hirschen und Weißkopf-Seeadlern.

 Begich Boggs Visitor Center
Am Portage Lake
Im Sommer tägl. 9–18, im Winter Sa/So 10–17 Uhr, Infos über die aktuellen Öffnungszeiten: © (907) 783-2326
Sehr guter Film über Gletscher und informative Rangerprogramme.

 Rundfahrten mit der »MV Ptarmigan«
© 1-800-544-2206
www.portageglaciercruises.com
Mitte Mai–Mitte Sept., tägl. 5-mal zwischen 10.30 und 16.30 Uhr, Tickets $ 29
Einstündige Rundfahrt im 90-Minuten-Turnus auf dem Portage Lake.

 Portage Valley Cabins & RV Park
Meile 1.7 Portage Glacier Road
© (907) 783-3111 oder 1-877-477-8243
www.portagevalleyrvpark.com
Campingplatz mit sauberen Duschen, abendlichem Lagerfeuer, schöner Bergumgebung – und der guten Seele Mary.

 Wildman's
 Meile 47.5 Sterling Hwy.
Cooper Landing, AK 99669
© (907) 595-1456 oder 1-866-595-1456
www.wildmans.org
Treffpunkt von Einheimischen und Touristen: mit kleinem Laden, Imbisstheke, Duschen, Waschmaschinen, Trocknern und einem »Liquor Store«. Hier gibt es auch Feuerholz, Taxiservice u.v.a.

 Kenai Peninsula Visitor Information Center & Soldotna Chamber of Commerce (vgl. auch S. 56)
44790 Sterling Hwy. Soldotna, AK 99669
Downtown Soldotna, südl. der Brücke
© (907) 262-9814, www.visitsoldotna.com

Mitte Mai–Mitte Sept. tägl. 9–19, sonst
Mo–Fr 9–17 Uhr

Kenai River Lodge
393 Riverside Dr., Soldotna, AK 99669
✆ (907) 262-4292 oder ✆ 1-800-977-4292
www.kenairiverlodge.com
Direkt am Fluss. Besonders gut geeignet
für einen Angelurlaub. $$$–$$$$

Best Western King Salmon Motel
35546 A Kenai Spur Hwy.
Soldotna, AK 99669
✆ (907) 262-5857 oder 1-800-780-7234
www.bestwesternalaska.com
Motel mit 48 Zimmern und Restaurant.
Stellplätze für Wohnmobile, Waschma-
schinen. $$$$

Uptown Motel
47 Spur View Dr., Kenai, AK 99611
✆ (907) 283-3660 oder 1-800-777-3650
www.uptownmotel.com
Relativ preiswerte Übernachtungsalter-
native in den überlaufenen Sommermo-
naten, 50 Zimmer in Downtown Kenai,
($$$). Mit dem Restaurant des Ortes.

Kings Inn Motel
10352 Kenai Spur Hwy., Kenai, AK 99611
✆ (907) 283-6060 oder 1-877-883-6060
www.alaskakingsinn.com
Direkt an der Einfahrt nach Kenai. $$$

Beluga Lookout Lodge & RV Park
929 Mission Ave., Kenai, AK 99611
✆ (907) 283-5999
www.belugalookout.com
Schöne Lage auf dem Steilufer mit Blick
über das Cook Inlet. *Hookups.*

Veronica's Coffee House
602 Petersen Way
Kenai, AK 99611
✆ (907) 283-2725
Uriges Café in Old Town Kenai. $–$$

Kenai RV Park
912 Highland Ave. & Upland St.

Leben in den Gezeitenpools …

Kenai, AK 99611, ✆ (907) 398-3382
www.kenairvpark.com
Mit *hookups*, Duschen.

Natron Air
619 Funny River Rd.
Soldotna Airport, AK 99669
✆ (907) 262-8440 oder 1-877-520-8440
www.natronair.com
Flüge, Bären- und Elchbeobachtung, Flie-
genfischen, als Tagestrip oder mit Übernachtung. Ähnliche Angebote haben:

Talon Air Service
Soldotna, AK 99669
✆ (907) 262-8899, www.talonair.com

High Adventure Air Charter
Soldotna, AK 99669
✆ (907) 262-5237
www.highadventureair.com

**Weitere Infos zu Kenai finden Sie auf
S. 56.**

… des Cook Inlet

❸ Lachse und Muscheln in Russisch-Alaska
Zwischen Kenai und Homer

3. Route: Kenai – Homer – East End Road – Homer (218 km/136 mi)

km/mi	Route

0   Ab 9.00 Uhr Besuch im **Kenai Visitors & Cultural Center**. Spaziergang oder Autotour durch **Alt-Kenai**: Von der Main St. rechts in die Overland Ave. zur Old Town. Dem Schild »Kenai Old Town« folgen. Am Weg liegen **Fort Kenay** und die **russisch-orthodoxe Kirche** Holy Assumption am Alaska Way. Zurück zur Mission St. und weiter zum **Erik Hauser Boy Scout Park** mit Blick auf die Mündung des Kenai River und über das Cook Inlet auf die Gipfel der Aleuten-Kette. Am Ende der Mission St. links in die Main St. und dann rechts in den Kenai Spur Hwy. Rechts in die Bridge Access Rd. und an deren Ende rechts in die **Kalifornsky Beach Rd.**, von hier aus mit dem Auto weiter nach

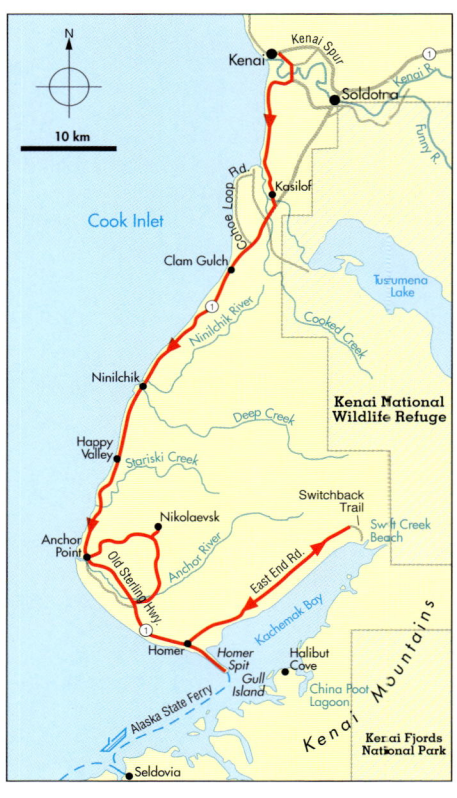

51/32   Kasilof, wo der Sterling Hwy. (Hwy. 1) nach Homer erreicht wird. Über

66/41   **Clam Gulch** nach

94/59   **Ninilchik** mit orthodoxer Kirche auf dem Steilufer über dem Dorf. Weiter nach

124/77,5   **Anchor Point** (Option: Abzweig der North Fork Rd. nach **Nikolaevsk**).

154/ 96   Um 15.00 Uhr Ankunft in **Homer:** Besuch im Pratt Museum. Anschließend Fahrt auf der **East End Rd.** und zurück nach

218/136   **Homer**.

Wichtig: In der sommerlichen Hauptsaison sind die Hotels in **Homer** oft ausgebucht. Deshalb unbedingt so früh wie möglich reservieren und möglichst keinen Besuch am Wochenende einplanen!

Kenai (sprich KIEnai) hat ein für alaskanische Verhältnisse schon fast biblisches Alter. Die ersten weißen Siedler der Region waren russische Pelzhändler, die im Jahre 1791 in der Nähe des Indianerdorfs Shkituk ihr Fort St. Nicholas bauten. Bis 1797 hatten sie sich so unbeliebt gemacht, dass die Indianer das Fort überrannten und die Russen für ein Jahr verjagten. 1867, nach dem Kauf durch die USA, wurde Alaska offiziell als »Indianerland« klassifiziert, 1869 erschienen vier Offiziere und 116 Soldaten in der Gegend um den Kenai River und errichteten den Militärposten Fort Kenay. Die hier ansässigen Dena'ina-Indianer zeigten sich jedoch als ein recht friedliches Volk, sodass die Truppe schon 16 Monate später wieder abzog. Für fast ein Jahrhundert war dann die Fischerei-Industrie der größte Arbeitgeber des kleinen Orts, bis 1957 vor der Küste Öl gefunden wurde. Heute flankieren gigantische Chemieanlagen die Straße nördlich von Kenai nach Nikiski, und im Cook Inlet arbeiten zahlreiche Ölbohrinseln.

Einen Schnelldurchlauf durch die Ortsgeschichte – vom Faustkeil der Athabasca-Ureinwohner über einen Samowar aus der Zeit der russischen Pelzjäger bis zu einer aktuellen Leuchtkarte mit Ölbohrstellen und Industrieanlagen – bietet die gelungen aufbereitete historische Sammlung im **Kenai Visitors & Cultural Center**. In einem zweiten Raum ist in Form von Modellen und präparierten Originalen die Tierwelt der Region zu sehen, vom weißen Wiesel im Westentaschenformat bis zum Beluga-Wal. Am Counter gibt es neben Infos über die gesamte Halbinsel auch das Faltblatt »Old Town Kenai Walking Tour« mit 22 so genannten historischen Stopps.

An den meisten davon kann man jedoch getrost vorbeifahren und sich stattdessen sofort in die **Old Town** aufmachen. In Alt-Kenai stößt man neben einer Nachbildung des amerikanischen Forts auch auf das beliebteste Fotomotiv des Ortes: **Holy Assumption of the Virgin Mary** aus dem Jahr 1896 ist eine der ältesten noch erhaltenen russischorthodoxen Kirchen in Alaska. In ihrem Inneren hängen mehrere schöne Ikonen, einige davon sind über 150 Jahre alt. Rechts von der Kirche steht das Pfarrhaus aus dem Jahr 1881, einige Schritte nach links, hinter einem weißen Zaun, die St.-Nicholas-Kapelle. Sie erinnert an den ersten Missionar auf der Kenai-Halbinsel, Igumen (Abt) Nikolai, der die Indianer gegen die Pocken impfen ließ und das dafür notwendige Serum nach Alaska brachte. Am kleinen **Boy Scout Park** am Rande der Old Town

51

lohnt ein Halt, um von der Kante des Hochufers den Ausblick über das Wasser des Cook Inlet hinüber auf die Gletscherkulisse der Alaska Range zu genießen. Hier kann man auch den Anglern an der Mündung des Kenai River dabei zusehen, wie sie, bis zum Bauch im Wasser stehend, die Lachse für die Köder am Ende der Leine zu interessieren versuchen.

Weiter geht es auf der **Kalifornsky Beach Road**, von den Einheimischen schlicht K-Beach Road genannt, nach Süden. Ein schmaler Streifen lichten Birkenwalds liegt zwischen der Uferstraße und dem Wasser, ab und an lugt ein Haus durchs Grün. Von der anderen Seite des Cook Inlet leuchten die Gipfel des alaskanischen *Ring of Fire* herüber. Gelegentlich beweist einer der zu diesem »Feuerring« gehörigen Vulkane,

dass er noch längst nicht zur Ruhe gekommen ist: zuletzt im Januar 2006 der St. Augustine südwestlich von Homer und 1989 der Mount Redoubt gegenüber von Kenai.

In **Clam Gulch** ist der Ortsname Programm. Eine Schotterstraße führt hinunter zum Strand, an dessen Rand bei Ebbe gebückte Gestalten so lange im aufgeweichten Grund buddeln, bis sie völlig mit Schlick beschmiert sind. In Wirklichkeit ist die Schlammschlacht natürlich nur Beiwerk, denn beim *clamming* werden mit gekonntem Schaufeleinsatz delikate und zerbrechliche Muscheln namens *razor clams* möglichst unversehrt ans Licht und in die mitgebrachten Eimer befördert. Ihr Versteck verraten die Sandbewohner dem geübten Sammler durch kleine Luftlöcher an der Oberfläche. Wer kein Fahrzeug mit

Zeugnis russischer Besiedlung: orthodoxe Kirche Holy Assumption

Vierradantrieb plus der entsprechenden Erfahrung besitzt, sollte es den auf dem Strand umherfahrenden Einheimischen besser nicht nachtun. Denn gelegentlich gibt es hier Stellen weichen Sands, die so tückisch sind, dass viele Autos stecken bleiben und anschließend von der heranrollenden Flut ruiniert werden.

Vielschichtig geht es in **Ninilchik** zu. Ganz oben auf dem Hochufer, mit Blick weit über Bucht und Berge, steht die äußerst fotogene russisch-orthodoxe Kirche. Unten am Ufer des Ninilchik River gruppieren sich die Häuser des kleinen, sympathisch verlotterten Dorfes um den winzigen Hafen voller bunter Fischerboote. Noch tiefer, nämlich bis zum Hosenboden im Wasser, stehen die Lachsangler an der Mündung von Deep Creek und Ninilchik River. Ähnlich wie Kenai geht das Dorf auf eine Ansiedlung von Angestellten der russischen Pelzhandelsgesellschaft zurück. Heute ziehen die Nachkommen der russischen Siedler keinem Pelztier mehr das Fell über die Ohren, längst haben sie sich, in weit friedvollerer Absicht, auf die Angeltouristen eingestellt, die in der Saison in wahren Massen den kleinen Ort überfluten.

Ein russisches Dorf neueren Datums erreicht man nach acht Meilen Fahrt auf der North Fork Road, die in Anchor Point vom Sterling Highway abzweigt. **Nikolaevsk** (sprich Nikolajewsk) ist eine Gemeinde der *Old Believers*, einer ultra-orthodoxen russischen Sekte. Im Dorf gibt es eine hübsche Kirche mit beeindruckender Ikonenmalerei an der Stirnseite und einen Andenkenladen mit allerlei russischem Schnickschnack. Wer will, kann dann von hier aus auf weiteren acht Meilen Schotterstraße durch die Hügel des Hinterlands bis zum Sterling Highway kurz vor Homer weiterfahren.

Auch eine Meeresbeute: Netzbojen in Kenai

Der **Sterling Highway** verläuft auf dem Weg nach Homer hoch oben am Rand der Steilküste entlang, und fast in jeder Kehre tut sich – zum Beispiel bei Meile 169 – eine neue faszinierende Aussicht auf die Kachemak Bay und die Gebirgskette der Kenai Mountains auf. Wer das Landschaftspanorama vom Parkplatz am Baycrest Hill aus bewundert, bekommt dort Gelegenheit zu einem ersten Blick auf **Homer**. Umrahmt von unzähligen gletschergekrönten Gipfeln, liegt die knapp 6 000 Einwohner zählende Hafenstadt, die sich stolz als *Halibut Fishing Capital of the World* anpreist, tief unten in der grüngrauen Kachemak Bay.

53

Auf Fische aus: Weißkopfseeadler bei Homer und ...

... Fischer am Homer Spit beim Ausmessen eines Heibutt

Der Sterling Highway führt, am Ortszentrum von Homer vorbei, schnurstracks auf jene schmale Landzunge, die jeden Sommer Tausende (amerikanische) Touristen zu wahren Begeisterungsstürmen hinreißt. Selbst der nüchtern-sachliche »Milepost« kürt die Landzunge in seiner Beschreibung zum *most spectacular spot on the Kenai Peninsula*. Die Rede ist vom **Homer Spit**, einem betonierten Landstreifen, der sieben Kilometer weit in die Bay ragt und die Besucher wie auf einem ausgestreckten Arm mitten in die ganze Wasser-, Wald- und Gebirgspracht der Kachemak-Bay-Kulisse hinausführt. Doch so betörend der Rundumblick in die Ferne auf die Sinne wirkt, so ernüchternd ist die Nahsicht. Nirgendwo auf dem asphaltierten Landstreifen wächst auch nur das kleinste Bäumchen, dicht drängen sich Campmobile auf kahlen Parkplatzflächen. Am schmalen grauen Steinstrand, der die Betonpiste säumt, knattern die Zeltplanen hart gesottener Globetrotter im Wind. Einzig die rechts und links auf Pfeilern ins Wasser montierten *boardwalks* mit Läden, Seafood-Kneipen, Eisdielen und Charterbootfirmen verbreiten einen Hauch von Urlaubsstimmung.

Homers eigentliches Zentrum liegt im Grün des Nordufers. An der **Pioneer Avenue** reihen sich bunte Holzhäuser, Kunstgalerien, Restaurants und Hotels aneinander. Im **Pratt Museum** zeigt eine Schau mit dem Titel »Darkened Waters« die bedrückenden Folgen der durch den Unfall des Tankers »Exxon Valdez« ausgelösten Katastrophe im Jahr 1989. Das ausgelaufene Öl klebte damals als schwarzer Schlick in den Sandbuchten und Felsfjorden und kostete Zehntausende von Vögeln, Hunderte von Seeottern und Tausende weitere Tiere, die es über die Nahrungskette aufgenommen hatten, das Leben.

Wer genügend Zeit und noch Lust zum Schauen hat, biegt am Pratt Museum linker Hand in die **East End Road**, die 20 Meilen lang auf dem Scheitel des Nordufers der Kachemak Bay die Parade abnimmt. Nach 19 Meilen hört der Asphalt auf, und es geht auf einer Schotterpiste weiter in die Wildnis. Längst sind die letzten Häuser im Rückspiegel verschwunden, es gibt nur noch Einsamkeit und atemberaubende Sicht über die Kachemak Bay, die mit Wolkengebirgen, Waldeinsamkeit und Wasser ständig wechselnde Panoramen malt. Doch kurz bevor es wildnisentwöhnten Europäern allzu einsam wird,

ist der ausgebaute Teil der Straße zu Ende. Die Schotterstraße führt noch 3.2 Meilen weiter zu einer Wendefläche an einem Steilhang. Dieses Vergnügen hat zwar seinen Preis, dafür gibt es den ultimativen Logenblick und die farbenprächtige Naturkulisse aber inklusive. Die Wiese ringsum ist mit gelbem Löwenzahn gesprenkelt, am Wegrand wachsen blaue Lupinen, während der Wald dunkel schimmernd am Hang liegt. Auf der anderen Seite der Bucht ragen die schneebedeckten Gipfel der Kenai Mountains aus dem Nebel, der sich als feiner Gazeschleier über Bay und Berge gelegt hat. ☀

Verklärte Historie: Wandbild in Kenai

Kenai Visitors & Cultural Center

11471 Kenai Spur Hwy., zwischen Overland & Main Sts.
Kenai, AK 99611-7757
✆ (907) 283-1991
www.visitkenai.com
Mitte Mai–Mitte Sept. Mo–Fr 9–19, Sa/So 10–18, sonst Mo–Fr 9–17, Sa 11–16 Uhr
Informationszentrum mit kleinem Museum und Filmvorführungen. Hier gibt es die Broschüre »Old Town Kenai Walking Tour«.

Anlaufpunkte in der **Old Town** von **Kenai** sind die Nachbildung des Forts von 1865, der *Trading Post*, die restaurierte Fischkonservenfabrik und Holy Assumption of the Virgin Mary, eine der ältesten russisch-orthodoxen Kirchen in Alaska.

In **Clam Gulch** führt vom oberen Ende der Steilküste aus ein Weg hinunter zum Strand, wo bei Ebbe eifrig nach Muscheln gegraben wird. Es empfiehlt sich oben zu parken und hinunter zu laufen, das Befahren des Strandes erfordert einiges Geschick.

Bekannt ist **Nikolaevsk** als Dorf einer ultra-orthodoxen russischen Sekte. Im Ort gibt es eine hübsche orthodoxe Kirche und einen Andenkenladen.

Homer Visitor Information Center

201 Sterling Hwy., Homer, AK 99603
✆ (907) 235-7740, www.homeralaska.org
Im Sommer 9–20 Uhr

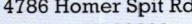
Land's End Resort

4786 Homer Spit Rd.
Homer, AK 99603
✆ (907) 235-0400 oder 1-800-478-0400
www.lands-end-resort.com
Am Ende des Spit. Einige der 62 Zimmer mit Balkon und Aussicht. Versuchen Sie ein Zimmer mit Meerblick zu bekommen! Mit Fischrestaurant Chart Room ($$–$$$). $$$–$$$$

Best Western Bidarka Inn

575 Sterling Hwy., am Ortseingang
Homer, AK 99603
✆ (907) 235-8148 oder 1-866-685-5000
www.bidarkainn.com
Motel mit 74 geräumigen Zimmern. Das Restaurant ist spezialisiert auf *prime ribs*, *lobster* und frischen Fisch ($$–$$$). $$$–$$$$

Driftwood Inn & RV Park

135 W. Bunnell Ave., Homer, AK 99603
✆ (907) 235-8019 oder 1-800-478-8019
www.thedriftwoodinn.com
Am Ufer, mit Blick auf die Kachemak Bay. Ruhig gelegen. Wohnmobilstellplätze. $$–$$$

Heritage Hotel Lodge

147 E. Pioneer Ave.
Homer, AK 99603
✆ (907) 235-7787 oder 1-800-380-7787
www.alaskaheritagehotel.com
Preiswertes Hotel, die Zimmer im *new wing* sind die besseren. $$

Ocean Shores Motel

3500 Crittenden Dr., Homer, AK 99603
✆ (907) 235-7775 oder 1-800-770-7775
www.oceanshoresalaska.com
Ruhige Lage, Meerblick, eigener Strand. $$$

Holland Days B&B

41045 Denny Lane, Homer, AK 99603
✆ (907) 235-7604 oder 1-888-308-7604
www.hollanddaysalaska.com
Schön gelegenes B&B vor Homer. Zwei Gästezimmer und zwei Ferienhäuschen im Grünen abseits des Sterling Hwy. $$$–$$$$

Bed & Breakfast gibt es in und um Homer in großer Zahl (siehe auch www.homeralaska.org). Sehr schön sind u. a. Paula´s Place B & B (✆ 907-435-3983, www.paulasplacebandb.com) sowie das **Ocean House Inn** (✆ 907-235-3294, www.homeroceanhouse.com).

Weitere B&B vermitteln:
Homer's Finest Bed & Breakfast Network
61995 Mission Ave., Homer, AK 99603
✆ (907) 235-4983 oder 1-800-764-3211
www.homeraccomodations.com

 Camping auf dem Spit ist schwer zu bekommen, für Wohnmobile aber auf allen gekennzeichneten Flächen erlaubt. Man muss jedoch damit rechnen, dass dort bis spät in die Nacht Betrieb ist.

 Homer Spit Campground
Am Ende des Homer Spit
Homer, AK 99603
✆ (907) 235-8206
Meerblick, Duschen, Strom.

 Oceanview RV Park
455 Sterling Hwy., Homer, AK 99603
✆ (907) 235-3951
www.oceanview-rv.com
Neben dem Best Western Bidarka Inn. Zugang zum Strand, Duschen.

 Heritage RV Park
3350 Homer Spit Rd., Homer, AK 99603
✆ (907) 226-4500 oder 1-800-380-7787
www.alaskaheritagervpark.com
Luxuriöser RV Park auf dem Homer Spit neben Homer's berühmtem »Fishing Hole«.

 Seaside Farm & Hostel on the Beach
40904 Seaside Farm Rd.
Homer, AK 99603
✆ (907) 235-7850
www.seasidealaska.com
Urig-gemütliche Jugendherberge auf einer Farm an der East-End Rd. (ca. 8 km von Homer). Campingplatz auf der Wiese mit Blick auf Berge, Gletscher und die Kachemak Bay. $

 Pratt Museum
3779 Bartlett St., Homer, AK 99603
✆ (907) 235-8635
www.prattmuseum.org

 Mitte Mai–Mitte Sept. tägl. 10–18 Uhr, sonst Di–So 12–17 Uhr, Jan. geschl.
Eintritt $ 8
Ausgezeichnetes naturhistorisches Museum. Aquarium mit einheimischen Meeresbewohnern sowie Arbeiten einheimischer Künstler. Auf Monitoren kann man das von auf den Vogelfelsen installierten Kameras gefilmte Treiben der Vögel beobachten.

 East End Road
20 Meilen lange Straße zum Ende der Bucht mit grandiosen Ausblicken auf Berge, Gletscher und Meer.

 The Homestead
Meile 8.2 East End Rd.
Homer, AK 99603
✆ (907) 235-8723
www.homesteadrestaurant.net
Eines der beliebtesten Restaurants der Gegend. Die Speisekarte reicht von Steak und Kartoffeln bis zu kreativen Fischzubereitungen. Nur Dinner. $$$

Weitere Infos zu Homer finden Sie auf S. 63 ff.

Russisch-orthodoxe Kirche in Ninilchik

4 Lunch in der grünen Lagune
Ein Tag an der Kachemak Bay

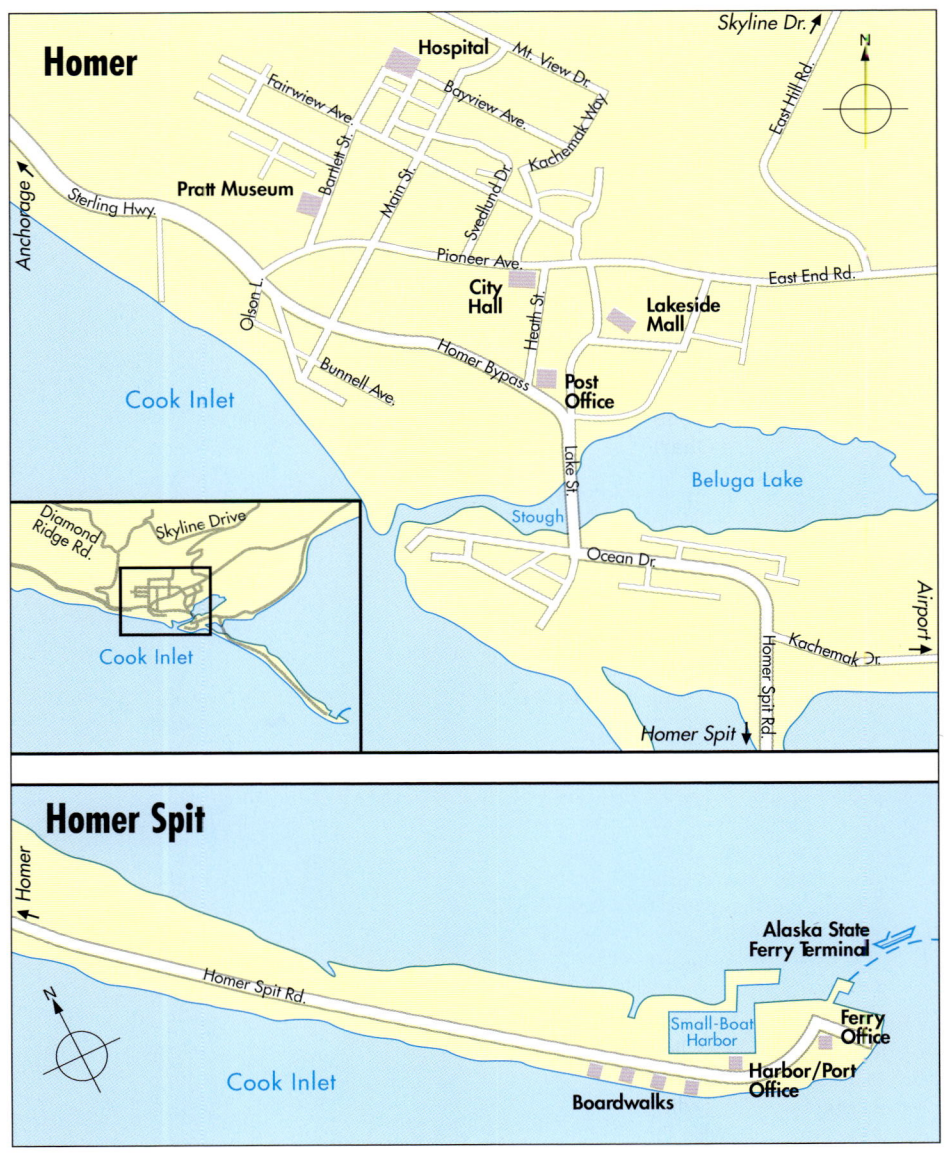

4. **Programm:** Homer

Vormittag	Frühstück im **Cafe Cups** oder im **Duncan House**. Auf der East Hill Rd. bergauf und links in den **Skyline Dr.**, an dessen Ende links in die West Hill Rd. und hinunter zum Sterling Hwy. Weiter über den Homer Bypass, Lake St. und Ocean Dr. Vom Ocean Dr. rechts in die Homer Spit Rd. und weiter bis zum **Spit**.
12.00 Uhr	Abfahrt mit der »Danny J.« vom Small Boat Basin aus nach **Halibut Cove**. Lunch im »Saltry« und Spaziergang in Halibut Cove.
17.00 Uhr	Ankunft am **Homer Spit**. Bummel über den Spit und Begutachtung der Heilbutt-Ausbeute des Tages.
Abend	Drink im **Salty Dawg Saloon**.

Alternativen & Extras:
– Beobachtung fischender Bären, u. a. mit Alaska Bear Adventures, © (907) 299-5229 oder 1-877-522-9247, www.alaskabearviewing.com, und Bald Mountain Air Service, © (907) 235-7969 oder 1-800-478-7969, www.baldmountainair.com.
– **Fischen** mit dem Charterboot.
– Ein zusätzlicher Tag zum Ausspannen und Wandern in **Halibut Cove**.
– Bootsfahrt nach **Seldovia** (Central Charters, Adresse vgl. Infos).
– **Natural History Tour** mit dem Center for Alaskan Coastal Studies (Rainbow Tours, Adresse vgl. Infos).
– **Wandern** auf der anderen Seite der Kachemak Bay: Vom Glacier Spit Trailhead über Glacier Lake Trail zum Grewingk Glacier Trail und auf dem Saddle Trail zum Saddle Trailhead (vorher übersetzen mit einem Water Taxi).

Homer trägt den Namen seines Gründers Homer Pennock, eines charismatischen Goldsuchers und Schwindlers aus New York, der 1896 mit 50 hoffnungsvollen Gefährten am Ufer der Kachemak Bay landete. Bald war die Gruppe mit der harschen Wirklichkeit des Lebens in Alaska konfrontiert – und statt Gold fand sie Braunkohle, die sie an die Siedlungen und Fischkonservenfabriken am Cook Inlet lieferte. Das Geschäft mit der Kohle blühte, sogar eine Eisenbahnlinie gab es, die zwischen dem Bergwerk und dem Dock am Ende des Spit verkehrte. Als mit der Einrichtung des ersten Postamts der Ort sozusagen offiziell zu existieren begann, musste er auch einen Namen haben. Der Vorname des Anführers machte dabei das Rennen.

Die Kohle wurde bald von den Erträgen aus der boomenden Fischerei als Haupteinnahmequelle abgelöst, und am Ende des Spit entstanden zusätzliche Docks. Die Landzunge war damals fast eine Meile breit und von einem Wäldchen und Wiesen bedeckt, auf denen Kühe weideten. Durch das Erdbeben von 1964 senkte sich das Land um bis zu zwei Meter, das Meer verschlang zwei Drittel des Spit, bei Flut wurde er zu einer Insel. Es brauchte sechs Jahre und sieben Millionen Dollar, um den befestigten Damm mit Straße anzulegen, der jetzt auch den stärksten Winterstürmen trotzt. Heute machen an den Docks Frachter und Kreuzfahrtschiffe ebenso fest wie die schwimmenden Fischfabriken der großen Trawler. Im Small Boat Harbor haben 700 Boote Platz, viele Charterer warten darauf, Angler zur täglichen Jagd nach dem *trophy size halibut* hinaus in die Bucht zu bringen.

Gleich nach dem Frühstück steht im zweifachen Sinn ein Höhepunkt des heutigen Tages an: der **Skyline Drive**, nur wenige Fahrminuten vom Stadtzentrum entfernt. Bei der Anfahrt über die East Hill Road ziehen am Autofenster Villen in bester Hanglage vorbei, die Seitenstraßen tragen Namen wie Garden Eden, Eagle View und Alpine Way. Wenn nicht gerade Wolken die Sicht versperren, schimmert der Homer Spit

wie eine Luftaufnahme in der Bay, zur Linken dehnt sich der Kachemak-Fjord aus, zur Rechten das Cook Inlet, am Horizont zeigt sich ein Endlospanorama schnee- und eisbedeckter Gipfel. Es ist still und einsam auf dem Skyline Drive, ringsum wuchert frisches Grün. Nur ab und an führt eine kurze Zufahrt zu einer Holzvilla mit Veranda und Schaukelstuhl, irgendwo bellt ein Hund.

Über die West Hill Road geht es wieder zurück nach Homer und geradewegs auf den **Spit**. Auch wenn es zur Hauptsaison durchaus so aussieht, der Spit wurde keineswegs als Touristenparkplatz ins Meer hinaus gebaut. Die natürliche Landzunge, die wie ein Finger in die Bay ragt, war von Anfang an Homers Markenzeichen und wirtschaftliche Lebensader. Am Spit werden nicht nur die dicksten Fische an Land gebracht, darunter mannsgroße und bis zu 200 Pfund schwere Heilbutt-Exemplare, von hier tuckern auch die Wassertaxis zu den abgelegenen kleinen Siedlungen auf der anderen Seite der Bucht.

Der Angler fette Beute: Heilbutt auf dem Homer Spit

Die Kachemak Bay ist ein fischreiches Gewässer

Homer hat sich alaskaweit als Künstler-kolonie einen Namen gemacht. Die meisten Maler und Bildhauer, die das milde Klima und die grandiose Natur-kulisse hierher lockten, leben jedoch zurückgezogen auf der anderen Seite der Bay rund um die idyllische **Halibut Cove**. Zweimal täglich tuckert das um-gebaute Fischerboot »Danny J.« vom Spit hinüber in das romantische Künst-lerdorf. Unterwegs in der Kachemak Bay gibt es nicht nur Seeotter und *Or-cas* zu sehen, sondern auch die Felsen von **Gull Island**, auf denen Tausende von Vögeln nisten und Seelöwen bäuch-lings in der Sonne dösen. Eine gute Viertelstunde dümpelt die »Danny J.« auf der Stelle, damit die Gäste mit Fern-glas und Teleobjektiv das Schauspiel ausgiebig genießen können. Neun ver-schiedene Seevogelarten nisten in den Felsspalten – vom eleganten, schwarz glänzenden Kormoran bis zum clow-nesken, faschingsbunten *tufted puffin* (Papageientaucher).

Der erste Blick bei der Einfahrt in die Bucht von Halibut Cove zeigt den beson-deren Charme der Siedlung. Straßen,

Hoftore oder Garagen sind hier nicht zu sehen, dafür aber schwimmende Docks und hölzerne *boardwalks*, die einen Teil der Häuser, einige davon Werkstät-ten und Galerien, miteinander verbin-den. Die »Danny J.« legt neben dem Saltry an, einem Restaurant mit Terrasse – ideal, um sich beim Lunch genussvoll dem Blick über die Bucht hinzugeben.

In den ersten Jahrzehnten des 20. Jahrhunderts existierten hier mehrere große Fischsalzereien *(saltries)*, die den frischen Fang der örtlichen Fischer für den Weitertransport konservierten; zur Zeit der Prohibition war Halibut Cove mit seinen dichten Fichtenwäldern ein beliebtes Versteck der Alkoholschmugg-ler. Heute ist die kleine Ansiedlung der ideale Ort, um ein paar Tage abseits vom Rummel auszuspannen, denn wenn die »Danny J.« die Lagune wieder ver-lässt, gehört die weltabgeschiedene Idyl-le den wenigen Einwohnern und Gästen. Drei Lodges bieten Unterkunft in Häu-sern, die auf Stelzen über den Felsen rund um das grüne Ufer der Bucht ste-hen. Von der Terrasse aus genießt man die friedliche Szenerie rund um die Lagune, ab und zu tuckert ein Boot über das klare, grüne Wasser und über der ganzen Szenerie kreist wie bestellt ein Seeadler am Himmel. Zur Befriedigung des Bewegungsdrangs führen hinter den Häusern Pfade über duftenden Waldboden zu stillen Buchten und immer neuen Ausblicken von der Steilküste.

Halibut Cove ist eine Enklave im **Kachemak Bay State Park,** der zusammen mit dem anschließenden Wilderness Park mehrere hundert Kilometer Küste an der Kachemak Bay und dem Golf von Alaska umfasst. Eine schöne Tageswanderung beginnt ganz in der Nähe auf der anderen Seite der Bucht. Vom **Glacier Spit** oder **Saddle Trailhead** geht es durch immergrünen dichten Wald zum Ufer des Schmelzwassersees zu Füßen des Grewingk-Gletschers und zurück zur Küste, wo zur vereinbarten Stunde das Taxiboot wartet.

Gegen 17 Uhr legt der Ausflugskahn mit den Tagesgästen wieder am Homer Spit an, zur gleichen Zeit kehren auch die Charterboote hierhin zurück. Nun ist die Zeit für den Auftritt der Angelfans gekommen. An den Waagen vor dem Dock gruppiert man sich zum Erinnerungsfoto mit dem Fang des Tages, der anschließend auf dem Filetiertisch nebenan vom flinken Messer des *guide* in gefriertruhengerechte Portionen zerteilt wird. Wer mit Fisch-Leichen nichts im Sinn hat, kann stattdessen hinüberwandern zum Campground und dem skurrilen Anwesen der Eagle Lady einen Besuch abstatten. Sie haust zwischen Kitsch und Blumen in einem Wohnwagen am Strand und hat es sich zur Aufgabe gemacht, im Winter täglich die über hundert Seeadler zu füttern, die sich zu Sonnenaufgang hier einfinden.

Die Helden der Meere kann man später im derb-rustikalen **Salty Dawg Saloon** wiedersehen. Der historische Holzbau unter dem Leuchtturm hatte seinen Anfang als Postamt des neu gegründeten Ortes. Mit seinen groben Holztischen und dem dick mit Sägespänen gepolsterten Fußboden ist er heute die urigste Kneipe südlich von Anchorage und das gemütlichste Plätzchen auf dem Spit. Hier geht es nicht selten laut zu, wenn die Angler und Sportfischer in kleinen Gruppen zusammenstehen und gemeinsam über Größe und Qualität der Tagesausbeute diskutieren. ✺

Die Bären vom McNeil River

Nahe der Mündung des McNeil River versammeln sich jedes Jahr zwischen Juni und Anfang August bis zu 140 Braunbären, um sich an den Lachsen fett zu fressen, die sich einen Wasserfall hinaufkämpfen. Dadurch dass hier genau so regelmäßig viele Schaulustige zusammenkommen, um ihnen bei ihrem Treiben zuzusehen, sind die Bären inzwischen an die nur wenige Meter entfernt stehenden menschlichen Zaungäste gewöhnt. Sie ignorieren sie einfach und benehmen sich dem entsprechend ungeniert. Der Besuch am McNeil River ist nur mit einer speziellen Erlaubnis (Viewing Access Permit) des **Alaska Department of Fish & Game** möglich. An der Verlosung für die rund 250 *permits* nehmen jedes Jahr Tausende Interessenten teil. Die Anmeldung zu dieser Lotterie kostet $ 25 und muss online oder postalisch bis spätestens 1. März eingegangen sein bei: Alaska Dept. of Fish & Game, Division of Wildlife Conservation, 333 Raspberry Rd., Anchorage, AK 99518, © (907) 267-2253, Attn: (Jahreszahl) McNeil River Application, www.wildlife.alaska.gov. Wer mit dem McNeil River kein Glück hat, lässt sich von Kenai Fjords Outfitters oder einer der Tour Companies in **Homer** zu den Brooks River Falls oder an einen anderen Platz im Katmai National Park fliegen.

Die Dekoration ist Programm: »Café Cups« in Homer

Weitere Infos zu Homer finden Sie auf S. 56 f.

 Telefonnummer für Alaskas Wettervorhersage vom Band: ☎ 1-800-472-0391

 Duncan House Diner
125 E. Pioneer Ave., neben dem Heritage Hotel, Homer, AK 99603
☎ (907) 235-5344
www.duncanhousediner.com
Täglich ab morgens geöffnet; Frühstück, Hausmannskost und Seafood. $–$$

Café Cups
162 W. Pioneer Ave., Homer, AK 99603
☎ (907) 235-8330
http://cafecupsofhomer.com

Immer gut, egal ob Frühstück, Lunch oder Dinner. Dieses Szene-Bistro mit angenehmem Ambiente ist spezialisiert auf Meeresfrüchte und Pasta. Außerdem ist der Espresso gut. $$–$$$

 Two Sisters Bakery
233 E. Bunnell Ave., Homer, AK 99603
☎ (907) 235-2280
www.twosistersbakery.net
Bäckerei mit kleinem Café. Gut fürs Frühstück und den Kaffee zwischendurch. $

 Boardwalk Fish & Chips
4287 Homer Spit Rd.
Homer, AK 99603
☎ (907) 235-7749, www.bfchomer.com
Gehobener *Fish & Chips Joint* mit Blick aufs Meer. $

4 Infos: Homer, Halibut Cove

Ptarmigan Arts Gallery
471 E. Pioneer Ave., Homer, AK 99603
✆ (907) 235-5345
www.ptarmiganarts.com
Kunst und Kunsthandwerk von Einheimischen.

Old Inlet Bookshop
3487 Main St., Homer, AK 99603
✆ (907) 235-7984
www.oldinletbookshop.com
Antiquariat, seltene Bücher, neue und alte Werke über Alaska und die Polargebiete. Mit dem »Mermaid Café«.

Skyline Drive
Panoramablick auf das Cook Inlet, die Kachemak-Bucht, Homer und den Spit, dazu im Hintergrund Berge und Gletscher.

Halibut Cove
www.halibutcove.com
Malerisch gelegenes Dorf (ca. 30 Einw.) mit Künstlerkolonie auf der anderen Seite der Kachemak-Bucht. Ein *boardwalk* verbindet die Häuser und Künstlerateliers am Ufer der Ismailof-Insel. Überfahrt von Homer mit der »Danny J.«.

The Saltry
1 W. Ismilof St.
Halibut Cove, AK 99603
✆ (907) 399-2683
www.halibut-cove-alaska.com/saltry.htm
Sehr gutes und einziges Restaurant in Halibut Cove. Reservierungen über Central Charters oder beim Kauf des Fährtickets.
$$–$$$

Bringt Passagiere und Post: Die »Danny J.« in Halibut Cove

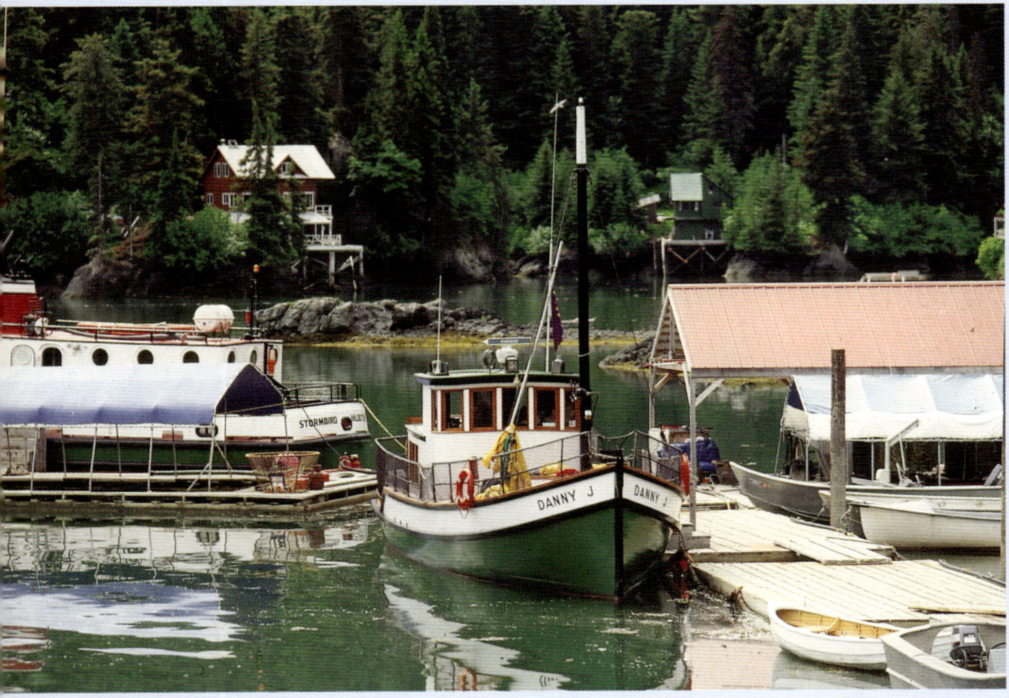

Kachemak Bay Ferry
✆ (907) 296-2223
Fährverbindung mit der »Danny J« oder der »Stormbird« von Homer Spit nach Halibut Cove
Reservierungen und Tickets bei Central Charters (s. u.), Abfahrten von Homer um 12 ($ 57,50) und 17 Uhr ($ 34,50), Rückfahrten ab Halibut Cove 16 und 22 Uhr
Die abendliche Fahrt ohne Besuch der Vogelfelsen kostet die Hälfte des Nachmittagsfahrpreises, ist allerdings nur in Kombination mit einer Reservierung im Restaurant The Saltry möglich. Abfahrt von Rampe A im Hafen am Homer Spit.

Central Charters
4241 Homer Spit Rd., Homer, AK 99603
✆ (907) 235-7847
www.centralcharter.com
Central Charters ist eine universelle Buchungsagentur, die nicht nur die »Danny J.« betreut, sondern auch andere Unternehmungen vom Charterboot für Angler bis zu Kajaktouren vermittelt.

Bay Excursions
Water Taxi & Tours, Homer, AK 99603
✆ (907) 235-7525
www.bayexcursions.com
Bootsverbindungen nach Halibut Cove und organisierte Touren zur Vogel- und Wildtierbeobachtung mit Kapitän Karl Stoltzfus.

Salty Dawg Saloon
Am Ende des Spit beim Hafen
Homer, AK 99603
✆ (907) 235-6718
www.saltydawgsaloon.com
Die 1957 etablierte und inzwischen in ganz Alaska bekannte Bar befindet sich in einem alten Holzhaus mit Leuchtturm aus dem Jahre 1897. Sie ist das Wahrzeichen von Homer Spit.

Fischen
Es gibt viele Charterboot-Vermittler in Homer. Zu den empfehlenswerten gehören:

– North Country Halibut Charters
Homer, AK 99603
✆ (907) 235-7620 oder 1-800-770-7620
www.northcountrycharters.com
– Silver Fox Charters
✆ (907) 235-8792 oder 1-800-478-8792
www.silverfoxcharters.com
– Homer Ocean Charters
Homer, AK 99603
✆ (907) 235-6212 oder 1-800-426-6212
www.homerocean.com
Weitere Adressen erhalten Sie auf Anfrage von der **Homer Charter Association**, ✆ (907) 235-2282, www.homercharterassociation.com, und von **Central Charters** (vgl. dort).

Natural History Tour
Bootstour mit einem Zwischenstopp im Vogelschutzgebiet. Außerdem geführte Wanderung durch die Urlandschaft des Regenwalds und den Gezeitengürtel. Buchung bei **Rainbow Tours** auf dem Spit.

Seldovia
Kleines Fischerdorf auf der anderen Seite der Bucht mit dem Charme des alten Alaska. Ideal für kleine Wanderungen, zum Angeln oder einfach Ausspannen.
Buchung: **Rainbow Tours** auf dem Spit.

Rainbow Tours
Cannery Row Boardwalk
Homer, AK 99603, ✆ (907) 235-7272
www.rainbowtours.net
Abfahrt nach Seldovia und nach China Poot Lagoon um 9 Uhr.
Walbeobachtungen, Heilbuttangeln und Fotoexkursionen.

Water Taxi
Es gibt verschiedene Boots-Taxi-Unternehmen in Homer, die zu vernünftigen Preisen Fahrgäste zu allen Zielen in der Bay befördern. Namen und Telefonnummern gibt es beim Homer Visitor Information Center (s. S. 56).

⑤ Fjorde und Gletscher in Sewards Ice Box

Von Homer zur »Bucht der Auferstehung«

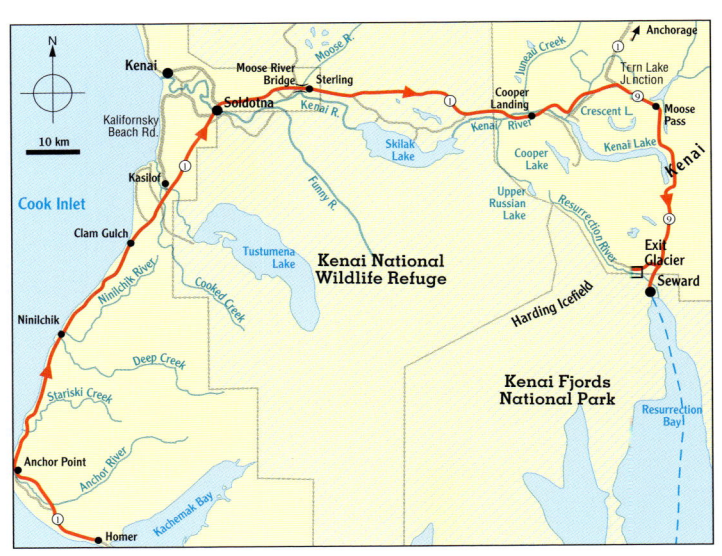

5. Route: Homer – Seward (307 km/192 mi)

km/mi	Zeit	Route
0	9.00 Uhr	Abfahrt in **Homer**, auf dem Sterling Hwy. (Hwy. 1) nach Norden bis
126/ 79		**Soldotna**. Von dort bis zum
218/136	13.00 Uhr	Abzweig auf den Hwy. 9 nach Seward, bei km/mi
272/170		rechts in die Exit Glacier Rd.
286/179		Ankunft am **Exit Glacier Nature Center**, Spaziergang zum Ende des Gletschers.

307/192 17.00 Uhr Ankunft in Seward. Auf der 4th Ave. durch den Ort zum Besuch des Alaska SeaLife Center, auf dem Ballaine Blvd. am Ufer zurück zum Small Boat Harbor und Besuch des **Kenai Fjords National Park Visitor Center**, ggf. Bootstour für den morgigen Tag buchen. Danach Spaziergang durch Seward oder Museumsbesuch.

Nach Seward, dem Hafen im Süden der Kenai-Halbinsel, geht die Fahrt heute auf dem Sterling Highway zurück über Anchor Point, an der hübschen Kirche von Ninilchik vorbei nach Soldotna und am Kenai River entlang zur Tern Lake Junction mit dem Seward Highway. Zwischen Homer und Seward liegen die Kenai Mountains mit dem gewaltigen Harding Icefield, mit 35 Meilen Länge, 20 Meilen Breite und über 30 Gletschern eines der größten unerforschten Gletschergebiete der USA.

Natürlich führt kein Weg durch die Eiswildnis, und so bleibt keine Wahl, als auf dem einzigen Highway wieder zurück Richtung Norden zu fahren.

Kurz hinter der Tern Lake Junction trifft die Straße auf den Schienenstrang der Alaska Railroad, die auf der Route des historischen Iditarod Trail verlegt wurde. Sie folgt dem Trail Lake und führt anschließend zum **Kenai Lake**, der, vor der Kulisse schneebedeckter Gipfel gelegen, der vielleicht schönste See der ganzen Halbinsel ist. Duftende

Mitternacht am Cook Inlet

Nadelwälder säumen seine Ufer, einsame Buchten mit Treibholzriesen im Wasser und moosweiche Wege mit blauen Lupinenteppichen laden zu Wanderungen ein. Wenn die Sonne durch die Wolken bricht, leuchtet der Gletschersee in magisch-milchigem Grün. Bald darauf zeigt ein Schild die Zufahrt zum **Exit Glacier** an. Die 15 Kilometer lange geteerte Straße am Resurrection River führt zum Nature Center am Rande eines der am besten zugänglichen Gletscher Alaskas, dessen imposanter Eisstrom doch nur eine kleine Zunge des riesigen Harding Icefield ist. Einen guten Kilometer weit führt ein fast ebener Weg vom Nature Center aus zum Fuß des blau schimmernden Riesen. Schließlich steht man ganz nah vor einer haushohen, kalten Wand aus Eis. Man kann seine spröde Textur sehen und hört, wie es mit eindringlicher Geräuschpalette seine stetige Veränderung mitteilt: Es knistert und tropft, während ein eiskaltes Rinnsal zu Tal plätschert. Ein anderer markierter Pfad, der Harding Icefield Trail, klettert parallel zum Eis auf das Harding Icefield hinauf. Er ist zwar nur knappe sechseinhalb Kilometer lang, hat aber tausend Meter Höhenunterschied und verlangt mit steilen, rutschigen, oft vereisten Felspartien eine sehr gute Kondition, die richtige Ausrüstung und einen Tag Zeit. Die Mitarbeiter im Exit Glacier Nature Center geben Auskunft über geführte Wanderungen zu dem Eisfeld.

Zurück auf dem Seward Highway, sind es nur noch sechs Meilen zum Tagesziel. *Gateway to Kenai Fjords National Park* ist der Titel, mit dem sich das 3 200 Einwohner zählende **Seward** heute schmückt. In Pioniertagen galt Seward noch als *Gateway to Alaska*, denn von hier aus erschlossen erst die Iditarod Trail, ein Hundeschlittenweg, und

später die Eisenbahn die Wildnis im Landesinneren. Sewards perfekte Lage als Tor zum Hinterland hatten vor der Alaska Central Railroad Company bereits die Russen erkannt: 1793 gründete der damalige Gouverneur von Russisch-Amerika, Alexander Baranof, hier eine Siedlung und nutzte sie 27 Jahre lang als Hauptquartier an der Resurrection Bay. Seine Pelzhändlerflotte war bereits 1791 vor den Küsten Alaskas in ein schweres Unwetter geraten und hatte am Ostersonntag, dem Tag der Auferstehung, Schutz in der Meeresbucht vor Seward gefunden. Seitdem wurde sie Resurrection Bay genannt. Seward selbst verdankt seinen Namen dem amerikanischen Staatssekretär William H. Seward, der 1867 den Ankauf des damaligen Russisch-Amerika durch die Vereinigten Staaten zum Abschluss brachte. Die südlicheren US-Staaten nannten den billigen Neuerwerb Alaska damals geringschätzig *Seward's Icebox*.

An der Einfahrt in den Ort liegt rechter Hand das **Seward Visitor Information Center**. Zwischen ausgestopftem Getier bekommt man hier Auskünfte zu allen Fragen, die Seward betreffen, zu seinem Angebot an Sehenswürdigkeiten, Unterkünften, Touren und Wanderungen. Links folgt der **Small Boat Harbor** mit dem Visitor Center des Kenai Fjords National Park und den Büros der Charterer samt Anlegestellen der Ausflugsboote, die hinausfahren zu den Buchten und Gletschern des Parks. Hinter der bunten Häuserzeile führt ein *boardwalk* auf Stelzen über dem dunklen Wasser am Hafen entlang und verbindet die einzelnen Piers. Freizeitfischer filetieren hier ihre Heilbutte und Lachse, Möwenschwärme warten kreischend auf ihren Anteil an der Beute, es riecht nach Meer und fernem Schnee. Neben der Pier paddelt ein

Beeindruckend: Der Exit Glacier ▷

Im Sommer tummeln sich Wale vor der Küste der Kenai-Halbinsel

neugieriger Seeotter auf dem Rücken, und wer ein Fernglas zur Hand hat, kann im Hochwald an der Felsküste Weißkopfadler in den Baumwipfeln sitzen sehen.

Die 4th Avenue, Sewards Hauptstraße, mit bunten Holzhäusern, kleinen Kirchen und Souvenirshops, verbindet den Hafen über zehn Querstraßen hinweg mit dem **Alaska SeaLife Center** am anderen Ende des Ortes. Das über 50 Millionen Dollar teure Ozeanarium ist ein faszinierendes Fenster in die Unterwasserwelt Alaskas. Hinter zwanzig Zentimeter dickem Glas »fliegen« Papageientaucher mit kräftigen Schlägen ihrer Stummelflügel durchs Wasser, Robben zeigen ihre Tauchkünste zwischen den Felsen des riesigen Wassertanks und Seelöwen inspizieren neugie-

rig jeden Besucher, der nahe genug an ihr Fenster zum »Menschentank« herankommt. In den »Open Waters« und anderen Aquarien gibt es anderes Meeresgetier, vom Heilbutt über Krabben und Quallen bis zu den Bewohnern eines Seetang-Walds zu bewundern, im Discovery Pool kann man in einem offenen Becken Seesterne und Seeigel im wahrsten Sinne des Wortes »begreifen«. Im Außenbereich dösen Robben und Seelöwen in der Sonne, Seeotter treiben in ihrem Becken gemächlich auf dem Rücken, während in der umtriebigen Seevogelkolonie *Puffins* (Lunde) und Kormorane die fotografierenden Besucher ein ums andere Mal zu einem Schnappschuss verführen.

Eine Vorstellung von der jüngeren Vergangenheit Sewards vermittelt das

Resurrection Bay Historical Society

Museum (auch Seward Museum genannt), dessen einziger Ausstellungsraum mit originellen und informativen Fundstücken voll gepackt ist, angefangen von William H. Sewards Schriften über eine komplett eingerichtete Wohnstube aus dem 19. Jahrhundert bis hin zu den ersten elektrischen Haarwicklern, die von den Damen des Orts benutzt wurden. Eine bebilderte Tafel erzählt von der Lebensgeschichte berühmter Frauen Alaskas, von Forscherinnen wie Natascha Shelikof, die 1783 die Insel Kodiak entdeckte, bis zu Abenteuerinnen wie Libby Riddles, die 1985 als erste Frau das Iditarod-Schlittenhunderennen gewann. Natürlich fehlt bei der Schau zu Sewards Geschichte auch das Erdbeben von 1964 nicht. Es ließ innerhalb von Sekunden einen hundert Meter breiten und 1 200 Meter langen Küstenstreifen für immer im Meer versinken. Sechs gigantische Flutwellen aus der Resurrection Bay zerschmetterten die Docks, die Öltanks am Hafen gingen in Flammen auf und brannten mehrere Tage. Ein Schiff in der Bay funkte nach diesem Anblick an den Rest der Welt: »Seward ist zerstört.« Ganz so schlimm war es dann doch nicht, einige der schönen Villen aus den Gründerjahren verzieren noch heute das Stadtbild.

Seine Anziehungskraft bezieht Seward aus seiner Funktion als Ausgangspunkt für Bootstouren an die Küste des **Kenai Fjords National Park**. Dieses ungefähr 2 000 Quadratkilometer große, unerschlossene Gebiet auf der Ostseite der Kenai-Halbinsel umfasst einen Teil der südlichen Kenai Mountains, zu dem die eisige Wildnis des Harding Icefield, außerdem ungezählte Flüsse, Seen und Wasserfälle sowie namenlose Canyons und eine zerklüftete, 400 Meilen lange Küste mit zahllosen kleinen Buchten gehören – ein wahres Paradies für Wildniswanderer und Bergsteiger. Der einzige

Seeotter: Ihr seidiger Pelz lockte die russischen Jäger nach Alaska

praktikable Weg, den Küstenbereich – gleichzeitig der spektakulärste Teil des Nationalparks – zu sehen, ist, bei passablem Wetter mit dem Ausflugsboot in die tief eingeschnittenen Fjorde zwischen den vergletscherten Bergen zu fahren.

An der Route liegen Felseninseln wie Rugged Island oder Chiswell Island, die von Zigtausenden Vögeln, darunter 18 verschiedenen Seevogelarten, und einigen Kolonien der Steller-Seelöwen bevölkert sind, deren Gebrüll das Rauschen der Brandung übertönt. Seeotter treiben im Wasser und putzen sich, wenn sie nicht gerade nach Krustentieren, ihrer Lieblingsnahrung, tauchen. Hin und wieder kommen Buckelwale an die Wasseroberfläche oder eine *Orca*-Familie lässt ihre sichelförmigen Rückenflossen sehen. In der Aialik Bay oder im Northwestern Fjord angekommen, steht das unvergessliche Schauspiel eines direkt ins Meer kalbenden Gletschers auf dem Programm. Als erste Ankündigung hört man ein Geräusch, das wie ein Kanonenschuss klingt, der durch die Bucht hallt und von den Berghängen als vielfaches Echo reflektiert wird. Einzelne Eisbrocken fallen ins leicht gekräuselte Wasser des Fjords und hinterlassen hoch aufspritzende Fontänen. Dann, ganz langsam, beginnt sich ein blauer Wall von der himmelhohen Wand des Gletschers zu lösen. Im immer schneller werdenden Fall überzieht er sich mit einem Netz aus weißen Rissen, zerspringt zu hausgroßen Blöcken, umgeben von Wolken aus pulverisiertem Eis, und taucht in das schaumigweiß aufbrodelnde Wasser der Bucht. Sekunden später, wenn das Surren, Klicken und Piepsen der Kameras im Geräusch des stürzenden Eises ertrinkt, eine hohe Welle quer über die Bucht zieht und der Motor des Ausflugsboots auf vollen Touren läuft, damit es in eine möglichst günstige Stellung zum Abreiten der heranlaufenden Dünung kommt, löst sich die Starre des Staunens in einem begeisterten Stimmengewirr auf.

Das besondere Ausflugserlebnis:
Eine ganztägige Bootstour in den Kenai Fjords National Park (siehe Seite 74)

Der Kenai Fjords National Park ist eine spektakuläre Landschaft aus tief ins Land eingeschnittenen Fjorden mit kalbenden Gletschern und felsigen Inseln, die zahlreiche Seevogel- und Seelöwenkolonien zu ihrer Heimat erkoren haben. Die Kenai-Fjorde besitzen noch all das, worauf sich der Ruf der weltberühmten Glacier Bay einmal gründete, bevor sich dort die Gletscher zurückzogen und die Zeit der langen Wege zu den kläglichen Eisresten begann.

Aus dem Ausflugsangebot der in Seward ansässigen Veranstalter sollte man schon im Vorhinein eine möglichst genaue Auswahl treffen. Halbtagestouren sind weniger empfehlenswert, da sie die Resurrection Bay nicht verlassen. Erst mit einer Ganztagestour erhält man die Gewähr, dass man auch wirklich die Gletscher in den Fjorden zu Gesicht bekommt. Wer allerdings leicht seekrank wird, sollte wirklich gutes Wetter für einen solchen Ausflug abwarten. Die felsige Küste des Golf von Alaska ist den Wellen, die aus den Tiefen des Nordpazifik heranrollen, schutzlos ausgesetzt, und die Ausflugsboote müssen auf ihrem Weg zu den Fjorden ein Stück offenes Wasser überqueren. Nach Möglichkeit sollte man außerdem eine frühe Abfahrtszeit wählen, um den gegen elf Uhr mit dem Zug aus Anchorage und den später mit Bussen aus anderen Orten eintreffenden Ausflüglern zuvorzukommen.

⑤ Infos: Seward

Kenai Fjords National Park Visitor Center

Im Small Boat Harbor, 1212 4th Ave.
Seward, AK 99664
☎ (907) 422-0535
☎ (907) 422-0573 (Infos vom Tonband)
www.nps.gov/kefj
Mai–Sept. geöffnet, Ende Mai–Anfang
Sept. tägl. 8.30–19 Uhr, sonst kürzer
Diashow, Videos und Informationen.

Exit Glacier Nature Center

Geführte Wanderungen: zum Exit Glacier tägl. 10, 14 und 16 Uhr; zum Harding
Icefield: Juli/Aug. Sa um 9 Uhr Kurzwan-
derung zum Fuße des Exit Glacier. Beginn des 6,5 km langen Trails zum Harding Icefield. Kleiner Zelt-Campingplatz
nahebei.

Seward Visitor Information Center

2001 Seward Hwy. (2 Meilen vor dem
Ortszentrum)
Seward, AK 99664
☎ (907) 224-8051
www.seward.com
Im Sommer tägl. 8–18 Uhr

Seelöwenkolonie in der Resurrection Bay

Alaska SeaLife Center

301 Railway Ave.
Seward, AK 99664
☎ (907) 224-6300 oder 1-800-224-2525
www.alaskasealife.org
Mitte Mai–Aug. Mo–Do 9–19, Fr–So 8–19,
sonst tägl. 10–17 Uhr
Eintritt Erwachsene $ 20, Kinder $ 10–15
Das Ozeanarium und Forschungszen-
trum präsentiert die Meerestiere Alaskas und ihre Lebenswelt. Zu sehen sind
Seelöwen, Robben, eine Seevogelkolonie, Fische, Seeotter – und die Wissenschaftler des Forschungszentrums bei
der Arbeit.

Resurrection Bay Historical Society/ Seward Museum

336 3rd Ave. & Jefferson St.
Seward, AK 99664
☎ (907) 224-3902

Mitte Mai–Ende Sept. tägl. 10–17 Uhr
Eintritt $ 3
Ein-Zimmer-Museum zur Geschichte von
Seward.

Seward Marine Center

201 Railway Ave.
Seward, AK 99664-0730
☎ (907) 224-5261
www.sfos.uaf.edu/smc
Juni–Aug. Di–So 10–16 Uhr
Außenstelle der Universität von Alaska.
Ausstellung zum Unfall der »Exxon Valdez« und seinen Folgen. Ausstellung
und Filme über die Bewohner des nördlichen Pazifik.

Kenai Fjords National Park

☎ (907) 422-0500

Der Park umfasst das Harding Icefield,
dessen Gletscher in die Fjorde kalben,

die Nunatak-Berge und ein großes Stück Küste. In den Fjords tummeln sich Wale, Robben, Seelöwen, Seeotter und viele Seevogelarten (s. auch S. 73).

Kenai Fjords Tours

1304 Fourth Ave., Seward, AK 99664
Im Seward Small Boat Harbor
✆ (907) 224-8068 oder 1-877-777-4051
www.kenaifjords.com
Mitte Mai–Anfang Sept.
Drei- bis neunstündige Ausflüge mit dem Schiff in der Resurrection Bay und in die Fjorde des Nationalparks. Beeindruckende Landschaft, viele Tiere, kalbende Gletscher. Große Boote mit vielen Passagieren. Fahrpreis: z. B. für die ganztägige Nationalparktour mit Fox Island, Erwachsene $ 159, Kinder $ 79.50, die beste Tageskreuzfahrt Alaskas!

Renown Tours/Major Marine Tours

 1302 Fourth Ave., Seward, AK 99664
Im Seward Small Boat Harbour
✆ (907) 224-8030 oder 1-800-764-7300
www.renowntours.com
www.majormarine.com
Mitte Mai–Mitte Sept.
Ganztägige Katamaran-Touren zu den Gletschern und der marinen Tierwelt des Nationalparks. Fahrpreise: Erwachsene $ 139, Kinder $ 69.50.

Breeze Inn Motel

303 N. Harbor Dr., Seward, AK 99664
Am Seward Small Boat Harbor
✆ (907) 224-5237 oder 1-888-224-5237
www.breezeinn.com
Größeres Motel (108 Zimmer) direkt am Hafen. $$$–$$$$

Hotel Seward

221 5th Ave.
Seward, AK 99664
✆ (907) 224-8001 oder 1-800-440-2444
www.hotelsewardalaska.com
Das beste Hotel am Platz, einige Zimmer mit Blick auf die Resurrection Bay. $$$–$$$$

Best Western Hotel Edgewater

200 5th Ave., Seward, AK 99664
✆ (907) 224-2700 oder 1-888-793-6800
www.hoteledgewater.com
1999 eröffnetes Hotel in Ufernähe, das Alaska SeaLife Center liegt nebenan. Einige der 76 Zimmer mit schönem Blick auf Bucht und Berge. $$$–$$$$

Harborview Inn

804 3rd Ave., Seward, AK 99664
✆ (907) 224-3217 oder 1-888-324-3217
www.sewardhotel.com
Modernes Hotel mit 37 Zimmern in zentraler Lage. $$–$$$$

Miller's Landing RV Park

Lowell Point Rd. & Beach Dr.
Seward, AK 99664
✆ (907) 224-5739 oder 1-866-541-5739
www.millerslandingak.com
3 km südlich von Seward gelegener Wohnmobilplatz.

Waterfront Park

Seward, AK 99664
✆ (907) 224-4055, www.cityofseward.net/parksRec/campgrounds.htm
Mitte April–Ende Sept.
Städtische RV-Stellplätze in großartiger Lage am Ufer der Resurrection Bay entlang des Ballaine Blvd. Sehr groß, mit Blick auf Bucht und Berge.

Forest Acres Park

Hemlock & Diamond Sts.
Seward, AK 99664
✆ (907) 224-4055, www.cityofseward.net/parksRec/campgrounds.htm
3 km vor der Stadt. Einfacher Campground mit *hookups*.

Harbor Dinner Club

220 5th Ave., Downtown
Seward, AK 99664
✆ (907) 224-3012
Altmodisches Familien-Restaurant. Gute Meeresfrüchte und *prime ribs*. Live-Musik. $–$$$

Chinooks Waterfront Restaurant

11404 4th Ave., am Small Boat Harbor
Seward, AK 99664
✆ (907) 224-2207
www.chinookswaterfront.com
Die Karte ist reichhaltig: von Fisch und
Meeresfrüchten bis zu Steaks und Pasta.
Dazu gibt es Bier aus Alaska und eine
umfangreiche Weinkarte. Mit Blick auf
den Small Boat Harbor und die Berge.
$$–$$$

Apollo Restaurant

229 4th Ave., Seward, AK 99664
✆ (907) 224-3092
www.apollorestaurantak.com
Griechische und italienische Gerichte
plus Steaks. $$–$$$

Bakery at the Harbor

1215 4th Ave., Seward, AK 99664

✆ (907) 224-6091
Im Small Boat Harbor, gegenüber vom
Kenai Fjords National Park Visitor Cen-
ter
Die Frühstücks- und Lunch-Alternative
in Seward. Serviert werden Espresso,
Cappuccino, Kaffee und Sandwiches so-
wie Kuchen und leckere Kleinigkeiten.

I.R.B.I. Knives

Meile 20, 27546 Seward Hwy.
Seward, AK 99664
✆ (907) 288-3616
www.seward.net/~irbiknives
Handgearbeitete Messer für echte und
für Ferien-Trapper.

Begegnung: im Alaska SeaLife Center

⑥ Mit der Fähre ins Wetterloch
Von Seward nach Valdez

6. Route: Seward – Whittier – Valdez (146 km/91 mi)

km/mi	Zeit	Route
0	Vormittag	Fahrt von **Seward** nach
128/80		**Portage** und weiter nach
146/91		**Whittier**.
	13.45 Uhr	Beginn der Verladung auf die **Fähre**.
	14.45 Uhr	Abfahrt der Fähre durch den **Prince William Sound**.
	21.30 Uhr	Ankunft in **Valdez**.

Alternativen & Extras:
Wer auf der Route von Anchorage nach Kenai den Abstecher zum **Begich Boggs Visitor Center** am Portage Glacier ausgelassen hat, kann den lohnenden Besuch heute nachholen.

Wichtig: Autofahrer sollten die Fähre so früh wie möglich buchen, am besten schon im Dezember des Vorjahres! Reisende ohne Fahrzeug benötigen keine Reservierung. Ein Hotel oder Campground in Valdez sollten gebucht werden, sobald die Fährverbindung bestätigt ist!

Fähre ausgebucht?
Fahren Sie von Seward zurück nach Anchorage und von dort über Palmer durchs Matanuska Tal nach Glennallen und Valdez. Die Routenbeschreibung finden Sie im Kapitel 15 (S. 146 ff.) bzw. auf den gelben Seiten (S. 140 ff.).

Der Tag beginnt mit knapp 130 Kilometern Fahrt auf dem **Seward Highway** nach Portage und zum Abzweig der neuen Straße nach Whittier, die zur Fähre nach Valdez führt. 80 Meilen Augenweide vor der Windschutzscheibe mit azurblauen Seen, vom Grün überwucherten Bergen, kilometerlangen stillen Wäldern, Birkenhainen, Lupinen und rosa leuchtendem *fireweed* am Straßenrand. Hinter dem **Turnagain Pass** öffnet sich ein neues Tal mit Aussicht: Berge, Wasser, Gletscher bis zum Horizont, dann biegt auf den letzten Meilen zum Portage Glacier die neue **Whittier Access Road** ab. Sie führt parallel zur Eisenbahnlinie am Ufer des Portage Glacier Lake entlang und durch mehrere Tunnel – darunter der einspurige Anton Anderson Tunnel, der viertelstündlich wechselnd von jeweils einer Seite zu befahren ist – in den kleinen Hafenort Whittier und zum Anleger der Fähre nach Valdez. Das über 70 Millionen Dollar teure Straßenbauprojekt zum Wohle des Tourismus war des Öfteren Zielscheibe kritischer Anmerkungen des konservativeren Teils der Bevölkerung. Wie dem auch sei: Den Reisenden zu und von der Fähre erspart die Straße seit 2000 die zeitraubende Bahnverladung und die zuckelnde Fahrt mit dem Zug, der bis dahin die einzige Verbindung nach Whittier darstellte.

Whittier ist kaum mehr als eine hässliche Verladestation mit Visitor Center, großer Hafenanlage und drei Wohnblocks, in denen fast die gesamte Bevölkerung des Orts lebt. Die Fähre liegt schon mit offener Verladeklappe vor Anker, und die Arbeiter weisen mit südländischer Gestik die über die Landungsbrücke hereinrollenden Pkws und Camper ein. Wer ins Parkdeck der »MV Aurora« einfährt, wundert sich nicht mehr, dass die Stellplätze oft Wochen vorher ausgebucht sind: Keine drei Dutzend Autos finden im Bauch der Fähre Platz. Die millimetergenaue Einweisung durch das Personal ist so perfekt, dass manch einer seine liebe Not damit hat, anschließend die Wagentür weit genug

Segeltörn im Prince William Sound

zu öffnen, um durch die hautnah rangierten RVs *(recreational vehicles)* zur Treppe und damit nach oben zum Deck zu gelangen. Bis die geplagten Fahrzeugführer auf dem Solarium genannten Oberdeck eintreffen, sind die mobilen Sonnenliegen meist schon von den autolosen Passagieren besetzt. Doch die maximal 250 Passagiere haben für die siebenstündige Fahrt genügend Sitzmöglichkeiten zur Auswahl. Fünfzig Stühle sind unter anderem fest an Deck montiert, viele davon hinter einem durchsichtigen Windschutz mit freiem Blick auf Fjorde und Gletscher. Auf dem *lower deck* findet man in seitlichen Kabinen zwei Dutzend gepolsterte Liegesitze nach Flugzeugart, und in der Lounge steht ein kinoartig bestuhlter Saal bereit, in dem Ranger vom Chugach National Forest während der Fahrt anschauliche Vorträge über das Leben der Otter und über die Entstehung der Gletscher halten.

Insgesamt 95 Meilen misst die Fährpassage durch den **Prince William Sound** bis Valdez. Anfangs tuckert die »MV Aurora« gemächlich an der Küstenlinie von Whittier vorbei, wo Hunderte abgestorbener Baumriesen in den Himmel ragen, eine Folge des 1964er Erdbebens, als weite Waldflächen vom einbre-

Orca im Prince William Sound

chenden Salzwasser durchtränkt wurden. Später weicht die Küstenlinie zurück, und die Aussicht bleibt über Stunden ähnlich: blaue Berge, schneebedeckte Gipfel und in der graugrünen See die breite Spur, die das Schiff ins Wasser pflügt.

Das frühere Highlight der Fährfahrt, der mächtige **Columbia Glacier**, dem sich die »MV Aurora« bis vor einigen Jahren in einem halbstündigen Umweg bis auf einige hundert Meter näherte, steht nicht mehr auf dem Programm. In den letzten Jahren hat sich der Gletscher immer weiter zurückgezogen und eine mit Eisbergen gefüllte Bucht zwischen der früheren Endmoräne und der ständig abbröckelnden Wand aus Eis hinterlassen. Über 60 Kilometer weit fließt dieser größte und bekannteste Gletscher im Sund, vom Mount Einstein in den Chugach Bergen bis ans Meer. Die Eistürme, die hier unter Donnergetöse in die Bucht stürzen, stammen von Schneefällen aus der Zeit vor Christi Geburt. Wer die fast fünf Kilometer breite und acht bis 60 Meter hoch aus dem Meer aufragende Front des Gletschers aus der Nähe sehen will, muss sich einen zusätzlichen Tag Zeit nehmen und mit einem der Ausflugsboote von Valdez aus hierher fahren. Nicht immer können die Boote aber bis zu seinem Ende vordringen, oft ist die Bucht bis an den Rand mit Eis gefüllt, das den Schiffen den Weg versperrt. Aber es gibt ja auch noch den leichter zugänglichen Meares Glacier, und außerdem sind unterwegs Wasserfälle, Eisberge, Seeotter und Robben, die auf den Eisschollen in der Sonne dösen, zu sehen. Ausgesprochen spektakulär, aber auch teuer, ist übrigens ein Hubschrauberflug über die mit Eisbergen gefüllte Bucht und den von Spalten zerfurchten Strom aus Eis. Vor der Einfahrt in die tief eingeschnitte-

Blaue Berge, schneebedeckte Gipfel – der Prince William Sound ist ein lohnendes Fotomotiv

ne Meeresbucht von Valdez passiert die Fähre in gebührender Entfernung das Bligh Reef, jenen Ort, an dem die »Exxon Valdez« am Karfreitag des Jahres 1989 den bis dahin unberührten Prince William Sound in eine ölige Lache verwandelte. **Valdez** selbst empfängt seine Besucher mit dem üblichen Schachbrett-Grundriss amerikanischer Ortschaften. Nach der Zerstörung des sechs Kilometer entfernten ursprünglichen Ortskerns durch einen Tsunami, die Flutwelle des Karfreitags-Erdbebens von 1964, entstand Valdez an seinem heutigen, sichereren Platz neu. Verstreut liegen die flachen Gebäude in der Ebene, umschlossen von den fast senkrecht in die grauen Wolken ragenden Flanken der Chugach Mountains. Wegen der hohen Berge, der Gletscher und Schneefelder rundum bezeichnen die rund 3 800 Einwohner von Valdez ihre Heimat gerne

als *Alaska's Little Switzerland.* Und tatsächlich präsentiert sich dem Besucher, so sich die Sonne wirklich einmal gegen die Wolken durchsetzen kann, vom Ufer des Hafenwalls ein eindrucksvolles alpines Breitwand-Panorama. Davor verschwinden selbst die riesigen Öltanker, die vor der überdimensionalen Endstation der Trans-Alaska Pipeline festgemacht haben, als unwichtiges Detail im Hintergrund. Auch wenn es Fotos gibt, die Valdez bei Sonnenschein zeigen, ist die Hafensiedlung, deren Name durch die Havarie der »Exxon Valdez« weltweit traurige Berühmtheit erlangte, selbst bei den wetterunempfindlichsten Alaskanern als Regenloch verschrien. Im Winter fallen sieben und mehr Meter Schnee, und im kurzen Sommer sorgen reichliche Regenfälle dafür, dass die Wasserfälle rundum mit »Betriebsstoff« versehen werden. ❖

Anton Anderson Memorial Tunnel (Whittier Tunnel)

℡ (907) 566-2244 oder 1-877-611-2586
www.dot.state.ak.us/creg/whittiertunnel/
index.shtml
Im Sommer tägl. 5.30–23.15 Uhr geöffnet
Maut pro Auto $ 12
Der 4 km lange einspurige Tunnel, seines Zeichens längster Straßen- und Eisenbahntunnel Nordamerikas, führt seit Juni 2000 zum Hafen von Whittier. Viertelstündlich wechselnde Abfahrten entweder von der Bear-Valley- oder der Whittier-Seite.

Fähre

Reservierungen werden ab Dez. des Vorjahres schriftlich und telefonisch entgegengenommen:

Alaska Marine Highway
6858 Glacier Hwy.
Juneau, AK 99811-2505
℡ (907) 465-3941 oder 1-800-642-0066
www.ferryalaska.com

Valdez

Am südlichen Ende der Trans-Alaska Pipeline und des Richardson Hwy. liegt Valdez, das 1964 durch einen Tsunami, die Flutwelle des Karfreitag-Erdbebens, völlig zerstört und ca. 6 km westlich komplett neu aufgebaut wurde.

Valdez CVB Visitor Information Center

200 Chenega St.
Valdez, AK 99686
Im Sommer 8–20 Uhr
℡ (907) 835-4636 oder 1-800-770-5954
www.valdezalaska.org

Best Western Valdez Harbor Inn

100 N. Harbor Dr.
Valdez, AK 99686
℡ (907) 835-3434 oder 1-888-222-3440
www.valdezharborinn.com
Es gibt 90 komfortable Zimmer. Das Restaurant des Hotels ($$$) gehört in Valdez zu den besseren seiner Art und bietet Steak, *lobster* und Fisch. Das Haus liegt Downtown mit Blick auf den Hafen. $$$–$$$$

Keystone Hotel

401 W. Egan Dr.,
Valdez, AK 99686
℡ (907) 835-3851 oder 1-888-835-0665
www.keystonehotel.com
Das Hotel mit insgesamt 105 kleinen Zimmern wurde ursprünglich als Kommandozentrale für die Aufräumungsarbeiten nach dem Unfall der »Exxon Valdez« gebaut. $$$

Mountain Sky Hotel & Suites

100 Meals Ave., Valdez, AK 99686
℡ (907) 835-4445 oder 1-800-478-4445
www.mountainskyhotel.com
Großes Hotel mit 104 Zimmern. $$$

Bed & Breakfast

Es gibt ca. 50 B & B in Valdez. Reservierungen durch:
»One Call Does It All«
225 North Harbor Dr.
Valdez, AK 99686
℡ (907) 835-4988
www.valdezalaska.com/bedandbreak
fast.html

Anna's Ptarmigan Bed & Breakfast

1119 Ptarmigan Place
Valdez, AK 99686
℡ (907) 835-2202
Angenehmes Haus in Downtown-Nähe, mit Pick-Up-Service, falls gewünscht. 3 Zimmer. $$$

Bayside RV Park

230 E. Egan Dr.
Valdez, AK 99686
℡ (907) 835-4425 oder 1-888-835-4425
www.baysideRV.com
Voll ausgestatteter Platz mit Ausblick, am Ortseingang.

Bear Paw Camper Park

101 N. Harbor Dr., am Small Boat Harbor
Valdez, AK 99686

✆ (907) 835-2530
www.bearpawrvpark.com
Gut ausgestatteter Platz am Bootshafen.

 Eagle's Rest RV Park
139 E. Pioneer Dr.
Valdez, AK 99686
✆ (907) 835-2373 oder 1-800-553-7275
www.eaglesrestrv.com
Sehr gut ausgestatteter Platz mit allen
Annehmlichkeiten; zeitweise Lärmbeläs-
tigung von der Hauptverkehrsstraße.

 Sea Otter RV Park
2787 South Harbor Dr., Valdez, AK 99686
✆ (907) 835-2787 oder 1-800-321-2787
Ruhiger Platz, Strom und Wasser, am Ende des South Harbor Dr., weit weg vom
Verkehr zwischen Hafenbecken und
Bucht gelegen. Bester Ausblick auf Berge, Gletscher und Meer.

 **Valdez Glacier Kimberlin's Camp-
ground**
10 km außerhalb, Richardson Hwy. bis
Meile 3.4, dann links in die Airport Rd.
Valdez, AK 99686
✆ (907) 835-4636, www.ci.valdez.ak.us
Guter, einfacher Campground ohne
hookups. Wesentlich preiswerter als im
Ort.

 Allison Point
Am Richardson Hwy., Meile 2.8 abbie-
gen auf die Dayville Rd. bis zum Allison
Point.
Einfach-Campground ohne *hookups*.

 Pipeline Club
112 Egan Dr., Valdez, AK 99686
✆ (907) 835-4444
Steaks, Fisch, Kartoffeln, Salat. An der
Bar nahm Kapitän Hazelwood vor der
letzten Reise der »Exxon Valdez« seine
Drinks. $$–$$$

 Totem Inn Restaurant
144 E. Egan Dr., Valdez, AK 99686
✆ (907) 835-4443 oder 1-888-808-4431
In rustikalem Ambiente serviert das Ho-
telrestaurant Seafood und Steaks »Alaska Style«. $$–$$$

 Alaska Halibut House
208 Meals Ave., Valdez, AK 99686
✆ (907) 835-2788
Einfaches Lokal. Seit über 25 Jahren serviert man hier Fisch und Meeresfrüchte
aus Alaskas Gewässern sowie Salat und
Burger. $–$$

**Weitere Infos zu Valdez finden Sie auf
S. 90.**

Blick auf Valdez

❼ Katastrophen und ein Weg in den Busch

Von Valdez nach McCarthy und Kennicott

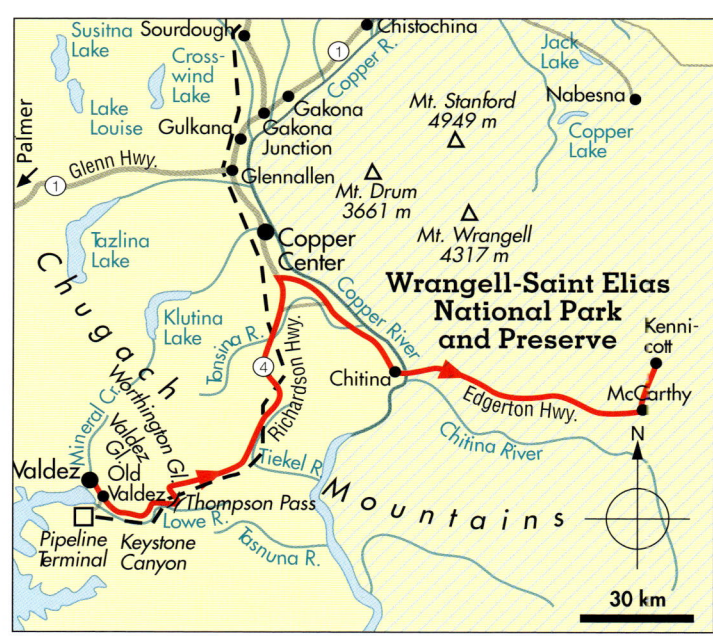

7. Route: Valdez – McCarthy (288 km / 180 mi)

km/mi	Zeit	Route
0	9.00 Uhr	Besuch des **Valdez Museum** und der Fotoausstellung **Remembering Old Valdez Exhibit**.
0	11.00 Uhr	Abfahrt auf dem Richardson Hwy. (Hwy. 4) nach Norden.
1,6/1		Halt an der **Crooked Creek Salmon Spawning Area**.

6/ 4		Rechts ab in die Mineral Creek Loop Rd., kurze Seitenstraße zur **Valdez Old Town Site**. Anschließend bis zum
27/ 17		Beginn des **Keystone Canyon**, weiter bis zum
48/ 30		**Thompson Pass**.
53/ 33		Halt am **Worthington Glacier State Recreation Site**, Picknick. Weiter zum
139/ 87	14.00 Uhr	Abzweig in den Edgerton Hwy. nach
195/122		**Chitina** und bis zum
288/180	18.00 Uhr	Ende der Straße am **Kennicott River**. Von dort ca. 1,5 km Fußweg nach McCarthy. Übernachtung in **McCarthy** oder **Kennicott**.

Hinweis:
Falls Sie die Holperstrecke von Chitina nach McCarthy nicht fahren wollen – oder Ihr Mietwagenvertrag dies nicht zulässt –, können Sie ab Chitina fliegen (Wrangell Mountain Air, Adresse s. Infos). Ein Flug ist allerdings ziemlich teuer.

Routen-Alternativen:
– Fahrt nach **Palmer** (427 km/267 mi) oder **Anchorage** (483 km/302 mi). Informationen zu diesen Möglichkeiten finden Sie im Kapitel mit der Alternativroute »Denali Hwy.« (S. 140 ff.).
– McCarthy und Kennicott auslassen und direkt nach **Delta Junction** fahren (438 km/ 274 mi).
– McCarthy und Kennicott auslassen und direkt nach **Tok** fahren, zum Anschluss an die Yukon-Route (435 km/272 mi, s. S. 226 ff.).

Zusatztag(e) in Valdez:
– Mit dem Katamaran von Stan Stephen's (s. S. 90) trifft man in jedem Fall eine gute Wahl. Das moderne Schiff wird von einem erfahrenen Kapitän gesteuert, der die Buchten und Fjorde des **Prince William Sound** wie seine Westentasche kennt und so manches Wissenswerte erzählen kann. An der rund neunstündigen Route liegen Felseninseln wie **Bligh Island** und der **Bull Head Sea Lion Haulout**, die an das Tankerunglück von 1989 erinnern, aber auch fantastische Tierbeobachtungen bieten. An **Columbia** und **Meares Glacier** steht das unvergessliche Schauspiel direkt ins Meer kalbender Gletscher auf dem Programm.
– Exzellente Bootstouren in den Prince William Sound bietet auch Lu-Lu Belle, Glacier und Wildlife Cruises, ✆ (907) 835-5141 oder 1-800-411-0090, www.lulubelle tours.com.

Valdez, heute ein Städtchen mit 3800 Einwohnern, hat eine bewegte Geschichte. Die erste feste Siedlung entstand mit dem Goldrausch von 1898. Um an den Goldsuchern kräftig zu verdienen, verbreiteten gewissenlose Reeder im Süden das Gerücht von einer »All American Route« über das Copper-River-Gebiet zu den Goldfeldern am Klondike. Im Herbst landeten in Valdez mehr als 3 000 *stampeder* – ausgerüstet mit Karten der Reeder, in die ein nicht existierender Weg über die Berge eingezeichnet war – und begannen den mörderischen Treck über den Valdez und den Klutina Glacier. Hunderte starben schon zu Beginn des Wegs. Wer nicht schneeblind wurde, in Gletscherspalten stürzte oder erschöpft in einem Blizzard auf dem Gletscher erfror, musste sich anschließend durch das unwegsame Gebirge der Chugach Mountains kämpfen, nur um bei der Ankunft am Ober-

lauf des Copper River festzustellen, dass es hier kein Gold gab. Ein Jahr später bahnte dann die Armee einen Weg durch den Keystone Canyon und über den Thompson Pass.

Die Entdeckung reicher Kupfervorkommen in den Wrangell Mountains brachte für Valdez neue Hoffnung auf wirtschaftliches Wachstum, die aber für den kleinen Hafenort am Prince William Sound nur von kurzer Dauer war. Die Copper River & Northwestern Railway Company entschied sich nämlich für den Konkurrenten Cordova als Verschiffungshafen für das Erz aus den Minen in Kennicott, dem Ziel der heutigen Tagesroute, und baute eine Bahnlinie im Tal des Copper River. Dafür entwickelte sich der Armee-Trail zum Hauptverkehrsweg von der Küste über die Berge ins Landesinnere, in den 1920er Jahren wurde er zu Alaskas erster Autostraße. Später wurde er zum heutigen Richard-

Ende der Trans-Alaska Pipeline: Hier fließt das Öl in die Tanker

Ein spritziger Ritt auf den Wellen: Wildwasser-Rafting

son Highway, der bis Fairbanks führt, ausgebaut.

Das Epizentrum des großen Erdbebens von 1964 lag nur wenige Meilen westlich von Valdez entfernt. Der Ort wurde durch das Beben und vier haushohe Flutwellen völlig zerstört, das hereinbrechende Meerwasser spülte die Docks ins Meer und riss 30 Menschen mit sich – darunter viele Kinder, die beim Entladen des Frachtdampfers »Chena« zugesehen hatten. Einige Fundamente und eine Gedenktafel mit den Namen der Opfer sind alles, was vom alten Ortskern übrig geblieben ist. Die Überlebenden beschlossen, vier Meilen weiter westlich eine neue Siedlung zu bauen; 1968 zogen die letzten Bewohner aus Old Valdez in die neuen Häuser um.

Im selben Jahr wurde in der Prudhoe Bay – 800 Meilen im Norden, an der arktischen Küste – Öl gefunden. Diesmal bekam Valdez den Zuschlag als Endpunkt der 1 280 Kilometer langen Trans-Alaska Pipeline und Standort eines riesigen Öl-Terminals. Von hier aus fahren heute 70 große Tanker pro Monat zu den Raffinerien des Südens. Der nächste Schicksalsschlag kam wieder an einem Karfreitag. 1989 lief die »Exxon Valdez« 25 Meilen südlich des Terminals auf ein Riff, binnen zwei Wochen hatten die auslaufenden 40 Millionen Liter Rohöl über 2 000 Kilometer Küstenlinie verschmutzt. Dieses Mal jedoch durfte Valdez von der Katastrophe profitieren. Die ansässigen Fischer erhielten Abfindungen für die entgangenen Fänge, alle in der Gegend verfügbaren Arbeitskräfte wurden für die Aufräumungs- und Reinigungsarbeiten eingesetzt, und die Hotels und Restaurants verdienten an den Mitgliedern der Hilfstruppen, die zur Ölbekämpfung eingesetzt wurden und hier ihr Hauptquartier aufgeschlagen hatten.

Das **Valdez Museum** widmet den drei großen Ereignissen der Ortsgeschichte jeweils eine Abteilung. Fotografien aus der Goldrauschzeit, Zitate aus Erlebnisberichten einzelner *stampeder* und ein mit den Ausrüstungsgegenständen der

Goldsucher beladener Transportschlitten vermitteln eine Ahnung von der Mühsal und Qual derjenigen, die sich damals in den Norden aufmachten. Eine voll eingerichtete Blockhütte gibt zusätzlich einen Eindruck vom Alltag der Prospektoren, die den Weg durch die unwirtlichen Berge überlebt hatten. Ein paar Schritte weiter berichtet eine Fotowand vom Erdbeben des Jahres 1964, auf einzelnen Aufnahmen sind die von der Naturkatastrophe übrig gelassenen Reste von Old Valdez zu sehen. Genau gegenüber haben die Ausstellungsmacher eine Collage mit Bildern, Zeitungsausschnitten und bei den Reinigungsaktionen nach dem Tankerunglück benutzten Gegenständen zusammengestellt. Wasser- und Sandproben in Plastikröhrchen demonstrieren das Ausmaß der Verschmutzung. Beim Betrachten wird dem Besucher schnell klar, welche Hilflosigkeit in den Tagen und Wochen nach der Havarie geherrscht haben muss.

Eine kleine Sensation im Zusammenhang mit dem Karfreitag-Erdbeben bietet die **Remembering Old Valdez Exhibit** nahe der Waterfront. An jenem tragischen Vorostertag des Jahres 1964 lag seit dem späten Nachmittag der Frachter »Chena« zum Löschen seiner Ladung am Dock von Valdez. Einer der Matrosen feierte ein Familienfest und ließ – exakt um 17.36 Uhr, als das Erdbeben begann – eine Filmkamera laufen. Seine authentischen Aufnahmen der Katastrophe werden in dem kleinen Kinoraum des Visitor Center gezeigt.

Auf dem Richardson Highway geht es anschließend aus der Stadt hinaus. Eine knappe Meile nach den letzten Häusern lädt linker Hand eine Holzplattform der **Crooked Creek Salmon Spawning Area** im Spätsommer und Herbst dazu ein, die laichenden Lachse zu beobachten.

Drei Meilen weiter führt die Mineral Creek Road vom Highway ab und Richtung Meer zum ehemaligen Ortskern von Valdez. Viel zu sehen gibt es hier nicht: Überbleibsel der Docks verrotten in der Bucht, rostige Maschinenteile und Schiffsreste vergammeln im Schlick; ein steinernes Memorial nennt die Namen der Opfer.

An der Endmoräne des Valdez Glacier vorbei führt der Richardson Highway jetzt in ein weites, wildes, ausgewaschenes Flusstal, das in den **Keystone Canyon** übergeht. Gleich zu Beginn der Schlucht stürzen mit dem **Bridal Veil** und den **Horsetail Falls** zwei fotogene Wasserfälle direkt neben dem Highway himmelhoch von den steilen Felsen. Der **Thompson Pass**, den der Highway die nächsten zwölf Kilometer emporkriecht, bereitete den Pipeline-Strategen größte Probleme; die Ölleitung verläuft hier unterirdisch auf dem freigelegten Streifen neben der Straße; niedrig fliegende Helikopter überwachen die Sicherheit.

Knappe drei Meilen hinter dem Pass kommt der Gletscher des heutigen Tages in Sicht, ein Prachtexemplar namens **Worthington** mit Park- und Picknickplätzen; eine kurzer Fußweg führt direkt zum Eis. Weiter rollt der Highway sanft bergab, und einige Meilen nach der Tiekel River Lodge wird es irgendwann ziemlich laut, so als würde hinter den nächsten Büschen gerade eine Hubschrauberflotte durchstarten. Was hier röhrt, ist die Pumpstation Nummer 12 der Trans-Alaska Pipeline. Für Interessierte, die Leben und Treiben rund um das monströse Gebäude betrachten wollen, wurde eigens ein hölzerner Pfad mit Aussichtsplattform in die Wildnis gesetzt.

Weitere 18 Meilen in nördlicher Richtung biegt rechter Hand der **Edgerton Highway** Richtung Chitina und McCarthy ab. Schnurgerade und in sachter Talfahrt zieht er sich von hier aus bis zum Horizont durch ein phantastisches Panorama. Rosa Weidenröschen schmücken den Schotter am Straßenrand, zur Linken fließt der Copper River, und weit dahinter leuchten die Gletscher des 3 600 Meter hohen Mount Drum über dem Wald. Geradeaus markieren die weißen Gipfel von Mount Wrangell und Mount Blackburn das Reiseziel am Fuße der Wrangell Mountains. Durch die eindrucksvolle Landschaft geht es 35 Meilen weiter, bis die Asphaltstraße und damit auch der Edgerton Highway in **Chitina** (ausgesprochen Tschitna) endet.

Bis zum Ende der Produktion 1938 war Chitina ein Haltepunkt der Züge zwischen den Kupferminen von Kennicott und dem Hafen Cordova. Damals gab es hier fünf Hotels, Bars, Tanzhallen, Restaurants und ein Kino. Heute stehen in dem malerisch verlotterten Dorf nur noch wenige bewohnte Häuser zwischen anderen jämmerlich in sich zusammensinkenden Gebäuden, während *fireweed* rund um die am Straßenrand rostenden Autogerippe blüht. Immerhin findet man hier aber noch eine offene Tankstelle, einen Kunst- und Andenkenladen, die Rangerstation des Wrangell-St. Elias National Park, ein Café und, am neuen Parkplatz mit Picknicktischen, sogar ein *public phone*.

Die Weiterfahrt nach McCarthy und Kennicott beginnt stilgerecht mit einem engen Einschnitt durch den Fels am Ufer des Copper River. Die **McCarthy Road** verläuft nämlich genau auf der ehemaligen Trasse der Eisenbahn, die das Kupfer aus Kennicott nach Cordova

Fotogen: Bridal Veil Falls bei Valdez

Die Brücke über den Kuskulana River

rollt sicher über jede noch so tiefe Schlucht. Als Arbeiter aus McCarthy aus der stillgelegten Bahnstrecke eine *public road* machten, nutzten sie selbstverständlich auch die meisten der bestehenden Eisenbahnbrücken. Sie entfernten die Schienen, nagelten Bretter in die Zwischenräume der Schwellen – und das war's. Durch solch einen Umbau wurde die **Kuskulana Bridge**, die bei Meile 16 mit einer Spannweite von 160 Metern in 177 Meter Höhe einspurig den tief unten gurgelnden Fluss überspannt, eine der haarsträubendsten Attraktionen in Alaska. Lange Zeit gab sie Anlass zu besonderem Nervenkitzel. Auch diese Sensation ist inzwischen Geschichte. 1988 bekam die Brücke einen neuen, lückenlosen Holzbelag und vor allem Leitplanken auf beiden Seiten; seitdem gehört sie zu den harmlosesten Abschnitten der Strecke.

Die Brücke über den Gilahina River, sie wurde 1990 neu gebaut, gibt in der Mitte den Blick frei auf ihre ausrangierte Eisenbahn-Konkurrenz nebenan: Mit eingeknickten Beinen hält das hohe Brückengerüst mühsam die Stellung über dem reißenden Flüsschen, die geborstenen Schwellen klaffen wie ein offener Reißverschluss in den Himmel.

Nach knapp hundert Kilometern ist die Schüttelpiste zu Ende; von nun an geht es nur noch zu Fuß weiter. Wer das Auto später unversehrt wiederfinden will, stellt es auf dem oberen der beiden Parkplätze ab; der untere könnte im Sommer vom Fluss überspült werden, wenn (meist im Juli) der eisige Gletscherkorken wegplatzt, der die gesamten Schmelzwasser des Hidden Lake zurückhält. Diese alljährliche Sturzflut ist auch der Grund, warum es lange Zeit keine Brücke über den Kennicott River gab. Nachdem wieder einmal eine solche Flut die bestehende Konstruktion

transportierte. Um aus der Trasse eine befahrbare Straße zu machen, schüttete man einfach Erde und Schotter darauf, an denen Wind, Regen und Schmelzwasser nagten. Inzwischen sind 40 Prozent der McCarthy Road asphaltiert und die Fahrbedingungen haben sich verbessert. So schlecht wie ihr Ruf ist die Strecke also nicht mehr; die in vielen Erzählungen auftauchenden reifenmordenden Schwellennägel sind jedenfalls Geschichte – und ist der geplante Ausbau der Strecke auf Staatsstraßen-Standard mal beendet, wird die McCarthy Road eine Straße wie jede andere sein.

Eine Eisenbahn braucht keine Leitplanke und keine Brückengeländer, um heil über einen Fluss zu kommen, sie weggerissen hatte, spannten die Einwohner von McCarthy und Kennicott 1983 eine stählerne Seilwinde über den Fluss und montierten eine offene Sitzgondel daran. Mit diesem Seilzug-Gefährt, das neben der neuen Fußgängerbrücke zu sehen ist, wurde seitdem im Sommer alles von einem Ufer zum anderen geschafft: Baumaterial, Verpflegung, Autoteile, Fahrräder – und auch die Besucher. Sehr zum Bedauern kerniger Outdoor-Freaks gehört dieses schaukelnde Transportmittel inzwischen der Vergangenheit an. Heute geht man problemlos über die 1996 eröffnete Fußgängerbrücke und steht nach wenigen hundert Metern an der Weggabelung: Rechts geht es nach **McCarthy** (einige Hundert Meter lang), links (viereinhalb Meilen) nach **Kennicott.** ✵

Unübersehbar: Copper River und Mount Wrangell

Alaska Bistro
100 N. Harbor Dr., Valdez, AK 99686
Im Best Western Valdez Harbor Inn
✆ (907) 835-3434 oder 1-888-222-3440
www.valdezharborinn.com
Feines Lokal, nicht nur zum Frühstück.
Aber nur dann gibt es die bekannte
Rentierwurst.

Columbia-Gletscher
Mit 66 km Länge einer der größten ins
Meer kalbenden Gletscher Alaskas. Sei-
ne fast 5 km breite Eisfront entlässt täg-
lich Eisberge in das Wasser des Prince
William Sound.

Stan Stephen's Glacier & Wildlife Cruises
Am Small Boat Harbor, Valdez, AK 99686
✆ (907) 835-4731 oder 1-866-867-1297
www.stanstephenscruises.com
Juni–Aug. tägl. 10 Uhr, Erwachsene $ 160,
Kinder $ 80
Wunderbare Ganztages- und Halbta-
gestouren in den Prince William Sound.
Empfehlenswert: die neunstündige
Fahrt zu Columbia und Meares Glacier.
Viele Tierbeobachtungen.

Valdez Museum
217 Egan Dr.
Valdez, AK 99686
✆ (907) 835-2764
www.valdezmuseum.org
Mitte Mai–Ende Sept. tägl. 9–17, sonst
Mo–Sa 13–17 Uhr
Eintritt $ 7 mit Old Valdez Exhibit
Die Ausstellungen des Museums beschreiben die Geschichte des Gebiets,
die Auswirkungen der »Exxon Valdez«-
Ölpest, des Pipelinebaus und des Karfreitag-Erdbebens von 1964. Außerdem tech-
nikgeschichtliche Exponate.

Remembering Old Valdez Exhibit
436 S. Hazelet Ave.
Valdez, AK 99686
Interessante Fotoausstellung über Alt-
Valdez in den Jahren 1957–67.

Crooked Creek Salmon Spawning Area
Am Richardson Hwy., 1,5 km außerhalb
der Stadt.
Eine Plattform erlaubt etwa von Mitte
Juli bis Anfang Sept. die Beobachtung
laichender Lachse.

Valdez Old Town Site
Gedenkstein und spärliche Überreste
des vom Karfreitag-Erdbeben 1964 zer-
störten alten Valdez.

Keystone Canyon
Meile 14–17 am Richardson Hwy.
Enge Schlucht mit senkrechten Wänden
und Wasserfällen vor Valdez.

Worthington Glacier State Recreation Site
Aussichtspunkt mit Blick und Pfad zum
Gletscher und Schautafeln. Eine kurze
Straße führt links vom Highway direkt
bis ans Ende des Gletschers.

Edgerton Highway
Die geteerte Straße führt vom Richardson Hwy. über Chitina in Richtung
McCarthy durch schöne Landschaft und
bietet viele Ausblicke, gelegentlich z. B.
auf eine frei lebende Büffelherde.

Feste in Valdez

Gold Rush Days
Alle Jahre wieder Anfang August: täglich historische Darbietungen, Konzerte, Straßenparade und Kostümierungen
im Stile der Goldrauschtage des ausgehenden 19. Jh.

McCarthy Road
Die knapp 100 km lange Forststraße führt
als Fortsetzung des Edgerton Hwy. auf einer ehemaligen Eisenbahntrasse durch
die Wildnis des Wrangell-St. Elias National Park bis zu einem Parkplatz am Kennicott River. (Am gegenüberliegenden Ufer

liegt McCarthy.) Die McCarthy Road sollte nicht mit großen Motorhomes befahren werden. Während der Schneeschmelze kann es vorkommen, dass die Straße nur von allradgetriebenen Fahrzeugen benutzt werden kann. Der Ausbau der McCarthy Road zu einer Straße nach Alaska-Staatsstandard befindet sich seit geraumer Zeit in Planung.

McCarthy
www.mccarthy-kennicott.com
Pittoreske Siedlung im Busch, nur über eine Fußgängerbrücke über den Kennicott River zugänglich.

Kennicott
www.mccarthy-kennicott.com
Etwa 40 Gebäude einer 1938 aufgegebenen Bergwerkssiedlung in wunderschöner Lage an einem Berghang direkt über dem Roots-Gletscher. 4.5 Meilen von McCarthy entfernt.

McCarthy Lodge
McCarthy, AK 99588
✆ (907) 554-4402
www.mccarthylodge.com
Stilvolle Alaska Lodge mit Restaurant, Saloon und schönen Zimmern ($$$$). Im angeschlossenen Restaurant Frühstück 7–10 Uhr; feste Dinnerzeit um 19 Uhr, nur mit Reservierung. Saloon 17–24 Uhr.

Kennicott Glacier Lodge
Kennicott, AK 99588
✆ (907) 258-2350 oder 1-800-582-5128
www.kennicottlodge.com
35-Zimmer-Lodge in einem rekonstruierten alten Minengebäude in der verlassenen Bergwerkssiedlung. Schöne Lage am Berg mit großartigem Blick auf Gletscher und die St.-Elias-Berge. Angenehme Atmosphäre. $$$$

Glacier View Campground
✆ (907) 554-4490 (im Sommer)
✆ (907) 243-6677 (im Winter)
www.glacierviewcampground.com
Campingplatz mit Hütten und Restaurant.
Ansonsten können Wohnmobile auch auf dem Parkplatz am Kennicott River parken.

Wrangell Mountain Air
McCarthy, AK 99588
✆ (907) 554-4411 oder
1-800-478-1160
www.wrangellmountainair.com
Drei Flüge täglich von Chitina nach McCarthy und zurück, außerdem Sightseeing-Rundflüge.

Weitere Infos zu McCarthy und Kennicott finden Sie auf S. 96.

Lachsfang nahe Valdez

⑧ Kennicott –
Alaskas schönste Ghost Town

8. Programm: McCarthy und Kennicott

Besuch der Geisterstadt **Kennicott** und der Bergwerksgebäude, Ausritt oder Wanderung (z.B. zum Kennicott- oder Roots-Gletscher), ggf. Rundflug über den Wrangell-Bergen und dem Wrangell-St. Elias National Park.

Die Bezeichnung *ghost town* dient in Nordamerika oft genug als Vorwand, um gutgläubige Touristen zu ein paar schäbigen Baracken mit Souvenirs und allerlei Pseudo-Antiquitäten zu locken. Nirgendwo wird die Hoffnung,

Die Überbleibsel der großen Zeit ...

auf eine verlassene Siedlung im Urzustand zu stoßen, jedoch so bravourös erfüllt wie im Mini-Ort **McCarthy** und im nahe gelegenen ehemaligen Bergwerksdorf von **Kennicott**. Beide entstanden Anfang des 20. Jahrhunderts, als zwei Prospektoren an einem Berghang über der Waldgrenze eine Stelle, »grün wie eine Schafsweide«, entdeckten.

Die grüne Erde am Hang des Bonanza Peak hoch über dem Roots-Gletscher entpuppte sich als das reichste Kupfervorkommen des Kontinents. Claims wurden abgesteckt und für eine Viertelmillion Dollar an Investoren wie die Morgans und Guggenheims verkauft. Es kam zur Gründung der Kennecott Copper Corporation – durch einen Übermittlungsfehler wurde in ihrem Namen das »i« gegen ein »e« ausgetauscht, und bis heute schreiben sich Stadt und Gletscher Kennicott, Kupfermine, Bergbaugesellschaft und Museum Kennecott. Für 26 Millionen Dollar wurde schließlich die 196 Meilen lange Bahnlinie der Copper River and Northwestern Railway (CR & NW) von McCarthy zur Küste bei Cordova gebaut.

Mittlerweile hatte der Erste Weltkrieg begonnen, das Kupfer erzielte auf dem Weltmarkt Höchstpreise. Die konzernei-

... in McCarthy

gene Bahn mit dem Kürzel CR & NW, von den Arbeitern lange als »Can't Run and Never Will« verspottet, transportierte das abgebaute Erz an die Küste zu den ebenfalls konzerneigenen Schiffen. In McCarthy und Kennicott lebten bis zu 800 Menschen, es gab ein Krankenhaus, Geschäfte, eine Schule, Turnhalle, Kino und einen Zahnarzt – und natürlich die gewaltigen Fabrikgebäude zur weiteren Anreicherung des Erzes. Fünf Meilen entfernt, am Fuß des Berges, entstand mit McCarthy ein weiteres Städtchen, das zum Vergnügungsplatz und Einkaufsort für die Bewohner des Arbeiterdorfes von Kennicott avancierte. Hier öffneten Restaurants, Hotels und Saloons, es gab zwei Zeitungen und eine Spielhalle.

Anfang der 1930er Jahre begann der Kupferpreis zu sinken; in Chile und anderen Ländern Südamerikas arbeiteten neue Minen billiger als die Bergwerke in Alaska. Fast über Nacht schloss die Kennecott Copper Corporation 1938 die Förderstätte in den Wrangell Mountains – und verurteilte damit auch zwei Ortschaften buchstäblich von einem Tag auf den anderen zum Untergang. Im November 1938 fuhr der letzte Zug nach Cordova und nahm dabei die meisten Einwohner von Kennicott und McCarthy gleich mit. Insgesamt 200 Millionen Dollar Umsatz hatte die Mine bis dahin erwirtschaftet, der Profit betrug, nach Abzug aller Kosten, über 100 Millionen Dollar.

Heute hat McCarthy je nach Jahreszeit acht bis 80 Einwohner, die fast ausnahmslos vom Tourismus leben: als Sightseeing-Piloten, Berg- und Wanderführer durch das Naturparadies des Wrangell-St. Elias National Park – oder als Besitzer der **McCarthy Lodge.** Diese

Indian Summer am Roots-Gletscher in den Wrangell Mountains

urige Bleibe ist ganzjährig geöffnet, die Atmosphäre erinnert an die Zeit der Wende zum 20. Jahrhundert. Neben deftigem Essen bietet sie 18 Zimmer im gegenüberliegenden historischen **Ma Johnson's Historic Hotel,** das wie eine Pappkulisse aus alten Westernfilmen am staubigen Straßenrand steht. Im Zimmerpreis ist auch die halbstündige Zockelfahrt in die eigentliche Bergwerkssiedlung Kennicott mit der pittoresk am Hang vor sich hin rottenden Kupferhütte, den Vorratshäusern und Quartieren für die Arbeiter enthalten.

Die **Kennicott Glacier Lodge,** der Nachbau eines Minengebäudes aus dem Jahr 1916, ist neben einem Bed & Breakfast die einzige (und noble) Übernachtungsmöglichkeit im verlassenen Bergwerksdorf Kennicott. Von der langen Veranda schweift der Blick über das gemeinsame Ende von Kennicott- und Roots-Gletscher, deren Eis unter schwarzen Hügeln aus Gesteinsschutt der Endmoräne begraben liegt. Dahinter erheben sich die Wrangell Mountains über das Tal des Chitina River, und über den 40 rostrot bemalten Holzgebäuden der *ghost town* am Hang der Bonanza Ridge leuchten die Eisgipfel der St. Elias Mountains. Drinnen in der Lodge wartet – außer 25 First-Class-Zimmern – eine Lounge im Kolonialstil mit dickem Bullerofen und tiefen Sesseln.

Wer sich für Technikgeschichte interessiert, kann mit den **Kennicott-McCarthy Wilderness Guides** eine Führung durch die Bergwerksgebäude machen und sich zum Beispiel das ehemalige Kraftwerk ansehen, das mit vier riesigen Dampfkesseln und zwei Dieselgeneratoren Wärme und Elektrizität erzeugte. Im *machine shop* türmen sich Berge verrosteter Eisenteile, im Büro des General Manager liegen heute noch mit einer dicken Staubschicht bedeckte Ordner auf dem Tisch. Durch das Krankenhaus ist bei etlichen Schneeschmelzen der nahe Creek hindurchgeflossen, hat die barock verzierten Heizöfchen aus ihrer Verankerung gerissen und ein Bachbett aus Steinen im Flur abgelagert.

Nach diesem kleinen Ausflug in die Geschichte kann man sich in der Glacier Lodge für eine Hand voll Dollar eine Picknicktüte mit Sandwich, Obst und *cookies* kaufen und einen Spaziergang unternehmen, zum Beispiel die Old Waggon Road genannte Hauptstraße entlang aus dem Ort hinaus und vier Meilen parallel zum Kennicott-Gletscher bis zur **Eric Mine.** Anfangs ist der Pfad schmal und ringsum bewaldet, später öffnet sich das Panorama, und über tosende Bäche und entlang steiniger Berghänge geht es weiter hinab zum Gletscher.

Historisches gibt es vor der Rückreise auch noch im **Museum von McCarthy** zu sehen. Das Gros der Ausstellungsstücke in den beiden Räumen liegt in buntem Chaos offen herum. Außer der Foto-Pinnwand, die von Kennicotts Geschichte seit 1907 erzählt, zeugen alte Radios, Waschmaschinen, Bergbauwerkzeuge und Bügeleisen von der kurzen Blütezeit der beiden Orte. ✴

Am Kennicott River nahe McCarthy

8 Infos: McCarthy, Kennicott

Weitere Infos zu McCarthy und Kennicott finden Sie auf S. 91.

 Wrangell Mountain Air
✆ (907) 554-4411 oder
1-800-478-1160
www.wrangellmountainair.com
Juli/Aug. halbstündlich, Mai/Juni, Sept. stündlich, Fahrpreis $ 5
Wrangel Mountain Air bietet einen Shuttle-Bus zwischen McCarthy und Kennicott.

 Kennicott-McCarthy Wilderness Guides
 Glennallen, AK 99588
✆ 1-800-664-4537
www.kennicottguides.com
Das Angebot umfasst Führungen durch die Minengebäude, Fotoexkursionen in die Berge, vielfältige Wandertouren und Bergsteigen im Nationalpark.

 St. Elias Alpine Guides
Motherlode Powerhouse
McCarthy, AK 99509
✆ (907) 554-445 oder 1-888-933-5427
www.steliasguides.com
Angeboten werden Führungen durch die Minengebäude sowie zahlreiche Wildnis-Aktivitäten, die von Trekking über Bergsteigen bis hin zu Flussfahrten mit dem Schlauchboot reichen.

 McCarthy Air
McCarthy, AK 99588
✆ (907) 554-4440
www.mccarthyair2.com
Das Charterunternehmen organisiert Sightseeing-Rundflüge. Außerdem sind auch hier verschiedene Angebote für Wanderer und Bergsteiger im Programm.

Verfallene Kupferhütte der Kennecott-Mine ▷

9 Der Weg des schwarzen Goldes
Entlang der Trans-Alaska Pipeline nach Delta Junction

9. Route: McCarthy – Delta Junction (447 km/280 mi)

km/mi	Route
0	Um 9 Uhr Rückfahrt von **McCarthy** zum Hwy. 4 und nordwärts bis
178/111	**Copper Center**. Weiter bis
201/126	**Glennallen**, hier Abzweig des Hwy. 1 nach Palmer und Anchorage.
223/139	Ankunft an der **Gakona Junction**, hier Abzweig des Hwy. 1 nach Tok.
299/186	Paxson Lake BLM **Campcround**
314/196	Zwischenstation in **Paxson**, hier Abzweig des Denali Hwy. (s. Kapitel mit der Alternativroute »Denali Hwy.«, S. 140 ff.). Weiter zum
409/255	**Donelly Creek Campground**. Bei km/mi
419/261	überquert die Straße die **Trans-Alaska Pipeline**.
447/280	Um 18 Uhr Ankunft in **Delta Junction**.

Anschluss an die Yukon-Route:
– Entweder in **Gakona Junction** rechts abbiegen in den Glenn Hwy. (Tok Cutoff, Hwy. 1) Richtung **Tok** (435 km/272 mi), Infos zu Tok s. S. 224 f. und S. 232.
– Von **Delta Junction** aus auf dem Alaska Hwy. nach Süden und in **Tok** (174 km/109 mi) Weiterfahrt durch den Yukon.

Schwer fällt der Abschied von der malerisch am Gletscherhang liegenden *ghost town* **Kennicott,** der idyllischen Buschsiedlung **McCarthy** und dem mächtigen Gebirgspanorama nicht zuletzt deshalb, weil die Schlaglöcher und Schlammpfützen auf der Straße zurück nach Chitina mittlerweile wohl kaum ausgebessert worden sind. Jetzt heißt es also, je nach Witterung, drei oder vier holprige Fahrtstunden im Schleichgang zu ertragen, bis Chitina erreicht ist. Noch ein Blick von der Brücke auf die im schnell fließenden Wasser des Copper River verankerten Fischräder, die im ewigen Kreislauf Lachse aus dem Fluss baggern sollen, oder ein Besuch bei den Fischern am Ufer, die versuchen, mit großen Käschern an langen Stangen Beute zu machen, – dann beginnt der Asphalt und in zügiger Fahrt geht es zurück zum Richardson Highway.

Der Highway mit der Nummer 4 führt geradewegs nach Norden. Wer auf dieser Strecke gutes Wetter hat, wünscht sich Augen rundum. Meile um Meile führt die Straße direkt am Wrangell-St. Elias National Park entlang, gesäumt von Flüssen, Seen und Gletschern. Den östlichen Horizont begrenzen die vier höchsten Gipfel der Wrangell Mountains: Mount Drum, Mount Sanford, Mount Blackburn und der Mount Wrangell, der zugleich der höchste aktive Vulkan Alaskas ist. Zusammen mit dem in Kanada anschließenden Kluane National Park umfasst diese Bergregion das größte zusammenhängende Gebiet von Eisfeldern und Gletschern außerhalb der Arktis. Ist das Wetter allerdings mies, reduziert sich das Vergnügen auf dürftige Impressionen am Straßenrand: viele Bäume, viel Wasser.

Auch Inseln der Zivilisation tauchen ab und zu aus den Regenschleiern auf: **Copper Center** ist die älteste Siedlung des Gebiets, hier überwinterten früher die Goldsucher, die den Weg von Valdez über die Berge geschafft hatten. Heute lädt die Copper Center Lodge hier ein zur gemütlichen Übernachtung, zu köstlichem Kuchen oder einem herzhaften Mahl mit großen Burgern und *Buffalo Fries*, einer raffinierten, deftig gewürzten Pommesvariante.

Es folgen **Glennallen** mit dem Abzweig des Glenn Highway nach Anchorage, dann **Gulkana** und der Abzweig des Tok Cut-off (wer es eilig hat in den Yukon zu kommen, wählt diese Abkürzung – aber der Umweg über Delta Junction ist lohnender). Bei **Paxson** schließlich trifft man auf den Anfang des Denali Highway, der durch sehr schöne Landschaft hinüber nach Cantwell südlich des Denali National Park führt. Nur ein kleines Stück dieser 218 Kilometer langen und wenig befahrenen Wildnisstraße ist geteert. Der Straßenzustand auf dem Rest des Weges ist abhängig vom Wetter und den Aktivitäten der *highway maintainance,* je nach Gemütsverfassung des Menschen hinter dem Lenkrad wird er als einigermaßen akzeptabel oder ziemlich katastrophal wahrgenommen (vergleiche die Routenvariante auf Seite 140 ff.)

Bis hinüber nach Delta Junction auf der anderen Seite der Alaska Range begleitet die **Trans-Alaska Pipeline** die Straße. In ihr fließt das schwarze Gold der Arktis, das Erdöl aus den Feldern der Prudhoe Bay an der arktischen Küste. Der unter dem Eindruck der Ölkrise beschlossene Bau der Pipeline war eine gigantische technische Leistung. Am 27. März 1975 wurde das erste Rohr verlegt, am 31. Mai 1977 die letzte Naht verschweißt, insgesamt hatten 30 000 Frauen und Männer an dem Projekt mitgearbeitet. Über 380 Meilen der Gesamtstrecke verläuft die Pipeline unter der Erde. Auf den oberirdischen Strecken wird sie von 78 000 Pfeilern gehalten, deren gekühlte Sockel im Permafrost-Erdreich versenkt wurden.

Die Rohrleitung überquert 13 Flüsse und mit der Brooks, Chugach und Alaska Range drei Gebirge. Elf große Pumpstationen zwischen dem Polarmeer und dem Terminal halten das Öl im Fluss und sorgen dafür, dass täglich zwischen 1,4 und 2,1 Millionen Barrel nach einer Reisezeit von knapp sechs Tagen aus der Prudhoe Bay im Hafen von Valdez ankommen.

Hinter Paxson beginnt der Richardson Highway mit seinem Aufstieg in die Berge der Alaska Range. Oberhalb der Baumgrenze folgt er dem Ufer des bilderbuchschönen, von Gipfeln und Gletschern umstandenen **Summit Lake** zum Isabel Pass mit der Wasserscheide zwischen Pazifik und Beringsee. Das Wasser des Sees fließt über Gulkana und Copper River in den Prince William Sound, die Bäche auf der anderen Seite des Passes sammeln sich im Delta River, einem der Zuflüsse des Yukon Ri-

Technisches Meisterwerk: die Trans-Alaska Pipeline

Der Richardson Highway durchquert die Berge der Alaska Range

ver. Die Schmelzwasser des Gulkana Gletschers oberhalb des Isabel Pass fließen in beide Flusssysteme. Weiter geht es durch enge, tief in die Berge eingeschnittene Täler, mit der Pipeline als ständiger Begleiterin. Hier klettert sie wie ein stählerner Tausendfüßler einen steilen Berghang hinauf, dort brummen und sirren die Gasturbinen einer Pumpstation wie ein ganzes Geschwader von Hubschraubern.

Irgendwann weichen die Berge aber dann doch zurück und der Highway schwingt sich in weitem Bogen über die Hügel am Rande des Delta-River-Tals. 36 Kilometer vor Delta Junction beherrscht noch einmal die Pipeline das Bild. Vor dem Panorama der höchsten Gipfel der Alaska Range kriecht sie äußerst fotogen über die Hügel ins Tal, senkt sich an der Kreuzung mit dem Highway unter die Erde und verschwin-

det wieder hinter dem nächsten Hügel. Ihr unregelmäßiger Zickzackkurs ist nicht etwa das Resultat betrunkener Landvermesser oder eigenwilliger Rohrverleger, sondern eine genau berechnete Methode, um ungewollte Bewegungen, zum Beispiel durch die Wärmeausdehnung der Rohre oder durch Erdbeben, in kontrollierbare seitliche Biegebewegungen zu verwandeln. Deshalb sind die Rohre auch nicht mit ihren Stützen verschraubt, sondern ruhen auf verschiebbaren Auflageschuhen. Die vielzackigen Blechsterne, die auf den Säulen der Stützen so grässlich im Wind pfeifen, sind Kühlrippen für den Kühlmittelkreislauf im Inneren. Er verhindert, dass die Wärme der Pipeline über die Stützen in den Permafrostboden gelangt. Dies hätte nämlich zur Folge, dass die Stützen langsam aber sicher im Boden versinken.

Bibersee in der Alaska Range ...

In **Delta Junction** endet offiziell der Alaska Highway, der aus British Columbia in den Yukon und weiter hierher zum wesentlich älteren Richardson Highway führt. Die flatternden Fahnen auf der Säule vor dem **Visitor Center** von Delta Junction künden von dieser dramatischen Tatsache. Das Foto vor dem Meilenstein gehört genauso zum Highway-Ritual wie der anschließende Besuch im Visitor Center, wo es all die Mementos zu kaufen gibt, mit denen man sich später als Bezwinger des Highway und Überwinder aller realen und eingebildeten Probleme bei der Eroberung der »Wildnis« ausweist: von Aufklebern mit dem Schriftzug »I drove the Alaska Highway and survived« über die Baseballmütze mit integriertem Elchgeweih bis zur Postkarte, die den abgebildeten Moskito zum *state bird of Alaska* ernennt. Hier erhält man auch eine Urkunde, die hoch offiziell mit Siegel und Unterschrift bescheinigt, dass man *through the trials and tribulations,* durch Not und Mühsal, das Ende des Highway erreicht hat.

Gegenüber vom Visitor Center steht das Sullivan Roadhouse, eines von 30 Refugien, die zu Beginn des 20. Jahrhunderts den Reisenden auf dem Trail von Valdez nach Fairbanks Essen und Unterkunft boten. Im Inneren des zeitgetreu eingerichteten Blockhauses kann man sich ein gutes Bild davon machen, was es damals bedeutete, einsam und verlassen irgendwo im Hinterland Alaskas zu leben. Hier in Delta Junction steht dann die Entscheidung an, wie es weitergehen soll: auf dem Alaska Highway nach Süden und auf den Spuren des Goldrauschs zu den Goldfeldern am **Klondike** oder auf dem Richardson Highway zur Wildnis-Metropole **Fairbanks.**

Wrangell-St. Elias National Park Visitor Center

Meile 106 Richardson Hwy.
Copper Center, AK 99573
℅ (907) 822-5234, www.nps.gov/wrst
Modernes Besucherzentrum mit anschaulichen Dioramen, Filmen und vielen Infos über den straßenlosen Hochgebirgspark. Guter Buchladen.

Copper Center Lodge

Copper Center, AK 99573
℅ (907) 822-3245 oder 1-866-330-3245
www.coppercenterlodge.com
Historisches Gasthaus von 1896 am ruhigen Copper Center Loop abseits des Richardson Hwy. 19 gemütliche Zimmer ($$$$), Restaurant mit gutem Preis-Leistungs-Verhältnis ($$–$$$).

The New Caribou Hotel

Meile 187 Glenn Hwy.
Glenallen, AK 99588
℅ (907) 822-3302 oder 1-800-478-3302
www.caribouhotel.com
Modernes Hotel im nordischen Blockhausstil ($$$). Mit zwei Blockhütten und dem Annex, den längst in Motelzimmer umgewandelten Barracken, in denen einst die Bauarbeiter der Trans Alaska Pipeline hausten. 76 Zimmer. Mit akzeptablem, preiswertem Restaurant ($$).

Paxson Lake BLM Campground

℅ (907) 822-3217
Naturnaher Einfach-Campground mit Blick auf den bergumrahmten See.

Donelly Creek State Recreation Site

Meile 238 Richardson Hwy., 54,5 km südl. Delta Junction
Einfach-Campground in herrlicher Landschaft zu Füßen der Alaska Range.

Delta Junction

1919 aus einem Straßenbau-Camp für den Richardson Hwy. entstanden. Offiziell endet hier der Alaska Hwy. – dem trägt ein Denkmal Rechnung.

Delta Junction Visitor Center

Einmündung von Richardson und Alaska Hwys., Delta Junction, AK 99737
℅ (907) 895-5068 oder 1-877-895-5068
www.deltachamber.org
Anfang Mai–Mitte Sept. 8–20 Uhr

Smiths Green Acres RV Park

Meile 268 Richardson Hwy., 2,5 km Richtung Fairbanks
Delta Junction, AK 99737
℅ (907) 895-4369 oder 1-800-895-4369
www.smithsgreenacres.com
Campground mit allen Einrichtungen.

Delta State Recreation Site

Meile 267 Richardson Hwy., 2 km Richtung Fairbanks
Delta Junction, AK 99737
Staatlicher Einfach-Campground.

Kelly's Alaska Country Inn Motel

1616 Richardson Hwy., am Alaska Hwy., Delta Junction, AK 99737
℅ (907) 895-4667
www.kellysalaskacountryinn.com
Gut ausgestattete 21 Zimmer. $$–$$$

Alaska 7 Motel

3548 Richardson Hwy., 6,5 km in Richtung Fairbanks, Delta Junction, AK 99737
℅ (907) 895-4848, www.alaska7motel.com
Motel mit 16 Zimmern. $$$

Bed & Breakfast At the Home of Alys

2303 Alys Ave. (ab Meile 267.8 des Hwy. via Brewis Rd.), Delta Junction, AK 99737
℅ (907) 895-4128
Die Wirtsleute sind echte Alaska-Pioniere. Zwei Zimmer. $$–$$$

... und seine Bewohner

⑩ Weihnachten im Sommer und das Tor zum Norden
Von Delta Junction nach Fairbanks

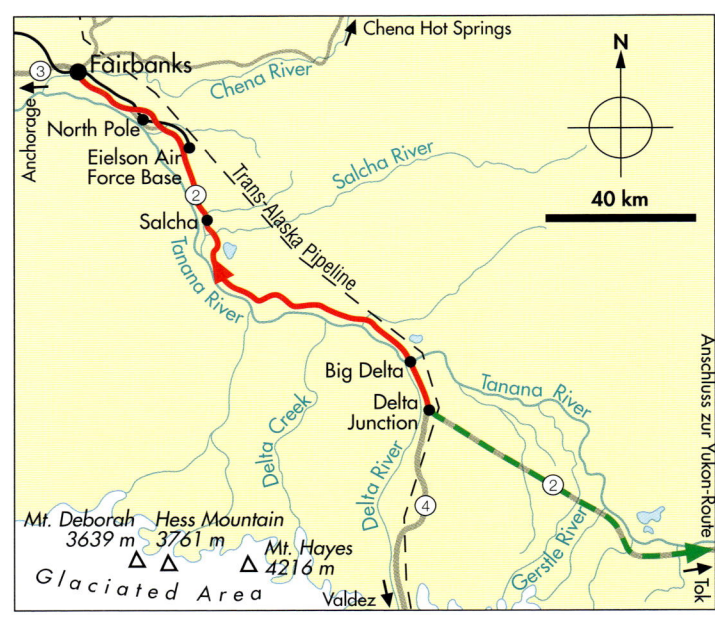

10. Route: Delta Junction – Fairbanks (157 km/98 mi)

km/mi	Zeit	Route
0	10.00 Uhr	Besuch im Visitor Center in **Delta Junction** am »letzten Meilenstein« des Alaska Hwy. Weiter zur
15/ 9		Brücke über den Tanana River, nebenan die Brücke der Trans-Alaska Pipeline, von hier aus über
134/83		**North Pole** nach
157/98	13.00 Uhr	**Fairbanks**. Besuch Im Visitor Information Center, danach Besuch im **Pioneer Park**.

Geschützt: Kanadakraniche im Creamer's Field Migratory Waterfowl Refuge drei Kilometer vom Stadtzentrum von Fairbanks

Delta Junction ist eine der typischen Überlandstraßen-Siedlungen Alaskas. Seine rund 950 Einwohner leben hauptsächlich von Dienstleistungen für den Tourismus und der Arbeit in einer nahe gelegenen Pumpstation der Trans-Alaska Pipeline. Fort Greeley, in dem die US-Armee die subarktische Kriegsführung trainierte, wurde geschlossen; der 1978 in den umliegenden Ebenen gestartete, groß angelegte Versuch mit dem Anbau von Gerste, die als Futter für am Ort gezüchtete, als Frischfleischlieferanten in Alaska hoch willkommene Rinder und anderes Vieh dienen sollte, war nicht besonders erfolgreich. Zum einen sorgte das kapriziöse Wetter immer wieder für schlechte Ernten, zum anderen hatte eine bereits in den 1920er Jahren in der Gegend an-

gesiedelte, frei lebende Büffelherde einen ausgesprochenen Heißhunger auf das Getreide entwickelt.

Auch die Rinderzucht selbst entwickelte sich nicht wie geplant: Die einheimische Gerste erwies sich als zu teuer, und bis heute gibt es nicht genügend Kapazitäten für die Schlachtung und Fleischverarbeitung. Trotzdem sind alle Beteiligten zufrieden. Für die Büffel wurden südlich des Orts Wiesen angelegt, um sie von den Feldern fern zu halten. Die Farmer bekommen inzwischen Subventionen dafür, dass sie nichts anbauen und untätig bleiben. Die staatlichen Zuwendungen sind höher als die Gewinne, die sie jemals mit dem Futtergetreideanbau erzielen konnten. Man sieht, die Agrarpolitik der EU ist so neu nicht.

Wenige Kilometer hinter Delta Junction steht **Rika's Roadhouse** in einem gepflegten Park am Tanana River. Rika's ist, wie das Sullivan Roadhouse neben dem Visitor Center, eine originalgetreu restaurierte Rast- und Übernachtungsstation aus den Anfangsjahren des Trails nach Fairbanks. Die Einrichtung ist wahrscheinlich jünger als mancher Besucher, aber die Anlage mit Scheune, Hühnerhof und Gemüsegarten vermittelt einen guten Eindruck vom Pionierleben in Alaska. Gleich daneben schwebt die Trans-Alaska Pipeline, von starken Seilen getragen, silbrig glänzend über dem Fluss.

Die letzten 150 Kilometer bis Fairbanks ziehen sich in die Länge, auch wenn sich ab und zu ein schöner Blick auf die Alaska Range mit den prominenten Gipfeln von Mount Hayes, Hess Mountain und Mount Deborah auftut. Erst die in geringer Höhe über die Straße donnernden Flugzeuge der Eielson Air Force Base kündigen dann die Nähe der Stadt an.

Das **Santa Claus House** im Vorort **North Pole,** mit leicht kitschiger »alpenländischer« Bemalung und überdimensionalem Weihnachtsmann im Garten, ist ein auffallender, bunter Fleck am eintönigen Vorortstraßenrand. Am Nordpol wohnt Santa Claus mit seinen Rentieren, das weiß in Amerika jedes Kind: Konsequenterweise kann man im Santa Claus House von North Pole das ganze Jahr über herrlichen Weihnachtskitsch kaufen oder fürs nächste Fest einen Brief vom Weihnachtsmann bestellen. Den Ortsnamen dachten sich Anfang der 1950er Jahre rührige Stadtväter aus, die darauf spekulierten, mit dem putzigen Namen Spielzeughersteller zur Ansiedlung in ihrem kleinen Ort verleiten zu können. Daraus wurde zwar nichts, aber dafür bringen Straßennamen wie St. Nicholas Drive, Straßenlampen in Form einer Zuckerstange, Weihnachtsdekorationen und natürlich der wohl gerundete Weihnachtsmann am Straßenrand festliches (und Umsatz förderndes) Glitzern in die Augen der (amerikanischen) Besucher.

Nach weiteren 23 Kilometern rollt man hinein in eine urbane Insel in der weitgehend weglosen Wildnis von Zentralalaska: **Fairbanks,** die zweitgrößte Stadt des nördlichsten US-Staates. *Golden Heart of Alaska* empfängt seine Besucher mit allen Attributen einer Provinzstadt der *lower 48.* Motels und Restaurants, Supermärkte und Autohändler buhlen unübersehbar um die Gunst des Konsumenten: Willkommen in *urban Alaska.*

Bei der Gründungsgeschichte von Fairbanks spielte, typisch für Pionier-Alaska, eine Verkettung von Zufällen mit. Eigentlich wollte ein zwielichtiger Abenteurer namens E. T. Barnette einen Handelsposten in Tanacross am Tanana River einrichten und vom Geschäft mit den Goldsuchern, die rastlos von einem Fundort zum nächsten strömten, reich werden. Doch der Kapitän des Raddampfers, mit dem er unterwegs war, verirrte sich, bog in den relativ flachen Chena River ab und lief prompt auf eine Sandbank auf. Bei dem folgenden Streit mit dem Kapitän zog Barnette den Kürzeren und fand sich plötzlich mit seiner gesamten Habe am Ufer wieder. Im folgenden Jahr fand ein Prospektor in der Nähe Gold, und Barnette änderte sofort seine Pläne. Er schickte seinen Koch nach Dawson City, um dort die Nachricht von dem Fund zu verbreiten. Einige Hundert Goldsucher stürmten mitten im Winter nach Fairbanks, und Barnettes *Trading Post* begann zu florieren. Nur der Koch wurde beinahe gelyncht, als die Goldsucher herausfanden, wie großzügig er mit den Fakten umgegangen war.

Nachdem der Goldrausch vorbei war, wurde die Stadt am Ende des Schienenstrangs der »Alaska Railroad« das Nachschub- und Dienstleistungszentrum für Zentralalaska. Der Bau des Alaska Highway sorgte für den Zuzug neuer Einwohner, und mit dem Bau der Trans-Alaska Pipeline boomte die Stadt. Die knapp 98 000 Einwohner von Fairbanks und Umgebung (North Star Borough) arbeiten heute in der Verwaltung, beim Militär, an der Universität mit den angeschlossenen Forschungsbereichen und in der Tourismus-industrie. Die Stadt ist das Tor zur *last frontier* im Norden: Von hier aus führt der Dalton Highway über 666 Kilometer in die Arktis zu den Ölfeldern an der Prudhoe Bay.

Im neuen Morris Thompson Cultural and Visitors Center nahe des Chena River liegen beim **Visitor Information Center** zwei empfehlenswerte Broschüren aus: für eine Autotour und für einen Spaziergang durch Fairbanks, die jeweils ein bis zwei Stunden in Anspruch nehmen und an sämtlichen historischen und heutigen Highlights vorbeiführen. Ganz in der Nähe, am Court House Square, ist das **Alaska Public Lands Information Center** untergebracht – wie in Anchorage eine Fundgrube an Informationen mit Videos nach Wahl und einem Filmtheater, in dem auch die Tierwelt und die Campgrounds im Denali vorgestellt werden (ebenfalls möglich ist die Reservierung von Campground-Plätzen im Denali).

Pioneer Park im Südwesten des Stadtzentrums ist ein abwechslungsreicher Themenpark, der den Besuchern in konzentrierter Form die Geschichte von Fairbanks vorstellt. Das 15 Hektar große Gelände bietet neben einem großen Kinderspielplatz drei Mu-

Made in China: Souvenir im Pioneer Park

seen (darunter das Aviation Museum mit Originalflugzeugen und Geschichten über die Abenteuer berühmter Buschpiloten), den historischen Raddampfer »Nenana«, ein Indianerdorf und mehrere Restaurants. In einer aus Originalblockhütten zusammengestellten Gold Rush Town kann man, mit der obligatorischen Tüte Popcorn in der Hand, auf Souvenirsuche gehen.

Eine Bimmelbahn fährt die Passagiere rund um den gesamten Park. Natürlich hat Pioneer Park auch seine eigene Show. Die »Golden Heart Revue« im Palace Theater & Saloon erzählt allabendlich in mit fetziger Musik und witzigen Texten unterlegten Sketchen und Liedern die amüsante Geschichte der Gründung von Fairbanks. ❖

Umsatz fördernd: Weihnachtsmann in North Pole

 Rika's Roadhouse/Big Delta State Historical Park
 Meile 275 Richardson Hwy.
Delta Junction, AK 99737
℡ (907) 895-4201
Tägl. 9–17 Uhr
Historische Postkutschenstation, heute mit Restaurant und Souvenirladen, einem Pelzraum und den alten Gästezimmern. Weitere Gebäude im Park.

Santa Claus House
101 St. Nicolas Dr.
North Pole, AK 99705
℡ (907) 488-2200 oder 1-800-588-4078
www.santaclaushouse.com
Herrlicher Weihnachts-Kitsch mit Café.

Fairbanks Visitor Information Center
101 Dunkel St., im Morris Thompson Cultural and Visitors Center
Fairbanks, AK 99701
℡ (907) 456-5774 oder 1-800-327-5774
www.explorefairbanks.com
Mitte Mai–Ende Sept. tägl. 8–21 Uhr
Hier erhalten Sie umfassende Informationen über Fairbanks und Umgebung, u. a. eine vollständige Liste aller Bed & Breakfast-Unterkünfte.

 Alaska Public Lands Information Center
101 Dunkel St., im Morris Thompson Cultural and Visitors Center
Fairbanks, AK 99701
℡ (907) 459-3730
www.alaskacenters.gov/fairbanks.cfm
Im Sommer tägl. 9–18, sonst Mo–Sa 9–17 Uhr
Museum, Filme und eine Fülle an Informationen über Alaska, z. B. zum Camping und den Naturparks.

Creamer's Field Nature Center
1300 College Rd., Fairbanks, AK 99708
℡ (907) 452-5162, www.creamersfield.org

Visitor Center tägl. 10–17 Uhr, Gelände bis zum Anbruch der Dunkelheit Wanderpfade durch das Vogelschutzgebiet Creamer's Field Migratory Waterfowl Refuge, in dem u. a. Kanadakraniche (*Sandhill Cranes*) ein Refugium finden. Aussichtsplattformen und Schautafeln sowie Ausstellungen im Farmhouse Visitor Center.

 Pioneer Park
Zufahrt über Airport Way & Peger Rd.
Fairbanks, AK 99707
✆ (907) 459-1087
www.co.fairbanks.ak. us/pioneerpark
Freier Parkeintritt
Gold Rush Town und Museen Ende Mai–Anfang Sept. 11–21 Uhr, Museen, Theater etc. kosten Eintritt

Alaskas Antwort auf Disneyland: mit Pionier Air Museum, Gold Rush Town, Spielplatz, Bimmelbahn, Raddampfer und Indianerdorf. Allabendlich finden um 19 Uhr Konzerte statt und um 20.15 Uhr läuft im Palace Theater & Saloon die »Golden Heart Revue« (Erwachsene $ 18, Kinder $ 9, weitere Infos s. Alaska Salmon Bake).

 Alaska Salmon Bake
✆ (907) 452-7274 oder 1-800-354-7274
www.akvisit.com
Mitte Mai–Mitte Sept. 17–21 Uhr
Eintritt Erwachsene $ 33, Kinder $ 9–12
Vor der »Golden Heart Revue« findet hier mitten im Pioneer Park ein »All you can eat«-Dinner statt.

Die »Unknown First Family« neben dem Visitor Information Center in Fairbanks

All Seasons Bed & Breakfast
763 7th Ave.
Fairbanks, AK 99701
℡ (907) 451-6649 oder 1-888-451-6649
www.allseasonsinn.com
Eine Art B & B mit acht komfortablen Zimmern, Bar, Terrasse, Aufenthaltsräumen. $$$–$$$$

River's Edge Resort
4200 Boat St., Zufahrt ab Airport Way via Sportsman Way
Fairbanks, AK 99709
℡ (907) 474-0286 oder 1-800-770-3343
www.riversedge.net
Hübsche, gut eingerichtete Häuschen auf einer Wiese am Chena River neben dem River's Edge RV Park (s. S. 110). Zur Verfügung stehen 86 Hütten und acht Suiten. $$$$

Fairbanks Princess Riverside Hotel
4477 Pikes Landing Rd.
Fairbanks, AK 99709
℡ (907) 455-4477 oder 1-800-426-0500
www.princesslodges.com/fairbanks_lodge.cfm
Angenehmes Hotel mit 325 Zimmern, Bar und Restaurants. Am Chena River, eine Meile vom Airport. $$$$

Sophie Station Hotel
1717 University Ave.
Fairbanks, AK 99709
℡ (907) 479-3650 oder 1-800-528-4916
www.fountainheadhotels.com
Angenehmes Hotel mit 148 Suiten und allem Service, gutes Restaurant ($$$). Hotel $$$$

Wedgewood Resort
212 Wedgewood Dr.
Fairbanks, AK 99701
℡ (907) 452-1442 oder 1-800-528-4916
www.fountainheadhotels.com
Angenehmes, ruhiges Hotel mit zwei Restaurants, Pool, Sauna und Waschmaschinen. 455 Zimmer. Hotelbus-Shuttle nach Downtown. $$$$

River's Edge RV Park & Campground
4200 Boat St., am Airport Way
Fairbanks, AK 99709
℡ (907) 474-0286 oder 1-800-770-3343
www.riversedge.net/fairbanks-RV-park.htm
Schöner Campground am Ufer des Chena River. *Full hookups,* Wäscherei.

Riverview RV Park
1316 Badger Rd. (zwischen North Pole und Fairbanks)
North Pole, AK 99707
℡ (907) 488-6392 oder 1-888-488-6392
www.riverviewrvpark.net
Voll ausgestatteter Platz am Chena River.

Tanana Valley Campground
1800 College Rd.
Fairbanks, AK 99709
℡ (907) 452-3750
www.tananavalleyfair.org/campground.shtml
Mitte Mai–Mitte Sept.
Campground in zentraler Lage.

Ice Park & RV Campground
1925 Chena Landing Loop Rd.
Fairbanks, AK 99708
℡ (907) 451-8250
www.iceparkcampground.com
Campground im Eis-Skulpturen-Park mitten in der Stadt am Chena-River gelegen.

Chena River State Recreation Site
221 University Ave., nahe der Chena-River-Brücke, Fairbanks, AK 99708
℡ (907) 451-2695
Einfach ausgestatteter Platz mit Wasserversorgung und Toiletten. Auf der Westseite von Fairbanks.

Wenn alle Campgrounds ausgebucht sind, versucht man es auf dem Gelände der Universität oder auf dem Pioneer-Park-Platz. Dort gibt's Stellplätze ohne *hookups* oder sonstigen Service.

Pike's Landing Riverfront Dining
1850 Hoselton Dr., via Airport Rd.
Fairbanks, AK 99709
✆ (907) 456-4500 oder 1-877-774-2400
www.pikeslodge.com/pikes-landing.html
Am Ufer des Chena River mit einer
1 000 m² großen Terrasse für warme
Sommertage. Steak & Seafood ($$–$$$).
Hotel anbei.

 The Pump House Restaurant & Saloon
796 Chena Pump Rd.
Fairbanks, AK 99708
✆ (907) 479-8452
www.pumphouse.com
Hier werden v. a. Steaks, *ribs* und Meeresfrüchte serviert. Mit einer Terrasse
am Flussufer; der richtige Ort, einen
warmen Sommerabend zu verbringen.
Lunch ($) und Dinner. $$–$$$

 Two Rivers Lodge
4968 Chena Hot Springs Rd.
Fairbanks, AK 99712
✆ (907) 488-6815
www.tworiverslodge.com
Außerhalb von Fairbanks, ca. 20 Min.
Fahrt. In der Lodge Steak und Seafood,
draußen auf der Terrasse Gerichte aus
einem gemauerten Backofen. $$$

 Turtle Club
2098 (Meile 10) Old Steese Hwy.
Fairbanks, AK 99707
✆ (907) 457-3883, www.alaskanturtle.com
Tägl. 18–22 Uhr
Sehr gute *prime ribs, barbequed ribs,*
außerdem *lobster* und Krebse. $$$–$$$$

**Weitere Infos zu Fairbanks finden Sie
auf S. 116 f.**

*Der Yukon Quest zwischen Fairbanks und Whitehorse gilt als eines der härtesten Schlitten-
hunderennen der Welt*

⑪ Gold und Eis
Die Attraktionen von Fairbanks

11. Programm: Fairbanks

Vormittag	Besuch im **Fairbanks Ice Museum**. Danach über Airport Way und University Ave. zum **University of Alaska Museum of the North**.
Nachmittag	Führung und Vortrag über Alaskas große Huftiere in der **Large Animal Research Station**. Anschließend Spaziergang durch den **Georgeson Botanical Garden**. (Alternative: Besuch der Gold Dredge No. 8.)
Abend	Abendlicher Rundgang durch das Vogelschutzgebiet im **Creamer's Field**.

Extratouren/Zusatztage:
– Flug in entlegene Dörfer im Busch (Everts Air Alaska, ✆ 907-450-2300 oder 1-800-434-3488, www. evertsair.com).
– Baden in den heißen Mineralquellen von **Chena Hot Springs** (1 Tag, 216 km/135 mi) oder **Manley Hot Springs** (2 Tage, 490 km/306 mi).
– Flug zur Goldgräberstadt **Nome** und nach **Kotzebue** an der Beringsee (Alaska Airlines, ✆ 1-866-500-5511, www.alaskaairalaska.com).
– Flug nach **Barrow,** Alaskas nördlichster Eskimosiedlung, und **Prudhoe Bay**, Erdöl-förderort in der Arktis und Ausgangspunkt der Trans-Alaska Pipeline (Northern Alaska Tour Company, ✆ 1-800-474-1986 oder 907-474-8600, www.northernalaska.com).
– Fahrt auf der **North Slope Haul Rd.** (Dalton Hwy., mindestens 2 Tage, bis zu 690 km/431 mi, auch mit dem Bus von Dalton Highway Express, ✆ 907-474-3555, www.daltonhighwayexpress.com).
– **Busch-Tour** mit einem Outfitter: Kobuk Valley National Park oder Noatak-River-Tal oder Arrigetch Peaks in der Brooks Range.

Fairbanks liegt nur zweihundert Kilometer südlich des Polarkreises, da bietet es sich an, die Wintertemperaturen zu einer *World Ice Art Championship* zu nutzen, bei der Künstler aus der ganzen Welt gewaltige Eisskulpturen schnitzen, darunter auch Carl Eady und Steve Brice, beide Meister ihrer eisigen Zunft.

Im Tiefkühlraum des **Fairbanks Ice Museum** stehen circa 30 Tonnen solcherart veredelten Eises herum, damit die Besucher auch im Sommer einen Blick auf die vergänglichen Kunstwerke werfen können. Wie diese entstehen, zeigt eine interessante Diashow über das jährlich im März abgehaltene Festival.

Die Universität von Fairbanks ist eine wissenschaftliche Institution, die sich mit ihren Forschungsarbeiten in Fachkreisen einen Namen gemacht hat. Auf dem weitläufigen, hoch auf einem Hügel gelegenen Campus mit sehr schönem Fernblick auf die Riesen der Alaska Range und den Mount McKinley, ist auch das **University of Alaska Museum of the North**, eines der bedeutendsten Museen des Landes zu finden.

Schon in der Eingangshalle werden Beispiele für Alaskas Reichtum an Bodenschätzen präsentiert: ein über zwei Tonnen schwerer Kupferklumpen und ein Fels aus reiner Jade, der mehr als anderthalb Tonnen wiegt. Im Museum sind alle Regionen des Landes mit Schautafeln und Videofilmen vertreten, prächtige Nuggets glänzen in Schaukästen, dazu blicken *musk ox,* Schwarz- und Grizzlybär, Vielfraß und Fuchs, Robbe, Seelöwe, Seeotter

Riesenkohl im Georgeson Botanical Garden der University of Alaska

Ein winterliches Naturschauspiel: »Aurora Borealis« – Nordlicht über der Region Fairbanks

und andere ausgestopfte Vertreter der Tierwelt den Besuchern entgegen.

Eine besondere Nordlichtausstellung präsentiert die *Aurora Borealis* ohne ihre sonst unvermeidliche Begleiterscheinung, das Winterwetter. Star der prähistorischen Abteilung ist »Blue Babe«, ein im Permafrost über 36 000 Jahre lang konservierter Steppenbison. Seine von Mineralien blau gefärbte Haut trägt noch die Kratzer von den Pranken eines längst vergangenen Raubtiers.

Im Herbst 2005 wurde ein Erweiterungsbau des Museums eröffnet. Die Rose Berry Art Gallery und andere zusätzliche Erweiterungen folgten 2006.

Lebende Überbleibsel der letzten Eiszeit, nämlich Herden von *musk ox,* Karibus und Rentieren, beherbergt die **Large Animal Research Station** der Universität an der Yankovitch Road. Last but not least gibt es im **Georgeson Botanical Garden** vom arktischen Sommer zu Riesenwachstum angeregtes Gemüse und über 250 verschiedene Blumenarten zu bewundern. Der Garten gehört

zur landwirtschaftlichen Forschungsabteilung der Universität, die neue, den Wetterbedingungen der subpolaren Zone angepasste Anbaumethoden entwickelt.

In der **Yellow Eagle Goldmine** in Ester, sechs Meilen westlich der Stadt, wurde bis 2002 von April bis September sieben Tage in der Woche und rund um die Uhr nach den zwischen Schmutz und Steinen versteckten gelben Krümel, denen Fairbanks seine Entstehung verdankt, gesucht. Bis dahin konnte man als Besucher beobachten, wie in einer *placer mine* gearbeitet wird: Bagger kratzen den goldhaltigen Boden auf und beladen riesige Laster, die damit aus der tiefen Grube heraus zur *sluice* (Goldwasch-Maschine) brummen, in der ein reißender Bach aus Wasser Erde und Gold voneinander trennt. Oben wird der *pay dirt*, das goldhaltige Gemisch aus Erde und Steinen, eingefüllt und mit reichlich Wasser in Schlamm verwandelt. Danach läuft die braune Brühe durch eine Serie von Sieben, die die größeren Steine aussondern, in eine steil geneigte Rinne.

Auf dem turbulenten Weg zu Tal sinken die schweren Goldteilchen nach unten und werden von dem mit Riffeln und Matten aus Kunststoffgeflecht belegten Boden festgehalten.

Einmal am Tag ist *clean up*: Vorsichtig entfernen Arbeiter den Bodenbelag der Rinne und lesen die kleinen und hoffentlich auch großen Nuggets von Hand heraus. Die zurückbleibende Mischung aus Goldstaub und feinem Schlamm wird anschließend herausgeklopft und gewaschen. Im Goldhaus, dem Allerheiligsten jeder Mine, wird das Gold aus dem Konzentrat der *sluice* mit der Hand erneut ausgewaschen, gereinigt und gewogen, bevor es im Panzerschrank verschwindet.

Auf einem Weiher hinter der ehemaligen Yellow Eagle dümpelt eine alte *dredge*, ein Schwimmbagger mit integrierter Goldwaschanlage, vor sich hin. Mit *dredges* wurden die Vorkommen rund um Fairbanks industriell ausgebeutet, nachdem die von individuellen *miners* manuell mit Hacke und Schaufel bearbeiteten reichsten Fundstellen erschöpft waren. Im Norden von Fairbanks, am Steese Highway, kann ein Vertreter dieser maschinellen Dinosaurier, die **Gold Dredge No. 8,** besichtigt werden. 30 Jahre lang, 1928–59, fraß sich ihre endlos lange Kette von Baggerschaufeln durch den Boden und förderte insgesamt rund 7,5 Millionen Unzen Gold – nach heutigem Preis umgerechnet immerhin über zwei Milliarden Dollar!

Das Gold spielte selbstverständlich auch im **Ester Gold Camp** (derzeit geschlossen) die Hauptrolle. Bis in die fünfziger Jahre des 20. Jahrhunderts hinein war es das Hauptquartier der F. E. Gold Company. Später beherbergten die denkmalgeschützten Gebäude mit dem *ghost town look* Kneipe, Hotel und Restaurant. Im *bunkhouse*, dem historischen Minenarbeiterquartier, schliefen die Touristen. Im Firehouse Theater – in einem ehemaligen Lagerschuppen des Gold Camp – führte LeRoy Zimmerman allabendlich seine Multimedia-Nordlicht-Show »The Crown of Light« vor. Nach dem Dinner auf der großen Veranda war es Zeit für den Saloon und allabendlich ging eine der originellsten *Gold rush*-Shows mit dem Titel »Service with a Smile« über die Bühne.

Seit 2008 ist diese Touristenattraktion geschlossen, eine mögliche Wiedereröffnung ist noch ungewiss.

Das war der Ertrag von einer Woche Goldabbau in der Yellow Eagle Goldmine

Weitere Infos zu Fairbanks finden Sie auf S. 108 ff.

 Fairbanks Ice Museum
500 2nd Ave., im historischen Lacey Street Theater, Fairbanks, AK 99701
✆ (907) 451-8222, www.icemuseum.com
Mai–Sept. tägl. 10–20 Uhr, Diashow zu jeder vollen Stunde, Eintritt $ 12/11, Kinder $ 2–6
Diashow über den einzigartigen Ice Art Carnival und Tiefkühlraum mit wunderbaren Eisskulpturen. Vorführungen im Eisschnitzen.

 Big Ray's
507 2nd Ave., Fairbanks, AK 99701
✆ (907) 452-3458 oder 1-800-478-3458
www.bigrays.com
Mo–Fr 8–20, Sa 9–18, So 11–18 Uhr
Campingausstatter in Downtown. Alles für das Leben »im Busch«.

 University of Alaska Museum of the North
907 Yukon Dr., Fairbanks, AK 99775-6960
In der University of Alaska
✆ (907) 474-7505, www.uaf.edu/museum
Juni–Aug. tägl. 9–19 Uhr, im Winter Mo–Sa 9–17, Sa/So 10–17 Uhr
Eintritt $ 12, Kinder $ 7
Museum mit Exponaten zu Kultur und Geschichte der Ureinwohner, Flora und Fauna Alaskas. Permanente und wechselnde Ausstellungen zu Nordlicht, Trans Alaska Pipeline, Goldnuggets und anderen Alaska-relevanten Themen. In der Rose Berry Art Gallery wird Alaskas Kunst gewürdigt. Guter Museumsladen.

 Georgeson Botanical Garden
117 W. Tanana Dr., Fairbanks, AK 99775
✆ (907) 474-1944
www.uaf.edu/snras/gbg
Mai–Okt tägl. 9–20 Uhr, Eintritt $ 2

»Dredges« sind Schwimmbagger mit integrierter Goldwaschanlage

Das Ester Gold Camp war Hauptquartier der F. E. Gold Company

Botanischer Garten der Universität von Alaska in Fairbanks. Bestaunenswert: der Blütenreichtum und die gigantischen Kohlköpfe.

 Large Animal Research Station
2220 Yankovich Rd., Fairbanks, AK 99775
✆ (907) 474-5724, www.uaf.edu/lars
Eintritt $ 10
Ende Mai–Anf. Sept. tägl. mehrmals halb- oder einstündige Führungen
Anschauliche Vorträge über Moschusochsen, Karibu und Rentiere, die auf dieser Forschungsstation der Universität von Alaska leben. Hier kann man Qiviut, die feine Wolle der Moschusochsen, kaufen.

 Gold Dredge No. 8
 1755 Old Steese Hwy. N.
Fairbanks, AK 99712
Im Norden der Stadt, bei Meile 9 des Old Steese Hwy., Zufahrt über Steese Expwy. nach Norden, links in Goldstream Rd., links in Old Steese Hwy.
✆ (907) 479-6673
www.golddredgeno8.com
Mitte Mai–Mitte Sept. tägl. 9.30–15.30 Uhr stündl. Touren
Eintritt Erwachsene $ 21, Kinder $ 10 für die einstündige Tour, $ 25/12.50 für die eineinhalbstündige Tour, mit Lunch $ 34.75/17.50
Führungen durch den ausladenden alten Schwimmbagger und Möglichkeiten, sich selbst im Goldwaschen zu üben. Restaurant.

 Alaska Railroad & Scenic Railtours
1745 Johansen Expressway
Fairbanks, AK 99701
✆ (907) 265-2494 oder 1-800-544-0552
www.alaskarailroad.com
Mehrtägige Eisenbahntouren zu den Nationalparks und Gletschern und zu anderen Naturwundern Alaskas.

⑫ Eine Eiswette und der 31. April
Von Fairbanks zum Denali National Park

12. Route: Fairbanks – Denali National Park (194 km/121 mi)

km/mi	Zeit	Route
0	Vormittag	3 1/2 Stunden Fahrt mit dem **Raddampfer »Discovery«** (Alternativen: Besuch der **Gold Dredge No. 8** oder der heißen Quellen in **Chena Hot Springs**).
0	14.00 Uhr	Nach dem Lunch Abfahrt in **Fairbanks**, zunächst auf dem George Parks Hwy. (Hwy. 3) in Richtung Anchorage bis nach
85/ 53		**Nenana**, im Ort links abbiegen in die A St. und weiter zur Front St., Besuch im Alaska Railroad Museum (im Railroad Depot). Weiter auf dem George Parks Hwy.
194/121	18.00 Uhr	Ankunft am **Eingang des Denali National Park**. Erster Besuch im **Visitor Center**.

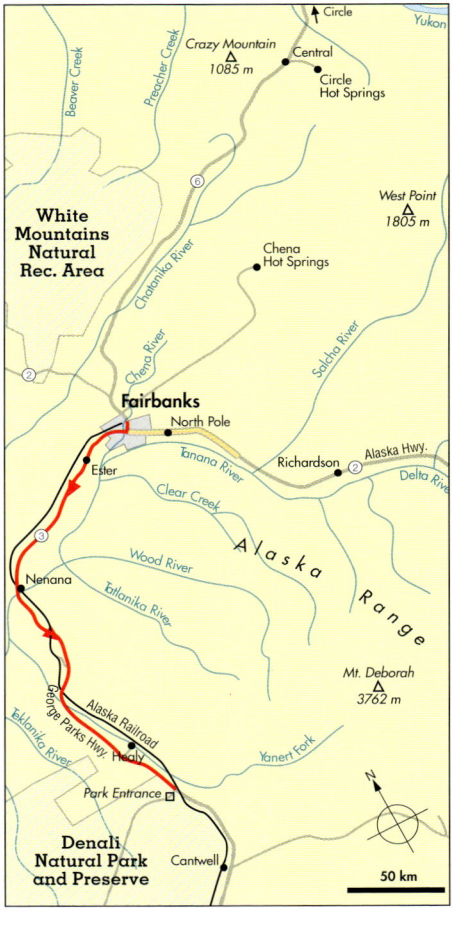

Zum Denali-Nationalpark sind es von Fairbanks aus nur 200 Kilometer, die man auf guter Straße problemlos an einem Nachmittag zurücklegen kann. Am Morgen bleibt also Zeit genug, um eines der an den vorherigen Tagen versäumten Ziele in der Stadt zu besuchen oder einen Ausflug in die weitere Umgebung zu unternehmen, zum Beispiel ins 100 Kilometer entfernte Thermalbad **Chena Hot Springs,** wo man besonders an kalten und regnerischen Tagen im heißen Quellwasser hervorragend relaxen kann.

Eine interessante Alternative in Fairbanks ist die dreieinhalbstündige Fahrt mit dem **Raddampfer »Discovery«.** Wenn, was in der Hochsaison recht oft vorkommt, eine ganze Flotte von Reisebussen gleichzeitig ihre Passagiere am Anleger ausspuckt, kann aus der an sich sehr interessanten Tour auf dem Fluss leider auch eine nervige Massenveranstaltung werden. Andererseits ist es sehr unterhaltsam, in der Sonne an der Reling auf dem oberen Deck zu lehnen und die Ufer von Chena und Tanana River an sich vorbeiziehen zu lassen.

Auf ihrem Weg hält die »Discovery« mehrfach für am Ufer stattfindende Vorführungen an: Ein Buschpilot demonstriert mit seinem Flugzeug die Start- und Landetechnik auf kurzen Landepisten, ein Indianer erklärt, wie sein *fish wheel* funktioniert oder wie man die gefangenen Lachse aufschneidet und zum Trocknen vorbereitet, ein *musher* erzählt über das Iditarod-Rennen von Anchorage nach Nome und dreht mit seinem Hundegespann eine Übungsrunde. Bei einem nachgebauten Indianerdorf gehen die Passagiere dann an Land, eingeborene Führer erzählen hier vom traditionellen Leben in ihren Dörfern und der Geschichte ihres Stammes.

Südlich von Fairbanks, nach 85 Kilometern auf dem Weg zum Denali National Park, gibt es einen guten Grund, eine Pause einzulegen. **Nenana** heißt der kleine, etwas vergessen wirkende, aber urige Ort am Zusammenfluss des Nenana mit dem breiten Tanana River. 1902 tauchte hier der erste weiße Händler auf, um mit den Indianern Geschäfte zu machen. Der Boom kam nach Nenana mit dem Bau der Alaska Railroad; der Ort wurde zur Verladestation für die Fracht von der Eisenbahn auf Flusskähne, die die entlegenen Dörfer des Landesinneren versorgten. Das Railroad Depot am Ende der Main Street beherbergt heute ein kleines Museum mit vielen Versatzstücken aus der großen Zeit wie Morsegeräten und alten Zugplänen, Konstruktionsblättern und monumentalen Eissägen, mit denen große Stücke aus dem gefrorenen Tanana River gefräst wurden.

Raddampfer auf dem Chena River

Reflexion: die Alaska Range vom Denali Highway aus gesehen

Das Eis des Tanana-Flusses spielt in Nenana eine zentrale Rolle und macht den 350-Einwohner-Ort über Alaska hinaus berühmt. Alles begann damit, dass im Jahre 1917 die Arbeiter der Alaska Railroad eine Wette in Höhe von 800 Dollar darüber abschlossen, wann das Eis auf dem Tanana River brechen und der Frühling sozusagen offiziell beginnen würde.

Aus diesem Zeitvertreib wurde eine der berühmtesten Festivitäten des Landes: *The Nenana Ice Classic*. Über 6,5 Millionen Dollar wurden seither an Preisgeldern ausgezahlt, und die Tendenz ist steigend; in manchen Jahren erhalten die Gewinner über 300 000 Dollar für die richtige Vorhersage, an welchem Tag und zu welcher Minute das Eis aufbricht. Die Höhe des Preisgeldes ist abhängig von der Anzahl und dem Einsatz der abgeschlossenen Wetten. Es wird anschließend unter all denjenigen aufgeteilt, die einen richtigen Tipp abgegeben haben. Im Jahre 2012 knackte ein Lotterieteilnehmer den Jackpot in Höhe von 350 000 Dollar, als er den 23. April und 19.39 Uhr als den richtigen Zeitpunkt voraussagte. 2013 fand das Ereignis am 20. Mai um 15.41 Uhr statt, und zwei Gewinner teilten sich rund 318 500 Dollar.

Gemessen wird der entscheidende Moment mit einem großen hölzernen Dreifuß. Ein Exemplar aus den 1970er Jahren, das zufällig nicht weggeschwemmt wurde, steht als Schaustück wie ein gigantisches Stativ neben der Blockhütte des Visitor Center von Nenana. Solch ein hölzernes Monster wird im Winter 60 Zentimeter tief im Eis des Tanana River verankert. Sobald das Eis bricht, fällt der Dreifuß um und stoppt eine am Ufer angeschlossene Uhr. Gewöhnlich friert der Fluss im Oktober zu, die Schicht, die ihn bedeckt, wird im Laufe des Winters über einen Meter dick. Irgendwann im April beginnt das Eis zu schmelzen und bricht gegen Ende des Monats, manchmal aber auch erst Mitte Mai auf. Beim *Ice Classic* kann jeder mitmachen, die Teilnahmetickets, auf denen die Wetten eingetragen werden, gibt es in Alaska

zwischen Februar und April zu kaufen
Wer nicht allzu spät am **Denali National
Park** eintrifft, fährt zweckmäßigerweise
zuerst ins **Wilderness Access Center**
am Eingang des Parks, um dort die
(hoffentlich) vorbestellten Karten für
die Busfahrt am nächsten Tag abzuho-
len und sich über Details wie Abfahrtszeit und -ort zu informieren. Wer keine
Busreservierung hat, kann sich schon
einmal informieren, wie es mit dem
Kartenkontingent für die nächsten beiden Tage aussieht, das ab sieben Uhr
morgens nach dem Prinzip »Wer zuerst
kommt ...« verkauft wird.

Ein Tag Wartezeit lässt sich leicht mit
einem Ausflug nach **Talkeetna,** einer
Fahrt auf der **Petersville Road** oder einer der anderen angebotenen Unternehmungen überbrücken (siehe »Extratage«,
Kapitel 13, Seite 130 f.). Wenn es regnet, sollte man im Visitor Center auch
nach den Wettervorhersagen für die
nächste Zeit fragen. Falls diese schlecht
sind und keine Hoffnung auf baldige
Besserung besteht, ist es unter Umständen sinnvoll am nächsten Tag weiterzu-
fahren, denn eine Denali-Tour im Regen
kann recht trostlos sein.

Man macht sich entweder direkt auf
den Weg nach Palmer (siehe Kapitel
14, Seite 132 ff.) oder gelangt via Denali und Richardson Highway über
Glennallen und anschließend auf dem
Glenn Highway dort hin (siehe Kapitel
14.1, Seite 140 ff.). Geben Sie aber
nicht zu früh auf: Oft ist es morgens am
Visitor Center wolkig und trübe, während drinnen im Park der Himmel
schon aufklart.

Für den Rest des Tages heißt es für
alle (und ganz besonders für jene, die
noch keine Reservierung für die kommende Nacht haben) Nerven bewahren. Das Hochsaison-Tohuwabohu in
den Hotels und auf den wenigen Camp-

*Kampf um die Rangordnung: Alaska-
Schneeschafe (Dall Sheep) und ...*

grounds im Umkreis des Denali Park
hat die Qualität verkaufsoffener Vor-
weihnachts-Sonntage in Deutschland.
Alles ist überfüllt, und die genervten
Angestellten in den Geschäften, auf den
Campgrounds und an den Tankstellen
sind derart wortkarg und mürrisch,
dass man sich wie daheim fühlt.

... ein Karibu im Denali National Park

Sternwheeler »Discovery«

Discovery Landing, 975 Discovery Dr.
Fairbanks, AK 99709
✆ (907) 479-6673 oder 1-866-479-6673
www.riverboatdiscovery.com
Mitte Mai–Mitte Sept., Abfahrt tägl. 8.45
und 14 Uhr, Fahrpreis $ 60, Kinder $ 40
Die Fahrt mit dem Raddampfer auf Tanana und Chena River vermittelt einen
Eindruck von Leben und Landschaft entlang der Flussufer.

Rose's Café

Meile 249.5 Parks Hwy., Healy, AK 99743
✆ (907) 683-7673
www.rosescafealaska.com
Nettes Restaurant am Wege. Freundliches Personal und große Portionen
Hamburger, Pommes und Co. $–$$

Alaska Railroad Museum
Im Nenana Railroad Depot
Front St., gegenüber der A St.
Nenana, AK 99760, ✆ (907) 832-5500
Tägl. 9–18 Uhr, Eintritt frei
Das Gebäude aus dem Jahr 1922 beher-
bergt eine Sammlung zur Geschichte
der »Alaska Railroad«.

Nenana Ice Classic

1st & A Sts., Nenana, AK 99760
✆ (907) 832-5446
www.nenanaakiceclassic.com
Anfang Feb.–Anfang April
Tickets zum Mitwetten ab $ 2.50, schrift-
lich mit Name, Adresse und exaktem
Datum des wahrscheinlichen Eisbruchs.

Denali National Park and Preserve
Denali National Park, AK 99755
✆ (907) 683-2294
www.nps.gov/dena, Parkeintritt $ 10 pro
Person, $ 20 pro Auto
Hier erhält man Informationen zum Park
und eine Liste aller Hotels und Campgrounds im Einzugsbereich des Parks.

Denali National Park & Preserve
Visitor Center

Am Parkeingang
Mitte Mai–Mitte Sept. tägl. 8–18 Uhr
Bus- und Campground-Reservierungen,
Eintrittskarten für den Park, Landkarten,
Veranstaltungen und Ranger-Vorträge.

Green Shuttle Bus Wilderness Access
Center, vgl. S. 129
Reservierung telefonisch oder online ab
1. Dez. für das folgende Jahr: ✆ (907) 272-
7275 oder 1-800-622-7275, http://home.
nps.gov/dena oder www.reservedenali.
com.
Persönlich reservieren kann man im Wilderness Access Center bis zwei Tage im
Voraus. Die grünen Shuttle-Busse ver-
kehren regelmäßig: Nach einer Fahrtun-
terbrechung nimmt man einfach den
nächsten Bus.

Hotels: Ohne langfristige Reservierung
ist in den in der Nähe des Nationalparks
gelegenen Hotels und Motels im Sommer
kein Zimmer zu haben. Man muss dann
nach Cantwell oder Healy ausweichen.

Am Ende der Park Road gibt es drei
Unterkunftsmöglichkeiten (**North Face
Lodge**, **Kantishna Roadhouse**, **Denali
Backcountry Lodge**, s. S. 123). Alle kos-
ten $ 275 oder mehr pro Person. Die drei
Lodges sind die einzigen, die mit ihren
Gästen die Parkstraße befahren dürfen.

McKinley Village Lodge
Meile 231.1 George Parks Hwy., 6 Meilen südl. des Parks
✆ (907) 276-7234 oder 1-800-276-7234
www.denaliparkresorts.com
Eine der ruhigeren Lodges im Bereich
des Denali National Parks. Moderne
Ausstattung, 151 Zimmer. $$$$

Motel Nord Haven
Meile 249.5 Parks Hwy., Healy, AK 99743
✆ (907) 683-4500 oder 1-800-683-4501
www.motelnordhaven.com
Nettes, kleines Hotel mit 28 Zimmern.
$$–$$$

The Perch Resort at Denali

Meile 224 Parks Hwy.
Denali National Park, AK 99743
℃ 1-888-322-2523
www.denaliperchresort.com
20 hübsche Hütten am Carlo Creek,
11 Meilen südl. des Parkeingangs. Mit
Restaurant. $$–$$$

McKinley Chalet Resort

Meile 238,5 George Parks Hwy., 2 Meilen nördl. des Parks
℃ (907) 276-7234 oder 1-800-276-7234

www.denaliparkresorts.com
Belebtes Hotel mit 345 Zimmern, Sauna,
Schwimmbad und Restaurant. $$$$

Denali Crow's Nest Cabins

Meile 238.5 George Parks Hwy., 1 Meile
nördl. des Parkeingangs
Denali National Park, AK 99755
℃ (907) 683-2723 oder 1-888-917-8130
www.denalicrowsnest.com
Mitte Mai–Mitte Sept.
Hütten mit je zwei Doppelbetten, Bad.
Restaurant mit Ausblick. $$$$

North Face Lodge

Denali National Park, AK 99755
℃ (907) 683-2290

www.campdenali.com
Anfang Juni–Mitte Sept.
15 Zimmer mit Bad, Elektrizität und einfachere Hütten. Im Denali National Park,
mit Restaurant. $$$$

Kantishna Roadhouse

c/o Doyon Tourism, 1 Doyon Place
Fairbanks, AK 99701
℃ 1-800-942-7420
www.kantishnaroadhouse.com
Anfang Juni–Mitte Sept.
Hütten mit Bad, Elektrizität. Im Park. $$$$

Denali Backcountry Lodge

1301 W. Parks Hwy.
Wasilla, AK 99654
℃ (907) 376-1992 oder 1-877-233-6254
www.denalilodge.com

30 voll ausgestattete Hütten im Denali
National Park. $$$$

Campgrounds: Plätze auf den sechs
Campgrounds im Nationalpark können
ab 1.12. des Vorjahres bis zu zwei Tage
vor Ankunft per Post (Doyon/ARAMARK
Joint Venture, 241 North C St., Anchorage
AK 99501), Telefon (℃ 907-272-7275 oder
1-800-622-7275), Fax (907-264-4684) oder
E-Mail (unter www.reservedenali.com)
reserviert werden. Wer nicht vorher gebucht hat, kann im Wilderness Access
Center nachfragen. Sanctuary und Igloo
Campground können nur dort persönlich gebucht werden (s. auch www.nps.
gov/dena und www.reservedenali.com).
Oft sind die Campgrounds jedoch für
ein bis zwei Tage im Voraus ausgebucht.
Dann bleiben nur die kommerziellen Anlagen außerhalb des Parks.

Denali Riverside RV Park

Meile 240 Parks Hwy., 10 Meilen nördl.
des Parks, Denali, AK 99755
℃ (907) 388-1748 (im Sommer),
℃ (907) 374-8796 (im Winter)
℃ 1-866-538-2696
www.denaliriversiderv.com
Mitte Mai–Mitte Sept.
Am Nenana River, alle Einrichtungen.

McKinley RV & Campground

Meile 248.4 George Parks Hwy., 10 Meilen nördl. des Parks, Healy, AK 99743
℃ (907) 683-2379 oder 1-800-478-2562
www.mckinleyrv.com
Busse fahren von hier direkt zum Park.

Denali Grizzly Bear Resort

Meile 231.1 George Parks Hwy., 6 Meilen, südl. des Parks am Nenana River
Adresse im Sommer:
Denali National Park, AK 99755
℃ (907) 683-2696 oder 1-866-583-2696
Adresse im Winter: Healy, AK 99743
℃ (907) 374-8796 oder 1-866-583-2696
www.denaligrizzlybear.com
Campingplatz und Hütten.

⑬ Besuch beim »Großen«
Ein Tag im Denali National Park

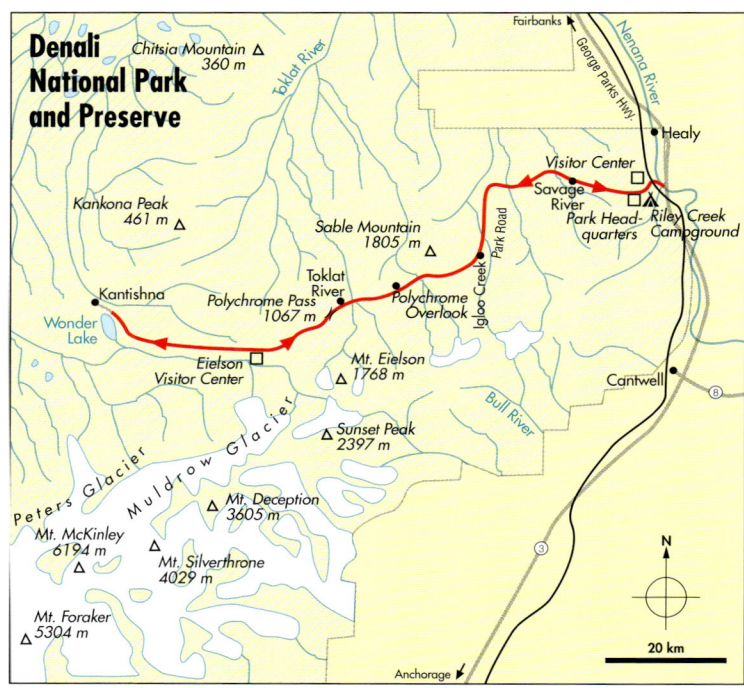

13. Programm: Denali National Park

Ganztägige Fahrt mit dem **Shuttle-Bus** mit Stopps am Toklat River, **Polychrome Pass**, **Eielson Visitor Center** und **Wonder Lake**.

Alternativen/Extratage:
– Rundflüge über den Park
– Besuch in Talkeetna
– Fahrt auf der Petersville Road
– »Discovery Hike« mit Ranger
– Schlauchboot-Trip.
Ausführliche Vorschläge zu diesen Unternehmungen mit Adressen finden Sie S. 130.

Im Denali (sprich *Denaahli)* National Park erhebt sich der 6 194 Meter hohe **Mount McKinley,** der höchste Berg Nordamerikas. Man muss aber nicht den Park besuchen um den Berg zu sehen, und die Mehrzahl der Besucher bekommt ihn ohnehin nicht zu Gesicht, denn nur an 30 Prozent der Sommertage hat man – besonders in den frühen Morgenstunden – eine klare Sicht auf den weißen Riesen. Ohnehin wurde der Nationalpark nicht wegen des Bergriesen gegründet, sondern um die reiche Tierwelt zu schützen, die in dieser alpinen Taiga und Tundra lebt. Motor für die Entscheidung waren der Naturforscher Charles Sheldon und sein Begleiter Harry Karstens; beide studierten 1906 und 1907 in einer Block-hütte am Toklat River die Fauna dieser Wildnis. Schon Jahrzehnte, bevor Umwelt- und Naturschutz aktuelle Tages-themen waren, kämpfte Sheldon auf der politischen Bühne, um jenes Gebiet als Nationalpark menschlichen Eingriffen zu entziehen.

Der Mount McKinley erhielt seinen Namen durch die Hartnäckigkeit eines Goldsuchers, der ein überzeugter Verehrer des republikanischen Präsidentschaftskandidaten und späteren Präsidenten William McKinley (1897–1901) war. Dieser McKinley-Fan schrieb etliche Zeitungsberichte über den höchsten Berg Amerikas und nannte ihn so konsequent nach seinem Polit-Idol, dass dieser Name später offiziell übernommen wurde. Erst 1980 gelang es, zumindest dem Nationalpark seinen ursprünglichen athabaskischen Namen »Denali« (der Hohe, der Große) zurückzugeben.

1917 wurde der McKinley-Nationalpark gegründet, 1921 bewilligte die Regierung einen Kredit, und Sheldons Mitstreiter Karstens wurde erster Superintendent des Parks. Bereits 1913 hatte er eine vierköpfige Expedition geleitet,

Grauwolf in der spätsommerlichen Tundra des Denali-Nationalparks

der die Erstbesteigung des höheren der beiden Gipfel des Mount McKinley gelungen war. Der berühmte Alaska-Pionier Richter James Wickersham hatte schon 1903 den ersten und vergeblichen Versuch einer Besteigung unternommen. 1906 machte sich Frederick Cook an das Unternehmen, sein »Gipfelfoto« lässt aber mit großer Wahrscheinlichkeit den Schluss zu, dass er sein Ziel nicht erreichte. 1910 wurde der rund 250 Meter niedrigere Nordgipfel erstiegen, und 1913 schließlich standen Hudson Stuck und Harry Karsten als erste auf dem Südgipfel.

Das Gebiet des Sable Pass ist Grizzly-Land

Der Berg-Gigant gehört zur fast 1 000 Kilometer langen Alaska Range, der Gebirgskette, die die Südgrenze des Parks bildet und hier auch ihre höchsten Erhebungen aufweist. Die Nordhälfte des Nationalparks besteht aus herber, hügeliger Taiga und alpiner Tundra, durch die in breiten, weit verzweigten Flussbetten die milchweißen Schmelzwasser der Gletscher fließen. Der Nenana River bildet die östliche Parkgrenze. Eine einzige, 149 Kilometer lange, unbefestigte Straße führt parallel zur Alaska Range etwa bis in die Parkmitte: Endstation der grünen Shuttle-Busse ist der **Wonder Lake,** wo es den letzten Außenposten-Campground mit 28 Zeltplätzen gibt – ohne alle Annehmlichkeiten, dafür aber mit einem beeindruckenden Blick auf das McKinley-Massiv vis-a-vis. Mit der Einschränkung eben, dass man einen der klaren Sommertage erwischt, um das Panorama genießen zu können.

Busfahrern und Wanderern, die sich durch den Park bewegen, bleibt der Mount McKinley auf langen Wegstrecken leider durch andere Berge oder Tundrahügel verborgen. Von der Parkstraße aus sind die beiden McKinley-Gipfel kurz vor dem Savage River zu sehen. In seiner ganzen Größe zeigt sich das Massiv vom Highway Pass bis zum Eielson-Besucherzentrum bei Meile 66; hier ist der Gigant nur 33 Meilen Luftlinie entfernt. Allerdings ist der Himmel nur selten wolkenlos. Die Sommertage sind hier, 300 Kilometer südlich vom Polarkreis, sehr lang, aber auch kühl (5–20 Grad im Juli) und feucht (15 Zentimeter Niederschlag im Monat).

Seine eigentliche Anziehungskraft bezieht der Denali National Park aus der grandiosen Landschaft und vor allem aus der Tatsache, dass es sich hier um eines der letzten großen intakten Ökosysteme Nordamerikas handelt. Grizzlybären, Karibus, Wölfe und Füchse wandern ungestört über die Tundra, Elche waten durch flache Seen und scheue Dall-Schafe weiden an den Berghängen. Damit dies so bleibt, darf die einzige Straße nur von den Shuttle-Bussen des Parks befahren werden, und auch ihre Anzahl ist beschränkt. Was bedeutet, dass man stundenlang in einem meist bis auf den letzten Platz besetzten Bus über eine staubige Holperstrecke geschaukelt wird und dem manischen Zwang einiger Zeitgenossen ausgesetzt ist, mit großem Geschrei auf den Kameraauslöser zu drücken, sobald sich am Horizont ein Tier zeigt. Das kann ebenso an den Nerven zerren wie die Späße eines Busfahrers, der sich geschlagene elf Stunden lang zum Clown macht, um seine Fahrgäste bei Laune zu halten.

Sicher ist es ein Erlebnis, vom Bus aus einen Grizzlybären zu beobachten, der seiner Beschäftigung ungestört von der Anwesenheit des Busses nachgeht. Auch das Bild äsender Karibus vor dem weiß leuchtenden Massiv des Mount McKinley brennt sich unauslöschlich in die seelische Festplatte ein. Wirklich erfahren kann man die Größe und Vielfalt der Natur Alaskas aber nur abseits der Straße bei einer Wanderung. Und nirgendwo wird einem dies leichter gemacht als im Denali National Park! Wem es in den Sinn kommt, der kann hier fast überall aus dem Bus steigen und hinter dem nächsten Hügel in der jungfräulichen Wildnis verschwinden. Bald wird man sich dann als ein Säugetier unter vielen fühlen, allein mit dem Wind und dem unendlichem Himmel über der Tundra. Wenn es genug ist, geht man einfach zurück zur Straße und nimmt den nächsten Bus – alle halbe Stunde kommt einer vorbei.

Dennoch klammert sich die überwiegende Mehrheit der Parkbesucher an den unbequemen Sitzen fest und lässt es zu, dass sich der Park auf ein Bild hinter dem Busfenster reduziert – um, nach stundenlanger Rüttelfahrt am **Eielson Visitor Center** angekommen, festzustellen, dass sich der Gipfel des Mount McKinley doch nur, wie meistens, hinter Wolken versteckt. Dabei geht es auch einfacher: zumindest für die Besucher, die der festen Überzeugung sind, dass ›man‹ Park und Gebirgsmassiv unbedingt gesehen haben muss.

Ein **Rundflug** ab Parkeingang dauert etwa eine Stunde und gibt einen bravourösen Überblick über die wilde Tundralandschaft des Parks mit ihren mehlbleichen Gletscherströmen und vielfarbigen Gebirgsschründen. Am Ziel findet sich dann meistens auch irgendwo ein Wolkenloch, und plötzlich schwebt der Gipfel in stiller Schönheit vor dem Flugzeugfenster. Damit alle der maximal sechs Passagiere an Bord zu ihrem Foto kommen, dreht der Flieger ein paar Schleifen, dann taucht er wieder unter die Wolkendecke. Mit Blick auf die ferne Parkstraße, auf der die Shuttle-Busse wie Ameisen entlangkriechen, geht es in etwa 30 Minuten zurück zum Landeplatz am Parkeingang.

Die Reise mit den **Shuttle-Bussen** ist also eher etwas für jene, die an der vielfältigen Flora und Fauna im Park interessiert sind, aber keine Zeit für einen längeren Aufenthalt und eigene Wanderungen haben. Die Fahrt beginnt unterhalb der auf 800 Meter gelegenen Baumgrenze. Hier sind die Auswirkungen des Dauerfrostes deutlich zu sehen. In den Sommerwochen taut der Boden unterschiedlich tief auf; manchmal geraten ganze Erdschichten auf der da-runter liegenden gefrorenen Schicht ins Rutschen. So entstehen Phänomene wie der *drunken forest,* der gleich am Anfang linker Hand zu sehen ist – die zwergwüchsigen Bäume stecken kreuz und quer in der Erde.

Beim **Sable Pass** beginnt die baumlose Tundra, nur noch an den Ufern der Gewässer gedeihen niedrige Büsche. Hier ist Grizzlyland, und eine besondere Verordnung verbietet, in der Sable Pass Wildlife Area zu wandern. Noch beeindruckender ist der **Polychrome Pass** mit weiter Aussicht auf die Alaska Range, auf vielfarbige Lavahügel und das schmale Band der Straße durch die weite Tundra.

Nachdem man den Highway Pass, den höchsten Punkt der Route, passiert hat, geht es weiter bis zum Eielson-Besucherzentrum. Die Wegstrecke dort hin gilt als besonders tierreich: Grizzlies, Karibus, Falken und Steinadler bevölkern die Region. Nach dem Besucherzentrum beginnt ein feuchtes, seenreiches Tundragebiet, in dem Biber ihre Burgen bauen und Seeschwalben, Enten und Schwärme hungriger Moskitos zu Hause sind.

Endstation für die meisten Busse ist der **Wonder Lake,** der größte See des Parks. In den knapp 100 Sommertagen wachsen, blühen und reifen in seiner Umgebung sage und schreibe 425 verschiedene, farbenprächtige Wildblumenarten, die meisten davon sind nur wenige Zentimeter hoch. Park-Ranger bieten hier mehrmals am Tag kurze, geführte Wanderungen an, bei denen die reiche Vegetation erklärt wird. Die Region um den Wonder Lake lässt sich natürlich auch auf eigene Faust erkunden. In jedem Fall fährt etwa um 18 Uhr der letzte Shuttle-Bus zurück und erreicht gegen 23 Uhr das Visitor Center am Parkeingang. ❈

⓲ **Infos:** Denali National Park

Auch Elche gehören zu den Bewohnern des Denali-Parks

 Denali National Park

 Denali heißt in der Sprache der Athabaska-Indianer »der Große«, und hier liegt auch Alaskas höchster Berg, der 6 194 m hohe **Mount McKinley**. Seinen Gipfel sieht man allerdings selten, er steckt etwa 200 Tage im Jahr in Wolken. Der Park bietet eine faszinierende Vielfalt von Tieren und Pflanzen. Vom DallSchaf zum Karibu und vom Erdhörnchen bis zum Grizzly ist alles vertreten und oft auch von der Straße aus zu sehen. Von seiner schönsten Seite zeigt sich der Park von Ende August bis Mitte September während der Laubfärbung. Die Straße, 149 km lang, führt zur Ortschaft Kantishna mitten im Park und darf nicht mit Privatfahrzeugen befahren werden, es sei denn, es ist ein Fahrzeug einer der Lodges in Kantishna.

 Fahrkarten für den Shuttle-Bus: Reservierung unumgänglich!
Die Straße im Denali National Park darf nicht mit dem Privatwagen befahren

werden. Alle Besucher benutzen stattdessen den Park-Shuttle-Bus, für den Fahrscheine notwendig sind. Sie kosten für Erwachsene je nach Fahrtziel zwischen $ 23 und $ 44 und sind nur für eine bestimmte, aufgedruckte Abfahrtszeit gültig. 65 % aller verfügbaren Fahrscheine können telefonisch ab Mitte Februar oder schriftlich ab Anfang Dezember des Vorjahres reserviert werden bei:

ℹ️ **Doyon/ARAMARK Joint Venture**
241 North C St.
Anchorage, AK 99501
✆ (907) 272-7275 oder 1-800-622-7275
Fax (907) 264-4684
www.reservedenali.com
Mo–Fr 7–17, Sa 10–16 Uhr Alaska Zeit (Alaska Zeit = MEZ minus 10 Stunden) Ihre Reservierungschancen erhöhen sich, wenn Sie Ausweichtermin und Kreditkartennummer angeben. Bei schriftlichen Reservierungen werden Namen und Alter (wegen der Preisreduzierung für Kinder und Jugendliche) verlangt.

Wer mit der schriftlichen oder telefonischen Reservierung kein Glück hatte und auf die Fahrt in den Denali National Park Wert legt, muss sich morgens gegen 6 Uhr in die Warteschlange vor dem Wilderness Access Center einreihen und versuchen, bei Türöffnung um 7 Uhr Tickets aus den restlichen 35 % zu ergattern, die ab zwei Tage im Voraus verkauft werden. In der Hauptsaison sind die Fahrscheine für den aktuellen Tag fast immer und für den Folgetag oft schon früh am Morgen vergeben. Sie haben dann nur die Option, Fahrkarten für den 2. Tag zu erstehen und dann einen Tag zu warten.

Einen Tag Wartezeit kann man mit einem »Discovery Hike«, einem Besuch in Talkeetna oder einer Fahrt auf der Petersville Road überbrücken. Je nach Reservierungslage lohnt sich eventuell auch die Weiterfahrt, entweder auf der Alternativroute (s. S. 140 ff.) via Denali Hwy., Glennallen und Matanuska-Tal nach Palmer und zurück zum Park, oder direkt nach Palmer auf dem Hwy. 3 und nach einem Besuch des Matanuska-Gletscher (s. Kapitel 15, S. 146 ff.) zurück zum Nationalpark. Bei diesen beiden Varianten entfällt anschließend das Programm aus Kapitel 14 und 15, die Route von Kapitel 12 führt direkt nach Anchorage.

 Park-Shuttle-Bus
Verkehrt tägl. Ende Mai–Mitte Sept.
Der erste Bus Richtung Wonder Lake fährt gegen 6 Uhr, der letzte Bus ab Wonder Lake gegen 18 Uhr (er ist ca. um 23 Uhr zurück im Visitor Center am Eingang des Parks). Der Bus hält unterwegs an landschaftlich schönen Stellen, um Wanderer abzusetzen oder aufzunehmen und den Fahrgästen Gelegenheit zu geben, Tiere und Pflanzen zu betrachten.

Die Busfahrkarten gelten nur für die aufgedruckte Abfahrtszeit. Wer erst einmal im Park ist, muss sich um den Bus keine weiteren Gedanken machen. Alle Busse haben eine gewisse Anzahl Plätze für Wanderer reserviert. Sie können jederzeit unterwegs aussteigen, um ein Stück zu gehen oder in Ruhe die Landschaft zu betrachten, und mit dem nächsten Bus weiterfahren. Nehmen Sie stets warme Kleidung mit. Die Durchschnittstemperatur im Park liegt bei 15 °C, nachts wird es auch im Sommer oft empfindlich kalt.
Fahrzeiten hin und zurück:
Toklat – 6 Stunden
Eielson Visitor Center – 8 Stunden
Wonder Lake – 11 Stunden
Kantishna – 12 Stunden

 Eielson Visitor Center
Anfang Juni–Mitte Sept.
Der beste Platz, um den Mount McKinley zu fotografieren: Er ist nur etwa 1 Meile vom unteren Ende des Muldrow-Gletschers und 33 Meilen vom Berggipfel entfernt.

Vorschläge für Extratag(e) im Denali-Gebiet:

 Discovery Hike
Tägl. Kleine Gruppen, geführt von Park-Rangern. Dauer 3–4 Std.
Ein Aushang im Denali Visitor Center gibt nähere Einzelheiten bekannt.

 Denali Outdoor Center
Meile 238.5 George Parks Hwy.
Denali Park, AK 99755
✆ (907) 683-1925 oder 1-888-303-1925
www.denalioutdoorcenter.com
Wildwassertrips, Mountainbike-Verleih, Kajakschule und -touren. Der Outfitter stellt Teilnehmern der Schlauchboot-Fahrten spezielle Anzüge zur Verfügung, die trocken und warm halten.

 Nenana Raft Adventures
Meile 238 George Parks Hwy.
Healy, AK 99743-0500
✆ 1-800-789-7238
www.alaskaraft.com
Angeboten werden Schlauchboot-Touren, ebenfalls mit speziellen Schutzanzügen.

Rundflüge ab Denali National Park – ERA Flightseeing Tours
Meile 238 George Parks Hwy.
Denali National Park, AK 99755
✆ (907) 683-2574 oder 1-800-843-1947
www.fightseeingtours.com
– Denali Air
Meile 229.5 George Parks Hwy.
Denali National Park, AK 99755
✆ (907) 683-2261, www.denaliair.com

 Petersville Road
Abzweig in Trapper Creek, 197 km südl.
vom Denali National Park
Der für eine Tagestour geeignete Trip
führt durch ursprüngliche Alaska-Land-
schaft und bietet zum Teil schöne Ausblicke auf den Mount McKinley. Bis zum
The Forks Roadhouse (✆ 907-903-5660,
www.forksroadhouse.com, Übernachtungen) bei Meile 19 ist die Petersville
Road problemlos befahrbar.

 Talkeetna
Der Ort (Infos: talkeetnachamber.com)
hat sich noch etwas vom Charakter einer
Pioniersiedlung im Busch bewahrt. Er ist
der Ausgangspunkt für Besteigungen
des Mount McKinley und für Sightseeing-
flüge zum Berg mit oder ohne Landung
auf einem Gletscher. Für seinen Besuch
ist auch eine Tagestour einzuplanen.

 Talkeetna Historical Society Museum
First Alley/Village Airstrip
Talkeetna, AK 99676, ✆ (907) 733-2487
www.talkeetnahistoricalsociety.org
Im Sommer tägl. 10–18 Uhr, Eintritt $ 3
Das sehr interessante kleine Museum ist
der Geschichte Talkeetnas und der His-
torie der Buschfliegerei gewidmet.

 Museum of Northern Adventure
Main St., Talkeetna, AK 99676
✆ (907) 733-3999
Im Sommer tägl. 11–19 Uhr, Eintritt $ 2
24 Dioramen zu historischen Begeben-
heiten in Alaska und andere Alaska-
Themen. Skurriler Trophäenraum.

 Rundflüge von Talkeetna aus mit
– K2 Aviation:
✆ (907) 733-2291 oder 1-800-764-2291
www.flyk2.com
– Alaska Bush Floatplane Service:
✆ (907) 733-1693 oder 1-866-733-1693
www.alaskafloatplane.com
– Fly Denali:
✆ (907) 733-7768 oder 1-866-733-7768
www.flydenali.com
– Talkeetna Air Taxi:
✆ (907) 733-2218 oder 1-800-533-2219
www.talkeetnaair.com
– Sheldon Air Service:
✆ (907) 733-2321 oder 1-800-478-2321
www.sheldonairservice.com

 Mahay's Riverboat Service
Main St., Talkeetna, AK 99676
✆ (907) 733-2223
www.mahaysriverboat.com
Jetboot-Touren zur Wildbeobachtung
oder zum Angeln im Hinterland.

 Talkeetna Roadhouse
Main St., Talkeetna, AK 99676
✆ (907) 733-1351
www.talkeetnaroadhouse.com
Rustikales Gasthaus (sechs Zimmer,
zwei Hütten). Herzhafte Mahlzeiten. $–$$

 Latitude 62
Main St., Talkeetna, AK 99676
✆ (907) 733-2262
www.acsalaska.net/~latitude62
Typisches alaskanisches Roadhouse mit
Motel, Restaurant, Lounge. $–$$

  Talkeetna Alaskan Lodge
Meile 12.5 Talkeetna Spur Rd.
Talkeetna, AK 99676
✆ (907) 733-9500 oder 1-877-777-4067
www.talkeetnalodge.com
Sehr schönes Hotel am Ortsrand von
Talkeetna mit wunderbarem Blick auf
den Mount McKinley. Mit Restaurant. Das
Haus ist hervorragend als Standquartier
oder für einige Erholungstage geeignet. $$$$

⑭ Von Kohlköpfen und Gletscherpiloten
Zum Hatcher Pass und nach Palmer

14. Route: Denali National Park – Hatcher Pass – Palmer (389 km/236 mi)

km/mi	Zeit	Route
0	9.00 Uhr	Abfahrt am **Denali National Park**. Auf dem George Parks Hwy. nach Süden bis
198/123		Trapper Creek. Hier Abzweig der **Petersville Rd.** Auf dem Highway weiter bis zum
221/138		Abzweig nach **Talkeetna** (22 km/14 mi auf der Talkeetna Spur Rd.). Zurück auf den Highway und weiter über
266/166		**Willow** (hier Abzweig der Hatcher Pass Rd.). Nach Süden und bei km/mi
312/195		links in die **Wasilla-Fishhook Rd.**, bei km/mi
328/205		links in die Hatcher Pass Rd. einbiegen und zum
347/212	15.00 Uhr	**Independence Mine State Historical Park**. Auf der Hatcher Pass Rd. zurück ins Tal und bei km/mi

377/229   rechts ab in den Glenn Hwy (Hwy. 1) nach

389/236   18.00 Uhr   **Palmer**; links in die East Arctic Ave., rechts in den South Valley Way und Besuch im **Palmer Visitor Center**.

Alternativen & Extras: Die schon bei Willow abzweigende Strecke über den Hatcher Pass zum Independence Mine State Historical Park ist um ca. 40 km/25 mi kürzer als die Hauptroute. Allerdings ist die teilweise raue Schotterstraße nur von Juni bis zu den ersten Schneefällen im September befahrbar.

Wer genug Zeit hat und die Fahrt auf dem Schotter des Denali Hwy. nicht scheut, kann auf der sehr schönen Wildnisstrecke zum Richardson Hwy. und ab Glennallen auf dem Glenn Hwy. nach Palmer fahren. Von dort geht es zum Hatcher Pass und weiter nach Anchorage (vgl. Route 14.1, S. 140 ff.).

Auf der Fahrt nach Süden lohnt es sich heute, dem Herdentrieb zu folgen und auf den Parkplätzen längs der Straße anzuhalten, wo schon die Fotoapparate vor den geparkten Fahrzeugen klicken. Mehrfach gibt es hier das Massiv der Alaska Range und den Mount McKinley zu bewundern, dessen weiße Gipfel über der tief eingegrabenen Schlucht des Chulitna River und den Wäldern leuchten.

Eine Möglichkeit zu einem Ausflug in die ursprüngliche Landschaft Zentralalaskas bietet sich 123 Meilen südlich der Einfahrt zum Denali National Park im Dörfchen Trapper Creek. Die **Petersville Road** führt von hier aus zum Ort des nicht mehr existierenden Goldgräbercamps Petersville tief im unerschlossenen Hinterland zu Füßen der Alaska Range. Nach 13 Kilometern wird die Straße schlechter und die Sicht auf den Mount McKinley und die anderen Berge der Gebirgskette ist nur noch an einer Stelle möglich. Viel unverfälschte Landschaft, ab und zu eine *homestead* im Wald – hier findet man das wirkliche Busch-Alaska. Der etwas über 50 Kilometer lange Schotterweg ist zu vier Fünfteln bis jenseits von »The Forks Roadhouse« problemlos befahrbar. Der letzte Abschnitt ab Forks Roadhouse ist normalerweise nicht bis Ende Juni passierbar und sollte nur mit einem Allrad-Fahrzeug mit ausreichender Bodenfreiheit befahren werden.

Wer sich, mit der nötigen Zeit ausgestattet, ein unvergessliches Denali-Erlebnis gönnen will, sollte 138 Meilen südlich des Denali Park in die Talkeetna Spur Road abbiegen. Das 800-Einwohner-Dorf **Talkeetna** am Ende dieser Straße ist der Ausgangspunkt für alle McKinley-Besteigungen, von hier aus werden die Expeditionsteilnehmer ins Basislager auf dem Gletscher in 2 134 Meter Höhe geflogen. Die erfahrenen Gletscherpiloten bringen aber auch Touristen für spektakuläre Kurztrips in das Massiv. Die Cessna landet auf einem Gletscher, und die Passagiere können – inmitten der gigantischen Kulisse am Fuße des 6 194 Meter hohen Südgipfels – eine begleitete Wanderung unternehmen.

Fauna am Hatcher Pass: Erdhörnchen, einen Pilz verzehrend und …

… ein neugieriges Schwarzbär-Junges

Willow (1 700 Einwohner), eine gute Autostunde von Anchorage entfernt, sollte laut einer Volksabstimmung im Jahre 1976 die neue Hauptstadt des Staates Alaska werden, der sich gerade im Glanz des Ölreichtums zu sonnen begann. Dieselben Wähler lehnten es jedoch 1982 ab, die Mittel für den Umzug aus Steuergeldern bereitzustellen. So blieb es bei Juneau als Hauptstadt, verwitternde Schilder für Bauplätze rund um das Städtchen zeugen heute von zerronnenen Spekulantenträumen.

Unerschrockene Autolenker können von Willow aus auf der 49 Meilen langen Schotterstrecke der **Fishhook-Willow Road** über den Hatcher Pass zum nächsten Ziel, der Independence Mine fahren. Das spart circa 25 Meilen, aber keine Zeit, denn der Weg durchs einsame Hinterland kann je nach Jahreszeit, Wetter und Laune der Straßenpflege-Mannschaft eine zermürbende Holperstrecke sein, die allerdings mit einer beeindruckenden Landschaft ringsum für die Strapazen entschädigt.

Ohnehin ist der zentrale Abschnitt dieser Straße nur vom Ende der Schneeschmelze im Juni bis Anfang September, wenn auf der Passstrecke bereits wieder der erste Schnee fällt, für den Verkehr geöffnet. Wer also dieses Abenteuer nicht wagen will, bleibt auf dem Asphalt und steuert die Hatcher Pass Road (die Straße auf der Südseite des Passes) von Wasilla aus über die **Wasilla-Fishhook Road** an.

Die ersten zehn Meilen der Hatcher Pass Road sind asphaltiert, danach führt die gut ausgebaute Schotterstraße aus der Waldzone heraus und klettert anschließend an einem rauschenden Wildbach entlang hinauf in ein weites Hochtal unmittelbar unter dem 1 184 Meter hohen Hatcher Pass. Am Ende des Tals gibt es die stillgelegten Ma-

Das verlassene Minendorf am Hatcher Pass

schinen und verlassenen Wohn- und Betriebsgebäude der **Independence Mine** zu besichtigen, deren Verfall mit der Ernennung zum State Historical Park gestoppt wurde.

Die Anlage ist ein anschauliches Beispiel für die Technik des *hard rock mining*, der Goldgewinnung aus goldhaltigem Gestein (im Gegensatz zum *placer mining*, dem Auswaschen von Gold, das sich nach der Verwitterung des Gesteins auf dem Boden vorzeitlicher Bäche angesammelt hatte). Der Weg des Goldes lässt sich in der Independence Mine vom goldhaltigen Quarz im Stollen durch die Mühlen und Auslaugstationen bis zur Schmelze verfolgen. Wanderwege führen zu den Stolleneingängen hoch oben an den Berghängen über dem Tal.

Der Tag endet in **Palmer,** mit 8 400 Einwohnern wirtschaftliches Zentrum der Mat-Su genannten Region. Das Kürzel steht für Matanuska und Susitna, zwei fruchtbare Flusstäler, die sich zum Zentrum des Ackerbaus in Alaska entwickelt haben. Während der langen Sonnenscheintage des Sommers reifen hier Tomaten, Erdbeeren und gigantische Kohlköpfe.

Der Ort selbst entstand durch ein einmaliges Experiment der Roosevelt-Regierung. Im Rahmen des *New Deal,* als mit staatlichen Programmen die Wirtschaft in Schwung gebracht werden sollte, wurden 203 Bauernfamilien skandinavischer Herkunft aus den nördlichen US-Bundesstaaten Michigan, Wisconsin und Minnesota ausgewählt und im Sommer 1935 hierher umgesiedelt.

Die Independence Mine

Die US-Regierung war der Meinung, Abkömmlinge nordischer Einwanderer hätten ein natürliches Talent für den Ackerbau in einer kalten Region. Bis heute ist Palmer die einzige Kommune Alaskas, die sich aus einer bäuerlichen Siedlung entwickelte.

Das **Palmer Visitor Center** ist in einem Blockhaus jenseits der Bahngleise an der East Fireweed Avenue untergebracht und beherbergt im Untergeschoss ein kleines Museum mit Reminiszenzen aus den Anfangsjahren der bäuerlichen Siedlung. Wenige Schritte entfernt gewährt ein Torbogen kostenlosen Einlass zum **Matanuska Valley Agricultural Showcase**, einem Schaustück für alle Kleingartenfreunde Alaskas. Ein Dutzend verschiedene Beete zeigen Broccoli und Radieschen, Zucchini und Karotten, Salate und die berühmten Kohlköpfe, die allerdings erst im September, am Ende der lichtstarken Sommerwochen, zu ihrer vollen Größe heranwachsen – über 44 Kilogramm brachte 1990 ein Rekord-Exemplar auf die Waage. Die interessierten Besucher aus der Umgebung lassen sich von einem Faltplan von Beet zu Beet führen, studieren den Steingarten, das Beet mit essbaren Blumen und den Garten, in dem grünes Buschwerk wächst, das als Windschutz für die langen kalten Winter begehrt ist.

Independence Mine State Historical Park

Unterhalb des Hatcher Pass auf der Palmer-Seite
http://dnr.alaska.gov/parks/units/ind mine.htm
Visitor Center ✆ (907) 745-2827 oder (907) 745-3975 außerhalb der Öffnungszeiten, von Anfang Juni bis Anfang Sept. tägl. 10–19 Uhr geöffnet. Geführte Touren Mo–Fr 13.30–15.30, Sa/So und an Feiertagen auch 16.30 Uhr, im Winter Sa/So 11–18 Uhr; Besuch des Geländes ohne Führungen ist immer möglich.

Im State Historical Park stehen heute noch zurückgelassene Maschinen und die verfallenen Wohn- und Betriebsgebäude einer von 1938–43 betriebenen Goldmine.

Mat-Su Visitor Center
Meile 35.5 Hwy. 3 (Parks Hwy.), nahe dem Abzweig des Hwy. 1 (Glenn Hwy.) Wasilla, AK 99687
✆ (907) 746-5000
www.alaskavisit.com
Auskünfte und Vermittlung von freien Unterkünften.

Best Western Lake Lucille Inn
1300 W. Lake Lucille Dr., Wasilla, AK 99654
✆ (907) 373-1776 oder 1-800-780-7234
www.bestwesternlakelucilleinn.com
Großes Hotel (54 Zimmer) mit gutem Restaurant. $$$–$$$$

Alaskan View Motel
Meile 40, 2650 E. Parks Hwy.
Wasilla, AK 99654
✆ (907) 376-6787
www.alaskanviewmotel.com
26 Zimmer mit Aussicht; urige Atmosphäre. $$–$$$

Grand View Inn
2900 Parks Hwy.
Wasilla, AK 99654
✆ (907) 357-7666 oder 1-866-710-7666
www.grandviewak.com

Gut ausgestattetes Hotel mit 139 Zimmern und Suiten. Mit Kamin und Fernblick auf die Chugach Mountains. Grillrestaurant vor Ort. $$$$

Finger Lakes State Recreation Site
Einfacher staatlicher Campground am Ufer des Finger Lake an der Bogard Rd. (von Palmer aus via Palmer-Wasilla Hwy. und Trunk Rd.). An schönen Wochenenden sehr oft von Einheimischen belegt.

Palmer Visitor Center
723 S. Valley Way, Palmer, AK 99645
✆ (907) 745-2880
www.cityofpalmer.org
Mai–Sept. 9–18, sonst werktags 9–16 Uhr
Im Keller kleines Museum mit Gegenständen aus der Zeit der ersten Siedler. Der Matanuska Valley Agricultural Showcase nebenan zeigt Beispiele für die lokale Produktion in Blumen- und Gemüsebeeten.

Hatcher Pass Lodge
An der Hatcher Pass Rd., nahe Independence Mine, Palmer, AK 99645
✆ (907) 745-5897 oder (907) 745-1200
www.hatcherpasslodge.com
Übernachtung in Blockhäusern mit Blick. Duschen im Hauptgebäude. Restaurant. Neun Hütten und drei Zimmer. Für Nichtraucher. $$$

Bed & Breakfast Association of Alaska
Fairbanks, AK 99712
✆ (907) 376-4461, www.alaskabba.com
Verzeichnis aller B&B in der Gegend und im restlichen Alaska.

Hatcher Pass Bed & Breakfast
An der Hatcher Pass Rd., 8 Meilen von Palmer, 9000 N. Palmer Fishhook Rd. Palmer, AK 99645
✆ (907) 745-6788 oder 1-877-745-6788
www.hatcherpassbb.com
Gemütliches Blockhaus. Fünf Hütten. $$–$$$

Farm bei Palmer ▷

Infos: Palmer

 Alaska Garden Gate B&B
950 S. Trunk Rd., Palmer, AK 99645
℡ (907) 746-2333
www.gardengatebnb.com
Luxuriös-gemütliches Bed & Breakfast
mit vier Zimmern und sieben Blockhütten. $$$–$$$$

 Colony Inn
325 E. Elmwood St., Palmer, AK 99645
 ℡ (907) 745-3330
Angenehmes, kleines Hotel mitten in
Palmer. Nur zwölf Zimmer. Preis-Leistungs-Verhältnis stimmt. Gutes Restaurant. $$$

 Matanuska River Park
Meile 17 Old Glenn Hwy., 2 km südl. von
Palmer (via Arctic Ave.)
Palmer, AK 99645
Geräumiger städtischer Campground
unter alten Bäumen; mit Duschen.

 The Homestead RV Campground
Direkt am Glenn Hwy., von Palmer
10 km in Richtung Anchorage
Palmer, AK 99645
℡ (907) 745-6005 oder 1-800-478-3570
www.homesteadrvpark.com

Campground mit Strom- und Wasseranschluss, Duschen und Münzwaschmaschinen.

 Mt. View RV Park
1405 N. Smith Rd., 6 km von Palmer (via
Arctic Ave. und Old Glenn Hwy.)
Palmer, AK 99645
℡ (907) 745-5747 oder 1-800-264-4582
www.mtviewrvpark.com
Empfehlenswerter Platz in ruhiger Lage
außerhalb der Stadt an einer Seitenstraße. Mit gepflegten, abgeteilten Toiletten- und Duschkabinen, Münzwaschmaschinen und allen Anschlüssen.

 Vagabond Blues
642 S. Alaska St., Palmer, AK 99645
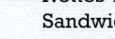 ℡ (907) 745-2233, www.vagblues.com
Nettes Kaffeehaus, es gibt Suppen und
Sandwiches und am Wochenende Live-Blues. $–$$

Colony Kitchen The Noisy Goose Café
Meile 40, 1890 Glenn Hwy.
Palmer, AK 99645
℡ (907) 746-4600
Nettes Familienrestaurant mit guten
Preisen. $–$$

Nostalgisch: Taxi-Kutsche

14.1 Härtetest mit Panorama
Eine Alternativroute nach Palmer

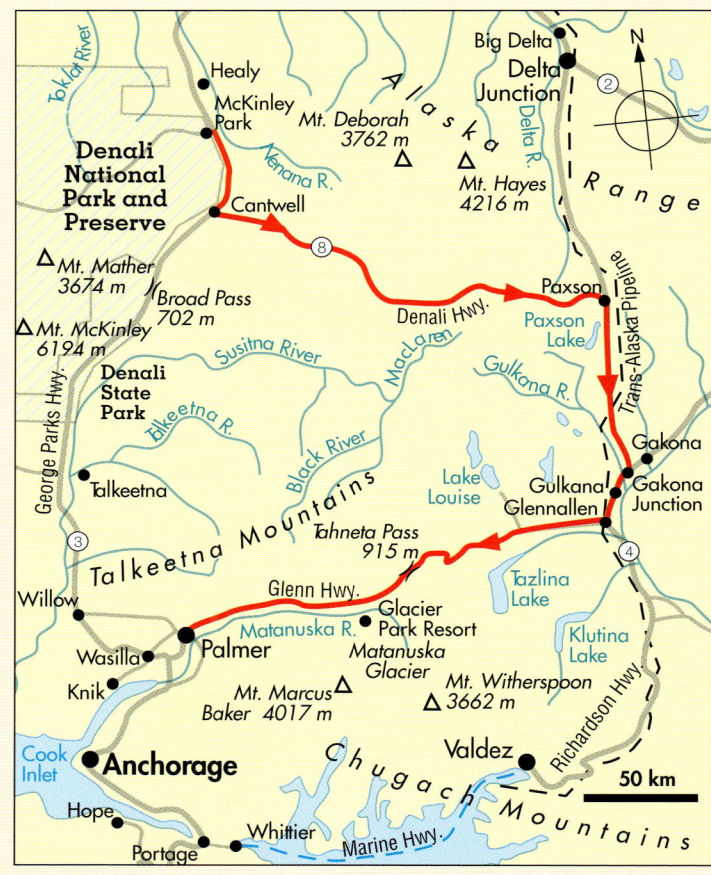

14.1 Alternativroute: Denali National Park – Cantwell – Denali Highway – Paxson – Glennallen – Palmer (609 km/379 mi)

km/mi	Zeit	Route
Erster Tag:		
0	9.00 Uhr	Abfahrt am **Denali National Park**, Richtung
44/27		**Cantwell**, hier Abzweig nach links in den Denali Hwy. (Hwy. 8).

194/121   Ende der Schotterstrecke, weiter bis zum

226/143   **Tangle River Inn*** und nach

262/163 15.00 Uhr **Paxson**, hier rechts in den Hwy. 4 (Richardson Hwy.) und weiter
                  bis zur

354/220   **Gakona Junction**, hier Abzweig des Hwy. 1 nach Tok (Anschluss
                  an die Yukon-Route, s. S. 219). Über

357/222   **Gulkana** und den

371/231   **Dry Creek Campground** bis nach

376/234 16.30 Uhr **Glennallen***, hier Abzweig in den Hwy. 1 (Glenn Highway).

Zweiter Tag:

        9.00 Uhr Abfahrt von Glennallen auf dem Hwy. 1. Zunächst in Richtung Pal-
                  mer am

402/250   **Tolsona Wilderness Campground**, dem

434/270   **KROA Campground** und der

495/307   **Sheep Mountain Lodge*** vorbei bis zum

571/355   Abzweig zum **Glacier Park of Alaska**, Spaziergang zum **Mata-
                  nuska-Gletscher**. Weiter bis zur

596/371   **Musk Ox Farm** (vgl. Route 15, S. 147 f.) und nach

609/379 15.00 Uhr **Palmer** (Von hier aus Weiterfahrt zum Denali National Park: ca.
                  5 Stunden, 353 km/220 mi; oder nach Anchorage ca. 1 Stunde,
                  68 km/43 mi).

**Die mit einem * bezeichneten Routenstationen bieten Übernachtungmöglich-
keiten für Pkw-Fahrer.**

Bitte beachten Sie: Der Denali Highway ist eine wenig befahrene Straße durch
beeindruckende Landschaft. Ein ca. 150 km langer Abschnitt ist eine Schotterstrecke, deren Zustand vom Wetter und den Aktivitäten der Straßenbautrupps ab-
hängt.

Von 1957 bis zur Fertigstellung des Parks Highway 1972 war der **Denali Highway** die einzige Straßenverbindung zum damals noch nach dem Mount McKinley benannten National Park. Zuvor war der Park nur mit den Zügen der »Alaska Railroad« zugänglich, die auch heute noch am Parkeingang halten. Heute gilt die Route von Cantwell nach Paxson als Geheimtipp für Reisende, die ein Stück unverfälschtes Alaska, beeindruckende Landschaft und ursprüngliche Wildnis suchen. Flüsse und Seen, vergletscherte Berge am Horizont, Biberdämme und bunt leuchtende Wildblumen begleiten den Weg. Die Wildnis beginnt direkt am Straßenrand; Dutzende markierter und unmarkierter Trails, die zu den zahllosen Seen inmitten unberührter Natur führen, warten auf moskitoresistente Naturliebhaber, Angler, Jäger, Mountainbiker und Geländewagenfahrer. Entsprechend oft begegnet man einheimischen Pick-up-Campern mit Kanu auf dem Dach und Autos mit Allradantrieb und Zelt auf dem Gepäckträger.

Nur 24 Meilen des Denali Highway, vom Tangle Lake bis Paxson, sind asphaltiert. Zwar »droht« die Straßenverwaltung des Staats von Zeit zu Zeit damit, den ganzen Highway mit einer festen Allwetterdecke zu versehen, aber viel ist bisher nicht passiert. Die 110 Meilen auf Schotter sind rau und kurvenreich, Wellblechstrecken keine Seltenheit. Bei trockenem Wetter zieht jedes Fahrzeug eine große Staubfahne hinter sich her, nach Regenfällen lauern ab und zu tiefe Schlaglöcher unter den Pfützen. Langsame Fahrt bei diesem Härtetest ist sehr zu empfehlen – schon deshalb, weil man mit dem Fern- und Nahblick auf Gletscherformationen und Gebirgsmassive, Wasservögel und Karibus vollauf beschäftigt ist.

Geologisch Interessierte können entlang der Straße viele Hinterlassenschaften der letzten Eiszeit, darunter Moränen, *Esker,* Sandhügel oder kleine Seen, die von geschmolzenen Eisblöcken hinterlassen wurden, ausmachen. Für Outdoor-Fans gibt es am Denali Highway gute Gründe für einen ein- oder mehrtägigen Aufenthalt. Zum Beispiel den **Swede Lake Trail,** der nach drei Meilen am fischreichen Little Swede Lake endet, oder

die **Maclaren River Road** (bei Meile 90 ab Cantwell) zum Ende des zwölf Meilen entfernten Maclaren-Gletscher. Zwar wird dieser Weg ausdrücklich für Wanderer und Mountainbiker empfohlen, doch sollte man wissen, dass man auf der Strecke zum Beispiel den westlichen Zufluss des Maclaren River durchwaten muss – einen Gletscherfluss, der nach starken Regenfällen bis auf Brusthöhe anschwellen kann.

Wem der Sinn weniger nach Abenteuern steht, kann im Gebiet der Tangle Lakes auf kürzeren oder längeren Pfaden über die Hügel wandern, Wildbeeren pflücken und versuchen, eine der 400 Fundstätten mit Hinterlassenschaften prähistorischer Jäger und Sammler zu finden, die Archäologen hier entdeckt haben.

In **Paxson** mündet der Denali Highway in den **Richardson Highway.** Auf ihm geht die Reise weiter in Richtung Valdez und Anchorage. Mit den vergletscherten Gipfeln der Alaska Range im Rücken, rollt man auf dem nach über hundert Meilen Rüttelfahrt als wohltuend glatt empfundenen Highway nach Süden. Ab und zu ist das silbrig glänzende Band der Trans-Alaska Pipeline zu sehen, und über lange Strecken folgt die Straße dem Tal des Gulkana River.

An der **Gakona Junction** erreicht man schließlich den aus Tok kommenden **Glenn Highway.** Auf den folgenden 15 Meilen, bis sich Glenn und Richardson Highway wieder trennen, zeigt sich Alaska, zumindest bei sonnigem Wetter, wieder von seiner schönsten Seite. Der Highway führt direkt an der Grenze des **Wrangell-St. Elias National Park** entlang, er wird gesäumt von Flüssen, Seen und Gletschern. Linker Hand begrenzen die Gipfel der Wrangell Mountains, Mount Drum, Mount Sanford und Mount Wrangell, den Horizont. Der Mount Wrangell ist der höchste aktive Vulkan Alaskas, gelegentlich stößt er eine Rauchwolke aus, die das Panorama höchst wirkungsvoll ergänzt.

Viel besser kann es nicht mehr kommen – so glaubt man, wenn man in **Glennallen** in den Glenn Highway nach Palmer und Anchorage einbiegt. Aber eine Steigerung ist durchaus noch möglich! Nach etwa 50 Meilen Fahrt durch bewaldete Hügel beginnt der

Denali Highway: rau und kurvenreich

Aufstieg zum Eureka Summit und nach Süden hin setzen sich die vergletscherten Gipfel der **Chugach Mountains** mit großartigem Panorama in Szene. Der Nelchina Gletscher zwängt sich durch eine Lücke in den Bergen, Leila und Tahneta Lake leuchten kobaltblau zwischen den dunkelgrünen Fichtenwäldern des Talbodens, und das Ende des Powell Glacier schiebt sich im Canyon des South Fork Matanuska River ins Bild.

Dann kündigen die von Mineralien bunt gefärbten Hänge des Sheep Mountain den nächsten landschaftlichen Höhepunkt des Tages an: Über eine Kuppe rollt man in die unvergleichliche Szenerie des tief zwischen Talkeetna und Chugach Mountains eingeschnittenen Tals des oberen **Matanuska River**. Kerzengerade strebt der Highway bergab, genau auf den Felsklotz des Lion Head zu, der mitten in der Landschaft aufragt. Auf der linken Seite schiebt sich der über vier Kilometer breite, weiß leuchtende und das gesamte Bild beherrschende **Matanuska-Gletscher** ins Tal hinein, zur Rechten begrenzen die steilen Hängen des Sheep Mountain den Blick.

Nach der Umrundung des Lions Head weist das Schild des **Glacier Park Resort** den (gebührenpflichtigen) Weg zum äußerst fotogenen Ende des Matanuska-Gletschers (siehe Route 15, Seite 146 ff.). Die milchigen Schmelzwasser des Gletschers stellen den Löwenanteil des Wassers im Matanuska River, den der Highway auf den letzten 60 Meilen zum Anschluss an die Hauptroute in **Palmer** begleitet. ✶

Tangle River Inn
Meile 20 Denali Hwy.
Delta Junction, AK 99737
✆ (907) 822-3970 (im Sommer)
✆ (907) 895-4022 (im Winter)
www.tangleriverinn.com
Restaurant und Tankstelle. $$

Dry Creek State Recreation Site
Meile 117,5 Richardson Hwy.
Staatlicher Einfach-Campground mit 58
Stellplätzen.

Copper Valley Visitor Center
Am Abzweig des Glenn Hwy.
Glennallen, AK 99588
✆ (907) 822-5555
www.traveltoalaska.com
Im Sommer tägl. 8–19 Uhr

Northern Nights Campground & RV Park
Am Glenn Hwy., mitten im Ort
Glennallen, AK 99588-0528
✆ (907) 822-3199
www.northernnightscampground.com
Mit Stromanschlüssen.

K.R.O.A. Kamping Resorts of Alaska
Meile 153, Glennallen, AK 99588
✆ (907) 822-3346
Mit Strom- und Wasseranschlüssen und
Waschautomaten.

The New Caribou Hotel
Meile 187 Glenn Hwy.
Glennallen, AK 99588
✆ (907) 822-3302 oder 1-800-478-3302
www.caribouhotel.com
Infos s. S. 103.

Tolsona Wilderness Campground & RV Park
Meile 173 Glenn Hwy.
Glennallen, AK 99588
✆ (907) 822-3865, www.tolsona.com
Ruhige Lage im Wald ca. 1 km nördl.
vom Highway, Strom- und Wasseran-
schlüsse, Duschen.

Tolsona Lake Resort
Meile 170,5 Glenn Hwy.
Glennallen, AK 99588
✆ (907) 822-3433 oder 1-800-245-3342
www.tolsonalakeresort.com
Motelzimmer und Blockhütten, Restau-
rant. $$

Mendeltna Creek Lodge
Meile 153 Glenn Hwy.
Glennallen, AK 99588
✆ (907) 822-3346
Strom- und Wasseranschlüsse, Dusche,
Restaurant.

Eureka Roadhouse and Lodge
Meile 128 Glenn Hwy.
Glennallen, AK 99588
✆ (907) 822-3808, www.eurekalodge.com
Restaurant und Lodge nahe des Eureka
Summit, des mit 1090 m höchsten Passes
am Glenn Hwy. $–$$

Sheep Mountain Lodge
Meile 113.5 Glenn Hwy.
Palmer, AK 99645
✆ (907) 745-5121 oder 1-877-645-5121
www.sheepmountain.com
Diese Lodge gibt es schon seit 1946.
Komfortable Blockhäuschen, Restaurant.
$$

Glacier Park
Zufahrt zur Endmoräne des Matanuska-
Gletschers.

Weitere Infos zum Glacier Park und zur Musk Ox Farm finden Sie auf S. 151.
Infos zu Palmer finden Sie auf S. 137 ff.

Arktisches Urviech: Moschusochse

⑮ Der Pelz des Bärtigen
Auf dem Rückweg nach Anchorage

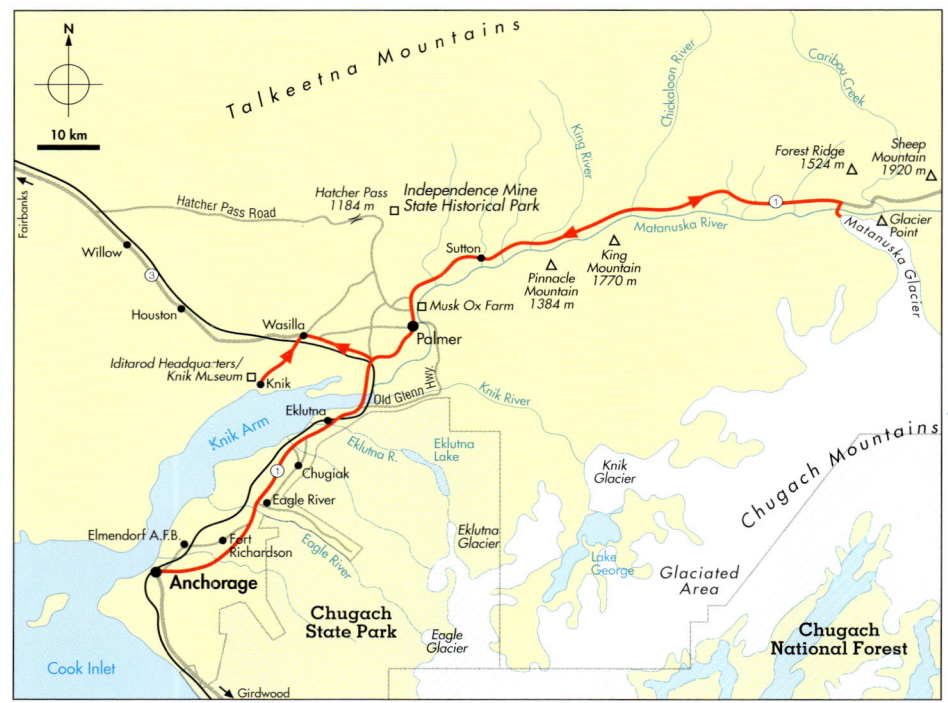

15. Route: Palmer – Matanuska-Gletscher – Palmer – Wasilla – Anchorage (327 km/204 mi)

km/mi	Zeit	Route
0	9.00 Uhr	Abfahrt in **Palmer**, auf dem Glenn Hwy. (Hwy. 1) in Richtung Glennallen bis zur
13/ 8		**Musk Ox Farm** (Besuch), weiter zur
93/58		**Matanuska Glacier State Recreation Site**, dort Spaziergang. Dann im

94/ 59	**Glacier Park Resort** Spaziergang zum Ende des Matanuska-Gletschers. Anschließend um
15.00 Uhr	Rückfahrt nach **Palmer**. Bei km/mi
192/120	rechts ab in den Palmer-Wasilla Hwy. nach
208/130	**Wasilla**. Option: Rechts ab in den George Parks Hwy. (Hwy. 3) Richtung Fairbanks, nach 500 m links ab in die Knik Rd. zum
213/133	**Iditarod Headquarters** und ins **Knik Museum**. Anschließend zurück zum Hwy. 3, rechts ab in Richtung Anchorage (Alternative: Museum of Alaska Transportation and Industry am Parks Hwy.). Auf dem George Parks Hwy. die Ausfahrt nach **Eklutna** nehmen (rechts) und
285/178	Besuch im **Eklutna Village Historical Park**, zurück zum Hwy. und weiter nach
327/204 19.00 Uhr	**Anchorage**.

*U*umingmak, »den Bärtigen«, nennen die Eskimos den normalerweise nur in der Arktis zu findenden *musk ox*. Dieser hoch spezialisierte Ureinwohner des amerikanischen Kontinents hat sich in besonderer Weise auf das Überleben im hohen Norden eingerichtet. Man vermutet, dass *musk oxen* schon vor 90 000 Jahren über die Landbrücke der Beringstraße einwanderten und die letzte Eiszeit in nicht vergletscherten Gebieten überlebten. Wintertemperaturen von minus 30 oder minus 40 Grad überstehen sie dank ihres zweilagigen Fells aus kurzer, feiner, sehr warmer Unterwolle und einer Deckschicht aus langen, groben Haaren. Dieser Thermoanzug bedeckt den ganzen Körper, nur Hörner, Hufe, Lippen und Nase bleiben frei. Wenn Gefahr droht, stellen sich die *musk oxen* dicht gedrängt in einem wehrhaften Kreis auf, der mit ihren spitzen, nach außen zeigenden Hörnern gespickt ist. Was gegen die Wölfe, ihre einzigen natürlichen Feinde, hervorragend funktioniert, erwies sich gegen die Gewehre der Jäger allerdings als untaugliches Mittel. Zu Beginn des 20. Jahrhunderts waren die Urviecher durch intensive Bejagung im amerikanischen Teil der Arktis fast ausgerottet.

In der Nähe von Palmer liegt am Glenn Highway, inmitten sattgrüner Weiden und lieblichem Bergpanorama, ein ganz besonderer Bauernhof: die **Musk Ox Farm**. Dort ist es gelungen, eine Herde von Moschusochsen zu domestizieren. Auf der Musk Ox Farm vermehren sich die zotteligen Biester nicht nur, sondern dienen auch als Woll-Lieferanten. Der zarte Flaum ihres Unterhaares wird von emsigen Eskimofrauen zu Mützen, Schals und Ohrwärmern verarbeitet. Diese nützlichen Souvenirs sind zwar teuer, aber einmalig auf der Welt. *Qiviut,* so heißt das feine Vlies in der Eskimo-

147

Domestizierte zottelige Moschusochsen auf der Musk Ox Farm nordöstlich von Anchorage

sprache, wird zu Beginn des Sommers abgeworfen und wächst im Herbst wieder nach. Auf der Musk Ox Farm wird es ausgekämmt, gesponnen und in Handarbeit zu wärmenden Accessoires verarbeitet. Das *Qiviut*-Gewebe ist federleicht, verliert beim Waschen nicht die Form und hält acht Mal wärmer als Schafwolle; es wird weder chemisch behandelt noch gefärbt und hat die natürliche Tönung von Bitterschokolade. In sechs Dörfern im hohen Norden Alaskas verarbeiten Eskimo-Frauen die *Qiviut*-Ernte der Farm – jedes Dorf arbeitet beim Stricken die eigenen traditionellen Muster ein.

Jede halbe Stunde führt eine Mitarbeiterin der Farm die Besucher über das weitläufige Weidegelände, stellt einige der tumb dreinschauenden Moschusochsen mit ihrer Lebensgeschichte vor und zeigt den Verhau, in dem den Tieren während des Frühjahrs zwei Mal bis zu drei Kilo Wolle ausgekämmt werden. 18 bis 20 Jahre wird ein weiblicher

musk ox alt, während die Zuchtbullen oft schon nach zwölf Jahren das Zeitliche segnen.

Der Grund für dieses Ungleichgewicht liegt vermutlich in den Kämpfen der Bullen während der Brunft. Beim Streit um den Harem knallen die Kontrahenten (mit 50 Meter Anlauf in vollem Galopp) die Köpfe mit den Platten des Hornansatzes so lange aufeinander, bis einer der beiden aufgibt. Ein Brunftverhalten, das den Schluss nahe legt, die zotteligen Arktisbewohner seien wohl eher mit Ziegen als mit Rindern verwandt. Moschusdrüsen, wie ihr Name unterstellt, haben sie übrigens auch nicht (die frühen »Entdecker« der Arktis müssen eine ausgeprägte Fantasie gehabt haben). Um die vierbeinigen Rammböcke vor dem frühen Dahinscheiden durch selbst verursachte Gehirnschäden zu bewahren, polstert man den Kraftpaketen auf der Musk Ox Farm zur Brunftzeit mittlerweile Hirn und Hörner mit Autoreifen. 50 Meilen weiter breitet sich das Ende des **Matanuska-Gletschers** im Tal aus, das über eine private, gebührenpflichtige Zufahrt zu erreichen ist. Die Ausgabe lohnt sich; die breite Gletscherfront liegt in einem hinreißenden Panorama und bietet – mit rosaleuchtendem *fireweed*, das im Spätsommer am Gletschersaum mannshoch wächst – nicht nur für Fotografen einen unvergesslichen Anblick. Bequem lässt es sich hier über wasserumspülte, gluckernde Geröllfelder, durch den mehlfeinen Gletschersand und über eilige Rinnsale hinweg bis hinauf aufs weiße Eis des Gletscherriesen wandern. Das Ende der Gletscherzunge ist flach, spaltenfrei und harmlos, und wer mit passendem Schuhwerk oder noch besser mit Steigeisen ausgerüstet ist, kann sich ein Stück in die Eislandschaft hineinwagen. Von Schmelzwasser-Rinnsalen gegrabene Täler ermöglichen das Vordringen in eine fantastisch-bizarre Eiswelt mit Schluchten, Wasserfällen und Tümpeln glasklaren Wassers.

Auf dem Rückweg geht es nicht geradewegs ins nahe Anchorage, sondern nach **Wasilla.** Das kleine Städtchen am George Parks Highway ist die alaskaweit berühmte Heimat des Iditarod Trail Committee, von dem das Schlittenhunderennen über 1 150 Meilen (1 850 Kilometer) von Anchorage nach Nome ausgerichtet und organisiert wird. Das **Iditarod**-Hauptquartier und Visitor Center ist ein entsprechend repräsentatives Blockhaus, das sich unübersehbar massig bei Meile 2.2 an der Knik-Goose Bay Road erhebt. Drinnen sind alle Heiligtümer der großen Iditarod-Fangemeinde aufgebaut – vom Rennschlitten über Hundeporträts bis zu Infotafeln zur Geschichte des Rennens. Ein Videofilm stellt außerdem die aktuellen Sieger vor.

Der Iditarod Trail ist nach einer indianischen Ortschaft auf der Strecke benannt und hat eine Geschichte, die sehr lange vor den weißen Siedlern begann. Hunderte von Jahren diente er Indianern und Eskimos als Route für die winterliche Jagd und war ursprünglich Teil eines 2 300 Meilen langen Netzes von Winterwegen. Berühmt wurde die Strecke im Winter des Jahres 1925, als

Der Matanuska-Gletscher an der Nordflanke der Chugach Mountains

Das Iditarod Trail Sled Dog Race führt von Anchorage nach Nome über mehr als 1 850 Kilometer durch die kaum berührte Natur Alaskas

in Nome eine Diphtherie-Epidemie ausbrach und nicht genügend Medikamente vorhanden waren. Flugzeuge konnten wegen der Winterstürme nicht fliegen, und so starteten 20 Schlittenhunde-Teams in Nenana und brachten das lebensrettende Serum in 127 Stunden ans Ziel. Die *mushers* wurden Nationalhelden, und dem Leithund Balto wurde mit einer Statue im New Yorker Central Park und dem Walt Disney Film »Balto« ein Denkmal gesetzt.

Die Geschichte des Iditarod-Rennens als sportliche Disziplin begann bereits in den 1960er Jahren; mittlerweile gilt es neben dem Yukon Quest als letztes großes Schlittenhunderennen und lockt Champions aus der ganzen Welt nach Alaska. Schlagzeilen machte es in den vergangenen Jahren besonders durch die zahlreichen Siege von Frauen. Seither existiert (auch auf T-Shirts und Postern) das geflügelte Wort: »Alaska – where men are men, and women win the Iditarod. Again and again and

again ...« Die **Sled Dog Mushers Hall of Fame** im Knik Museum bei Meile 13.9 der Knik-Goose Bay Road zeigt weitere Heiligtümer dieser beliebten Sportdisziplin Alaskas: Siegerschlitten und Porträts ihrer Führer huldigen den Höchstleistungen der *mushers* und ihrer Tiere.

Der letzte Stopp des Tages gilt Alaskas Ureinwohnern. Im **Eklutna Village Historical Park,** eine halbe Fahrstunde von Anchorage entfernt, werden das Erbe und die Tradition der Tanaina-Indianer – Angehörige der Athabascan-Ureinwohner – gepflegt. Im Heritage House sind historische Aufnahmen vom Leben der Indianer Alaskas und kunsthandwerkliche Produkte ihrer heutigen Nachkommen zu sehen. Halbstündige Führungen erläutern die Geschichte des Ortes, die russisch-orthodoxe Kirche mit ihren zahlreichen Ikonen und die Hintergründe der über 80 bunten *spirit houses*, der Geisterhäuschen über den Gräbern.

Musk Ox Farm
Meile 50.1 Glenn Hwy.
Palmer, AK 99645
✆ (907) 745-4151, www.muskoxfarm.org
Mitte Mai–Anfang Okt. 10–18 Uhr, halbstündlich geführte Touren, Eintritt $ 12
Hier werden die zotteligen Moschusochsen gezüchtet. Ihre feine Wolle kann man kaufen.

Matanuska Glacier State Recreation Site
Meile 101 Glenn Hwy.
✆ (907) 745-5151
Staatlicher Campground. Kurze Wanderpfade mit Blick auf den Matanuska-Gletscher.

Glacier Park
Meile 102 Glenn Hwy.
✆ (907) 745-2534 oder 1-888-253-4480
www.matanuskaglacier.com
März–Okt. geöffnet
Zufahrt zur Endmoräne des Matanuska-Gletschers. Ausgangspunkt für Wanderungen am und auf dem Gletscher. Geführte Touren auf das Eis.

Iditarod Headquarters
Meile 2.2 Knik-Goose Bay Rd.
Wasilla, AK 99687
✆ (907) 376-5155, www.iditarod.com
Mitte Mai–Mitte Sept. tägl. 8–19 Uhr
Hauptquartier des Iditarod Trail Committee, mit einer Ausstellung zur Geschichte des Iditarod-Hundeschlittenrennens nach Nome, außerdem Filmvorführung und eine Runde mit dem Hundeschlitten.

Museum of Alaska Transportation and Industry
3800 Neuser Dr., Abzweig Meile 47
George Parks Hwy., Wasilla, AK 99687
✆ (907) 376-1211
www.museumofalaska.org
Tägl. 10–17 Uhr, Eintritt $ 8
Freigelände mit einem ganzen Sammelsurium von Maschinen, Fahrzeugen, Flug-

zeugen usw. Museum mit meisterlich restaurierten Exemplaren.

Knik Museum and Sled Dog Mushers Hall of Fame
Meile 13.9 Knik Rd.
Wasilla, AK 99654
✆ (907) 376-2005
Anfang Juni–Mitte Sept. tägl. 12–18 Uhr
Exponate zur Geschichte von Knik und Iditarod-Memorabilia.

Eklutna Village Historical Park
Meile 26 Glenn Hwy.
Eagle River, AK 99577
✆ (907) 688-6026
www.eklutnahistoricalpark.org
Mitte Mai–Mitte Sept. 10–18 Uhr
Russisch-orthodoxe Blockhauskirche, Museum und Indianerfriedhof (über den Gräbern kann man bunte, mit geschnitzten Giebeln versehene Geisterhäuschen bestaunen).

Infos zu Anchorage finden Sie auf S. 37 ff.

Friedhof des Eklutna Village Historical Park

❶ Whitehorse
Von Raddampfern und Mammuts

Downtown Whitehorse

1. Programm: Whitehorse

Vormittag
Fahrt zum **Yukon Visitor Reception Centre** an der Lambert St. zwischen 2nd Ave. und 1st Ave. Zu Fuß auf der 1st Ave. und dem *boardwalk* am Flussufer nordwärts, am Bahnhof der White Pass & Yukon Route Railroad vorbei zum **MacBride Museum**, Ecke 1st Ave. & Wood St. Auf der Wood St. stadteinwärts, links in die 3rd Ave. und auf dieser drei Straßen nach Süden zum **Old Log Church Museum** an der Ecke Elliot St. Zurück zum Fahrzeug am Visitor Centre und auf der 2nd St. weiter stadtauswärts (nach Süden) zur Besichtigung des Schaufelraddampfers »**SS Klondike**« am Ende der 2nd St.

Nachmittag
Direkt bei der »SS Klondike« links die South Access Rd. stadtauswärts und rechts in den Alaska Hwy. zum Besuch des **Yukon Beringia Interpretive Centre** und des **Transportation Museum** nebenan. Dann ca. 8 km auf dem Alaska Hwy. in Richtung Süden und beim Schild mit dem Kamerasymbol links abbiegen zum Besuch des **Miles Canyon**. Der Straße weiter folgen bis zur South Access Rd. in Whitehorse. (Wer den Miles Canyon lieber vom Fluss aus sehen möchte, macht eine zweistündige Bootstour mit der »**M. V. Schwatka**«.)

Abend
Besuch der »**Frantic Follies**« oder Baden in den **Takhini Hot Springs** (s. S. 157).

Alternative:
Während der Lachswanderung von Mitte Juli bis Ende August lohnt sich ein Besuch der **Fish Ladder** des Whitehorse-Rapids-Staudamms: Von der »SS Klondike« über die Brücke zum Ortsteil Riverdale und dann vom Lewes Blvd. rechts in den Nisutlin Dr. zum Damm.

Reservierungen für die nächsten Tage:
Falls Sie ausreiten möchten, können Sie schon heute Unterkunft und ggf. Ausflüge reservieren (z. B. bei Sky High Valley Ranch, Adresse s. S. 161).

Übernachtungsoption:
Für Wohnmobilfahrer, die nicht unbedingt in Whitehorse übernachten wollen, ist der ruhige **Campingplatz von Takhini Hot Springs** (Thermalschwimmbad mit 38 Grad Wassertemperatur) eine interessante Alternative (Adresse s. S. 159).

Whitehorse, Yukon-Metropole und Sprungbrett in die Wildnis, repräsentiert gleichermaßen den alten wie den neuen Yukon. Wer auf dem Flughafen, 60 Meter über der Stadt auf einer alten Flussterrasse, aus dem Jet steigt, wird sich trotz der grünen Bergkulisse kaum im »wilden Norden« wähnen. Motels und Gewerbebetriebe entlang der geteerten Straßen, die Ansammlung von nüchternen Gewerbebauten, die geordneten Reihen von Wohnhäusern in amerikanischer Vorstadtarchitektur, all dies könnte auch zu irgendeiner beliebigen Provinzstadt 2 000 Kilometer oder mehr südlich des sechzigsten Breitengrads gehören. Erst der Spaziergang durch Downtown entwirrt das eintönige Mittelmaß zu einem spannungsreichen Miteinander von modernen Zweckbauten, Blockhäusern aus der Gründungszeit, einer bunten Reihe von Geschäften im *Frontier-and-contemporary*-Stil an der Main Street und, als Kontrapunkt, der postmodernen Fassaden der Regierungsbauten.

Das **Yukon Visitor Reception Centre** an der Hanson Street ist der sehr empfehlenswerte erste Stopp in der Stadt und Ausgangspunkt für Ihre Erkundung. Dort versorgen freundliche *locals* die Besucher mit allen nur denkbaren Informationen und Tipps für den Aufenthalt in Whitehorse und die Reise durch das Yukon Territory. Ansehen sollte man sich unbedingt die vielfältigen audiovisuellen Präsentationen, die von hoher Qualität sind und brillant und anschaulich über das Yukon Territory informieren.

Nach der gehörigen Einstimmung im Visitor Centre beginnt der Rundgang durch die Stadt hinter dem Gebäude auf dem *waterfront walkway,* dem hölzernen Gehsteig am Ufer des Flusses, dem Whitehorse Namen und Existenz verdankt. Gegen Ende des 19. Jahrhunderts, als dieser Abschnitt des Yukon River noch Lewes River hieß, zwängte er sich durch die enge Felsschlucht des Miles Canyon, an dessen Ende eine Felsbarriere das Wasser in die gefährliche Whitehorse-Stromschnelle verwandelte. Ihre schäumende Gischt erinnerte die Reisenden an die wehenden Mähnen weißer Pferde. Als sich 1898 der Strom der Goldgräber auf dem Weg zu den Reichtümern des Klondike den Fluss hinabwälzte, entstand an der Stelle des von Indianern und Prospektoren genutzten Whitehorse-Rastplatzes am Ufer unterhalb des Canyon über Nacht eine Zeltstadt. Hier trockneten die beherzteren unter den *stampeders* ihre in den Stromschnellen durchnässte Habe, während ihre zaghafteren (oder zahlungskräftigeren) Kollegen ihre mit einer primitiven Feldbahn auf Holzschienen um die Schlucht herumtransportierte Ausrüstung wieder in die Boote verluden.

Im Jahr 1900, mit Fertigstellung der Eisenbahnlinie von Skagway am Pazifik über die Küstenberge bis Whitehorse, entstand neben dem Bahnhof am gegenüberliegenden (West-)Ufer eine permanente Siedlung. Hier wurden Passagiere und Fracht für das 300 Meilen stromabwärts gelegene Dawson City auf die Raddampfer umgeladen, denn bis zum Bau des Alaska Highway war der Fluss der Hauptverkehrsweg der Region. Als 1920 die ersten Buschpiloten auf dem Yukon River landeten, war Whitehorse ein beschauliches Dorf mit 800 Einwohnern; im April 1942 wurde es Hauptquartier für den Bau des Westsektors des Alaska Highway, und die Einwohnerzahl stieg binnen kürzester Zeit auf mehr als 20 000 an. Die Nachkriegsjahre schienen den erneuten Niedergang in der Geschichte der Stadt einzuleiten, doch dann wurde der Alaska Highway für den zivilen Verkehr freigegeben. 1953 zog die Territoriums-Regierung nach Whitehorse um, die Ausbeutung weiterer Erzvorkommen begann, und neue Straßen wurden gebaut. Heute leben mit 20 500 Einwohnern rund drei Viertel der Bevölkerung des Yukon in Whitehorse – und über 400 000 Touristen und Geschäftsreisende besuchen jedes Jahr die Stadt.

Der *waterfront walkway* oder *boardwalk* führt zwischen Fluss und First Avenue, am ehemaligen Bahnhof der »Whitepass & Yukon Railway« vorbei, flussab zum **MacBride Museum** an der Ecke First Avenue und Wood Street. Es präsentiert die Geschichte des Yukon, beschreibt die ethnische Zusammensetzung der Bevölkerung und erzählt von frühen Entdeckungsreisenden, Pelzhändlern und Missionaren. Der Löwenanteil der Exponate stammt aus der großen Zeit der Goldfunde: Zeitungen, Fotografien, Gewehre, Goldwaagen, Schlitten, Pickel und Schaufeln. Im Freigelände stehen die Feldbahnwaggons der Umgehungsstrecke am Miles Canyon, eine Dampflok der Schmalspureisenbahn nach Skagway am Pazifik, Bagger und ein tonnenschwerer Kupferklumpen, der einst am Kluane Lake gefunden wurde. Einen Ehrenplatz hinter Glas hat die Schere gefunden, mit der am 20. November 1942 eine Gruppe frierender *officials* auf dem Soldier's Summit am Kluane Lake das Band zur Eröffnung des Alaska Highway durchschnitt.

Zwei Querstraßen weiter und drei Häuserblocks nach Süden steht die **Old Log Church.** Die Pionierkirche, aus handbehauenen Baumstämmen gefügt, ist als Museum der Geschichte der anglikanischen Missionierung im Norden ge-

Whitehorse Airport: Flugzeug als Wetterfahne

widmet, die schon 1861, also lange vor dem Goldrausch, im Yukon einsetzte. Bezeichnend für die Risiken und Unwägbarkeiten einer Reise im damals noch unerschlossenen Norden sind Tagebucheintragungen von Bischof Stringer aus dem Jahr 1890: »17. Oktober – 15 Meilen gereist. Zum Abendessen Robbenfellstiefel getoastet. Schmackhaft. Fühle mich ermutigt.« Und weiter schreibt er: »20. Oktober – Frühstück aus dem Oberteil der Stiefel. Nicht so gut wie die Sohle. Sehr müde. Hände wund.«

Wahrzeichen von Whitehorse und Höhepunkt des Spaziergangs durch die Stadt ist der inzwischen zum National Historic Site (Schauplatz nationaler Geschichte) geadelte **Raddampfer »SS Klondike«,** einst das größte und schönste Schiff auf dem Fluss. Von »Parks Canada« perfekt und bis hin zu Tischtuch und Teetasse mit viel Liebe zum Detail im Stil der 1930er Jahre restauriert, sitzt sie hoch auf dem trockenen Uferkies. Im Zelt nebenan erzählt ein Video von der Zeit, als der Dampfer in eineinhalb Tagen Versorgungsgüter und Maschinen flussabwärts nach Dawson City brachte und danach fünfeinhalb

Tage mühsam gegen die Strömung kämpfte, bis er mit bis zu 300 Tonnen Gold und Silber, Blei und Zink aus Dawson City und Mayo nach Whitehorse zurückkehrte. Jede halbe Stunde führen Mitarbeiter von »Parks Canada« Besucher durch das Schiff und erzählen von den Reisen und dem aufregenden Leben auf dem Fluss, der seine Bedeutung als Transportweg erst in den 1950er Jahren nach der Fertigstellung der Allwetterstraße zu den Minen in Mayo verlor.

Auf dem Yukon River verkehrten fast 90 Jahre lang Raddampfer, die die Besiedlung und Versorgung des Nordens erst möglich machten. Die ersten Schiffe erschienen schon 1876 auf dem Unterlauf des Flusses: Von St. Michael an der Beringsee bis Fort Selkirk nördlich von Whitehorse reichte ihr Aktionsbereich. Mit den Goldfunden am Klondike und dem Bau der Eisenbahn über den White Pass verlagerte sich der Schwerpunkt des Verkehrs auf den Abschnitt zwischen Whitehorse und Dawson City; über 200 Schiffe waren zeitweise auf dieser 740 Kilometer langen »Rennstrecke« unterwegs.

Das futuristisch anmutende Gebäude des **Yukon Beringia Interpretive Centre** – sein filigranes Tragwerk versinnbildlicht die Rippen eines umgestülpten Kajaks – steht außerhalb der Stadt am Alaska Highway, direkt neben dem Flughafen. In einer sehr dynamischen Ausstellung werden Flora, Fauna und Landschaft Beringias, eines von den Gletschern der letzten Eiszeit eingeschlossenen, aber nicht vom Eis bedeckten Gebiets, vorgestellt, das den Yukon, Alaska und Teile Sibiriens umfasste. Damals, vor 24 000 Jahren, war so viel Wasser in den Eismassen gebunden, dass der Meeresspiegel erheblich niedriger lag als heute. Die Beringstraße und die Chukchisee bildeten zu dieser Zeit eine Landbrücke zwischen dem asiatischen und dem amerikanischen Kontinent, über die, von Asien kommend, die ersten Bewohner Nordamerikas einwanderten.

Das Museum präsentiert mit Fossilien, lebensgroßen Modellen und Dioramen die Welt der Wollhaarmammuts, Riesenbiber und Raubkatzen, die die kalte Grassteppe Beringias bevölkerten. Auf der Großleinwand des Kinosaals läuft alle 45 Minuten der eindrucksvolle Film »Imagine Beringia«, der die Mythen der Indianer über die Jagd ihrer Vorfahren auf lange verschwundene Tiere zitiert und die Besucher durch die Zeitspanne vom Beginn der Nutzung des Feuers bis zu den Goldfunden führt.

Gleich nebenan zeigt das **Yukon Transportation Museum** eine Auswahl der im Yukon eingesetzten Transportmittel: vom Hundeschlitten über den Raddampfer und die Eisenbahn bis hin zu den Flugzeugen, mit denen die legendären Buschpiloten das neue Zeitalter im Norden einläuteten. Ein Leckerbissen für Eisenbahnfans ist das Video über den Bau der Bahnstrecke vom Pazifikhafen Skagway in Alaska über den White Pass nach Whitehorse, stilgerecht präsentiert in einem alten Abteil der »White Pass & Yukon Route Railroad«.

Etwa acht Kilometer im Süden von Whitehorse weist ein Schild mit dem Kamerasymbol den Weg zum **Miles Canyon,** an dessen Ende die tückischen Whitehorse-Stromschnellen auf die Boote der Goldsucher lauerten. Von den mehr als 7 000 Booten, die sich am 29. Mai 1898 auf dem Weg zum Klondike River machten, fielen innerhalb einer Woche mehr als 150 dem Wildwasser am Ausgang des nur 30 Meter breiten Canyon zum Opfer,

Erinnerung an die erste Hälfte des 20. Jahrhunderts: Raddampfer in Whitehorse

den der Yukon River durch die Basalt-
barriere gegraben hat. Die Strudel des
Canyon und das Wildwasser der
Stromschnellen sind inzwischen im
Stausee des Schwatka-Damms versun-
ken, dessen Turbinen Whitehorse mit
Elektrizität versorgen. Vom Parkplatz
am Canyon-Rand führt eine Hänge-
brücke über das grüne Wasser des
Yukon River zu einem Wanderweg am
Ostufer des **Schwatka Lake**, der im
Wesentlichen der Trasse der Feldbahn
folgt, mit der Canyon und Strom-
schnellen umgangen wurden. Diese
Feldbahn besaß Schienen aus Baum-
stämmen, auf denen ein Wagen mit
Rädern lief, deren halbkreisförmige
Laufflächen sich der Rundung der
Stämme anpassten. Schwer beladen
mit Ausrüstung und Booten, wurde der
Wagen von einem Pferd über die acht
Kilometer lange Strecke gezogen.

Der Abend in Whitehorse lässt sich gold-
rauschmäßig gestalten, mit Cancan-
Girls, Honky-Tonk-Musik und Balladen
von Robert Service in der Vaudeville-Revue »**Frantic Follies**« im Westmark
Whitehorse Hotel. Das Kontrastprogramm dazu ist ein abendlicher Bade-
ausflug zu den 27 Kilometer von Whitehorse entfernten **Takhini Hot Springs** an
der Straße nach Dawson City. Hier spru-
deln pro Minute über 340 Liter 45 Grad
heißes Wasser aus der Erde. Ein Teil
fließt, auf 37–42 °C abgekühlt, in die
Pools. Die Quellen wurden schon im
19. Jahrhundert von Indianern und
voyageurs benutzt, die mit Kanus den
Takhini River hinauf paddelten, um in
dem mineralienreichen Wasser zu baden.
Gleich nebenan liegt ein ruhiger Campingplatz – die ideale Übernachtungsstation für Wohnmobilfahrer, die nicht
zurück nach Whitehorse möchten.

① **Infos:** Whitehorse

 Whitehorse Yukon Visitor Reception Centre

100 Hanson St., Whitehorse, YT-Y1A 2C6
✆ (867) 667-3084 oder 1-800-661-0494
www.travelyukon.com
Mitte Mai–Mitte Sept. tägl. 8–20 Uhr, sonst kürzer
Informationen, Straßenkarten, Dia-Ton-Shows über die Attraktionen des Yukon. Die sehr umfangreiche und interessante Homepage von Tourism Yukon bietet eine Vielfalt von Informationen. Von Links zu Anbietern von Wildnistouren bis zu Geschichten aus der gute alten Zeit des Goldrauschs. Dazu eine Suchmaschine für Hotels, Autovermieter und und und.

 Tourism Whitehorse

3128 3rd Ave., Whitehorse, YT Y1A 1E7
✆ (867) 668-8687
www.visitwhitehorse.com
Informationen zu Veranstaltungen, Unterkünften, Shopping und Unterhaltung.

 Westmark Whitehorse Hotel

201 Wood St. & 2nd Ave.
P. O. Box 4250, Whitehorse, YT Y1A 2E4
✆ (867) 393-9700 oder 1-800-544-0970
www.westmarkhotels.com/whitehorse hotel.php
Komfortables Downtown-Hotel mit 180 Zimmern, Restaurant, Bar, Friseur, Geschäften. Abends Goldrausch-Bühnenshow »Frantic Follies«. $$$$

 Edgewater Hotel

101 Main St., Whitehorse, YT Y1A 2A7
✆ (867) 667-2572 oder 1-877-484-3334
www.edgewaterhotelwhitehorse.com
Kleineres Hotel, gutes Preis-Leistungs-Verhältnis. Zwei Restaurants. $$$–$$$$

 Yukon Inn

4220 4th Ave.
Whitehorse, YT Y1A 1K1
✆ (867) 667-2527 oder 1-800-661-0454
www.yukoninn.com
92 moderne Zimmer. Mit Bar und Restaurant. $$$

 High Country Inn

4051 4th Ave., Whitehorse, YT Y1A 1H1
✆ (867) 667-4471 oder 1-800-554-4471
www.highcountryinn.yk.ca
Gutes Preis-Leistungs-Verhältnis. Restaurant, Sauna, Pool, Münzwaschmaschinen, sowie deutschsprachiges Personal. 85 Zimmer. $$$$

 Four Seasons Bed & Breakfast

18 Tagish Rd., Whitehorse, YT Y1A 3P5
✆ (867) 667-2161
www.4seasonsYukon.com

Einst Königin der Flussdampfer: »SS Klondike«

Komfortable Unterkunft und gutes Preis-Leistungs-Verhältnis. Ruhige, zentrale Lage im Tal des Yukon River. $$$

Stehelin Ranch
40 Couch Rd., Whitehorse, YT Y1A 4A2
℡ (867) 633-6482
www.stehelinranch.com
Bed & Breakfast mit vier Zimmern auf einer Ranch. Viele Freizeitmöglichkeiten. $$$$

The Caribou RV Park
Km 1403 Alaska Hwy.
Whitehorse, YT Y1A 7A1
℡ (867) 668-2961 (im Sommer)
www.caribou-rv-park.com
Gut ausgestatteter Campground und RV Park am Alaska Highway.

Hi Country RV Park
91374 Alaska Hwy.
Whitehorse, YT Y1A 6E4
℡ (867) 667-7445
www.hicountryrvyukon.com
Großer Platz mit allen Einrichtungen, in der Nähe des südlichen Zubringers nach Whitehorse.

Pioneer RV Park & Campground
Km 1414,7, 91091 Alaska Hwy.
Whitehorse, YT Y1A 5V9
℡ (867) 668-5944 oder 1-866-626-7383
www.pioneer-rv-park.com
Empfehlenswerter Platz, waldig.

Mackenzie's RV Park
18 Azure Rd., km 1484 Alaska Hwy.
Whitehorse, YT Y1A 6E1
℡ (867) 633-2337
www.karo-ent.com/mackzs.htm
Duschen, Waschmaschinen, Busverbindung nach Whitehorse. Laut, da direkt am Highway.

Takhini Hot Springs
Km 10 Takhini Hot Springs Rd.
Takhini Hot Springs, YT Y1A 7A2
℡ (867) 456-8000

www.takhinihotsprings.yk.ca
Im Sommer tägl. 8–22 Uhr, sonst kürzer
Eintritt $ 10.50 Erwachsene, $ 8 Kinder
Ca. 25 km außerhalb von Whitehorse, am Klondike Hwy.; Campground mit Thermal-Freibad, Duschen und Restaurant.

Wolf Creek Yukon Government Campground
Km 1459 Alaska Hwy. (11 km südl. von Whitehorse)
Campground ohne Wasser und Strom.

MacBride Museum
1124 1st Ave. & Wood St.
Whitehorse, YT Y1A 1A4
℡ (867) 667-2709
www.macbridemuseum.com
Mai–Aug. tägl. 9.30–17.30, sonst 10–16 Uhr
Eintritt $ 10 Erwachsene, $ 5 Kinder
Chronik des Yukon und seiner Einwohner, zudem Tier-Displays und Wohn-Szenarien aus verschiedenen Zeiten.

Old Log Church Museum
3rd Ave. & Elliott St.
Whitehorse, YT Y1A 5L7
℡ (867) 668-2555
www.yukonmuseums.ca
Ende Mai–Anfang Sept. tägl. 10–18 Uhr
Eintritt $ 6/5
Anglikanische Blockhauskirche von 1900, Exponate zur Geschichte der Mission im Norden.

»SS Klondike« National Historic Site
Südende der 2nd Ave., nahe der Robert Campbell Bridge, Whitehorse
℡ (867) 667-3910 oder 1-800-661-0486
Mitte Mai–Mitte Sept. tägl. 9.30–17 Uhr
Eintritt $ 8
Einst der größte Flussdampfer auf dem Yukon River und wichtiges Verkehrsmittel. Vollkommen restauriert und im Stil seiner Zeit (1940) eingerichtet.

Yukon Beringia Interpretive Centre
Km 1473 Alaska Hwy., Nähe Flughafen

Whitehorse, YT Y1A 2C6
℗ (867) 667-8855, www.beringia.com
Mitte Mai–Sept. tägl. 9–18, sonst nur So/Mo 12–17 Uhr oder nach Vereinbarung, Eintritt $ 6/5
Multimedia-Ausstellung zur letzten Eiszeit. Lebensgroße Nachbildungen von Tieren, das Skelett eines Wollhaarmammuts. Darstellung der Landschaft, Flora und Fauna der Eiszeit, Rekonstruktion einer 24 000 Jahre alten Höhle. Dokumentarfilm zur Geschichte des Yukon.

 Yukon Transportation Museum
Km 1475, 7 Alaska Hwy. (neben dem Yukon Beringia Interpretive Centre)
Whitehorse, YT Y1A 6E6
℗ (867) 668-4792
www.yukontransportationmuseum.ca
Mitte Mai–Ende August tägl. 9–18 Uhr
Eintritt $ 6, Kombipass mit Beringia $ 9
Die Transportgeschichte des Yukon: vom Kanu bis zum Raddampfer und vom Hundeschlitten bis zum Buschflugzeug. Historische Fotos aus der Hundeschlittenzeit und ein interessanter Film über den Bau der Eisenbahnlinie von Skagway nach Whitehorse.

 Fish Ladder at Whitehorse Rapids Dam
Am Ende des Nisutlin Dr., Whitehorse
 ℗ (867) 663-5965
Juni 9–17, Juli 9–19, Aug. 9–21 Uhr
Eintritt frei, Spende erwünscht
Durch ein Fenster Beobachtung der Chinook-Lachse auf der längsten Lachswanderung der Welt.

 Miles Canyon
Ort der berüchtigten Whitehorse-Stromschnellen des Yukon River. Hängebrücke über den Canyon, Aussichtspunkt 3 km nördlich der Brücke.

 Yukon River Cruises
68 Miles Canyon Rd.
Whitehorse, YT Y1A 6L4
℗ (867) 668-4716
www.yukonrivercruises.com

Ende Mai–Anfang Sept. tägl. 14 Uhr, Mitte Juni–Mitte Aug. zusätzlich 16 Uhr Abfahrten vom Dock am Schwatka Lake, Fahrpreis Erwachsene $ 30, Kinder $ 15
Mit dem Raddampfer »M.V. Schwatka« durch den gezähmten Miles Canyon.

 »Frantic Follies« Vaudeville-Revue
Im Westmark Whitehorse Hotel
2nd Ave. & Wood St.
Whitehorse, YT Y1A 6L3
℗ (867) 668-2042, www.franticfollies.com
Mitte Mai–Mitte Sept. tägl. 20.30
Seit 1970: Musik, Lieder, Can-Can und Gedichte von Robert Service aus der Zeit des Goldrausches. Ticket $ 24.

 The Cellar Steakhouse & Wine Bar
101 Main St., im Edgewater Hotel
Whitehorse, YT Y1A 2A7
℗ (867) 667-2572, Di–Sa ab 18 Uhr
www.edgewaterhotelwhitehorse.com
Prime Rib, King Crab, Hummer, Steak. Reservieren! Lunch ($) und Dinner. $$$–$$$$

 Sanchez Cantina
211 Hanson St., Whitehorse, YT Y1A 1Y3
℗ (867) 668-5858
Einfaches mexikanisches Restaurant mit Salsa, Guacamole und Tortillas. $–$$

 Klondike Rib and Salmon Barbecue
2116 2nd Ave., Whitehorse, YT Y1A 5C3
℗ (867) 667-7554
Knusprige Rippchen und andere nordkanadische Grillspezialitäten. $$

 Pasta Palace
201 Main St., Whitehorse, YT Y1A 2B2
℗ (867) 667-6888, tägl. 11.30–22 Uhr
Preiswertes und gutes Restaurant. $–$$

 Midnight Sun Coffee Roaster
9002, Quartz Rd., Whitehorse YT Y1A 2Z5
℗ (867) 633-4563 oder 1-888-633-4563
www.midnight-sun-coffee.com
Ungezwungen komfortables Café, leckere Kaffeesorten auch zum Mitnehmen. $

Infos: Whitehorse

 The Chocolate Claim
305 Strickland St., Whitehorse, YT Y1A 2J9
✆ (867) 667-2202
www.chocolateclaim.com
Bäckerei mit kleinem Café. Sandwiches, Backwaren, Espresso und Cappuccino. $

 Tim Hortons Donuts
2210 2nd Ave, Whitehorse, YT Y1A 1C8
✆ (867) 668-7788, www.timhortons.com
Gut für einen Imbiss: Coffee Shop mit Donuts, Suppen, Sandwiches etc. $

 Mac's Fireweed Books
203 Main St., Whitehorse, YT Y1A 2B2
✆ (867) 668-6104 oder 1-800-661-0508
www.yukonbooks.com
Mo–Sa 8–Mitternacht (Sommer), 8–21 Uhr (Winter)
Große Bücherauswahl zum Thema Kanada und Alaska.

 Midnight Sun Gallery & Gifts
205C Main St., Whitehorse, YT Y1A 2B2
✆ (867) 668-4350
www.midnightsunyukon.com
Mo–Sa 9.30–18, Fr bis 20 Uhr
Kunst und Kunsthandwerk aus dem Yukon, u. a. von Inuit und Indianern. Bilder, Schmuck, Musik und vieles andere.

 Bear's Paw Quilts
2093 2nd Ave.
Whitehorse, YT Y1A 1B5
✆ (867) 393-2327
www.bearspawquilts.com
Mo–Fr 10–18, Sa 10–17 Uhr
Verkauf und Fertigung der herrlichen Patchworkdecken und -erzeugnisse. Wer will, kann hier auch Anleitungen erwerben oder das Quilten selber mal versuchen.

 Alpine Bakery
411 Alexander St.
Whitehorse, YT Y1A 2L8
✆ (867) 668-6871
www.alpinebakery.ca
Di–Fr 8–18, Sa 8–16 Uhr
Die beste Bäckerei im Yukon. Hier gibt es Vollkorn- und Roggenbrot nach deutscher Art.

 Sky High Valley Ranch
48 Hart Crescent
Whitehorse, YT Y1A 4R4
✆ (867) 667-4321
www.skyhighwilderness.com
Ein- bis mehrstündige Ausritte – bis hin zu mehrtägigen Trips in die Wildnis der Umgebung.

Brücke über den berüchtigten Miles Canyon südlich von Whitehorse

⓵⋅¹ Shangri-La am Ende der Straße
Extratour nach Atlin

1.1 Extratour – Route: Whitehorse – Atlin – Whitehorse (364 km/228 mi)

km/mi	Route
0	Ab **Whitehorse** den Alaska Hwy. (Hwy. 1) nach Süden bis
84/ 52	**Jake's Corner**, rechts abbiegen Richtung Atlin, Tagish und Carcross, nach 1,5 km links abbiegen in den Hwy. 7 nach
182/114	**Atlin**. Besuch von Atlin Museum und Pioneer Cemetery, »MV Tarahne«, Fahrt auf der Warm Bay Rd., Flug oder Bootstour über Atlin Lake zum Llewellyn-Gletscher.

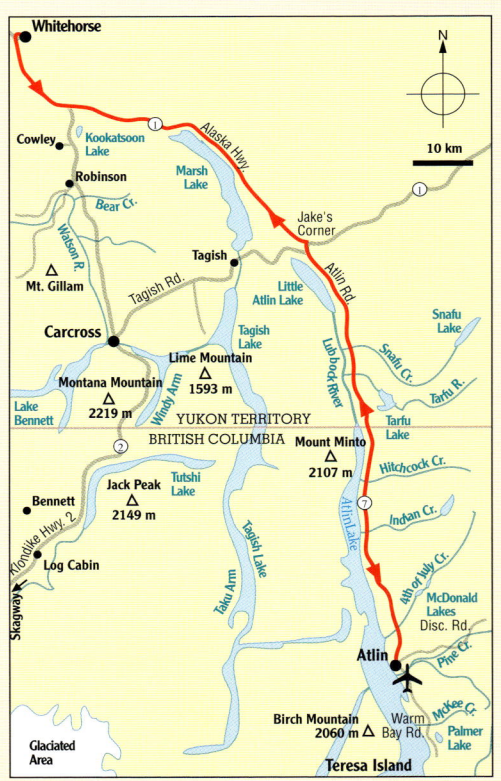

Rückfahrt: Eine interessante Variante für den Rückweg (oder die Weiterfahrt nach Skagway) führt von Jake's Corner auf dem Hwy. 8 über Tagish nach Carcross und dann weiter wie in Kapitel 8, S. 254 ff. beschrieben.

Menschenleere Landschaft, 60 Meilen Straße ins Nichts, so scheint es. Unberührte Wälder wechseln mit fischreichen Seen. Den Horizont begrenzen die auch im Hochsommer schneebedeckten Gipfel der Küstenberge. Dann rollt man über den letzten Hügel hinein in ein lockeres Ensemble von Gebäuden, das, je nach persönlicher Disposition, als bezaubernd rustikal oder Ansammlung von Bruchbuden bezeichnet werden könnte.

Zwischen Blockhäusern aus gelben geschälten Fichtenstämmen und einzelnen sorgfältig restaurierten Häusern aus der Gründungszeit **Atlins** finden sich andere Gebäude in verschiedenen Stadien des Verfalls. Die Wände auf verrottenden Fundamenten in wahnwitzige Winkel verzogen, einige vernagelt, andere morsch, versinken sie als Folge eines hundertjährigen Ansturms des Wetters im Boden. Am Ufer liegt die »Tarahne«, ein Raddampfer aus der Vor-Straßen-Zeit auf dem Trockenen, in einer geschützten Bucht am Strand sind einige Boote zu sehen, auf den ersten Blick könnte man glauben, in eine Geisterstadt aus der Goldrauschzeit gelangt zu sein.

Atlins Lage, von einer einheimischen Autorin als »... in einsamer Sturheit an einem See von fesselnder Schönheit« beschrieben, kann man eigentlich nur mit dem oft geschundenen Wort »spektakulär« beschreiben. Wenn an einem schönen sonnigen Sommertag *fireweed* (schmalblättrige Weidenröschen) am Straßenrand und auf den leeren Parzellen blühen, die Berge in der Sonne leuchten und der See die Farbe des Himmels widerspiegelt, bietet Atlin das Bild einer bezaubernden Siedlung, harmonisch eingebettet in eine Bilderbuchlandschaft.

Peggy aus Kalifornien kam an solch einem Tag nach Atlin. »Ich stand irgendwo im Ort am Straßenrand und starrte wie hypnotisiert hinaus auf den See und die Berge. Ich stand da, und meine Augen wurden immer größer. Bevor ich recht zur Besinnung kam, fand ich mich im Lebensmittelladen wieder, fragte, ob es wohl möglich sei, irgendwo im

Buschflugzeuge, die Taxis des Nordens

Am Ende der Straße: Atlin

Ort ein Blockhaus zu mieten, und war im Begriff eine Einheimische zu werden.«

An Regentagen, wenn der Westwind die bleigraue Oberfläche des Sees mit Schaum-kronen versieht, Regenschauer wie weiße Vorhänge über das Land ziehen und manche Nebenstraßen nur mit Gummi- oder hoch geschlossenen Schnürstiefeln begehbar

sind, hört man auch weniger enthusiastische Kommentare. So wie von einer sichtlich geschockten Besucherin, die an der Tankstelle des Ortes ein »Ich weiß nicht, wie jemand auch nur im Entferntesten daran denken kann, in diesem Kaff zu leben« hervorstieß und in die sterile Ordnung einer Stadt des Südens davonrollte.

Der Name Atlin stammt aus der Sprache der hier ansässigen Inland-Tlingit und bedeutet so viel wie »großes Wasser«. Aus der Luft präsentiert sich der 145 Kilometer lange See an seinem Nordende als ein Glied in einer Kette von Seen, die wie gekrümmte Finger ineinander verhakt in breiten Tälern zwischen isolierten hohen Bergen liegen.

Ein Erlebnis besonderer Art ist der Flug mit einem am Ort gecharterten Wasserflugzeug entlang dem Torres Canal oder dem Llewellyn Inlet über tiefblaues Wasser, vorbei an Bergen in Ocker, Schwarz und Braun mit blendend weißen Schneefeldern. Wälder, Sümpfe und Wiesen erstrecken sich in unendlich vielen Grünschattierungen bis zum Südwestende des Sees, der hier an die von Gletschern umflossenen Granittürme der **Coastal Range** grenzt.

Pilotengrab in Atlin

Dort wo sich die Eismassen des Llewellyn-Gletschers dem Atlin Lake entgegenschieben und blau-weiße Eisberge auf der hellbraunen Fläche des Endsees schwimmen, bahnen sich trübe Schmelzwasser den Weg durch eine letzte Felsbarriere. In Abstufungen färben sie den See über weite Strecken von hellbraun über milchig türkis bis aquamarin. Dahinter baut sich das riesige Eisfeld des Llewellyn-Gletschers auf, in dem einzelne Berge wie Inseln in einem Meer aus bläulichem Eis stehen. Jeder dieser Berge schickt Gesteinsschutt mit dem Gletschereis auf die Reise, der als dunkler Streifen in schwungvollen Bögen den Verlauf des Tals unter den Eismassen andeutet.

Das faszinierende kleine **Atlin Museum** im alten Schulhaus zeigt eine Kollektion von Stücken aus der Zeit, als Fritz Müller und Kenney McLaren im Kies des Pine Creek Gold fanden, und erinnert an die 1920er und 1930er Jahre, als es Mode war, die Orte der großen Goldfunde zu besuchen. Hier liegt auch das Totenbuch, ein Hefter voller Nachrufe und Erinnerungen an frühere Bewohner von Atlin. Es zeichnet ein buntes Bild einer abenteuerlustigen Gruppe von Nordlandpionieren voller Selbstvertrauen und Mut. Auf seine Art gibt es einen Hinweis darauf, wie man hier mit einiger Wahrscheinlichkeit ein hohes Alter erreichen kann: Man sollte weder Goldgräber sein noch Schusswaffen mit sich herumtragen, möglichst den See und Alkohol meiden und sich keinesfalls darauf verlassen, dass ein Flugzeug so lange in der Luft bleibt, wie es wünschenswert ist. Alles Ratschläge übrigens, deren konsequente Befolgung Atlin binnen kürzester Zeit entvölkern würde.

Auf dem **Friedhof** an der Straße nach Discovery, dem Ort des ersten Goldfundes am Pine Creek, liegen neben Fritz Müller und Kenney McLaren Buschpiloten aus der Anfangszeit der Fliegerei im Norden und ein Herr Reid, dessen Profession als »Gentleman Adventurer« angegeben ist, begraben.

Der Goldfund von 1898 stand im Schatten der sensationellen Funde am Klondike, trotzdem lebten und arbeiteten schon bald 20 000 Menschen im Gebiet. 5 000 davon in Atlin und 10 000 in Discovery. 1899 war Atlin ein Juwel des Nordens. Es gab elektrischen Strom, eine Telegrafenlinie, ein Postamt und eine Brauerei, Banken, Geschäfte, Hotels und Saloons. Doch schon nach wenigen Jahren ging der Ertrag der Minen zurück, und damit begann Atlins Abstieg. Discovery wurde aufgegeben, und Atlin zählte in den 1950er Jahren noch ganze 100 Einwohner.

Die ursprünglichen Wiederentdecker Atlins, die Zurück-zur-Natur-Fanatiker, die in den 1960er Jahren hier ein Reservat des einfachen Lebens entdeckten, wo man ungestört Gemüse anbauen und fischen und wo jeder nach seiner Fasson selig werden konnte, die Naturheiler, die buddhistische Sekte, die in den 1970er Jahren nach Atlin kam, weil »die kosmischen Energielinien der Erde« hier so dicht beieinander lagen – sie alle sind wieder verschwunden, weitergezogen zu neuen Paradiesen oder assimiliert. Mit der Freigabe des Goldpreises begann die dauerhafte Wende für den Ort. In den Creeks wurde wieder Gold gewaschen, Jagdführer und Künstler zogen hierher, der Tourismus begann sich zu einer Einnahmequelle zu entwickeln, eine Reihe zivilisationsmüder *southerners* und einige Europäer entdeckten die Qualitäten Atlins als Sommerwohnsitz. Heute stellen seine rund 400 Einwohner jedenfalls eine bunte Mischung dar: Tlingit-Indianer und Buschpiloten, Goldgräber und alternde Hippies, Jagdführer und Selbstverwirklicher, Künstler und Trapper.

Atlin präsentiert ungerührt all die Attribute, die wir in Mitteleuropa im Allgemeinen mit »dem Norden« verbinden. Kein anderer Ort entspricht so sehr den weit verbreiteten Klischeevorstellungen von einer Siedlung im Busch – ohne Wasserleitung und Kanalisation, mit Feuerholzstapel hinter dem Haus, der herbstlichen Jagd nach Elch- und Karibufleisch für den Winter und mit Einwohnern, die in »Häusern« aus roh gefügten Baumstämmen wohnen und keinerlei Anstalten machen, sich dem Rhythmus und der relativen Sicherheit einer regelmäßigen Arbeit von 9 bis 17 Uhr unterzuordnen. Die im Sommer, wenn zwanzig Stunden Tageslicht nur von kurzen Perioden von Dämmerung und Nacht unterbrochen werden, hektisch

Ausbeute: Gold aus der Mine am Pine Creek

rund um die Uhr mit den verschiedensten Aspekten des Gelderwerbs beschäftigt sind. Und spätestens im Oktober, wenn der Nebel über den See heranrollt und das Feuerholz für den Winter sich ums Haus türmt, in eine Art Winterschlaf, unterbrochen von intensiven Perioden des Dorfklatschs, verfallen.

Atlin ist ein ungewöhnlicher Ort in einer Bilderbuchlandschaft, durchweht von einem Geist optimistischen Selbstvertrauens und eingebettet in die Illusion grenzenloser Freiheit – eine Atmosphäre, die es nur noch in wenigen Siedlungen am Rande der bewohnten Welt zu geben scheint. Atlin vermittelt mehr als die touristisch geprägten Orte entlang der Durchgangsstraßen des Nordens das Gefühl des Lebens an der letzten Grenze, und schon deswegen ist es, einmal ganz abgesehen von der Landschaft, einen Besuch wert. ✸

Atlin
Dorf am See mit Blick auf die Berge und Gletscher der Coastal Range. Ehemals eine Goldgräberstadt, ist Atlin heute Refugium für Zivilisationsmüde und Künstler, Wohnort für ewig hoffnungsvolle Goldsucher, Jagdführer, Piloten und Indianer.

i Atlin Visitor Association
3rd St., im Atlin Historical Museum
Atlin, BC V0W 1 A0
©/Fax (250) 651-7522
http://explorenorth.com/library/com
munities/canada/atlin.html

 Atlin Museum
3rd St. & Trainor Ave., Atlin, BC, V0W 1 A0
© (250) 651-7522
Juli–Aug. tägl. geöffnet, im Juni und Sept. nur an Wochenenden, Eintritt $ 3
Ein kleines, kunterbuntes Museum mit Fotos aus der Zeit der Goldfunde, Bergbau-Antiquitäten und dem »Totenbuch« voller ungewöhnlicher Nachrufe auf längst verblichene Bewohner Atlins.

 Pioneer Cemetery
Km 1,8 Discovery Rd.
Viele interessante und ausgefallene Grabinschriften. Hier liegen die Entdecker des Goldes, Buschpiloten aus der Anfangszeit der Fliegerei und »Gentlemen Adventurer« aus dem ersten Drittel des vergangenen Jahrhunderts begraben.

 Warm Bay Road
Führt an der McKee Creek Mine vorbei zu einer warmen Quelle mit Badeplatz. Gebührenfreier Einfach-Campground. Ausblicke auf See und Berge.

 »MV Tarahne«
Atlin, BC V0W 1A0
Dampfer aus dem Jahr 1916 am Ufer des Atlin Lake.

Brewery Bay Chalet
McBride Blvd.

Atlin, BC V0W 1 A0
© (250) 651-0040
Schönes kleines Hotel mit Blick auf See und Berge. Kein Restaurant. $$

 The Atlin Inn
Lake St.
 Atlin, BC V0W 1 A0
© (250) 651-7546
 Hotel am See, Zimmer mit Blick, am Abend geöffnetes Restaurant, Bar. $$

 Kirkwood Cottages
Holzhäuschen mit 2 Schlafzimmern und Blick auf den See. Gehören zum Atlin Inn. $$

 Moore House
69 Monarch Mountain Rd., 4 km südlich von Atlin, Atlin BC V0W 1A0
© (250) 651-0015 oder 1-877-399-2665
www.discoveratlin.com
Komfortables B&B mit nur zwei Zimmern, ortskundigen Gastgebern, Hund und Katze. In einem Blockhaus in waldiger Lage. Empfehlenswerte Website für Infos über Atlin. $$$–$$$$

 The Noland House
Discovery & 1st Sts.
Atlin, BC V0W 1 A0
© (250) 651-7735
Bed & Breakfast, komfortabel. $$–$$$

 Quilts & Comforts Bed & Breakfast
Atlin, B.C. V0W 1A0
© (250) 651-0007 oder 1-800-836-1818
B&B mit schönem Blick auf Atlin. $$–$$$

 Pine Creek Campground
Atlin
Schöner Platz direkt an der Mündung des Pine Creek in den See, aber ohne Strom/Wasser.

 Norseman Adventures RV Park
Atlin, BC V0W 1 A0
 © (250) 651-7535 (im Sommer)
© (604) 823-2259 (im Winter)

Wohnmobilstellplätze mit Strom, Wasser. Motorboot- und Hausbootvermietung.

Sidka Tours/Glacier View Cabins

15 km außerhalb von Atlin an der Warm Bay Rd., Atlin, BC V0W 1 A0
✆ (250) 651-7691
www.glacierviewcabins.ca
Vermietung von Blockhütten mit Gletscherblick, zudem geführte Kanutouren, Vermietung von Kanus und kompletter Angelausrüstung. Die Inhaber Peter und Edith Sidler sprechen deutsch.

Maureen Morris
Vorletztes Haus rechts am McBride Blvd. Atlin, BC V0W 1 A0
✆ (250) 651-7542
Interessante Schnitzereien aus Elchgeweih und Knochen. Kunstwerke auch in der Atlin Courthouse Gallery.

Simply Gold
Kathy Taylor, Pearl Ave., gegenüber Liquor Store, Atlin, BC V0W 1 A0
✆ (250) 651-7708
www.simplygoldinatlin.com

Schmuck, angefertigt aus Nuggets, die in den Goldminen von Atlin gefunden wurden.

Atlin Trading Post
Discovery & 1st Sts.
Atlin, BC V0W 1 A0
✆ (250) 651-7574
Im Atlin Trading Post gibt es Arbeiten lokaler Künstler, Souvenirs und Dinge des täglichen Bedarfs.

Atlin Air Charters
Ortsmitte, am Ufer, Atlin, BC V0W 1 A0
✆ (250) 651-0025
Hier kann man Flugzeuge für Sightseeing-Flüge über den See und in die Berge chartern.

Atlin Arts & Music Festival
Historic Courthouse, 2nd St.
Atlin, B.C. V0W 1A0
www.atlinfestival.ca
Anfang Juli findet das Festival im und um das Gerichtsgebäude statt: Musik, Tanz, Kunst, Workshops, Filme, Kunstverkaufsstände, Imbissbuden etc.

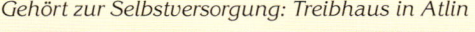
Gehört zur Selbstversorgung: Treibhaus in Atlin

② **Die Straße zum Gold**
Von Whitehorse nach Dawson City

2. Route: Whitehorse – Carmacks – Minto Resort – Dawson City (540 km/336 mi)

km/mi	Zeit	Route
0	9.00 Uhr	Von **Whitehorse** auf dem Alaska Hwy. nach Norden bis zum
14/ 9		Abzweig des **Klondike Hwy.** (Hwy. 2) nach Dawson City. Unterwegs bei km/mi
20/ 12		Abzweig der Straße zu den heißen Quellen von **Takhini Hot Springs**. Vorbei an der
104/ 64		Braeburn Lodge und am
144/ 90		Montague House bis nach
179/ 111		**Carmacks**. Anschließend Stopp am
203/ 126		**Five Finger Rapids Overlook**, weiter zum
252/ 157		**Minto Resort** (Möglichkeit zum Ausflug nach **Fort Selkirk**). Dann über den

288/179	Pelly Crossing Overlook bis zur
358/223	**Stewart River Bridge**, hier Abzweig des Silver Trail/Hwy. 11 (s. u., »Extratage unterwegs«), und die
382/238	Moose Creek Lodge. Bei km/mi
499/310	Abzweig des Dempster Hwy. (vgl. Kapitel 3.1, S. 206 ff.). Weiter auf dem Klondike Hwy.,
540/336 18.00 Uhr	Ankunft in **Dawson City**.

Extratag unterwegs:

Besuch am »Silberberg« Keno Mountain (s. S. 184 ff.). Route ab der Stewart River Bridge (268 km/166 mi):

km/mi	Route
0	Abzweig des Silver Trail (Hwy. 11). Bei
51/ 32	Zufahrt nach **Mayo**. Weiter am
58/ 36	Five Mile Lake Campground und
97/ 60	Elsa vorbei bis nach
111/ 69	**Keno City**, Besuch im **Keno Mining Museum**, Fahrt zum Gipfel des **Keno Mountain** (dem Schild »Signpost« folgen). Auf dem gleichen Weg Rückfahrt zum
268/166	Klondike Hwy.

Übernachtungsmöglichkeiten für diesen Extratag findet man in Mayo, Stewart Crossing, Moose Creek.

Besuch von Fort Selkirk:
Eine weitere lohnende Unternehmung unterwegs ist die Bootsfahrt zu dieser am Yukon River gelegenen Pelzhandels-Station. Abfahrt ab Minto Resort. Diese Tour erfordert eine sehr frühe Abfahrt in Whitehorse und einen zusätzlichen Tag (s. S. 190).

Infos zu diesen Extratagen finden Sie unter Route 2.2, S.192 f.

Unbewohntes Land, große Flüsse und Seen, ausgedehnte Fichtenwälder und unzählige Bäche entlang dem Weg – der **Klondike Highway** zwischen Whitehorse und Dawson City führt durch eindrucksvolle Yukon-Landschaft, die sich heute nicht wesentlich von dem unterscheidet, was die *stampeders* auf ihrem Weg zum Gold am Klondike vorfanden. Mit dem Bau des Klondike Highway wurde in den 1950er Jahren begonnen, als man sich bemühte, eine Landverbindung zu den Silbervorkommen bei Mayo und Keno und der Blei-Zink-Mine in Faro zu schaffen. Die Verlängerung der Straße bis Dawson City war dann das Trostpflaster für den Verlust der Territorialverwaltung, die in das nach der Öffnung des Alaska Highway für den zivilen Verkehr verkehrsgünstiger gelegene Whitehorse umzog.

Heikle Stelle für die Raddampfer: Five Finger Rapids

Bald nach Passieren der Abzweigung zu den **Takhini Hot Springs** folgt die Straße für ein kurzes Stück dem Südwestufer des **Lake Laberge**. Diesen großen See, durch den der Yukon River hindurchfließt, wählte Robert Service, der »Barde des Yukon«, als Schauplatz seiner Ballade vom ewig frierenden Goldgräber Sam McGee, dessen letzter Wunsch es war, verbrannt zu werden. Und der, von den Flammen zu neuem Leben erweckt, darum bittet, die Ofentür zu schließen, damit die Kälte draußen bleibt. Die Geschichte endet mit den Zeilen: *There are strange things done in the midnight sun / By the men who moil for gold; / The Arctic trails have their secret tales / That would make your blood run cold; / The Northern Lights have seen queer sights, / But the queerest they ever did see / Was that night on the marge of Lake Laberge / I cremated Sam McGee.*

Auf den tiefblauen Fox Lake, an dessen Ufer sich die Straße von einem Postkarten-Panorama zum nächsten schlängelt, folgt die ebenfalls wieder an einem See gelegene **Braeburn Lodge,** deren Spezialität, topfdeckelgroße Zimtrollen, im Norden genauso bekannt ist wie das hier jeden Februar stattfindende *Cinnamon-bun*-Hundeschlittenrennen über 200 Meilen Distanz. Die Überreste eines der Vorläufer der Braeburn Lodge und anderer Rasthäuser entlang den Straßen durch den Yukon und Alaska stehen noch etwa 40 Kilometer weiter, dort wo der alte Dawson Trail von Whitehorse nach Dawson City auf den Highway trifft: Das **Montague House** war die fünfte in einer Kette von Rast- und Übernachtungsstationen entlang dem Dawson Trail.

Der 320 Kilometer lange Trail war nicht mehr als eine raue, aus Wald und Unterholz herausgehackte und notdürftig eingeebnete Fahrspur, die während der großen Jahre der Goldgewinnung am Klondike als Überland-Versorgungsroute diente. Knappe sechs Tage dauerte die Postkutschenreise über Stock und Stein. Etwa alle 20 Meilen gab es solch ein Roadhouse zum Essen, Schlafen und zum Wechseln der Pferde. Der Trail wurde damals, wie alle »Straßen« im Territorium, vor allem im Winter genutzt, wenn der Boden steinhart gefro-

ren war. Im Sommer waren die Yukon-Dampfer schneller und komfortabler. Problematisch war die Reise während der Schneeschmelze im Frühjahr und der Regen- und Schneefälle im Herbst: Dann konnte es schon einmal passieren, dass die Reisenden mit ihren Fahrzeugen im knietiefen Schlamm stecken blieben.

In **Carmacks** am Ufer des Yukon River standen ein weiteres Roadhouse und eine Bunkerstation für die Flussschiffe. Der Ort wurde nach George Washington Carmack, dem Entdecker des Goldes am Klondike River, genannt. Er war 1885 von Juneau in den Yukon gezogen und hatte Kate, eine Indianerin aus dem Tagish-Stamm, geheiratet. »Lying George« war ein seltsamer Mann und unterschied sich deutlich von den anderen Weißen im Land: Neben seiner Schwäche, die sein Spitzname ausreichend beschreibt, hatte er auch kein Interesse am *prospecting*, der Suche nach Gold. Er zog es vor, seine Zeit mit Jagen und Fischen zu verbringen, wenn er nicht gerade romantische Gedichte schrieb oder in seiner Hütte am Yukon River auf dem Harmonium spielte.

Yukon-Impression: Montague House

Nördlich des Orts steigt die Straße hinauf auf den Rücken der Hügel, von denen sich immer wieder schöne Ausblicke auf das Tal des Yukon River eröffnen. Nur wenige Kilometer nach Carmacks fällt der Blick vom Straßenrand auf die **Five Finger Rapids**, wo Felseninseln den Yukon River in fünf enge Kanäle zwängen. Die acht bis zehn Knoten schnelle Strömung mit Strudeln und stehenden Wellen war für die Raddampfer ein fast unüberwindliches Hindernis: Um die Engstelle passieren zu können, mussten sich die Dampfer mit Hilfe ihrer Ankerwinden an langen, oberhalb der Inseln befestigten Seilen durch die Stromschnellen flussaufwärts ziehen.

Bei **Minto Resort** verlässt die Straße den Fluss und führt über Land zum Pelly und weiter zum Stewart River. Wohnmobilfahrer können in Minto einen Extratag einschieben und per Boot einen (empfehlenswerten) Ausflug zum verlassenen Fort Selkirk machen (siehe Seite 190).

Der Pelly, einer der großen Nebenflüsse des Yukon und nur wenige Tage per Boot von Dawson City entfernt, war der Endpunkt zweier bemerkenswerter Überlandexpeditionen zu den Goldfeldern am Klondike. Im September 1887 verließ Inspector John D. Moody von der North West Mounted Police mit einer kleinen Truppe von Männern und einigen Packtieren Edmonton in Alberta. Dreizehn Monate später, im Oktober 1898, erreichte er, alleine und am Ende seiner Kräfte, den Pelly River.

Im Sommer 1898 marschierten 203 Soldaten der zur Verstärkung des Polizeipostens von Dawson City entsandten Yukon Field Force von Glenora am Stikine River 800 Kilometer weit durch die Wildnis zum Pelly River. Welch großartige Leistung diese Männer voll-

Farbenfroher Wiederaufbau in der 5th Avenue in Dawson City

brachten, kann jeder leicht nachempfinden, der schon einmal versucht hat, abseits der Wege im Yukon voranzukommen.

Nächste Station am Weg ist **Stewart Crossing**, wo früher ebenfalls ein Roadhouse des Dawson Trail stand. Nach der Brücke, die über den Stewart River führt, zweigt der **Silver Trail** (Highway 11) ab. Er folgt im Wesentlichen dem Stewart River bis Mayo und endet in der Beinahe-Geisterstadt **Keno City**, einst Mittelpunkt der silberreichsten Gegend Kanadas. In Mayo wurde in der Vor-Straßen-Zeit das in Keno City gewonnene, in Säcken verpackte Silbererz auf Raddampfer geladen, die es nach Whitehorse zum Beginn der Eisenbahnlinie brachten. Für den durchaus empfehlenswerten Abstecher nach Mayo und Keno City ist mindestens ein Extratag erforderlich. Übernachtungsmöglichkeiten gibt es in beiden Orten (siehe Seite 192 f.)

Bevor sich der Klondike Highway ins Tal des Klondike River hinabsenkt, folgt er über weite Strecken hoch oben auf dem Rücken der Hügel dem Tintina Trench, einem tektonischen Grabenbruch, der mehrere Hundert Kilometer quer durch den Yukon und Alaska verläuft. Es folgt der Abzweig des Dempster Highway, der über den Polarkreis hinaus an den Rand der bewohnten Welt führt (siehe Route 3.1, Seite 206 ff.), dann kündigt der Flughafen unübersehbar die Nähe von **Dawson City** an. Die letzten Kilometer führen mitten durch die *tailings*, raupenförmige Halden aus nackten Steinen und eine Hinterlassenschaft der riesigen Schwimmbagger, die den Talgrund auf ganzer Breite bis hinunter zum gewachsenen Fels durchwühlten, um auch noch das allerletzte Krümelchen Gold zu finden. Eher unspektakulär ist die Einfahrt nach Dawson City selbst, gleichsam durch die Hintertür folgt die Straße dem Klondike zum Yukon River und dem begrünten Deich vor der Front Street, der die Stadt vor dem Frühjahrshochwasser des Yukon schützt. ❖

Funktelefon-Verbindungen: Operator (»0«) wählen und Nummer sowie *channel* nennen.

Braeburn Lodge
Meile 55.6 am Klondike Hwy. 2
℡ (867) 456-2867 (BUNS)
Die Lodge ist eine Anlaufstelle für alle, die früh am Morgen kein Hotelfrühstück mögen. Weithin bekannt für die riesengroßen, im Haus frisch gebackenen *cinnamon buns* (Teigschnecken mit Rosinen und Zimt).

Montague House
Meile 81 am Klondike Hwy. 2
Bei der Weiterfahrt auf dem Klondike Hwy. passiert man wenig später die Überreste einer Station des ehemaligen Dawson Trail, über den der Überlandverkehr nach Dawson City lief.

Five Finger Rapids Overlook
Felseninseln zwängen den Yukon River in fünf enge Kanäle.

Fort Selkirk
Verlassene, aber ausgezeichnet erhaltene Pelzhandels-Siedlung in der ursprünglichen Wildnis am Yukon River. Infos zur Motorbootfahrt dorthin finden Sie auf S. 192.

Pelly Crossing Overlook
Blick auf das Tal des Pelly River und die Ortschaft Pelly Crossing.

Silver Trail
112 km lange Straße ins ursprüngliche Hinterland des Yukon, die ersten 62 km sind asphaltiert. Kurz hinter Mayo setzt sich der Silver Trail als gute *dirt road* fort.

Moose Creek Lodge
Meile 98.1 am Klondike Hwy.
Mayo, YT Y0B 1M0
℡ (867) 996-2550
www.moosecreek-lodge.com
Mitte Mai–Mitte Sept. 7–22 Uhr

Blockhaus-Restaurant. Hausmannskost. Hütten zum Übernachten. $$

Dawson City Klondike Visitors Association
Dawson City, YT Y0B 1G0
℡ (867) 993-5575
www.dawsoncity.ca
»Queen of the Klondike«. Die Stadt des Goldrauschs, einst »Paris des Nordens« genannt, ist ein lebendes Museum. Hier stehen noch viele Originalgebäude aus den Jahren 1897–1903. Nur wenige Kilometer entfernt liegen die Goldfelder des Klondike.

Downtown Hotel
2nd Ave. & Queen St.
Dawson City, YT Y0B 1G0
℡ (867) 993-5346 oder 1-800-661-0514
www.downtownhotel.ca
Hotel mit 59 Zimmern im Zentrum. Mit Restaurant und Bar sowie Jacuzzi. $$$–$$$$

Westmark Inn
5th & Harper Sts.
Dawson City, YT Y0B 1G0
℡ (867) 993-5542 oder 1-800-544-0970
www.westmarkhotels.com/dawson-city.php
Haus einer Hotelkette (177 Zimmer) mit allen Annehmlichkeiten. Internationaler Standard. Mit »Klondike Barbecue«. $$$$

The Bunkhouse
Front & Princess Sts.
Dawson City, YT Y0B 1G0
℡ (867) 993-6164
www.dawsoncitybunkhouse.com
Preiswerte, aber saubere Unterkunft in 32 einfachen Zimmern. $$–$$$

Eldorado Hotel
3rd Ave. & Princess St.
Dawson City, YT Y0B 1G0
℡ (867) 993-5451 oder 1-800-764-3536
www.eldoradohotel.ca

Hotel im Stadtzentrum mit angeschlossenem Restaurant und Bar. 52 Zimmer, Waschmaschinen. $$$$

Aurora Inn

5th Ave. & Harper St.
Dawson City, YT Y0B 1G0
☏ (867) 993-6860
www.aurorainn.ca
Angenehmes Hotel mit nur 20 Zimmern. Empfehlenswertes Restaurant. Man spricht Deutsch. $$$–$$$$

Dawson City Bed & Breakfast

451 Craig St., Dawson City, YT Y0B 1G0
☏ (867) 993-5649 oder 1-800-697-6539
www.dawsonbb.com
Hübsches B&B (7 Zimmer) für Nichtraucher am Ortsrand. Bewegungshungrigen Gästen stehen Fahrräder zur Verfügung. $$$

5th Avenue Bed & Breakfast

5th Ave., Dawson City, YT Y0B 1G0
☏ (867) 993-5941 oder 1-866-631-5237
www.5thavebandb.com
Hübsches blaues B&B nahe des Minto Park. Nur ein paar Minuten zu Fuß nach Downtown. 11 Zimmer. $$$

Dawson City River Hostel

West Dawson City, YT Y0B 1G0
☏ (867) 993-6823, www.hihostels.ca
Jugendherberge des Hostelling-International Verbandes. Am jenseitigen Ufer des Yukon River, mit Blick auf Downtown. 38 Betten in Zimmern und Blockhütten. Campingplatz vorhanden. $

Bonanza Gold Motel and RV Park

Am Hwy. 2, ca. 2 km vor Dawson City
Dawson City, YT Y0B 1G0
☏ (867) 993-6789 oder 1-888-993-6789
www.bonanzagold.ca
Campground und Motel mit allen Annehmlichkeiten. $$$– $$$$

Gold Rush Campground RV Park

5th Ave. & York St.

Dawson City, YT Y0B 1G0
☏ (867) 993-5247 oder 1-866-330-5006
www.goldrushcampground.com
Mitten in der Stadt, etwas laut. Duschen und Münzwaschmaschinen vorhanden. Allerdings keine Zelte erlaubt.

Yukon River Government Campground

Dawson City, YT Y0B 1G0
☏ 1-800-661-0408
www.environmentyukon.gov.yk.ca/camping/campgrounds.php
Schön gelegener, einfach ausgestatteter Campground auf dem westlichen Ufer des Flusses.

Guggieville Campground

Außerhalb der Stadt, am Abzweig der Bonanza Rd. vom Hwy. 2
Dawson City, YT Y0B 1G0
☏ 1-888-993-6789
Ein ruhig gelegener Platz mit Duschen und Münzwaschmaschinen. Autowäsche möglich.

Weitere Infos zu Dawson City finden Sie auf S. 203 ff.

Rast-Stätte am Klondike Highway

2.1 Nordlicht im Sommer und 60 000 Schilder

Von Whitehorse nach Watson Lake

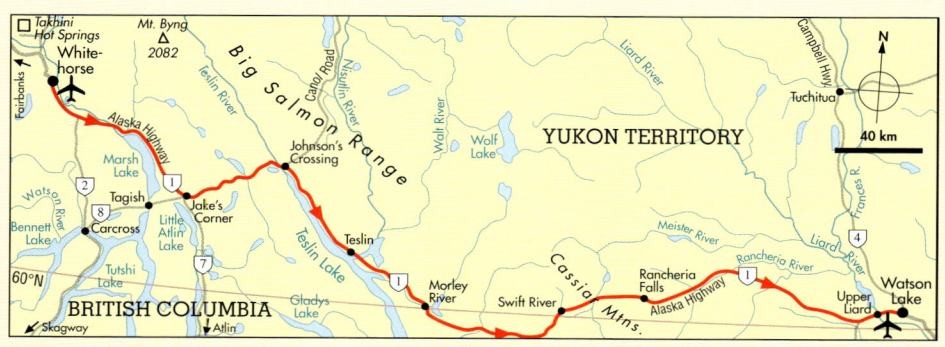

2.1 Alternativroute: Whitehorse – Teslin – Rancheria Falls – Watson Lake (483 km/300 mi)

km/mi	Zeit	Route
0	9.00 Uhr	Abfahrt in **Whitehorse**, zunächst auf dem **Alaska Hwy.** nach Süden.
207/128	12.00 Uhr	Ankunft in **Teslin**, Besuch des George Johnston Museum. Bei km/mi
347/215		Halt und kurzer Spaziergang zu den **Rancheria Falls**. Weiter bis nach
483/300	17.00 Uhr	**Watson Lake**, Besuch von **Signpost Forest** und **Alaska Highway Interpretive Centre**.
	Abend	Besuch der Show im **Northern Lights Centre** (Karten sofort nach Ankunft besorgen!).

Dauer: 1 Tag

Die Reise durch den Süden des Yukon von Whitehorse aus beginnt eher unspektakulär. Eine Weile begleiten kommerziell genutzte Grundstücke und das eine oder andere Wohnhaus im schütteren Wald den **Alaska Highway,** der hier einem alten Trail zu den Quellseen des Yukon River folgt. Nach der Brücke über den Fluss wird der Marsh Lake, einer dieser Quellseen, und danach Jake's Corner mit dem Abzweig der Straße nach Atlin (siehe Seite 162 ff.) passiert. Eine über 500 Meter lange Brücke führt über den Teslin River hinüber nach Johnson's Crossing mit dem Abzweig der South Canol Road, einer nur im Sommer passierbaren einsamen Schotterstraße quer durch die Wälder nach Ross River am Campbell Highway. Der Highway folgt danach über weite Strecken dem Ufer des Teslin Lake zur Siedlung **Teslin.** Bis zum Bau der Straße versorgten Raddampfer auf einer langen Reise von Whitehorse auf Yukon River, Teslin River und Teslin Lake den Handelsposten mit Nachschub.

Teslin ist ein kleines Dorf der Tlingit-Indianer. Im kleinen **George Johnston Museum** im Ort finden sich Exponate zur örtlichen Geschichte, aus den Tagen der Goldgräber, zur Kultur der Tlingit-Indianer sowie Fotografien George Johnstons, auf denen er in der Zeit von 1910 bis 1940 die Bewohner von Teslin und ihr Leben im Busch festhielt. Der Tlingit-Indianer und Trapper George Johnston war ein vielseitig interessierter Mann. 1928, nach einer besonders guten Fellausbeute, kaufte er einen Chevrolet und ließ ihn per Frachtkahn über den Yukon River und die Seen von Whitehorse nach Teslin bringen. Auf einer selbst gebauten, fünf Kilometer langen Straße betrieb er dann mehr als ein Dutzend Jahre vor dem Bau des Alaska Highway eine Art Taxidienst – im Winter sogar mit erweitertem Streckennetz: Er fuhr dann auf dem Eis des Sees. Mit weißem Anstrich versehen, diente der Chevy im Winter gelegentlich auch als rollender Ansitz für die Jagd.

Alaska Highway und Cassiar Mountains

Berühmt: der Schilderwald von Watson Lake

Als 1942 der Highway gebaut wurde, traf einer der Bautrupps einige Kilometer außerhalb Teslins auf diesen Weg, und eine Vorausabteilung Soldaten fuhr mit ihren Jeeps ins Dorf hinein. Das Staunen war groß: auf der einen Seite über die fremden Männer, die mit Jeeps unangemeldet auf Georges Straße ins Dorf rollten, auf der anderen Seite über den 1928er Chevy in der Wildnis, dessen Reifen mangels Nachschub mit Elchleder ausgebessert worden waren.

Nach Teslin taucht der Alaska Highway ein in die einsamen Wälder des südlichen Yukon Territory. Die Strecke nach Watson Lake über die Cassiar Mountains konfrontierte die Straßenbauer 1942 mit einem großen Problem: Keiner wusste so richtig, wo genau man denn jetzt die Straße bauen sollte. Es gab keine verlässlichen, genauer gesagt gar keine Landkarten der Gegend, selbst die Indianer hatten nur lokale, räumlich begrenzte Kenntnisse des Landes, da sie

weite Strecken lieber mit dem Kanu zurücklegten und keine Handelsrouten über die Berge existierten.

Die als Pfadfinder angeheuerten Indianer führten die den Straßenbauern voraus arbeitenden Vermessungstrupps auf ihren Jagdpfaden immer wieder in eine Sackgasse, Menschenfüße und Hundeschlitten sind eben doch geländegängiger als Lastwagen. Die Lösung brachten dann die Buschpiloten. In Hunderten von Flugstunden erkundeten sie eine realisierbare Straßenführung entlang dem Swift River und dem Rancheria River durch das bis dahin weitgehend unerforschte Land.

In den Anfangsjahren galt dieser Straßenabschnitt über die **Cassiar Mountains** als extrem schwierig befahrbar und war maßgeblich an der Begründung des schlechten Rufs des Alaska Highway beteiligt. Wahre Horrorgeschichten von unübersichtlichen, engen Kurven, »mindestens einer Million Schlaglöchern, dicht an dicht«, nahezu unüberwind-

Blick mehr eine Mauer aus Schildern, die Ankunft in Watson Lake.

Als Versorgungszentrum für das südliche Yukon Territory ist **Watson Lake** ein typischer junger Ort des Nordens, die Geschäfte und Hotels kleben am Highway wie Schwalbennester an einem Dachbalken. Ein Handelsposten bestand hier seit den 1930er Jahren, aber eine richtige Ortschaft entwickelte sich erst mit dem Bau eines Militärflugplatzes für die »Northwest Staging Route« 1941 und dem Bau des Alaska Highway 1942.

Berühmt ist der Schilderwald von Watson Lake. Schwer zu zählen sind sie, die Schilder aus aller Welt, deren Anzahl irgendwo jenseits der 60 000 liegen mag. Vom Autokennzeichen bis zum »requirierten« Ortsschild wurden sie alle im **Signpost Forest** von den Reisenden auf dem Alaska Highway zurückgelassen. Da findet sich Augsburg neben Oakville, Ontario und Krefeld hängen über Port Angeles. Angefangen hat alles im Jahr 1942, als der heimwehgeplagte G. I. Carl K. Lindley ein Schild mit der Entfernung zu seinem Heimatort in Illinois an einen Baum nagelte. Es blieb nicht lange allein, und seit der Highway befahren wird, wächst die Sammlung unaufhörlich. Heute muss man schon suchen, bis man in der dritten oder vierten Pfahlreihe noch ein Plätzchen für das eigene bis hierher mitgeschleppte Schild finden kann.

Hinter dem Schilderwald, im **Alaska Highway Interpretive Centre** mit angeschlossener Visitor Information, gibt es neben den üblichen Informationen für Reisende auch Fotos vom Straßenbau und einen Film aus dem Jahr 1942 über den Bau des Alaska Highway zu sehen. Trotz der reichlich eingearbeiteten Kriegspropaganda ist der Film sehenswert. Er führt sehr anschaulich vor, mit welchen Problemen die Bautrupps konfrontiert wurden und welch enorme Leistung es war, in so kurzer Zeit einen Fahrweg – mehr war die »Straße« in der Anfangszeit nicht – über Tausende Kilometer durch zum Teil nicht kartographiertes Gelände zu bauen. Ein Schmankerl für alle Nordland-Fans bietet nebenan das **Northern Lights Centre** mit seiner sehenswerten Multimedia-Show zum Thema Nordlicht. 🔆

lichen Steigungen und knietiefen Schlammstrecken wurden erzählt. Ortsbezeichnungen wie *suicide hill* gaben recht drastisch die Einschätzung der frühen (Lastwagen-)Fahrer wieder, von denen einer einen viel zitierten Dreizeiler reimte: *Winding in and windig out, leaves me no doubt / That the dude who built this road / Was going to hell or coming out.* Heute führt ein breites Asphaltband mit sanften Steigungen hügelauf, hügelab in weiten Kurven durch immer noch weitgehend unbewohntes Land. Es sind heute eher die nahen Cassiar Mountains und die schöne Landschaft des Rancheria-Tals, die mit diesem Abschnitt des Alaska Highway in Verbindung gebracht werden.

Der Abzweig des **Cassiar Highway,** der neueren und kürzeren Verbindung in den Süden, und die verstreuten Häuser von Upper Liard sind nach langer Fahrt erste Zeichen einer Ansiedlung, dann signalisiert der Schilderwald am Straßenrand, auf den ersten

George Johnston Museum
Teslin, YT Y0A 1B0
℡ (867) 390-2550, www.gjmuseum.yk.net
Mitte Mai–Anfang Sept. tägl. 9–18 Uhr
Eintritt $ 5
Ausstellungsstücke aus den Tagen des Goldrausches und zur Kultur der Tlingit-Indianer, George Johnstons Chevy und einige seiner Fotografien.

Alaska Highway Interpretive Centre
Alaska Hwy., am Abzweig des Campbell Hwy. (hinter dem Signpost Forest)
Watson Lake, YT Y0A 1C0
℡ (867) 536-7469
Mitte Mai–Mitte Sept. tägl. 8–20 Uhr
Hier ist auch das Watson Lake Yukon Visitor Reception Centre (www.touryukon.com) untergebracht. Yukon-Informationen; eine Ton-Bild-Show; gute Fotoausstellung zum Bau des Alaska Highway.

Watson Lake Visitor Information Centre
710 Adela Trail & Alaska Hwy.
Watson Lake, YT Y0A 1C0
℡ (867) 536-8000, www.watsonlake.ca
Tägl. 8.30–12 und 13–16.30 Uhr
Touristische Auskünfte zu Watson Lake.

Watson Lake Signpost Forest
Am Alaska Hwy. (Hwy. 1), an der Abzweigung des Campbell Hwy. (Hwy. 4)
Watson Lake, YT Y0A 1C0
Über 60 000 Schilder aus aller Welt, vom Autokennzeichen bis zum Ortsschild, wurden hier von Reisenden hinterlassen.

Northern Lights Centre
Gegenüber vom Signpost Forest
Watson Lake, YT Y0A 1C0
℡ (867) 536-7827
www.northernlightscentre.ca
Mitte Mai–Mitte Sept. tägl. Vorstellungen stündlich 13–15 und 18.30–20.30 Uhr
Sehr schöne Multimedia-Show zum Thema Nordlicht. Eintritt $ 10.

Big Horn Hotel
Alaska Hwy., Watson Lake, YT Y0A 1C0

℡ (867) 536-2020
Kleineres Hotel. Besonderheit: Wasserbetten. $$–$$$

Gateway Motor Inn
Am Alaska Hwy., Watson Lake, YT Y0A 1C0

℡ (867) 536-7744
50 Zimmer. Mit Restaurant. $$$

Belvedere Motor Hotel
Watson Lake, YT Y0A 1C0

℡ (867) 536-7712
Eine Oase mit Jacuzzi, Restaurant. 31 Zimmer. $$$–$$$$

A Nice Motel
Alaska Hwy., Watson Lake, YT Y0A 1C0
℡ (867) 536-7222, www.anicemotel.com
Motel mit zehn Zimmern. Erweiterung auf 28 Zimmer geplant. $$$$

Watson Lake Yukon Government Campground
4 km vor Watson Lake; bei km 1025 des Alaska Hwy. rechts ab, 4 km zum Watson Lake Recreation Park
Watson Lake, YT Y0A 1C0
www.environmentyukon.gov.yk.ca/camping/campgrounds.php
Einfach-Campground.

Downtown RV Park
Watson Lake, YT Y0A 1C0
℡ (867) 536-2646
Komfortabel, mitten im Ort.

Campground Services RV Park
Am Südende von Watson Lake, km 1011 des Alaska Hwy.

Watson Lake, YT Y0A 1C0
℡ (867) 536-7448
Voll ausgestatteter Platz; mit Supermarkt.

Rancheria Lodge RV Park and Campground
Meile 710 Alaska Hwy., Yukon, Y0A 1A0
℡ (867) 851-6456
www.rancherialodgeyukon.com
Duschen, Restaurant.

Lang: die Brücke über den Teslin River ▷

2.2 Einsame Wälder und ein Berg aus Silber

Von Watson Lake nach Dawson City

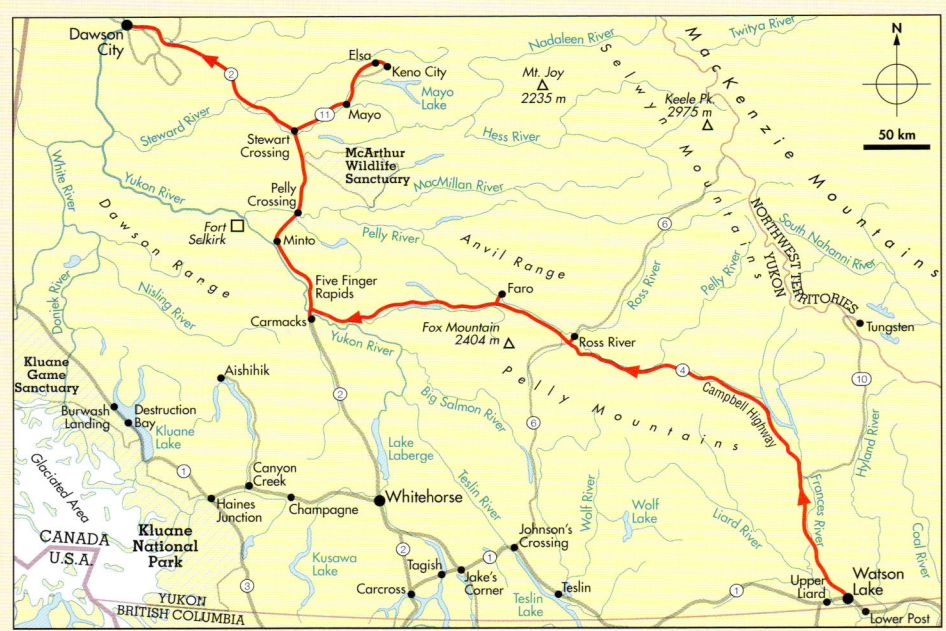

2.2 Alternativroute: Watson Lake – Carmacks – Keno City – Dawson City (1146 km/712 mi)

km/mi	Route
0	In **Watson Lake** volltanken (erst in Ross River gibt es unterwegs wieder eine Tankstelle) und Abfahrt auf dem **Campbell Hwy.** Hwy. 4; (die ersten 80 km sind geteert, danach Schotterstraße bis kurz vor Ross River) nach Norden. Über den
81/ 50	Simpson Lake Campground bis zur
109/ 68	Miners Junction, hier Abzweig der **Nahanni Range Rd.** Weiter bis zum
173/107	Abzweig zum Frances Lake Campground und der

367/228	Abzweigung nach Ross River an der **North Canol Rd.**
383/238	In **Ross River* tanken** und zurück zum
390/242	Highway 4. Am
398/247	Lapie Canyon Campground vorbei bis zum
443/275	Abzweig nach **Faro*** (10 km). Weitere Stationen:
457/285	Abzweigung zum Johnson Lake Campground (4 km),
514/320	Drury Creek Campground,
531/330	Little Salmon Lake Campground und
573/356	Abzweigung zum Frenchman Lake Campground (8 km). Bei km/mi
613/381	Einmündung in den Klondike Hwy. (Hwy. 2), hier links abbiegen (nach Süden Richtung Whitehorse) und bis
617/383	**Carmacks*:** Tanken und Weiterfahrt auf dem Klondike Hwy. nach Norden Richtung Dawson City. Anschließend Halt am
641/398	Five Finger Rapids Overlook, am
643/399	Tatchun Creek Campground vorbei bis zum
690/428	**Minto Resort** und anschließend weiter bis
724/450	Pelly Crossing und
797/495	Stewart Crossing, nach der Brücke rechts ab in den Silver Trail (Hwy. 11). Bei km/mi
848/527	Zufahrt nach Mayo*. Am
855/531	Five Mile Lake Campground und
894/555	Elsa vorbei bis
908/564	**Keno City*:** Hier Besuch im **Keno Mining Museum,** Fahrt zum Gipfel des **Keno Mountain** (links vom Museum den mittleren der drei Wege nehmen und dann dem Schild »Signpost« folgen). Auf dem gleichen Weg Rückfahrt zum
1065/661	Klondike Hwy. An der
1089/676	Moose Creek Lodge* vorbei zum
1107/688	Abzweig des Dempster Hwy. und weiter bis nach
1146/712	**Dawson City.**

Mindestdauer: 3 Tage. Die mit einem * bezeichneten Routenstationen bieten Übernachtungmöglichkeiten für Pkw-Fahrer.

Wichtig: Die hier vorgestellte Route ist ca. 600 km lang, mit 60 % Teer- und 40 % Schotterstraße und führt durch abgelegene Landstriche. Auf den ersten 580 km gibt es nur an zwei Orten Benzin, Essen und Unterkunftsmöglichkeiten der einfachsten Art. Wer mit dem Pkw unterwegs und auf Motels angewiesen ist, hat hier weniger Spielraum in der Tagesplanung als Wohnmobilfahrer, für die es in regelmäßigen Abständen Campgrounds gibt.

Extratag(e):

– Wandern rund um **Keno**.

Direkt am Signpost Forest in **Watson Lake** zweigt der **Campbell Highway** nach Norden ab. Über 600 Kilometer weit führt diese Schotterstraße durch die einsame Weite der Wälder des südlichen Zentral-Yukon. Bis Faro folgt der Highway über weite Strecken der Pelzhandelsroute von Robert Campbell, der um 1840 als erster Europäer diesen Teil des Landes für die Hudson's Bay Company erkundete. Dieser Abschnitt der Route bietet Wildnis pur und großartige Landschaft, aber auf der gesamten Strecke nur wenige Haltepunkte mit Tankstellen, Lebensmittelläden und Übernachtungsmöglichkeiten. Sich selbst versorgende Wohnmobilfahrer und Wildnisfans sind hier in ihrem Element.

Etwas über 100 Kilometer nach Watson Lake zweigt die **Nahanni Range Road** nach Osten ab. Die auch Cantung Road genannte Versorgungsstraße für die 1986 stillgelegte und ab 2002 sporadisch wieder eröffnete Wolframmine von Tungsten in den Northwest Territories führt durch unberührte, einsame Wildnis zum Westrand der Mackenzie Mountains. Entlang der Straße gibt es weder eine Ortschaft noch eine Tankstelle, die ersten 134 Kilometer der insgesamt 200 Kilometer langen Strecke nach Tungsten wurden lange überhaupt nicht gewartet. Wer weiter vorstoßen will, tut gut daran, zunächst in Ross River oder Watson Lake Informationen über den aktuellen Straßenzustand einzuholen.

Beim Dörfchen **Ross River** kreuzt die **Canol Road**, der Highway 6, den Weg. Der kleine Ort am Pelly River ist Versorgungsstützpunkt für die Prospektoren, die die Bodenschätze des Gebietes erschließen, und Ausgangspunkt für Jäger und Kanufahrer, die den Fluss befahren wollen. Eine Fußgängerbrücke führt über das Wasser zu einem verlassenen Indianerdorf, eine Fähre transportiert Fahrzeuge hinüber zur North Canol Road. Die Canol (**Can**adian **Oil**) Road entstand in den Jahren 1942–44, als mit dem Bau einer Pipeline von den Ölvorkommen bei Norman Wells am Mackenzie River zu einer Raffinerie bei Whitehorse am Alaska Highway begonnen wurde. Man hoffte, auf diese Weise die Benzinversorgung der Flugzeuge auf der »Northwest Staging Route« und der Lastwagen auf dem Alaska Highway unabhängig vom Schiffstransport auf dem von den Japanern bedrohten Nordpazifik zu machen.

Das Mammutprojekt – es kostete 143 Millionen Dollar – wurde eine gigantische Pleite. Statt der veranschlagten fünf Monate brauchten die 4 000 Soldaten und 12 000 zivilen Bauarbeiter zwei Jahre, bis das erste Öl in Whitehorse ankam. Man hatte die Probleme des Straßen- und Pipeline-Baus durch die wilden Mackenzie Mountains und die dichten Wälder des Nordens völlig unterschätzt. 1945 gab man das ganze Unternehmen auf; 1958 wurde der im Yukon liegende Teil der Straße instandgesetzt und für den Verkehr im Sommer freigegeben.

Die **North Canol Road** ist eine der einsamsten Straßen im Norden Kanadas. Sie führt wie die Nahanni Range Road ohne Tankstellen oder sonstige Versorgungsmöglichkeiten durch wilde, abenteuerliche Landschaft. Der noch befahrbare Abschnitt der Straße endet nach etwa 232 Kilometern nicht immer gepflegter Schotterstrecke im Tsichu-River-Tal kurz hinter dem knapp 1 300 Meter hohen

Einsamer Weg durch die Wälder: der Campbell Highway

Macmillan Pass. Auf die North Canol Road sollte sich nur derjenige wagen, der genug Benzin für fast 500 Kilometer langsamer Fahrt mitführen kann und bei einer kleinen Autopanne nicht unbedingt auf fremde Hilfe angewiesen ist. Für Wohnwagengespanne und große Wohnmobile ist die Strecke nicht empfehlenswert. Die restlichen 372 Kilometer bis zum Mackenzie River in den Northwest Territories sind nicht mehr befahrbar. Unter dem Namen **Canol Heritage Trail** werden sie gelegentlich auch als Fernwander-

Tierbeobachtung jenseits des Campbell Highways: eine Herde wilder Bisons, ...

weg durch die einzigartige Landschaft der Mackenzie Mountains genutzt. Aber: Eine Wanderung auf dem Canol Heritage Trail hat Expeditionscharakter und sollte nur von entsprechend erfahrenen und gut ausgerüsteten Wanderern unternommen werden. Der westliche Teil der Straße, die **South Canol Road** führt über 137 einsame und kurvenreiche Schotter-Meilen von Ross River aus durch eine sehr schöne Landschaft zum Alaska Highway südöstlich von Whitehorse.

Der kleine Ort **Faro** ist ein Beispiel für die Zyklen von Boom und Bust im Norden. Noch vor kurzem war die Bergbaustadt *company town,* Wohnstadt für die Belegschaft der »Anvil Dynasty Mine«, des damals größten Produzenten von Blei und Zink in Kanada. Heute wird sie als Ausgangspunkt für Angler, Jäger und Wildniswanderer von wenigen Bewohnern mühsam am Leben erhalten. Fotografen finden in der Nähe von Faro einen getarnten Unterstand, von dem aus man im Frühling Aufnahmen von Bighorn-Schafen machen kann. Von Faro aus führt der Weg nach Dawson City weiter über den Campbell Highway, der bis kurz vor Carmacks geteert ist, und dann weiter über das ebenfalls ge-

teerte Band des Klondike Highway. Diese Strecke entspricht, mit Ausnahme der Abstecher nach Fort Selkirk und Mayo/Keno, der in Kapitel 2 beschriebenen Route (siehe Seite 170 ff.).

Nördlich von **Carmacks** fällt der Blick vom Straßenrand auf die **Five Finger Rapids**, wo Felsinseln den Yukon River in fünf enge Kanäle zwängen. Bei **Minto Resort** verlässt die Straße den Fluss und führt über Land zum Pelly und weiter zum Stewart River. In Minto gibt es Gelegenheit, mit dem Boot einen sehr empfehlenswerten Ausflug zur 40 Kilometer flussab gelegenen verlassenen Siedlung **Fort Selkirk** zu machen (siehe Kasten Seite 190).

In **Stewart Crossing**, an der Brücke über den Stewart River, zweigt der Silver Trail (Highway 11) ab. Er folgt im Wesentlichen dem Stewart River bis **Mayo** und endet im Winzlingsort Keno City, einst der silberreichste Ort Kanadas. In Mayo wurde in der Vor-Straßen-Zeit das konzentrierte Silbererz aus Keno City in Säcke verpackt und auf spezielle Raddampfer mit wenig Tiefgang geladen, die es nach Whitehorse zum Beginn der Eisenbahnlinie brachten. Einer dieser

Raddampfer, die »Keno«, steht heute an der Front Street von Dawson City als Erinnerung an die Zeit der Flussschifffahrt auf dem Trockenen. Im **Binet House** in Mayo, das auch als Besucher-Informationszentrum dient, ist ein kleines Museum untergebracht. Es zeigt unter anderem eine interessante Mineraliensammlung, historische Exponate und eine recht antiquiert anmutende Sammlung von Geräten aus dem früheren Hospital des Ortes, der 2003 seinen 100. Geburtstag feierte.

Keno City, am Ende der Straße, war einmal das Zentrum hektischer Bergbauaktivitäten. Hunderte von Arbeitern durchzogen den Berg hinter der Stadt mit einem Labyrinth von Tunneln, aus denen reiches Silbererz gewonnen wurde. Heute dämmert die malerisch in den Hügeln des Hinterlands gelegene Fast-Geisterstadt vor sich hin und träumt von der vergangenen großen Zeit. Eine Gruppe von Blockhäusern, ein kleines Restaurant und ein würdevoll vor sich hin rostendes Sammelsurium von Fahrzeugen und Bergbaugeräten: Das ist Keno City, Wohnsitz für ca. 25 pensionierte Bergarbeiter, Naturliebhaber und Künstler. Interessantes bietet das **Keno City Mining Museum** in der alten *dance hall*, mit einer erstklassigen Ausstellung von Werkzeugen, Bergarbeiterausrüstung, Mobiliar und alten, von den Bewohnern Keno Citys gemachten Fotos, die Leben und Arbeiten in den Boomjahren wieder auferstehen lassen.

Höhepunkt eines Besuches ist, bei schönem Wetter, eine Fahrt auf den 1 900 Meter hohen **Keno Mountain**, den Silberberg. Die »Signpost Road« beginnt links des Museums und windet sich in Schleifen und Kehren den durchlöcherten Berg hinauf zum Sattel unterhalb des Gipfels. Unterwegs gähnen verlassene Stollenlöcher, sinken vom jahrzehntelangen Ansturm der Elemente zermürbte Schuppen in sich zusammen. Oben angekommen, zeigt dem Reisenden ein Wegweiser die Großkreisentfernungen zu Städten rund um den Globus an, dahinter beäugen Murmeltiere von ihrem Ausguck in der Geröllhalde neugierig die wenigen Besucher, die den Weg hier hinauf finden. Der Blick reicht weit über die Wälder und Berge des Yukon, ein kleiner See blinkt aus dem McQuesten Valley herauf, Stolleneingänge und Abraumhalden sprenkeln die Berghänge, und wie

… ein Rotfuchs, ein Grizzly und ein wilder Lachs auf seinem Weg zum Laichplatz

Spielzeug liegen 600 Meter tiefer im Talkessel die Häuser von Keno.

Zurück auf dem Klondike Highway, geht die Fahrt über weite Strecken auf dem Rücken der Hügel mit Blick auf die Ogilvie Mountains weiter, bevor endlich das Tal des Klondike River erreicht ist, das geradewegs nach **Dawson City** führt.

Ein Besuch in Fort Selkirk

Fort Selkirk, strategisch günstig an der Mündung des Pelly River in den Yukon gelegen, wurde 1848 von Robert Campbell als Handelsposten der Hudson's Bay Company gegründet. 1852 wurde es als erste und einzige Siedlung im Norden durch einen Überfall der Chilkat-Indianer zerstört, die ihr Pelzhandelsmonopol mit den Northon-Tutchone-Indianern bedroht sahen. Der Ort wurde später wieder aufgebaut und bis in die 1950er Jahre von Missionaren, Händlern und der Royal Canadian Mounted Police (RCMP) bewohnt. Nach dem Bau des Klondike Highway und der Einstellung der Flussschifffahrt verließen die letzten Bewohner das Dorf. Die knapp 40 Gebäude, erbaut zwischen 1892 und 1940, sind dank der isolierten Lage relativ unversehrt erhalten geblieben. Sie bieten dem Besucher heute ein sehr authentisches Bild einer abgelegenen Siedlung im Busch, so wie sie vor etwa hundert Jahren ausgesehen hat.

Fort Selkirk

Funktelefon-Verbindungen: Operator (»0«) wählen und Nummer und *channel* nennen.

Campbell Highway

Knapp 600 km lang ist der Yukon Hwy. 4 zwischen Watson Lake und Carmacks, der durch die einsamen Wälder des südlichen Zentral-Yukon verläuft (davon 60 % geteert und 40 % Schotterstraße). Es gibt nur drei Tankmöglichkeiten – in Watson Lake, Ross River und Carmacks, die unbedingt genutzt werden sollten.

Simpson Lake Campground

Einfach-Campground am gleichnamigen See. Hinweisschild direkt am Campbell Hwy.

Frances Lake Campground

Einfach-Campground am gleichnamigen See, 1 km vom Highway.

Ross River

www.rossriver.yk.net/indexmain.html
Kleiner Ort am Pelly River. Mit Tankstelle und Hotel.

Welcome Inn

Ross River, YT Y0B 1S0
© (867) 369-2218
Hotel mit Restaurant. $$

Lapie Canyon Campground

Einfach-Campground direkt am Campbell Hwy.

Johnson Lake Campground

Einfacher Campground 6 km vor Faro an der Zufahrtsstraße.

Village of Faro

Faro, YT Y0B 1K0, © (867) 994-2728
www.faroyukon.ca
Ursprünglich Wohnstadt für die Arbeiter des größten Blei-Zink-Tagebaus in Kanada, heute von rund 340 Einwohnern am Leben erhalten. Von hier aus starten Touren in die Wildnis.

Campbell Region Interpretive Centre

Gegenüber vom John Connolly RV Park
Faro, YT Y0B 1K0
© (867) 994-2288, Mai–Sept. geöffnet
Besucherinformationen und eine interessante Darstellung der Reisewege des Yukon im Wandel der Zeiten: von den Kanurouten über die Flussdampfer bis zu den Straßen. Displays zur Geologie und Geschichte des Bergbaus im Gebiet von Faro.

John Connolly RV Park

Am Ortseingang an der Hauptstraße
Faro, YT Y0B 1K0
© (867) 994-2288
Campground mit Duschen, Wasser, Strom und *dump station*.

The Valley Bed & Breakfast

150 Dawson Dr.
Faro, YT Y0B 1K0
© (867) 994-2122, www.faro-yt.ca
B & B mit fünf Zimmern. Am Ufer des Pelly River. $$–$$$

Drury Creek Campground

Einfacher Campground am Campbell Hwy.

Little Salmon Lake Campground

1,5 km vom Hwy. 4 entfernt
Einfacher Campground mit schönen Stellplätzen am Seeufer.

Frenchman Lake Campground

8 km nördl. des Hwy. 4
Einfacher Campground.

Carmacks Visitor Information Centre

Im »Old Telegraph Office«
Carmacks, YT Y0B 1C0
© (867) 863-6330 oder 863-6271
www.carmacks.ca

Carmacks Hotel

Carmacks, YT Y0B 1C0
© (867) 863-5221
www.hotelcarmacks.com

Hotel mit 21 Zimmern und neun Hütten. Das Haus verfügt über Restaurant und Bar. $$

Five Finger Rapids Overlook
24 km nördl. von Carmacks
Felseninseln drängen den Yukon River hier in enge Kanäle.

Tatchun Creek Campground
Am Klondike Hwy. (Hwy. 2), nördl. der Einmündung des Campbell Hwy. (Richtung Dawson City)
Einfacher Campground.

Pelly Crossing Overlook
2 km nördl. von Pelly Crossing
Aussichtspunkt mit Blick auf das Tal des Pelly River und auf die Ortschaft Pelly Crossing.

Whispering Willows RV Park and Campground
Stewart Crossing
✆ (867) 996-2130
Wasser, Strom, Duschen, Waschmaschinen.

Silver Trail Highway
Der Yukon Hwy. 11 ist eine 112 km lange Straße ins ursprüngliche Hinterland des Yukon. Ab Mayo Fortsetzung als gute *gravel road*.

Five Mile Lake Yukon Government Campground
Meile 35,8 (km 57,6)
Einfach-Campground am See.

Binet House Interpretive Centre
Mayo, YT Y0B 1M0
✆ (867) 996-2926
www.yukonweb.com/community/mayo
Juni–Aug. tägl. 10–18 Uhr, Eintritt $ 2
Informationen für Besucher und sehr interessantes kleines Museum mit Bildern und Exponaten aus der Geschichte des Orts, Displays zum Gold- und Silberbergbau in der Region.

Mayo Fly-By-Night Running Club
✆ (867) 996-2368
www.mayomidnightmarathon.ca
Veranstaltet jährlich zur Mittsommernacht am 21. Juni den Mayo Midnight Marathon. Es gibt einen Voll- und einen Halbmarathon.

Bedrock Motel
Duncan Ave., Mayo, YT Y0B 1M0
✆ (867) 996-2290
www.bedrockmotel.com
Neueres Motel mit zwölf Zimmern und Restaurant. $$–$$$

Keno City
www.kenocity.info
Mini-Ort mit nur 20 Einwohnern in landschaftlich äußerst reizvoller Lage. Die alten Bergwerksstraßen, die rund um Keno City führen, sind heute wunderbare Wanderwege.

Keno City Campground
Keno City, YT Y0B 1M0
1. Juni–Ende Aug.
Einfach-Campground.

Keno Mining Museum
Keno City, YT Y0B 1M0
Juni–Sept. tägl. 10–18 Uhr
✆ (867) 995-2792
Sehr schönes und interessantes Museum mit Exponaten, die das Leben und die Arbeit in Keno City zur Zeit des Silberbooms schildern.

Blue Roof Studio
Keno City, YT Y0B 1M0
✆ (867) 995-2892
Künstlerstudio, bietet auch Workshops. Lokale Handwerkskunst wie Schmuck, Goldnuggets, Gemälde, Fotos, Körbe etc.

Keno Mountain
Vom Gipfel spektakulärer Rundblick. Murmeltierkolonien in den Geröllhalden unter dem Gipfel.

Auf dem Keno Mountain

 Keno City Snack Bar
Keno City, YT Y0B 1J0
Gegenüber vom Keno Mining Museum
☏ (867) 995-2409, 9–21 Uhr
Der örtliche »Italiener« mit Pizza, Sandwiches usw. $$

 Keno Cabins
Keno City, YT Y0B 1J0
☏ (867) 995-2892
www.kenocity.info/cabins.htm
Gleich das erste Gebäude auf der linken Seite, wenn man nach Keno hereinkommt. Zwei hübsche Häuschen bieten Platz für je vier Personen; mit eigener Sauna. $$

 Moose Creek Lodge
Meile 98.1 am Klondike Hwy.
Mayo, YT Y0B 1M0
Vgl. S. 176.

 Dempster Highway
Die gut ausgebaute Schotterstraße führt über rund 700 km durch eine beeindruckende Landschaft über den Polarkreis hinaus an den Rand der bewohnten Welt nach Inuvik, in das Verwaltungs- und Versorgungszentrum der westlichen Arktis von Kanada (s. Route 3.1, S. 206 ff.).

Infos zu Dawson City finden Sie auf S. 176 f. und S. 203 ff.

③ Eldorado in den Wäldern

Dawson City und die Goldfelder am Klondike

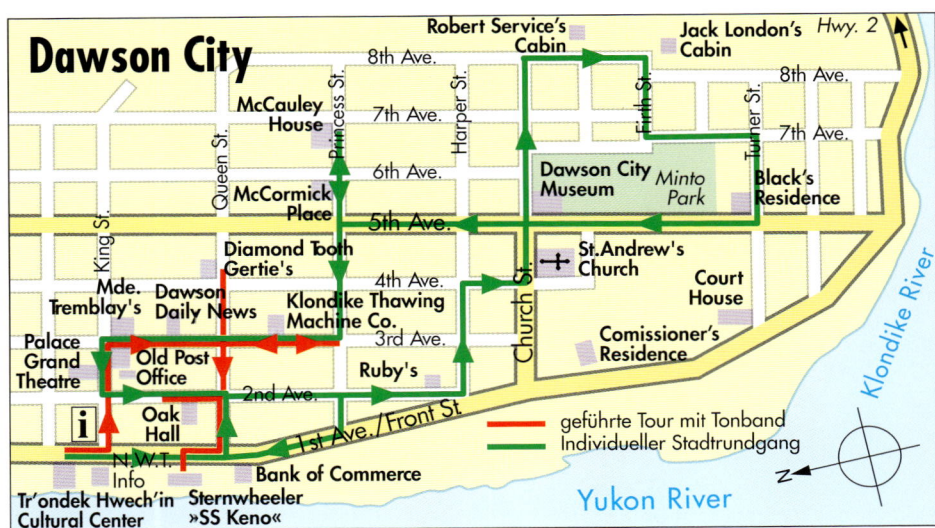

Dawson City

Robert Service's Cabin · Jack London's Cabin · Hwy. 2

8th Ave. · 7th Ave. · 6th Ave. · 5th Ave. · 4th Ave. · 3rd Ave. · 2nd Ave. · 1st Ave. / Front St.

8th Ave. · 7th Ave.

McCauley House · McCormick Place · Diamond Tooth Gertie's · Mde. Tremblay's · Dawson Daily News · Klondike Thawing Machine Co. · Ruby's

Princess St. · Harper St. · Fifth St. · Turner St. · Queen St. · King St. · Church St.

Dawson City Museum · Minto Park · Black's Residence · St. Andrew's Church · Court House · Comissioner's Residence

Palace Grand Theatre · Old Post Office · Oak Hall · N.W.T. Info · Tr'ondek Hwech'in Cultural Center · Sternwheeler »SS Keno« · Bank of Commerce

ℹ️

geführte Tour mit Tonband
Individueller Stadtrundgang

Klondike River

Yukon River

3. Programm: Dawson City

Vormittag

Besuch im **Visitor Centre** und im **Northwest Territories Visitor Centre**, danach **Spaziergang durch Dawson City**: Es stehen zur Wahl: Geführte Tour mit »Parks Canada« (9.30 Uhr ab Visitor Centre, Dauer ca. 1 $\frac{1}{2}$ Std.) **oder** Spaziergang durch Downtown auf festgelegter Route mit Informationen vom Band (Walkman) **oder** erweiterter Spaziergang in eigener Regie (Wegbeschreibung s. u.).

Nachmittag

Besuch der Goldfundorte am Bonanza Creek.

km/mi	Route
0	Hwy. 2 Richtung Whitehorse und Flugplatz, bei km/mi
2/1.25	rechts ab in die Bonanza Creek Rd. zur

194

16/10	**Gold Dredge No. 4** und dem
18/11	**Discovery Claim**. Danach Goldminenbesuch bei **Gold Bottom** oder Goldwaschen am **Claim 33**.
45/28	Abstecher zum **Bear Creek Camp**, ca. 10 km südlich auf dem Hwy. 2 (Richtung Whitehorse) und Rückfahrt nach
60/38	**Dawson City**.

Abend

Fahrt auf den **Midnight Dome** und/oder Besuch in **Diamond Tooth Gertie's Gambling Hall & Saloon**.

Individueller Stadtrundgang

Vom **Visitor Reception Centre** auf der Front St. (1st Ave.) zum gegenüberliegenden **Informationszentrum der Northwest Territories** und dem benachbarten **Dänoja Zho Cultural Centre**. Dann auf der Front St. am **Raddampfer »Keno«** und der **Bank of Commerce** vorbei und links in die Queen St., rechts in die 2nd Ave. Von dieser links in die Harper St. und bis zur 4th Ave. Rechts abbiegen und bis zur St. Andrew's Church. Auf der Church St. stadteinwärts und rechts auf der 8th Ave. zu **Robert Service Cabin** und **Jack London Cabin**. Die Grant St. hinunter zur 7th Ave., von dieser rechts auf die Turner St. zur Black's Residence an der Ecke zur 5th Ave. Auf der 5th Ave. stadteinwärts am **Dawson City Museum** vorbei bis zur Princess St., dort Abstecher nach rechts zum Dr. Brown und zum Judge McCauley House. Danach Richtung Yukon River und rechts in die 3rd Ave. zum **Red Feather Saloon** und weiter zu **Harrington's Store**, vorbei an Klondike Thawing Machine Co., Dawson Daily News und **Madame Tremblay's Store** zum **Old Post Office** von 1901 und zum **Palace Grand Theatre** (links um die Ecke in der King St.). Auf der 2nd Ave. zurück zur Princess St. und weiter zur Front St. am Fluss. **(Die Route ist im Stadtplan von Dawson City grün eingezeichnet.)**

Zusatztag(e) in Dawson City:
– Fahrt durch die Goldfelder. Auf der Hunker Creek Rd. nach **Dominion** und **Sulphur**, ca. 100 km.
– Ein oder mehrere Tage Aufenthalt bei den **Indianern** und Teilnahme an ihrem traditionellen Leben im Busch (Ancient Voices Wilderness Camp, © 867-993-5605, www.ynfta.org.
– Fahrt auf dem **Dempster Hwy.** bis zum North Fork Pass und zurück, 250 km.
– Mit dem Flussdampfer »**Yukon Queen**« nach **Eagle** in Alaska (s. S. 220). Ganztägiger Schiffsausflug auf dem Yukon River. Reservierungen bei Gray Line Alaska, © (867) 668-3225 oder 1-888-452-1737, www.graylinealaska.com.

– Flug in die Bergwildnis der **Ogilvies**. Route: Dempster Hwy. – North Fork Pass – Mt. Monolith – Tombstone Mountain – Chandindu River – Yukon River – Dawson. Mit dem Charterflugzeug oder Helikopter, u. a.: Trans North Helicopters, © (867) 668-2177, www.tntaheli.com.

Wichtig: Goldminen sind »Off Limits«!
Das Betreten von Claims und das Herumstöbern, Auflesen von Steinen usw. sind verboten. Wer es dennoch tut, kommt leicht in Diebstahlsverdacht. Lassen Sie es lieber, die *miners* verstehen in dieser Hinsicht keinen Spaß! Wer sich eine arbeitende Goldmine ansehen will, kann das im Rahmen einer geführten Tour tun (z. B. mit Gold Bottom Mining Tours, Adresse s. Infos).

Dawson City, Klondike, Gold im Überfluss! Kaum eine Episode in der Geschichte Kanadas hat die Phantasie der Welt mehr angeregt als ein mehr oder weniger zufälliger Goldfund an einem unscheinbaren Bach in den Wäldern des Yukon. Wer am Nachmittag des 17. August 1896 im Kies des Rabbit Creek das Gold fand, darüber gibt es mehrere Versionen. George Carmack aus Kalifornien ließ sich als Entdecker feiern, sein indianischer Begleiter Skookum Jim, der Bruder von Carmacks Frau Kate, behauptete, er habe das Gold gefunden, als er nach dem Mittagessen einen Kochtopf am Bach auswusch. Kate Carmack selbst erzählte stets, wie sie am Bach Teewasser holte und ein Nugget im Wasser glitzern sah. Wie auch immer: Der Fund am schnell neu benannten Bonanza Creek löste den letzten großen Goldrausch in der Geschichte Nordamerikas aus – eine Art kollektiven Wahnsinn nannten es die einen, das letzte große Abenteuer der Menschheit die anderen.

Im Jahre 1897, als die Nachricht vom Goldfund an die Außenwelt drang, machten sich Zigtausende von hoffnungsvollen Goldsuchern und Abenteurern auf den Weg, um ihr Glück aus dem Schlamm und Geröll der Bäche am Klondike zu waschen. Unter denen, die den Weg zum Eldorado in der Wildnis schafften, waren einige Hundert, deren Ziel nicht das wankelmütige Glück auf den Goldfeldern, sondern der sichere Profit im Handel war. Joseph Ladue war schneller als alle anderen: Er lebte schon seit 16 Jahren im Yukon, als er vom Goldfund hörte. Aber statt wie die Übrigen seinen Claim an einem der Bäche abzustecken, kaufte er ein ebenes Uferstück, eine schlammige Elchweide an der Mündung des Klondike in den Yukon River, drei Meilen vom Bonanza Creek entfernt, parzellierte es, baute Sägewerk und Saloon und begann Grundstücke zu verkaufen. Im Sommer 1897 gab es bereits ein paar Dutzend Holzhäuser, und gegen Ende 1898 war auf Ladues Land die größte Stadt westlich von Winnipeg und nördlich von San Francisco entstanden: Joe Ladue hatte sich seine eigene Goldmine geschaffen.

Dawson City, benannt nach dem Geologen George Mercer Dawson, umfasste 20 mit stabilen Holzhäusern bebaute Gebäudeblocks und wurde bald als das »Paris des Nordens« bekannt. Es gab elektrisches Licht und Telefon, Wasser- und Abwasserleitungen. Die Theater und Hotels rivalisierten mit den Häu-

Eldorado in der Wildnis: Blick auf Dawson City und die Goldfelder

sern in den großen Städten des Südens, und die Geschäfte waren voller Luxusgüter. Jahrgangsweine und Cognac, Kaviar und Champagner, Damenkleider aus Paris und Möbel aus England wurden von einer Flotte von Raddampfern herangeschafft. Verschwenderisch ausgestattete Kirchen und ein Gouverneurspalast standen neben Blockhäusern und einfachen Hütten mit Segeltuchdach. Auf der Front Street am Flussufer drängten sich Goldgräber und Tanzhallenmädchen, Geschäftsleute und Abenteurer, um die einlaufenden Schiffe zu begrüßen.

Doch selbst auf dem Höhepunkt seines Glanzes barg Dawson City schon den Keim des Niedergangs in sich. Die in Handarbeit ausbeutbaren, goldreichen Lagerstätten an den Creeks gingen zur Neige, neue reiche Goldfunde in Nome an der Küste der Beringsee lockten Goldsucher und Geschäftemacher weiter nach Norden. Dawson City wurde Verwaltungszentrum des Yukon Territory und *company town* für die Arbeiter der Minengesellschaften, die mit gigantischen Baggern die mechanisierte Ausbeutung der Lagerstätten im großen Stil betrieben.

1953 zog die Provinzregierung in das verkehrsgünstiger gelegene Whitehorse um, und obwohl eine Straße dorthin gebaut wurde, sank die Einwohnerzahl von Dawson City immer weiter. Der Ort war auf dem besten Weg eine Geisterstadt zu werden. Die große Überschwemmung durch das Frühjahrshochwasser 1979 und der Brand des alten Downtown Hotel schienen das Ende einzuläuten. Doch es kam anders: Die Goldpreise stiegen, und immer mehr *miners* kehrten zu den Goldfeldern zurück, um mit modernem Gerät den Boden der

Bäche erneut und noch gründlicher zu durchwühlen. Die Zahl der Touristen im Sommer nahm zu, »Parks Canada« entsann sich des nationalen Erbes am Schauplatz des Gold Rush und begann mit der Konservierung und Restaurierung historischer Gebäude; die Einwohnerzahl nahm langsam, aber sicher wieder zu.

Inzwischen sind in Dawson City die Fortschritte der letzten beiden Jahrzehnte zu sehen. Liebevoll restaurierte Gebäude aus der großen Zeit der Stadt strahlen in neuem Glanz, und hier und da entstehen neue Häuser im Look der Goldrauschzeit. Trotz allen restaurierten Glanzes ist Dawson City aber kein steriles Freiluftmuseum und (noch) kein Goldrausch-Disneyland. Hölzerne Gehsteige begleiten die unbefestigten Straßen, und auf leeren Parzellen leuchten die roten Blüten des *fireweed* über dem Unkraut. Alte Häuser versinken mit ihren im harschen Klima ergrauten Fassaden langsam im Permafrostboden, und Büsche verbergen unter ihrem Grün Überreste der glorreichen Zeit. Verblichene Schilder auf schiefen Wänden preisen Waren und Dienstleistungen aus vergangenen Zeiten an. Man spürt, hier lebt die Geschichte.

Einen Spaziergang durch Dawson City beginnt man am besten im **Visitor Reception Centre** am Nordende der Front Street. Gegenüber steht das Cultural Centre der Indianer und daneben das interessante **Northwest Territories Visitors Centre,** in dem man sich jetzt oder später für eine Fahrt nach Norden auf dem Dempster Highway einstimmen kann. Die Front Street ist Dawsons historische Hauptstraße und Tor zur Welt. Hier legten früher die Flussdampfer an und entluden Fracht und Passagiere, von hier fuhren die Züge

der kurzlebigen Eisenbahnlinie zu den nur wenige Meilen entfernten Goldfeldern ab.

Heute versteckt sich der Fluss hinter dem begrünten Deich, der die Stadt vor dem Frühjahrshochwasser des Yukon schützt, und hoch auf dem Trockenen liegt seit seiner letzten Fahrt im Jahr 1960 der Raddampfer »**SS Keno**« am Ufer. Daneben, in der **Imperial Bank of Commerce,** saß der »Barde des Yukon«, Robert Service, hinter dem Schalter. Die wilden Geschichten, die ihm seine Kunden erzählten, verarbeitete er sehr geschickt zu Balladen voller Goldgräberlatein, mit plastischen Schilderungen der harten Winter und moskitogeschwängerten Sommer im Busch und der fieberhaften Suche nach Gold. Alte und »neue alte« Häuserfronten begleiten den Weg entlang der Front Street. Südlich der Church Street stehen die restaurierten Gebäude von Fort Herchmer, der Government Reserve.

Auf die wohl fotogenste Ruine aus der Glanzzeit Dawsons trifft man an der Ecke 3rd Avenue und Harper Street. Zwei Stützen verhindern, dass das **Guns & Ammo Building** vollständig in sich zusammenfällt, während durch leere Fensteröffnungen das Blau des Himmels blitzt. Am Ende der Church Street gibt es Abwechslung und eine Ruhepause für die Füße. Vor dem **Blockhaus von Robert Service** sitzt ein Barde unserer Tage im historischen Gewand und rezitiert aus den Werken des Meisters Passagen über die Gefahren und die Schönheit des Nordens, über die Sucht nach dem Gold und die Torheit derjenigen, die ihr erlagen. Von Service stammen solch plastische Beschreibungen wie die von der »Winterkälte, welche die Luft wie Glas zerspringen ließ, wenn einer nur spuckte« oder über den »Yukon, wo die Berge namenlos sind und die

Des Barden trautes Heim: Robert Service Cabin

Flüsse Gott weiß wohin fließen«. In den Yukon kam Service allerdings erst 1904, als der Goldrausch schon vorüber war. Seine berühmtesten Werke, »The Shooting of Dan McGrew«, »The Law of the Yukon« und »The Cremation of Sam McGee«, entstanden in Whitehorse, noch bevor er 1908 zum ersten Mal einen Fuß auf die Goldfelder des Klondike setzte.

Vorgelesen wird auch gleich nebenan vor **Jack Londons Hütte**. Der Schriftsteller war schon 1897 mit der ersten Welle der *stampeder* über den Chilkoot Pass gestiegen und am Stewart River vom hereinbrechenden Winter fest gehalten worden. Dort wurde er zu einer lokalen Berühmtheit, weil er den mit offenem Mund lauschenden Goldgräbern Texte der Klassiker erzählte, die er auswendig beherrschte. Im nächsten Jahr erwies sich sein Claim, Nr. 54 am Henderson Creek, als wertlos. Jack London verließ den Yukon wieder – im Gepäck seine eigene spezielle Goldmine an erlauschten Geschichten und gewonnenen Eindrücken: Stoff für Bestseller wie »Ruf der Wildnis« und »Wolfsblut«. Seine Blockhütte in Dawson ist nur zur Hälfte original, die andere Hälfte steht am Jack London Square in Oakland, Kalifornien.

Das Gebäude hinter dem gelben Zaun an der Ecke von Turner Street und 5th Avenue ist die **Black's Residence,** in den 1930er Jahren das Wohnhaus von Commissioner George Black, später Parlamentsmitglied und Speaker of the House of Commons, und seiner berühmten Frau Martha, die 1898 zu Fuß über den Chilkoot Pass gekommen war. Ihr Buch »My Ninety Years« gehört zu den Klassikern unter den Lebensbeschreibungen aus den frühen Jahren des Yukon Territory. Neben dem **Dawson City Museum** im alten Regierungsgebäude an der 5th Avenue sind Lokomotiven und Wagen der »Klondike Mines Railway« aufgereiht, die in den Jahren 1906–14 die *mining camps* am Klondike mit Dawson City verband. Im Museum wird das Leben während der Goldrauschzeit geschildert: Von der primitiven Goldgräberhütte mit selbst gebautem Tisch und Bett bis zu den viktorianischen Möbeln mit europäischem Schick aus den Häusern der unglaublich schnell zu nahezu unermesslichem Reichtum gekommenen »Könige des Klondike« ist alles vorhanden. Sehr interessant sind auch die alten Stummfilme aus der Boomzeit der Stadt und die Diashows, darunter eine über den Dempster Highway.

Entlang der 3rd Avenue stehen noch viele Gebäude aus den vergangenen, besseren Zeiten. Würde man die Autos von dem Abschnitt zwischen Princess und King Street verbannen, wäre alles bereit für eine – es wäre die fünfte – Verfilmung von »Ruf der Wildnis«. Die zum großen Teil von »Parks Canada« originalgetreu restaurierten Häuser beherbergen heute Geschäfte und Hotels, Werkstätten, Kneipen und ein Postamt. An der Ecke 3rd Avenue und Princess Street steht **Harrington's Store** mit einer Ausstellung faszinierender zeitgenössischer Fotografien. Sie erzählen vom Aufstieg und Niedergang Dawson Citys. Das Gebäude ist auch Teil des geführten Stadtrundgangs.

Andere Gebäude geben durch ihre Schaufensterauslagen Einblick in Handel und Wandel zu Beginn des 20. Jahrhunderts. An der Ecke von 3rd Avenue und King Street prangt im Schaufenster von **Madame Tremblay's Store** Haute Couture aus der Blütezeit Dawsons. Direkt nebenan fällt der Blick

in ein originalgetreu eingerichtetes Büro aus dieser Zeit. Gegenüber erhebt sich das **Old Post Office** von 1900, ein imposantes Monument im viktorianischen Baustil. Es ist in den Sommerwochen in Betrieb, damit der pflicht- und traditionsbewusste Tourist hier seine Postkarten mit dem exklusiven Sonderstempel aus der »Stadt des Goldes« nach Hause schicken kann.

Das **Palace Grand Theatre,** gleich um die Ecke in der King Street, ist der exakte Nachbau des Theaters, das im Juli 1899 von »Arizona Charlie« Meadows eröffnet wurde. Arizona Charlie war ein Relikt des Wilden Westens, bekannt als Scout, Scharfschütze, Indianerfeind und Star verschiedener Wildwest-Shows, als er sich mit einer Pferdekarawane, beladen mit Tonnen von Proviant und einem Bartresen, 1897 auf den Weg zu den Goldfeldern machte. Die Bar und der größte Teil seiner Ausrüstung gingen im Frühjahrshochwasser des Yukon verloren, aber Meadows gab nicht auf: Er kaufte, kaum in Dawson angekommen, die Überreste zweier gestrandeter Flussdampfer und baute damit eine luxuriös ausgestattete Mischung aus Opernhaus und Tanzhalle. Auf der Bühne des Palace Grand fanden Vaudeville-Shows und Boxkämpfe, Schauspielvorführungen und Wildwest-Stunts statt, in denen Arizona Charlie selbst zu sehen war, und ab Mitternacht spielte eine Kapelle zum Tanz auf.

Um die Ecke, an der 2nd Avenue, stehen zwischen King und Princess Street noch eine Reihe alter Gebäude aus der Goldrauschzeit, darunter Ruby's Place. Ruby betrieb hier bis 1961 das letzte legale Bordell in Kanada.

Am **Bonanza Creek** liegt die riesige **Gold Dredge No. 4** auf ihrem letzten Ruheplatz. Sie dokumentiert die End-

Mechanisierte Goldgewinnung bis 1959: die riesige Gold Dredge No. 4 am Bonanza Creek

stufe der industriellen Ausbeutung der Goldfelder, welche die Spitzhacken, Schaufeln und Schubkarren der Pioniere ablöste. Nachdem man herausgefunden hatte, dass kaltes Wasser den Dauerfrostboden viel effektiver auftaut als die vorher verwendeten Dampfsonden, begannen die *dredges*, die schwimmenden Bagger, Talgrund und Bachbett mit ihren Schaufelketten zu verschlingen, das Gold auszuwaschen und den Rest als endlosen Geröllbandwurm hinter sich zu deponieren. Diese mechanisierte Art der Goldgewinnung war so erfolgreich, dass sie erst 1959 eingestellt wurde. Große mechanisierte Anlagen wie die Dredges erforderten eine gewisse Infrastruktur an Personal und Werkstätten, um den Betrieb aufrechterhalten zu können.

Bear Creek Camp war von 1905–66 das Verwaltungs- und Reparaturzentrum für die Goldgewinnung am Klondike. Die Werkstätten und das frühere Haus des Direktors sind heute ein Museum, in dem es neben allerlei Maschinen auch den *gold room* zu sehen gibt, in dem das ausgewaschene Gold gesäubert, eingeschmolzen und zu Barren gegossen wurde.

Die Sommernächte in Dawson City sind hell und kurz, und alle Wege führen früher oder später zu **Diamond Tooth Gertie's Gambling Hall,** einem der Wahrzeichen der Stadt und das nördlichste Spielkasino des Landes. Keine grandiose, glitzernde, betriebsame Spielhölle à la Las Vegas, sondern ein schon fast gemütlich anmutender Treffpunkt. Touristen, stoppelbärtige *miners*, Indianer und andere Einwohner Dawson Citys drängeln sich hier einträchtig um die Roulette- und Black-Jack-Tische, einarmige Banditen spucken klappernd Münzen aus, und oben auf der Bühne heben Cancan-Girls ihre Röcke, während eine Reinkarnation von Gertie ins Mikrofon röhrt. »Gertie's« ist bis nachts um zwei Uhr geöffnet, und die letzte Show geht erst um Mitternacht über die Bühne. Zeit genug also für ein gemütliches Abendessen vor dem Einstieg ins Nachtleben.

Auf den Weg zum **Midnight Dome** muss man sich nicht unbedingt bei Nacht machen, aber versäumen sollte man den grandiosen Rundblick auf Hü-gel und Fluss auf keinen Fall. Deutlich zu erkennen sind von hier das Schachbrettmuster von Dawson unten im Tal und das gelbe Band des Top of the World Highway, der sich am anderen Ufer den Hügel hinauf Richtung Alaska windet. Im Tal des Klondike River schlängelt sich der von den Dredges hinterlassene Geröllbandwurm der *tailing piles* in Richtung Goldfelder und im Norden und Süden glänzt das Wasser des Yukon River aus dem tief eingeschnittenen Tal hervor. ✦

Weite Sicht vom Midnight Dome: der Yukon River nördlich von Dawson City

Weitere Infos zu Dawson City finden Sie auf S. 176 f.

Dawson City Yukon Visitor Reception Centre
Front & King Sts.
Dawson City, YT Y0B 1G0
℅ (867) 993-5566
www.dawsoncity.ca
Mitte Mai–Mitte Sept. 8–20 Uhr
Neben den üblichen Informationen wird ein Walkman plus Stadtplan als Führer durch Downtown Dawson vermietet. Außerdem sind drei interessante Videos zu sehen: »Dawson during the Rush« (Fotos aus der Gold-Rush-Zeit), »Frozen Gold« (Goldgewinnungstechniken am Klondike seit 1898) und »Days of the Riverboats« (Raddampferzeit des Yukon).

Geführter Stadtrundgang
Entweder: mit Führer von Parks Canada um 9.30 oder 16 Uhr ab Visitor Centre, Dauer $1^1/_2$ Std. (Infos ℅ 867-993-7216). Oder: jederzeit zwischen 9 und 19 Uhr mit Karte und Informationen (auf Deutsch) vom Band. Verleih von Walkman und Routenkarte im Visitor Centre.

Northwest Territories Information Centre
Front St., Dawson City, YT Y0B 1G0
℅ (867) 993-6167 oder 1-800-661-0788 (NWT & Dempster Hwy. Info)
www.spectacularnwt.com
Tägl. 9–20 Uhr
Touristische Informationen zum Dempster Hwy. und den Northwest Territories.

»SS Keno« National Historic Site
Bis 1960 war der Raddampfer aus dem Jahr 1922 das letzte Verkehrsmittel seiner Art auf dem Yukon River zwischen Whitehorse und Dawson City.

Robert Service Cabin
8th Ave. & Church St.
Dawson City, YT Y0B 1G0
℅ (867) 993-7200

Mai–Sept. tägl. 9–17 Uhr, Eintritt $ 6.30
Hütte des Schriftstellers 1907–1912. Lesungen.

Jack London Interpretive Centre
8th Ave. & Firth St.
Dawson City, YT Y0B 1G0
℅ (867) 993-5575
Fotoausstellung geöffnet Mitte Mai–Mitte Sept. 10–12 und 13–18 Uhr, Vortrag über Jack London tägl. um 11 und um 14.30 Uhr, Eintritt $ 5

Dawson City Museum
5th Ave. & Church St.
Dawson City, YT Y0B 1G0
℅ (867) 993-5291
www.dawsonmuseum.ca
Mai–Sept. tägl. 10–18 Uhr, Eintritt $ 9/7
Gezeigt werden historische Schwarz-Weiß-Filme sowie eine Diashow über Dawson City in Goldgräbertagen und über den Dempster Highway; zudem Lokomotiven der Mineneisenbahn und Exponate zur Stadtgeschichte. Mit Museumsshop.

Third Avenue
Straße mit vielen zum Teil restaurierten Gebäuden aus den großen Tagen der Goldgräberzeit. Interessante Schaufenster mit historischen Exponaten. Mit einigen pittoresk verwitterten Fassaden.

Harrington's Store
3rd Ave. & Princess St.
Dawson City, YT Y0B 1G0
Ehemaliges Geschäft mit Schaufenster-Ausstellungen zur guten alten Zeit in Dawson City.

Old Post Office
3rd Ave. & King St.
Dawson City, YT Y0B 1G0
Juni–Sept. 12–18 Uhr
Historisches Postamt von 1900, in dem zeitgemäß gewandetes Personal Sonderstempel auf die Briefe der Besucher drückt.

Palace Grand Theatre
3rd Ave. & King St.
Dawson City, YT Y0B 1G0
℃ (867) 993-7237
Führungen Juni–Sept. 11–17 Uhr
(zur Zeit keine Vorstellungen)

 Klondike Spirit
Queen St. & 5th Ave.
Dawson City, YT Y0B 1G0
℃ (867) 993-5323 oder 1-800-764-3555
www.klondikespirit.com
Raddampferfahrten auf dem Yukon River. Tickets im Triple J Hotel, 5th Ave. & Queen St.

 Gold Dredge No. 4 National Historic Site
An der Bonanza Creek Rd.
Führungen Juni–Aug. tägl. 9–17 Uhr
Eintritt $ 6.50
3000 t schwerer Schwimmbagger mit integrierter Goldwaschanlage.

 Discovery Claim
Km 18 Bonanza Creek Rd.
Der Ort des ersten großen Goldfunds am 17. August 1896.

 Gold Bottom Mine Tours
Ca. km 15 der Hunker Creek Rd. (Abzweig vom Hwy. 2 ca. 19 km südl. von Dawson City)
℃ (867) 993-5023
www.goldbottom.com
Anfang Juni–Mitte Sept. 11–19 Uhr
Tour $ 30
Geführte Tour durch eine authentische, im Betrieb befindliche Goldmine. Wer will, kann auf dem Claim der Familie Millar selber Gold waschen (ab $ 20).

 Claim 33
Meile 7 Bonanza Creek
℃ (867) 993-6626
Mai–Sept. tägl. 9–17 Uhr
Hier können auch unerfahrene Anfänger ein paar Goldflocken aus dem *pay dirt* auswaschen.

 Bear Creek Historic Mining Camp
Km 13 Hwy. 2 nach Süden
℃ (867) 993-7200
Mitte Mai–Ende August tägl. 9–17 Uhr, Führungen stündl. 9.30–15.30 Uhr
Das restaurierte Dredging Centre, Reparaturzentrum, Wohnsiedlung der Crews, und »Gold Room« mit Analysegeräten zur Bestimmung des Goldgehalts.

 Diamond Tooth Gertie's Gambling Hall
 5th Ave. & Queen St.
Dawson City, YT Y0B 1G0
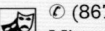 ℃ (867) 993-5525
Mitte Mai–Mitte Sept. So–Mi 19–2, Fr/Sa 14–2 Uhr; Shows um 20.30, um 22.30 und um Mitternacht, Eintritt $ 6
Spielkasino mit Bar. Black Jack, Spielautomaten, Roulette und Glücksrädern – alles im Stil der Zeit vom Ende des 19. und Anfang des 20. Jh. Am lustigsten ist es am Samstag, wenn die Goldwäscher von den Creeks in die Stadt kommen, um sich zu amüsieren; eine Show trägt noch zusätzlich zur Unterhaltung bei.

 Dänojà Zho Cultural Centre
Front St., Dawson City, YT Y0B 1G0
℃ (867) 993-6768, www.trondek.ca
Juni–Sept. tägl. 10–17 Uhr
Eintritt $ 5
Indianisches Kulturzentrum und Museum am Ufer des Yukon River.

 Midnight Dome
Die Bergkuppe unmittelbar über Dawson City bietet ausgezeichnete Aussicht auf die Stadt, die Goldfelder des Klondike und den Yukon River. Entweder der King St. in Dawson City bergauf folgen, oder die Stadt in Richtung Süden verlassen und nach ca. 1 km noch vor der Brücke über den Klondike River links abbiegen (Wegweiser »Dome Rd.«).

 Jack London Dining Room
Im Downtown Hotel
2nd Ave. & Queen St.

Dawson City, YT Y0B 1G0
℗ (867) 993-5346
www.downtownhotel.ca/diningroom.html
Beliebtes Restaurant. $$–$$$

La Table on 5th
Dawson City, YT Y0B 1G0
℗ (867) 993-6860, www.aurorainn.ca
Bringt von Mai bis Sept. Pariser Flair in den Norden: das beliebte Dinnerrestaurant des Aurora Hotel. $$$

Klondike Kate's Restaurant
1102 3rd Ave. & King St.
Dawson City, YT Y0B 1G0
℗ (867) 993-6527, www.klondikekates.ca
Freundlich und informell. Kanadische Standardgerichte von Frühstück bis Dinner. $–$$

Sourdough Joe's
Front & Princess Sts.
Dawson City, YT Y0B 1G0
℗ (867) 993-6590
Hausmannskost, Fastfood, preiswert und gut. Spezialität: u. a. Sourdough Pancakes. $–$$

Dawson City General Store
Front & Queen Sts.
Dawson City, YT Y0B 1G0
℗ (867) 993-5475
Geeignet zum Provianteinkauf vor der Weiterreise.

Maximilian's Gold Rush Emporium
Front & Queen Sts.
Dawson City, YT Y0B 1G0
℗ (867) 993-5486, tägl. 9–20 Uhr
Interessante Auswahl an Büchern zum Thema Yukon und Norden, außerdem Kitsch und Souvenirs.

Feste in Dawson City

Die Feste in Dawson City sind einen Besuch wert. Sie erfreuen sich bei den Ein- heimischen großer Beliebtheit, deshalb sollte man für diese Tage Hotelzimmer frühzeitig reservieren.

International Gold Show
3. Wochenende im Mai *(Victoria Day Weekend)*. www.dawsongoldshow.ca.

Yukon Gold Panning Championships
Am 1. Juli ermitteln die *miners* des Yukon den besten Goldwäscher aus ihren Reihen. Für Touristen gibt es einen speziellen *Cheechako-* (Grünschnabel-) Wettbewerb.

Altes Eisen der »Klondike Mines Railway«

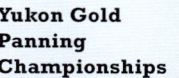

International Dome Race
Am dritten Samstag im Juli. Wettlauf von Downtown Dawson City zum Gipfel des Midnight Dome.

Discovery Day Celebrations
Am Wochenende vor dem dritten Montag im August feiert Dawson City den Tag, an dem Skookum Jim den Kochtopf auswaschen ging und das Gold im Bonanza Creek fand. Parade, Kanu- und Floßrennen, Tanz.

Dawson City Music Festival
3. Wochenende im Juli. Mammut-Konzert mit Folk, Rock und Pop. www.dcmf.com.

The Great Klondike International Outhouse Race
Erstes Wochenende im September. Verrücktes Rennen, bei dem die ein- oder mehrsitzigen »Häuschen mit Herz« auf Rädern über einen 2-Meilen-Kurs durch Dawson gezogen werden.

3.1 Ins Land der Mitternachtssonne
Eine Extratour auf dem Dempster Highway

3.1 Extratour – Route: Dempster Highway bis Inuvik und retour (1 562 km/976 mi)

1. Tag:

km/mi	Route
0	Morgens von **Dawson City** auf dem Hwy. 2 in Richtung Whitehorse bis zur
42/ 26	**Klondike River Lodge**, unbedingt volltanken. Links ab in den Dempster Hwy. (Hwy. 5).
117/ 73	Halt am **Dempster Highway Interpretive Centre** und Tombstone Mountain Campground; nach 500 m Panorama: mit North-Klondike-River-Tal und Tombstone Mountain. Weiter über den
124/ 77	**North Fork Pass**, am
236/147	Engineer Creek Campground und Sapper Hill vorbei bis zur
238/149	Ogilvie River Bridge und dem **Highway Maintenance Camp** (falls das Camp bemannt ist, kann man hier tanken). Bei km/mi
286/167	Panorama: Ogilvie River und Nordrand der Mackenzie Mountains. Von dort weiter zum
406/254	**Eagle Plains Hotel**.

2. Tag:

406/254	Vor Abfahrt von **Eagle Plains** volltanken! Zunächst weiter bis zur
413/257	Brücke über den Eagle River. Bei km/mi
445/278	wird der **Polarkreis** erreicht. Am
489/306	Rock River Campground vorbei bis zum
504/315	**Richardson Mountains Panorama.**Über den
513/321	**Wright Pass** (Grenze zu den Northwest Territories, Zeitzonenwechsel: Uhr eine Stunde vorstellen) weiter zur
587/367	Fähre über den Peel River und zum
589/368	Nitainlaii Campground mit Interpretive Centre. Auf dem Dempster Hwy. bis zum
599/374	Abzweig nach **Fort McPherson**, tanken! Weiter zur
656/410	**Fähre über den Mackenzie River** bei Tsiigehtchic (früher Arctic Red River) und am
779/487	Jak Park Campground vorbei bis zur
781/488	Stadtgrenze von **Inuvik**.

3. Tag:

Spaziergang durch Inuvik, Besuch des **Western Arctic Regional Visitor Centre** und der **Igloo Church**; Ausflüge nach **Tuktoyaktuk** oder **Aklavik** mit dem Flugzeug s. Infos S. 215) bzw. Charterflug nach **Herschel Island** oder über das Mackenzie-Delta zum **Rat Pass** oder Fischen in den **Eskimo Lakes** mit Arctic Nature Tours (Adresse s. Infos S. 215).

4. und 5. Tag:

Rückfahrt nach **Dawson City**.

Hinweis: Vergessen Sie alle Horrorgeschichten, die Sie über den Dempster Hwy. gelesen oder gehört haben. Die Straße ist in durchweg gutem Zustand und bei trockenem Wetter ohne Schwierigkeiten zu befahren. Bei Regen sind nördlich der Eagle Plains Lodge und in den Richardson Mountains einige schlammige Kilometer zu bewältigen (www.dempsterhighway.com). Sie können auch ab Dawson City oder Whitehorse nach Inuvik fliegen: Air North, ✆ 1-800-661-0407 oder 867-668-2228, www.flyairnorth.com.

Das breite Schotterband des **Dempster Highway** verläuft von den Goldfeldern am Klondike River weit über den Polarkreis hinaus nach Inuvik am Mündungsdelta des Mackenzie River. Als erste öffentliche Straße des amerikanischen Kontinents führt er seit 1979 von der Zone der nördlichen Wälder durch die Subarktis bis hinauf an den Rand des Eismeeres. Der gut ausgebaute und gepflegte Highway folgt über große Strecken einem alten Handelsweg der Kutchin- (oder Loucheux-)Indianer und der Hundeschlitten-Route der Royal Canadian Mounted Police (RCMP) zwischen Dawson und Fort McPherson. Er trägt den Namen jenes berühmten Corporal Dempster, der zu Anfang des 20. Jahrhunderts öfter mit dem Hundeschlitten auf dieser etwa einen Monat in Anspruch nehmenden Route unterwegs war als jeder andere nach ihm.

Obwohl die Strecke nach Inuvik auch an einem langen Reisetag in etwa 12 bis 16 Stunden zu bewältigen ist, sollte man wegen der vielfältigen Eindrücke entlang des Wegs aber mindestens zwei Tage Fahrt und eine Übernachtung einplanen. Für Wohnmobilfahrer gibt es auch bei kleineren Tagesetappen ausreichend Übernachtungsmöglichkeiten entlang der Route.

Der Weg nach Norden führt durch die Ogilvie und Richardson Mountains, auf dem Rücken der Hügel von Eagle Plains und Peel Plateau, durch Taigawälder aus besenstielgroßen Bäumen, durch Tundragebiete und weite Hochtäler voller Tümpel und Seen. Sie zwängt sich neben schnell fließenden Bergbächen durch enge Täler und folgt den Kämmen des Hügellandes vor der grandiosen Kulisse weiterer Flusstäler und hoher Berge. Die »Wildnis« der ursprünglichen Landschaft und unberührten Natur beginnt direkt am Straßenrand. Schwieriges Gelände und ein extremes Klima von bis zu plus 35 Grad im Sommer und minus 45 Grad im Winter haben dieses Land bis in unsere Zeit vor einer »Erschließung« und deren Folgen bewahrt.

Für eine Fahrt auf dem Dempster Highway sind die Monate Juni bis September am

Wildnis pur: Blick vom Ogilvie-Peel Viewpoint

Sommerschmuck: »fireweed« am Straßenrand

besten geeignet. Im März und April überqueren nach Norden ziehende Karibus die Straße, die Blumenblüte erreicht (zusammen mit der Moskitopopulation) ihren Höhepunkt im Juli. Ende August, Anfang September erglüht das Land zu beiden Seiten der Straße im intensiven Gelb und Rot des arktischen Herbstes, und im Oktober, wenn die ersten starken Fröste die Flüsse erstarren lassen und die Fähren den Betrieb einstellen, kreuzen die Karibus der Porcupine-Herde auf ihrem Weg in die geschützten Bergtäler in großer Zahl den Dempster. Die Straße ist auch im Winter befahrbar: Brücken aus meterdickem Flusseis ersetzen dann die Fähren. Lediglich im Frühling, wenn das Eis aufbricht, und im Spätherbst, wenn der Fluss zufriert, endet die Straße an den Ufern von Peel River und Mackenzie River.

Der Dempster Highway beginnt als unscheinbarer Abzweig vom Klondike Highway 42 Kilometer südlich von Dawson City. Die Straße folgt dem Tal des North Klondike River durch dichten Wald in die Ogilvie Mountains. Am Wolfe Creek (Kilometer 51) steht eine Trapperhütte mit einem *cache*, einem typischen Vorratshäuschen auf hohen Pfählen, unerreichbar für vierbeinige Räuber. Hinter dem Tombstone Campground verlässt die Straße den Wald und klettert hinauf zum

1 289 Meter hohen **North Fork Pass** mit der Wasserscheide zwischen Pazifik und Arktischem Ozean. Hier schweift der Blick weit hinüber zum Tombstone Mountain (2 193 m), dessen unverwechselbare Keilform eine wichtige Wegmarke für die Trapper, Prospektoren und RCMP-Patrouillen war. Bei Kilometer 87 senkt sich die Straße hinab in das Tundragebiet der **Blackstone Uplands**. Die buschbewachsene Tundra bis zum Chapman Lake beheimatet viel Wild. Im Frühwinter, während der Brunft, halten sich hier Barren-Ground-Karibus auf, bevor sie in die Täler des Hart-River-Gebiets weiterziehen.

Am Cache Creek (Kilometer 132) beginnen die nördlichen **Ogilvie Mountains**. Die Straße windet sich durch ein bewaldetes Tal, umgeben von Bergen, die von der jahrtausendelangen Einwirkung der Elemente zu riesigen, von Zinnen und Türmchen aus Fels gekrönten Schutthalden verwandelt wurden. Die Wellen an den Hängen der Tundrahügel bei Kilometer 135 entstanden durch Solifluktion. Sie wird ausgelöst, wenn in der Wärme des Sommers die eisreichen oberen Erdschichten auftauen und auf der Permafrostunterlage zu fließen beginnen. Um zu verhindern, dass die Straße im Sommer ein ähnliches Schicksal erleidet, wurde sie auf einem aufgeschütteten Damm aus isolierendem Schotter verlegt, der den darunter liegenden Permafrost vor dem Auftauen schützt.

Bald darauf verläst der Highway das Tal des Blackstone und führt über den Windy Pass hinüber zum Ogilvie River. Eisen und Schwefel färben die Bäche am Wegrand dunkel. Die mineralreichen Quellen dieser Gegend sind ein besonderer Anziehungspunkt für Dall-Schafe und anderes Großwild. Beim Kilometerpfosten 194 liegt zu Füßen des mit Felszinnen und -türmen verzierten **Sapper Hill** der hübsche Engineer Creek Campground. Eine lohnende etwa vierstündige Wanderung führt von der zwei Kilometer weiter gelegenen Brücke hinauf in die bizzare Steinwelt des Sapper Hill, von dessen Kamm man eine ausgezeichnete Aussicht auf die Landschaft hat. Wer nasse Füße nicht scheut, kann eine komplette Traverse des Kamms machen, der Engineer Creek kann nahe des Campgrounds problemlos durchwatet werden.

Weitere 48 Kilometer weiter verlässt dann der Dempster Highway den Fluss und steigt 900 Meter hinauf ins Hügelland der **Eagle Plains**. Vom **Ogilvie-Peel Viewpoint** bei Kilo-meter 259 schweift der Blick weit hinaus über das Tal des Peel River zu den nördlichen Ogilvie-Bergen. Besonders Ende August und Anfang September, wenn die Tundra im Rot und Gelb des Herbstlaubes von *bearberry* (Bärentraube), Zwergbirke und Weide erglüht, ist dieses Gebiet von berückender Schönheit.

Eine interessante Hinterlassenschaft der Explorationscrews gibt es bei Kilometer 252 zu begutachten: Die langen kerzengeraden Schneisen durch den schütteren Fichtenwald westlich der Straße sind *cutlines*. Während der Exploration in den 1960er und 1970er Jahren wurden entlang dieser Schneisen Explosionen ausgelöst. Deren Druckwelle, die von den Gesteinsschichten im Untergrund reflektiert wird, erzeugt bei Vorhandensein von öl- oder gashaltigem Gestein ganz bestimmte Muster auf dem Seismographen. Die Gegend galt als viel versprechend, aber trotz mehrerer Probebohrungen wurden keine ausbeutungswürdigen Öl- oder Erdgasvorkommen gefunden. Das sommerliche Auftauen des Permafrosts und die Bewegung der eisreichen Erde haben bei Kilometer 281 die Bäume in abenteuerliche Schräglagen

Am Peel River

Wahrzeichen: die Igloo Church in Inuvik

gebracht: *drunken forest*, besoffener Wald, nennt man das im Norden.

Die Wände des **Eagle Plains Hotel** (Kilometer 369), Übernachtungsstation auf halbem Wege, hängen voller faszinierender alter Fotografien aus der Zeit der *Lost Patrol* der Mounties, sie zeigen Motive von der Jagd nach dem *Mad Trapper* vom Rat River und den *cat trains*, den von Raupenschleppern gezogenen Schlittenzügen der frühen Exploration. Nahe der Brücke über den Eagle River endete Anfang 1932 die Jagd auf Albert Johnson, besagten *Mad Trapper*, der am Silvesterabend 1931 einen Mountie erschossen hatte. 48 Tage lang schaffte er es, sich mitten im Winter, bei Temperaturen bis minus 40 Grad, seinen Verfolgern immer wieder zu entziehen, bis er bei einem letzten Schusswechsel den Tod fand. Zum ersten Mal in der Geschichte wurde damals ein Flugzeug, geflogen von »Wop« May, einem Pionier der Buschfliegerei, zur Verfolgung eingesetzt.

Auf der Weiterfahrt fallen neben der Straße bei Kilometer 399 die *mud boils* ins Auge, nackte Sandflächen mit Rändern aus kleinen Steinen, die der Frost in unermüdlicher Klein-

arbeit nach außen geschoben hat. Sie entstehen durch das oberflächliche Auftauen und Frieren des Permafrostbodens. Nächste Station ist schließlich bei Kilometer 405: Hier wird der **Polarkreis** erreicht, und es beginnt das Reich der Mitternachtssonne und der langen, dunklen Winternächte. Der Dempster Highway folgt nun etwa 60 Kilometer lang den westlichen Ausläufern der **Richardson Mountains.** Bevor sich die Straße nach Osten wendet und in einem Einschnitt zwischen den Gipfeln dieses nördlichsten Ausläufers der Rocky Mountains verschwindet, öffnet sich bei Straßenkilometer 466 (am Richardson Mountain Picnic Stop) noch einmal ein großartiger Blick: Er geht zurück auf das schwarze Schotterband des Dempster Highway in der weiten, flach gewellten Tundra vor den runden Kuppen der Berge. An der Grenze zu den Northwest Territories, bei Kilometer 465, beginnt die Zählung der Kilometerpfosten entlang der Straße wieder bei Null.

Vom Ostrand der Richardson Mountains (Kilometer 25) reicht der Blick weit über das Hochland des Peel Plateau, hinunter zum

211

Amphibische Welt: das Delta des Mackenzie River

Peel River und zum Flachland, das sich über Hunderte Meilen bis zur Hudson Bay erstreckt. Fort McPherson wird in der Ferne am Ostufer des Peel River sichtbar, und die Straße senkt sich hinab zur Fähre über den Fluss.

Fort McPherson ist ein vorwiegend von Kutchin-(Loucheux-) Indianern bewohntes Dorf mit etwa 780 Einwohnern. Auf dem Friedhof liegen die Mounties der *Lost Patrol* begraben: Inspektor Fitzgerald und drei Kollegen verließen am 21. Dezember 1910 Fort McPherson mit Hundeschlitten. Ziel der Patrouille war das 475 Meilen entfernte Dawson City. Extreme Kälte, Wind und hoher Schnee hinderten ihr Vorankommen. Nach 24 Tagen hatten sie erst 250 Meilen zurückgelegt und konnten den Trail über die Hart-River-Wasserscheide nicht finden. Sie starben am 53. Tag ihrer Expedition auf dem Rückweg an Hunger und Kälte. Dempsters

Suchpatrouille fand sie nur 25 Meilen von Fort McPherson entfernt.

Der Dempster beginnt jetzt den unmerklichen Abstieg ins **Mackenzie-Delta.** Die schlammbeladenen Wasser von Peel, Arctic Red und Mackenzie River haben hier ein 80 Kilometer breites und 240 Kilometer langes Labyrinth aus Seen, Flussarmen, Sandbänken und Sümpfen geschaffen, bevölkert von einer der größten Populationen von Bisamratten und, im Sommer, Millionen von Vögeln.

Bei Kilometer 142 schwingt sich die Straße in einem weiten Bogen hinab zur Fähre über den Mackenzie River. Gegenüber leuchtet weiß die Kirche des malerisch auf dem Steilufer gelegenen Indianerdörfchens **Tsiigehtchic** (früher Arctic Red River). Seine rund 175 Einwohner leben noch weitgehend auf althergebrachte Weise von der Jagd, vom Fischen und Fallenstellen. Die restliche Strecke nach Inuvik führt durch monotones

Flachland und morastigen Fichtenwald, dessen Bäume selten höher als wenige Meter werden, vorbei an unzähligen Seen und Tümpeln.

In der Sprache der Inuit bedeutet **Inuvik** »Ort der Menschen«. Hier endet der Dempster Highway, nur im Winter führt eine insgesamt 220 Kilometer lange Rollbahn auf dem Eis des Mackenzie River und der Beaufort Sea weiter nordwärts nach **Tuktoyaktuk**.

In den 1950er Jahren, als man annahm, dass das jedes Jahr vom Frühjahrshochwasser bedrängte **Aklavik**, damals Hauptsiedlung des Deltas, langsam versinken würde, begann die Planung für ein neues Verwaltungszentrum in der westlichen Arktis. 1958 wurde die Stadt am Ostarm des Mackenzie River auf den Namen Inuvik getauft. Um zu verhindern, dass die Gebäude mit ihrer eigenen Wärme den Permafrostboden auftauen und langsam darin versinken, wurden die Häuser ohne Keller und Fundament auf versenkte Stützen gestellt. *Utilidors*, aluminiumverkleidete, beheizte Tunnel, laufen, ebenfalls auf Stelzen, von Haus zu Haus. Innen liegen die Rohrleitungen für Wasser, Abwasser und die Fernwärmeversorgung.

Am Ortseingang, dort wo das unübersehbare Flugzeug auf einem Mast als Wetterfahne dient, steht das sehenswerte **Western Arctic Regional Visitor Centre** mit einer schönen Ausstellung über die westliche Arktis, ihre Bewohner, Tiere, Landschaftsformen und Naturparks.

Sehenswert ist auch die kreisrunde **Igloo Church** im Zentrum, deren Wandmalereien im Inneren von der einheimischen Eskimo-Künstlerin Mona Thrasher ausgeführt wurden.

Inuvik (3 500 Einwohner) ist die Stadt der nachtlosen Sommertage und des Mittagsmondes der langen Winternächte. 200 Kilometer nördlich des Polarkreises steht die Sonne vom 25. Mai bis 18. Juli 24 Stunden lang am Himmel und geht vom 7. Dezember bis 5. Januar überhaupt nicht auf. Die Stadt war während des Kalten Krieges eine wichtige Nachschubstation für die einsamen Radarstationen der DEW-Line an der Eismeerküste und entwickelte sich in den 1970er Jahren zu einer *boom town* im Banne der Öl- und Gasexploration. Ölboom und Kalter Krieg sind Geschichte, aber immer noch ist Inuvik im Sommer der Treffpunkt für eine bunt gemischte Schar von Menschen: Touristen und Trapper, Wissenschaftler und Piloten, Déné und Métis, Inuit und *Ex-Southerners*.

Ostereierbunt: Wohnhäuser in Inuvik

Dempster Highway

Gut gepflegte Schotterstraße. Führt seit 1979 über insgesamt 734 km durch beeindruckende Landschaft über den Polarkreis hinaus nach Inuvik in den Northwest Territories.

Dempster Highway Interpretive Centre

Km 71,5 Dempster Hwy.
Mitte Juni–Anfang Sept.
Einführung in Flora und Fauna entlang des Dempster Hwy. Mit Tombstone Mountain Yukon Government Campground.

Eagle Plains Hotel

Km 369 Dempster Hwy.
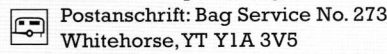 Postanschrift: Bag Service No. 2735 Whitehorse, YT Y1A 3V5
 ✆ (867) 993-2453
Einziges Hotel am Dempster Hwy. 32 Zimmer, Restaurant, Bar, Tankstelle, Lebensmittel, Waschautomaten, Stellplätze für Wohnmobile. $$$$

Richardson Mountains Panorama

Windig und exponiert. Großartiger Ausblick auf Tundra, Straße und Richardson-Berge.

Nitainlaii Interpretive Centre and Campground

Direkt am Dempster Hwy., kurz vor dem Abzweig nach Fort McPherson
Juni–Mitte Sept.
Infos über Historie und Kultur der in der Region ansässigen Indianer. Souvenirs.

Fort McPherson

Dene-Indianerdorf am Ufer des Peel River. Tankstelle, Bay Store. Auf dem Dorffriedhof liegen die Männer der *Lost Patrol* begraben.

Fort McPherson Tent and Canvas Shop

Fort McPherson, NT X0E 0J0
✆ (867) 952-2179, www.peelriverinn.com/fort-mcpherson-tent-canvas-shop.htm
Verkauft traditionelle Busch- und Indianerzelte, Gepäckstücke aus Segeltuch.

Tsiigehtchic (Arctic Red River)

Traditionell orientiertes Indianerdorf, malerisch auf dem Hochufer über Mackenzie und Arctic Red River gelegen.

Fähren

Fährbetrieb von 9–0.45 Uhr NWT-Zeit (8–23.45 Uhr Yukon-Zeit)
Kostenloser Fährbetrieb von Juni–Mitte Okt. Kein Verkehr, wenn im Frühjahr das Eis aufbricht und im Spätherbst der Fluss zufriert. Infos zum Fährbetrieb gibt es unter ✆ 1-800-661-0750 (Dempster Hwy.) oder 1-800-661-0788 (NWT Arctic Hotline).

Campgrounds

Alle Campgrounds unterwegs sind Provinz-Campgrounds, d. h. ohne Strom und Wasserleitung. Einzige Ausnahme ist der Eagle Plains Campground, der dafür aber etwas laut und sehr windig sein kann. Wild campen ist – offiziell – entlang dem Dempster Hwy. verboten.

Inuvik

Town Hall, 2 Firth St.
Inuvik, NWT X0E 0T0
✆ (867) 777-8600
www.inuvik.ca
Administratives Zentrum der westlichen Arktis mit rund 3 500 Einwohnern. Im Sommer endet die Straße in Inuvik, im Winter kann man über den zugefrorenen Mackenzie nach Aklavik gelangen.

Western Arctic Regional Visitor Centre

Mackenzie Rd., Inuvik, NWT X0E 0T0
✆ (867) 777-4727
Juni–Mitte Sept. tägl. 9–20 Uhr
Inuvik-Informationen und Ausstellung über die westliche Arktis.

Mackenzie Hotel

185 Mackenzie Rd.
 Gegenüber der Igloo Church Inuvik, NWT X0E 0T0
 ✆ (867) 777-2861
www.mackenziehotel.com

Modernes Hotel mit 97 Zimmern und Restaurant. $$$$

 The Arctic Chalet B & B
25 Carn St., Inuvik, NWT X0E 0T0
℗ (867) 777-3535 oder 1-800-685-9417
www.arcticchalet.com
Gemütliches Haus am Stadtrand von Inuvik. Es werden außer Zimmern auch Hütten angeboten. Die Familie besitzt weiße Huskies. $$$$

 Eskimo Inn
133 Mackenzie Rd.
Inuvik, NWT X0E 0T0
℗ (867) 777-2801
www.inuvik.ca
Hotel (74 Zimmer) im Zentrum von Inuvik, man spricht Deutsch und Französisch. $$$–$$$$

 Jak Territorial Park Campground
Inuvik, NWT X0E 0T0
℗ (867) 777-7237
Ruhiger Campground in schöner Lage am Rande von Inuvik. Blick aufs Mackenzie-Delta. Toiletten, Duschen, Feuerholz, Kochstellen.

 Happy Valley Territorial Campground
Dempster Hwy., Inuvik, NWT X0E 0T0
℗ (867) 777-3652
Wenige Minuten Fußweg zum Zentrum von Inuvik. Stromanschlüsse, Duschen.

 Restaurants
Im Eskimo Inn und im Mackenzie Hotel gibt es jeweils ein Restaurant ($$–$$$), weitere Lokale und Coffee Shops auf der Mackenzie Road.

 Igloo Church
174 Mackenzie Rd., Inuvik, NWT X0E 0T0
℗ (867) 777-2236
Wie ein überdimensionales Iglu steht sie da, die große, weiße, kreisrunde Kirche, die mit vollem Namen »Our Lady of Victory« Roman Catholic Church heißt. Im Inneren sind religiöse Wandgemälde der Inuit-Künstlerin Mona Thrasher zu sehen. Im Sommer Führungen.

 Up North Tours
Inuvik, NWT X0E 0T0
℗ (867) 777-2028
www.upnorthtours.com
Organisiert Ausflüge per Boot, Flugzeug, zum Angeln oder Wandern in die Wildnis und erfüllt auch Sonderwünsche.

 Tuktoyaktuk
»Tuk« ist ein (moskitofreies!) Dorf der Karngmalit-Inuit auf einer Sandbank an der Küste der Beaufort Sea. In der Nähe gibt es mehrere »Pingo« genannte Hügel mit einem Kern aus Eis.

 Aklavik
Isolierte traditionelle Indianer-Siedlung mitten im Mackenzie-Delta.

 Flüge
Genaue Abflugzeiten und weitere Informationen zu den planmäßigen Flugverbindungen von Inuvik erhalten Sie u. a. von Air North (℗ 867-668-2228 oder 1-800-661-0407, www.flyairnorth.com) und Aklak Air (℗ 867-777-3555 oder 1-866-707-4977, www. aklakair.ca).

 Herschel Island
Insel vor der Nordküste des Yukon. Überreste von Stützpunkt und Überwinterungshafen der Walfänger im 19. Jh. Teil des Ivvavik National Park. Brütende Eiderenten, Karibus, arktische Blumen, Touren mit Arctic Nature Tours.

 Mackenzie-Delta
Eines der größten Flussdeltas der Welt. Besonders beeindruckend Ende Aug./ Anfang Sept., wenn sich das Laub färbt.

 Rat Pass
Übergang über die Richardson Mountains zum Yukon. Spektakuläre Landschaft, besonders zur Zeit der herbstlichen Laubfärbung.

Im herbstlichen Farbenrausch: das Peel Plateau am Dempster Highway ▷

❹ Busch-Alaska und ein Weg über das Dach der Welt

Von Dawson City nach Tok

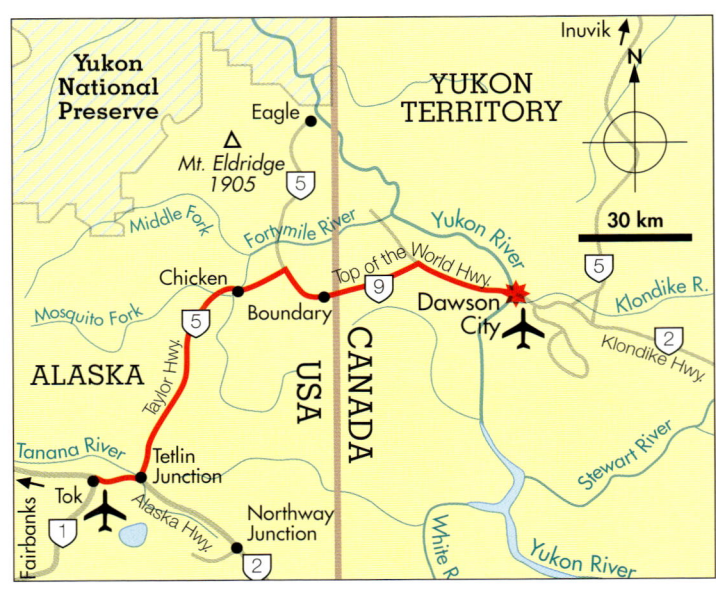

4. Route: Dawson City – Tok (276 km/171 mi)

km/mi	Zeit	Route
0	10.00 Uhr	Abfahrt in **Dawson City**. Falls Sie nicht schon dort waren: vorher Fahrt auf den **Midnight Dome**. Volltanken und mit der Yukon River Fähre übersetzen zum Beginn des Hwy. 9 (**Top of the World Highway**). Bei km/mi
5/ 3		links Aussichtspunkt mit Blick auf Dawson und den Yukon River. Weiter bis zur
112/70		**Grenze Kanada/USA** (Zeitzonenwechsel: Stellen Sie Ihre Uhr um 1 Stunde zurück!). Über die
117/73		**Boundary Lodge** (Tankstelle) zur

131/ 81	Jack Wade Junction. Hier links halten zur Weiterfahrt auf dem **Taylor Highway** (Hwy. 5), rechts geht es nach Eagle (s. Kasten »Abstecher nach Busch-Alaska«, S. 221). Bei km/mi
147/ 91	steht ein alter Goldwaschbagger (Dredge) im Wade Creek, weiter über
169/105	**Chicken** (Tankstelle) zur
256/159	**Tetlin Junction** mit dem Alaska Hwy., hier rechts abzweigen nach
276/171 18.00 Uhr	**Tok**.

Anschluss an die Route durch das Landesinnere Alaskas: In Tok haben Sie die Wahl zwischen der Weiterfahrt auf der Yukon-Route oder dem Wechsel zur Route durch das Landesinnere Alaskas. Sollten Sie sich für Alaska entscheiden, fahren Sie auf dem Alaska Hwy. nach Norden und erreichen nach 174 km Delta Junction (zur Weiterfahrt von dort aus vgl. S. 104 ff.).

Wichtig: Die großen Fahrzeugvermieter in Alaska verbieten oft die Benutzung des Top of the World bzw. Taylor Hwy. Achten Sie bei der Reservierung im Reisebüro auf eventuelle Einschränkungen (s. Abschnitt »Auto oder Wohnmobil?« im Serviceteil, S. 328 f.). Falls Sie in Alaska keinen kleinen Vermieter finden, der diese Strecke zulässt, sollten Sie die Reise in Whitehorse beginnen. Die Fahrzeugvermieter im Yukon lassen mit sich reden.

Vom Nordende der Front Street in **Dawson City** pendelt die Fähre rund um die Uhr zwischen den Ufern des Yukon River. Drüben am Westufer beginnt der **Top of the World Highway**. Ein letzter Blick von der Höhe hinab auf Dawson City und das Flusstal, dann beginnt die Fahrt auf den Rücken der Berge hoch über dunkelgrünen Wäldern. Weit schweift der Blick auf die tief gestaffelten Reihen von Hügelketten im blauen Dunst des Horizonts. Die Straße hinüber nach Alaska ist nur in den Sommermonaten geöffnet. Mitte September wird die Grenzstation und mit ihr der Highway für den Winter geschlossen, erst Mitte Mai bahnt der Straßendienst wieder einen Weg durch die letzten Schneeverwehungen oben auf den Bergen. Die Strecke bis zur US-Grenze wurde in den letzten Jahren mit einer stabilen Allwetterdecke versehen, die Zeiten der waghalsigen Rutschpartien auf vom Regen aufgeweichten Steigungsstücken sind endgültig vorbei.

Kurz hinter der Grenze steht inmitten eines abenteuerlichen Ensembles aus Schrott und Gerümpel eines der ältesten Roadhouses von Alaska am Straßenrand. Hier rasteten schon vor über

100 Jahren die Goldgräber auf dem Weg zu den Goldfeldern von Fortymile, wo bereits zehn Jahre vor dem Boom am Klondike Gold gewaschen wurde. Später stand eine andere Art Goldgräber hinter dem Tresen der 2007 geschlossenen Boundary Lodge und verkaufte Souvenirs und ein sehr bedenkliches Sortiment von Fastfood an arglose Touristen.

14 Kilometer weiter mündet der Top of the World Highway an der Jack Wade Junction in den Taylor Highway, der das Dorf **Eagle** (s. Kasten S. 221) mit dem Alaska Highway verbindet.

Auf den 50 Kilometern von der Grenze bis zum Winzlingsort Chicken zeigt der Taylor »Highway« noch seine alte holprige Natur. Schmal, mit Schlaglöchern und engen Kehren windet er

sich durch die Täler, in denen hier und da Spuren der Goldwaschaktivitäten vergangener Zeiten zu sehen sind.

Chicken hatte einst 700 Einwohner (heute sind es zwischen 17 und 37, die sich als ganzjährige Einwohner bezeichnen) und war das Zentrum des Goldbergbaus der Fortymile-Region. Eigentlich sollte das Dorf *Ptarmigan* (Schneehuhn) heißen, aber weil sich die *miners* nicht darüber einigen konnten, wie man *Ptarmigan* richtig schreibt (das »P« ist stimmlos), nannten sie es kurzerhand einfach *Chicken* (Huhn). Bekannt wurde es durch Ann Hobbs Purdys Autobiografie »Tisha«, in der sie ihr Leben als junge Lehrerin während der 1920er und 1930er Jahre mitten in der Wildnis Alaskas beschreibt. Ihren

Am Fortymile River

Schwimmbagger mit Goldwaschanlage bei Chicken

Abstecher nach Busch-Alaska

Eagle am Ufer des Yukon River ist eine bis heute relativ unberührt gebliebene Siedlung im »Busch« Alaskas. Viele der rund 120 Bewohner leben noch auf traditionelle Weise von Jagd und Fischfang, doch viele finden inzwischen ihr Einkommen auch im (Pauschal-) Tourismus: In der sommerlichen Hochsaison landet jeden Tag ein Flussdampfer voller Besucher aus Dawson City. Eagle war ab 1880 ein Handelsposten und entwickelte sich nach den ersten Goldfunden zum Versorgungszentrum am oberen Yukon. Nach den Goldfunden am Klondike etablierte die amerikanische Armee hier 1899 die Garnison Fort Egbert, die im Jahr 1900 mit dem Bau der ersten Telegrafenlinie in Alaska begann. Weltweit bekannt wurde Eagle 1905, als Roald Amundsen nach einer Hundeschlittenreise von 1 000 Meilen von hier aus die Nachricht von seiner erfolgreichen Erstbefahrung der Nordwest-Passage telegrafierte.

Die Entfernung von Jack Wade Junction (am Abzweig des Top of the World Highway vom Taylor Highway) nach Eagle beträgt 64.5 Meilen beziehungsweise 104 Kilometer. Die kurvenreiche und stellenweise schmale Schotterstraße weist gelegentlich Schlaglöcher, kurze Holperstrecken *(washboard)* und bei Regen schlammige Abschnitte auf. Als Fahrzeit sollte man deshalb bei schlechtem Wetter zwei Stunden oder mehr einplanen. Bei schönem Wetter bietet der Abstecher einmalige Ausblicke über die Berge und die beeindruckende Landschaft entlang der Strecke. Am Weg liegt das frühere Goldwasch-Gebiet am Fortymile River.

In Eagle gibt es ein Motel mit Geschäft, die Eagle Trading Company (© 907-547-2220, http://eagletrading.net), ein B & B, das Falcon Inn (© 907-547-2254, http://falconinn.my starband.net), einen Einfach-Campground der Forstverwaltung und Wohnmobilstellplätze.

Sehenswerte Landschaft am Top of the World Highway, ...

Spitznamen *Tisha* erhielt sie von ihren indianischen Schülern, denen die Aussprache des englischen Worts *teacher* nie so richtig gelang.

Ab Chicken verbessert sich nun der Straßenzustand deutlich. Der Taylor Highway ist ab hier asphaltiert. Auf den letzten Kilometern überquert der Taylor Highway noch den fast 1 700 Meter hohen **Mount Fairplay** mit schöner Aussicht auf die Gipfel der massiven St. Elias Mountains, dann ist bei **Tetlin Junction** der **Alaska Highway** erreicht.

Auf Tetlin Junction folgen nach zwölf Kilometern Tok und die Abzweigung der Straße nach Valdez. **Tok** schmückt sich gleich mit zwei Slogans: Zum einen nennt es sich »Sled Dog Capital of the World«, denn etwa zwei Drittel der

Einwohner beschäftigen sich mit der Aufzucht und dem Training von Schlittenhunden. »Mainstreet Alaska«, der andere selbst verliehene Titel, ist eine etwas euphemistische Umschreibung der Tatsache, dass sich Tok recht langweilig über einige Meilen beiderseits des Highway dahinzieht.

Die Geschichte des Orts, die mit der Einrichtung eines Straßenbaucamps in den 1940er Jahren begann, verzeichnet Höhepunkte wie den Bau einer inzwischen stillgelegten Pipeline von Haines nach Fairbanks, die Einrichtung einer LORAN-Funknavigationsanlage, zu der die unübersehbaren, mehr als 200 Meter hohen Antennentürme gehören, und die in Selbsthilfe erbaute Fernsehantenne auf dem Berg, die den Einwohnern

schon lange vor der Satellitenschüssel-
zeit einen Anschluss ans Fernsehnetz
brachte.

Tok ist der Knotenpunkt, an dem sich
die Yukon-Route und die Route durch
das Innere Alaskas berühren. Auf dem
Alaska Highway nach Norden sind es
gute zwei Stunden Fahrt bis Delta Junction, auf dem Glenn Highway nach Süden geht es Richtung Valdez und Anchorage, der Alaska Highway führt in
südlicher Richtung weiter nach Haines
Junction und zum Kluane National
Park. ✵

... einer Straße auf dem Rücken der Berge

Yukon-River-Fähre (George Black Ferry)
Dawson City, YT Y0B 1G0
© (867) 993-5441
Mitte Mai–Mitte Okt. 24-Std.-Betrieb,
außer Mi 5–7 Uhr
Zu den Zeiten 7–11 und 16–19 Uhr sowie während der Feste in Dawson City
kann es zu Wartezeiten kommen. Die
Überfahrt ist kostenlos.

Top of the World Highway/Taylor Highway
Im Visitor Centre von Dawson City gibt es
eine kleine Broschüre, in der alle Sehenswürdigkeiten am Weg beschrieben sind.
Die Strecke von Dawson City bis zur US-
Grenze ist größtenteils asphaltiert, ebenso die letzten 20 Meilen bis zum Zusam-
mentreffen mit dem Alaska Highway. Der
Rest ist Schotter.

i Grenzstation USA/Kanada
Die von beiden Ländern gemeinsam
betriebene Grenzstation ist von Mitte
Mai bis Mitte Okt. tägl. 9–21 Uhr Yukon-
Zeit (8–20 Uhr Alaska-Zeit) geöffnet.
Auskunft über aktuelle Öffnungszeiten:
© (907) 883-5667 (Tok Public Lands In-
formation Center).

Chicken
Chicken today: eine Tankstelle, zwei Cafés, Souvenirladen, Post, Blockhütten
zum Übernachten, Landebahn … Die historische Ortschaft Chicken lag auf der
anderen Seite des Taylor Hwy., das
Gelände ist heute in Privatbesitz. Wer an
einem Rundgang durch die morschen
Überreste von »Old Chicken« interessiert ist, fragt im »The Goldpanner« neben der Brücke über den Chicken Creek
nach, wo um 14 Uhr ein geführter Rundgang startet (www.chickenalaska.com
oder www.townofchicken.com).

Tok
Wichtiger Übernachtungsort für Reisen-
de auf dem Alaska Hwy. Bekannt als
Zentrum der Schlittenhunde-Züchter.

i Alaska Public Lands Information Center

Meile 1314 Alaska Hwy.
Tok, AK 99780
© (907) 883-5667
www.alaskacenters.gov/tok.cfm
Mitte Mai–Ende Sept. tägl. 8–19, sonst
Mo–Fr 8–16.30 Uhr
Alaska-Informationszentrum. Tipps, Stra-
ßenkarten und ein kleines Museum.

Tundra Lodge and RV Park

Meile 1315 Alaska Hwy.
Tok, AK 99780
© (907) 883-7875
Hookups, Duschen, Waschmaschinen,
Internetzugang und Cocktail-Lounge.
$$$–$$$$

Westmark Tok
Alaska & Glenn Hwys.
Tok, AK 99780
© (907) 883-5174 oder 1-800-544-0970
www.westmarkhotels.com/tok.php
Geöffnet nur Mai–Sept.
Kettenhotel (92 Zimmer) mit internatio-
nalem Standard. $$$–$$$$

Snowshoe Motel
Am Alaska Hwy., gegenüber vom Visitor
Center, Tok, AK 99780
© (907) 883-4511 oder 1-800-478-4511
www.alaska-snowshoemotel.com
Die Nichtraucherzimmer vorne sind am
schönsten. $$$

Young's Motel
1313 Alaska Hwy., Tok, AK 99780

© (907) 883-4411
Gutes Standard-Motel, 43 Zimmer ($$–
$$$). Das angeschlossene **Fast Eddy's
Restaurant** gehört zu den beliebteren
seiner Art in Tok ($–$$).

Cleft of the Rock Bed & Breakfast
Meile 1316.5 Alaska Hwy., Tok, AK 99780
© (907) 883-4219 oder 1-0800-478-5646
www.cleftoftherock.net
Schöne Hütten und Zimmer. $$$–$$$$

4 Infos: Tok

 Tok River State Recreation Site
Meile 1309, 8 km südl. von Tok am Alaska Hwy., hinter der Brücke links
Tok, AK 99780
Staatlicher Einfach-Campground, schön im Wald gelegen.

 Sourdough Campground
Meile 1.7 Tok Cutoff (Glenn Hwy. kurz vor Tok)
Tok, AK 99780
✆ (907) 883-5543 (im Sommer)
www.sourdoughcampground.com
Den Familienbetrieb führen engagierte, nette Leute. Tägl. 7–11 Uhr gibt es Sourdough Pancakes. Außerdem Rentierwurst. *Full hookups.*

 Tok RV Village
Meile 1313 Alaska Hwy. in Tok
Tok, AK 99780

✆ (907) 883-5877 oder 1-800-478-5878
www.tokrv.net
Kommerzieller Campground mit *full hookups,* Duschen, Waschmaschinen usw.

 Golden Bear RV Park
Am Glenn Hwy. in Tok
Tok, AK 99780
✆ (907) 883-2561 oder 1-866-883-2561
www.alaskagoldenbear.com
Kommerzieller Campground mit Duschen, Waschmaschinen usw.

 Burnt Paw
Meile 1314 Alaska Hwy., neben dem Post Office
Tok, AK 99780
✆ (907) 883-4121
www.burntpawcabins.com
Souvenirladen und Blockhütten ($$$).

Inzwischen Vergangenheit: Tanken mit Handbetrieb in Boundary

⑤ Kluane Lake und der Berg der Schafe
Von Tok bis Haines Junction

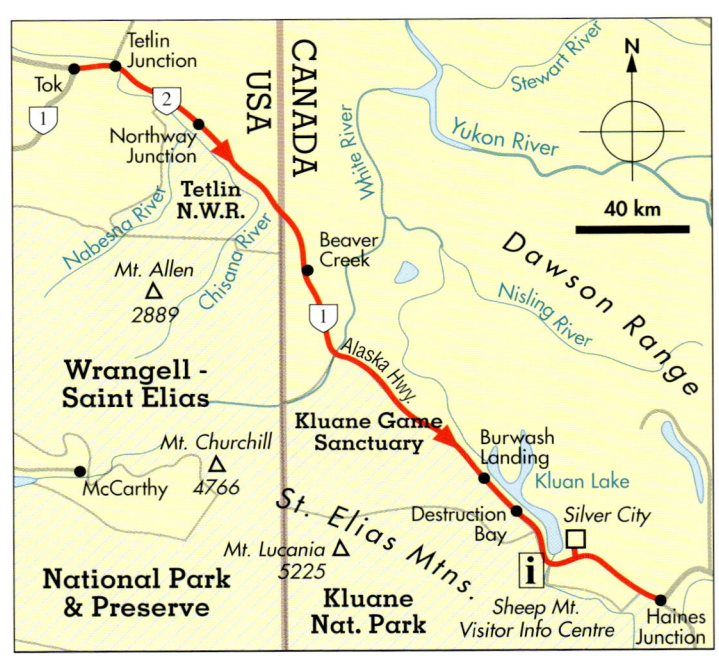

5. Route: Tok – Haines Junction (489 km/303 mi)

km/mi	Zeit	Route
0	9.00 Uhr	Abfahrt in **Tok**, auf dem **Alaska Hwy.** nach Süden bis
20/12		**Tetlin Junction** (Abzweig der Straße nach Dawson City). Bei km/mi
137/85		Halt am **Tetlin National Wildlife Refuge Visitor Center**. Weiter bis
149/92		**Port Alcan:** US-Grenzstation. Dann nach

180/112	**Beaver Creek:** Kanadische Grenzstation (Zeitzonenwechsel: Stellen Sie Ihre Uhr um eine Stunde vor!). Weiter nach
355/221	**Burwash Landing** mit dem **Kluane Museum of Natural History**.
15.00 Uhr	Weiterfahrt zum
408/253	**Sheep Mountain Visitor Information Centre** (Tachal Dhal Visitor Centre) des Kluane National Park Reserve. Anschließend
422/262	Abstecher nach links zu den Ruinen von **Silver City** (folgen Sie dem Wegweiser »Kluane Bed & Breakfast«).
489/303 19.00 Uhr	Ankunft in **Haines Junction**.

Zusatztag(e):
– **Rundflug** über den Bergen und Gletschern des **Kluane National Park** (s. Infos S. 223).
– **Wandern** im **Kluane National Park Reserve** (Routenvorschläge und Wegbeschreibungen im Kluane National Park Visitor Centre in Haines Junction).

Auf dem Weg von **Tok** nach Süden begrenzen die Gipfel der **Wrangell Mountains** den westlichen Horizont. Der **Alaska Highway** folgt dem Rand der Täler von Tanana und Chisana River zur kanadischen Grenze. Auf den letzten hundert Kilometern bildet er die östliche Grenze des **Tetlin National Wildlife Refuge** im Chisana-River-Tal. Das Hügelland und die Täler von Chisana und Nabesna River sind die Heimat von Elchen, Füchsen, Wölfen, Bären, Kojoten und Bibern – ideale Jagdgründe für die in der Gegend lebenden Indianer.

Anlass für die Einrichtung des Naturschutzgebietes war aber nicht die Aktivität der Trapper und Jäger, sie nutzen das Land noch heute, sondern die Existenz einer großen Population von Wasservögeln, die Hunderte von Tümpeln und kleine Seen in dieser Region bevölkern. Der Ranger im **Visitor Center** schätzt, dass hier 50 000 bis 100 000 Entenküken pro Jahr ausgebrütet werden. Von der Terrasse des Blockhauses am Highway bietet sich ein wunderschöner Blick weit über das Tal bis zu den Bergen, während Schautafeln die Tier- und Pflanzenwelt des Gebiets vorstellen. Drinnen gibt es eine Sammlung von einheimischen Blumen und Tierfelle zum Anfassen, vom seidenweichen Wieselfell bis zur groben Bärenhaut ist ein guter Querschnitt der Talbewohner vertreten.

Am 141. Längengrad ist bei **Beaver Creek** die Grenze Alaskas erreicht, und mit der nun folgenden Strecke auf der kanadischen Seite wurde der Highway noch vor wenigen Jahren seinem alten, schlechten Ruf noch einmal gerecht: zwei schmale Asphaltspuren, kurvenreich und unübersichtlich, hin und wieder Schlaglöcher mit teilweise beeindruckender Tiefe.

Beim Bau dieses Abschnitts hatte man noch keine Erfahrung darin, wie man eine Straße über Permafrostboden bauen muss, und so fehlte es hier an der nötigen Wärmeisolierung zwischen Straßenbelag und gefrorenem Untergrund. Heizte die Sonne an einem der langen, warmen Sommertage den Asphalt so richtig auf, dann begann die oberste Schicht des Permafrosts zu tauen und der Belag kam ins »Schwimmen«. Das Resultat waren Schlaglöcher, Risse und lange Fahrbahnwellen, die Auto und Insassen wie auf einer riesigen Achterbahn kräftig beutelten. Bei zu hoher Geschwindigkeit hob der fahrbare Untersatz auch schon mal zu einem kurzen Flug ab. Da half nur langsam fahren und auf die kleinen roten Fähnchen am Straßenrand achten, die meist – aber nicht immer – vor Überraschungen der Permafrost-Art warnten. Doch der Slogan »I survived the ALCAN« ist längst passé: Die Bautrupps sind am Werk, sehr bald rollt der Verkehr auch hier über ein glattes Asphaltband – leider, sagen einige Alaska-Highway-Fans, die den alten, abenteuerlichen Schottertagen der Straße nachtrauern.

Nach der Überquerung von White und Donjek River, in denen die milchigen Schmelzwasser der Gletscher aus den St. Elias Mountains zum Yukon River fließen, markiert bei **Burwash Landing** das tintenblaue Wasser des **Kluane Lake** den Beginn der landschaftlich besonders schönen Strecke am Rande des Kluane National Park. Über 40 Meilen schlängelt sich der Highway am Ufer

des Sees entlang bis zum **Sheep Mountain Visitor Information Centre** am Slims River. Ein Stopp gibt hier Gelegenheit, sich die Diavorträge zu Flora und Fauna des Parks anzusehen. Starke Fernrohre ermöglichen einen Blick auf die Hänge des hinter dem Visitor Centre aufragenden Sheep Mountain, auf dem zu Beginn des Herbstes einige der mehreren Tausend Bergschafe des Nationalparks zu beobachten sind. Aus nächster Nähe, allerdings ausgestopft, präsentiert bereits das **Kluane Museum of Natural History** in Burwash Landing die Schafe und andere Vertreter der Tierwelt des Kluane National Park. Dis-

Quer durch: der Alaska Highway am Südende des Kluane Lake

plays zeigen Adler und Bär, Bergziege und Schaf in ihrer natürlichen Umgebung und animieren mit Fellstücken und Gipsabdrücken von Fußspuren zum Anfassen. Hier in Burwash Landing gibt es auch die erste Gelegenheit, einen Rundflug über Berge und Gletscher des Parks zu machen.

Der über 22 000 Quadratkilometer große **Kluane National Park** ist ein World Heritage Site der UNESCO und beherbergt mit dem 5 959 m hohen Mt. Logan nicht nur Kanadas höchsten Berg, sondern auch das größte zusammenhängende Gletscherfeld außerhalb der Polarregion. Die Vorberge und Täler des

Ostteils bilden ein riesiges Naturschutzgebiet, in dem die Tiere des Nordens ungestört in ihrer natürlichen Umgebung leben können: Luchse und Bären, Elche und Karibus bewohnen die Bergwiesen, auf den steilen Hängen tummeln sich weiße Dall-Schafe. Nur einige Pfade führen in den Park hinein. Wanderungen haben hier, mit Ausnahme weniger kurzer Abstecher vom Highway, durchweg Expeditionscharakter und sollten gut vorbereitet sein. Dem Reisenden auf dem Alaska Highway bleibt als Alternative ein Rundflug oder die beeindruckende, mehrfach preisgekrönte Diashow im **Kluane Na-**

Einmaliges Erlebnis: Hubschrauberflug in die St. Elias Mountains

tional Park Visitor Centre in Haines Junction, die mit brillanten Bildern stimmungsvoll und informativ durch das Naturschutzgebiet führt.

Wer mehr Zeit zur Verfügung hat, kann während des Sommers an den von Rangern begleiteten Wanderungen ins Innere des Parks teilnehmen oder sich Vorträge über seine Flora und Fauna anhören. Eine Übersicht über das jeweilige Wochenprogramm erhält man in den Visitor Centres am Sheep Mountain und in Haines Junction. Ein Erlebnis der besonderen Art ist schließlich ein Sightseeing-Flug über Gletscher und Berge. Im Angebot finden sich unterschiedlich lange und teure Routen durch die beeindruckende Bergwildnis (siehe Kasten S. 231 und Infos S. 233).

Auf einem langen Damm und einer Brücke überquert der Alaska Highway südlich des Sheep Mountain das breite Schwemmland des Slims River, der vom Schmelzwasser des riesigen Kaskawulsh-Gletscher gespeist wird. Das mit Gletschermehl beladene Wasser zeichnet eine lange, trübe Spur in den tiefblauen Kluane Lake. Wenige Kilometer weiter südlich zweigt nach links ein kurzer Schotterweg zu den in schöner Landschaft gelegenen, malerisch im Busch in sich zusammensinkenden Überresten von **Silver City** ab. Der Versorgungsstützpunkt und Posten der Northwest Mounted Police entstand 1904 an dem holperigen Feldweg, der Whitehorse mit den Goldwäscher-Camps am Kluane-See verband – ein lohnender Abstecher für Fotografen und Fans nostalgischer Goldgräberromantik.

Der Alaska Highway folgt heute über weite Strecken diesem alten Winterweg

Das besondere Erlebnis:
Ein Aufenthalt im Gletschercamp inmitten der St. Elias Mountains

Vom Airstrip der Kluane Research Station des Arctic Institute fliegt Andy Williams Besucher zum Camp von Icefield Discovery mitten im Herzen des **St. Elias Icefield.** Die Route führt vom Slims River über den Kaskawulsh-Gletscher hinauf zum Camp an der Flanke des Mount Queen Mary. Das Gletschercamp gegenüber dem Mount Logan dient als Basis für Wanderungen oder Skitouren auf dem größten nichtpolaren Eisfeld des Kontinents. Es sind mehrtägige Besuche mit Übernachtung im Camp möglich (ca. $ 1150 pro Person mit 3 Übernachtungen und Flug, ✆ 867-841-4561 im Sommer, ✆ 867-633-2018 im Winter, www.icefields.org).

Im Angebot sind aber auch Tagestouren im Rahmen eines Rundflugs. Eine schöne Route verläuft am Slims River entlang zum Kaskawulsh- und zum Stairway-Gletscher, zurück geht es über Pinnacle Peak und Vulcan Mountain. Am interessantesten – wegen der Möglichkeit, unterwegs in der Wildnis zwischenlanden zu können –, aber auch am teuersten, ist ein Hubschrauberflug. Die Möglichkeit dazu besteht mit Trans North Helicopters von der Haines Junction Basis zwischen Silver City und dem Sheep Mountain Visitor Centre aus (s. S. 233).

nach Silver City und der Route des Packpferde-Weges, den ein Händler namens Jack Dalton in den 1890er Jahren etablierte und der vom Lynn Canal an der Pazifikküste (bei Skagway) ins Innere des Yukon Territory führte. 1942 wurde entlang der Dalton-Route eine Stichstraße vom Alaska Highway zur Hafenstadt Haines in Südost-Alaska gebaut. Aus dem Camp der Bautrupps entstand vor der spektakulären Kulisse der St. Elias Mountains der kleine Ort **Haines Junction,** Übernachtungsstation und Hauptquartier des Kluane National Park. ✺

Kunst am Bau: Haines Junction

Tetlin National Wildlife Refuge
Meile 1299 Alaska Hwy.
Tok, AK 99780
✆ (907) 883-5312, http://tetlin.fws.gov
Mitte Mai–Mitte Sept. 8–16.30 Uhr
Visitor Center mit Aussichtsplattform. Informationstafeln zur Fauna des Gebiets und eine Sammlung ausgestopfter Tiere. Eintritt kostenlos.

Beaver Creek
Kanadische Grenzstation
24 Std. geöffnet
Wechsel der Zeitzone, Uhr eine Stunde vorstellen.

Beaver Creek Yukon Visitor Information Centre
2 km südl. der Grenzstation
✆ (867) 862-7321, www.touryukon.com
Ende Mai–Mitte Sept. 8–20 Uhr
Hier gibt es Informationen und eine Straßenkarte zum Yukon.

Kluane Museum of Natural History
Meile 1093 Alaska Hwy.
Burwash Landing, YT Y0B 1V0
✆ (867) 841-5561
Mitte Mai–Mitte Sept. 9–18.30 Uhr
Eintritt $ 4
Wildlife Displays mit Tieren in ihrer natürlichen Umgebung, außerdem Mineralien, Fossilien und indianisches Kunsthandwerk. Interessant für Kinder.

Burwash Landing Resort & RV Park
Meile 1093 Alaska Hwy.
Burwash Landing, YT Y0B 1V0
✆ (867) 841-4441
Motel und Campground, Restaurant mit Blick über den See; in der Nähe des Kluane Museum of Natural History. $$

Sheep Mountain Visitor Information Centre (Tachal Dhal Visitor Centre)
Haines Junction, YT Y0B 1L0
✆ (867) 841-4500, www.pc.gc.ca/kluane
Km 1706, 1 Stunde nördl. von Haines Junction

Mitte Mai–Anfang Sept. 9–16 Uhr
Informationen zu Flora und Fauna des Kluane National Park, Videos, Fernrohr zur Beobachtung von Bergschafen.

Silver City
Meile 1053 Alaska Hwy. abbiegen auf Schotterstraße, nach 5 km erreicht man die malerisch zerfallende Hütten eines längst verlassenen Außenpostens der Royal Canadian Mounted Police (RCMP) in schöner Landschaft am Südende des Kluane Lake.

Kluane Bed & Breakfast
Haines Junction, YT Y0B 1L0
✆ (867) 841-4250
www.kluanecabins.com
Am Ende der Schotterstraße zu Silver City befinden sich am Ufer des Sees eine Lodge und einzelne Hütten mit Blick auf den See und die Berge. $$$

The Raven Hotel
181 Alaska Hwy.
Haines Junction, YT Y0B 1L0
✆ (867) 634-2500
www.ravenhotelyukon.com
Mit Restaurant für die Hotelgäste. Das Hotel stand Anfang 2006 zum Verkauf. $$$–$$$$

Stardust Motel
Meile 1016 am Alaska Hwy.
Haines Junction, YT Y0B 1L0
✆ (867) 634-2591
www.stardustmotelyukon.com
Preiswertes Motel (6 Zimmer), man spricht Deutsch. $$

Glacier View Inn & Café
Haines Junction, YT Y0B 1L0
✆ (867) 634-2646
Kleines Motel mit zehn Zimmern und Restaurant. Vermittlung von Unternehmungen im Nationalpark. $$

Adressen von **B&B** in Haines Junction gibt es im Kluane National Park Reserve

Inmitten der Berge: der Kaskawulsh-Gletscher

Headquarters Visitor Centre in der Logan St., das auch Visitor Centre für den Ort ist (Adresse s. Infos Route 6, S. 238).

 Pine Lake Campground
Haines Junction, YT Y0B 1L0
Staatlicher Campground am See, 6 km außerhalb Haines Junction in Richtung Whitehorse, keine *hookups.*

 Kluane RV Kampground
Km 1635,9 Alaska Hwy.
Haines Junction, YT Y0B 1L0
℅ (867) 634-2709 oder 1-866-634-6789
www.kluanerv.ca
Panorama-Lage, mit *hookups,* Duschen, Waschmaschinen, Tankstelle.

 Icefield Discovery Camp
59 13th Ave., Whitehorse, YT Y1A 4K6
℅ (867) 841-4561 (im Sommer)
℅ (867) 633-2018 (im Winter)
 www.icefields.org, www.yukonvacation.com/lodges/icefield.html (Infos)
Sie können auch direkt bei Andy Williams am Kluane Research Station Air-strip einen Rundflug oder einen Besuch im Gletschercamp buchen. Biegen Sie am Schild »Arctic Institute« (10 km südl. vom Sheep Mountain Visitor Information Centre) ab und folgen Sie der Schotterstraße zum Flugplatz. Andy Williams fliegt seit über 30 Jahren Bergsteiger und Wissenschaftler zu ihren Camps hinauf in die St.- Elias-Berge.

 Rundflüge über dem Kluane National Park
 Die Hubschrauberbasis von Trans North Helicopters (℅ 867-668-2177, www.tntaheli.com) befindet sich bei km 1698 des Alaska Hwy. zwischen Silver City und dem Sheep Mountain Visitor Centre. Preiswerter ist es mit dem Flugzeug, z. B. mit Sifton Air (℅ 867-634-2916, 1-888-634-2916, www.yukonairtours.com), die ab Burwash Landing und ab Haines Junction fliegt, oder mit Andy Williams (s. o.).

Weitere Infos zu Haines Junction finden Sie auf S. 238.

⑥ Daltons Weg und die Seeadler von Haines

Von Haines Junction nach Haines

6. Route: Haines Junction – Haines (235 km/147 mi)

km/mi	Zeit	Route
0	10.00 Uhr	Besuch im **Kluane National Park Visitor Centre** (unbedingt Diashow ansehen!).
	11.00 Uhr	Abfahrt auf dem **Haines Hwy.** (Nr. 3 im Yukon, Nr. 4 in BC, Nr. 7 in Alaska): Nach Süden bis zur
169/106		**US-Grenzstation** (8–24 Uhr Yukon-Zeit, 7–23 Uhr Alaska-Zeit), Zeitzonenwechsel: -1 Std. Weiter nach

235/147 — **Haines:** Hier ein Spaziergang durch die Anlage von **Fort William H. Seward** und Besuch bei den **Totempfahl-Schnitzern** von »Alaska Indian Arts«. Anschließend Besuch im **Sheldon Museum and Cultural Center**.

Abend — Besuch einer Vorstellung des **Chilkat Dancers Storytelling Theater** im Totem Village Tribal House.

Anschluss an die Route durch Südost-Alaska:
Hier in Haines oder in Skagway beginnt die Route durch Südost-Alaska mit der Fährfahrt nach Juneau (s. S. 266 ff.).

Zusatztag(e) in Haines:
– Ausflug zum **Glacier Bay National Park** (mit Alaska Mountain Flying & Travel,
© 907-766-3007 oder 1-800-954-8747, www.glacierbayflightseeing.com).
– Anstrengend aber lohnend ist eine Tageswanderung auf den **Mount Ripinski**
(1100 m) mit großartigem Ausblick auf die Chilkat-Halbinsel und Haines. Beschreibungen des 11 km langen Weges gibt es im Visitor Center (Dauer ca. 8 Std.).
– Fahrt auf der **Mud Bay Rd.** und Wanderung im **Chilkat State Park**.

Haines Junction präsentiert sich, an schönen Tagen, als bescheidener kleiner Ort vor der ganz unbescheiden spektakulär auftrumpfenden Kulisse der schneebedeckten Gipfel der St. Elias Mountains. Zwei ganz unterschiedliche Attraktionen – außer dem Breitwand-Panorama rundum – verlocken dazu, die morgendliche Weiterfahrt noch etwas aufzuschieben. Die ausgezeichnete **Village Bakery**, in der es sich bei Espresso und Kaffeestückchen vortrefflich frühstücken lässt, und das schräg gegenüber gelegene **Visitor Centre** des Kluane National Park, dessen halbstündige audiovisuelle Show den Nationalpark in seiner ganzen Vielfalt und Pracht präsentiert.

Die Fahrt geht heute auf dem **Haines Highway** von Haines Junction nach Haines am Lynn Canal, einem tief ins Land reichenden Fjord des Pazifik. Vorbei an Dezadeash und Kathleen Lake führt der Weg zunächst hinauf zum **Chilkat Pass** auf dem Rücken der Küstenberge und dann über die amerikanische Grenze hinunter ins Tal von Chilkat und Klehini River. Der ursprüngliche indianische Name von **Haines** ist Dehshu, was so viel bedeutet wie »das Ende des We-ges«. Vor dem Kontakt mit den Euro-päern kontrollierten die Tlingit-Indianer die Pässe über die Coast Mountains mit den ins Innere führenden Handelsrouten.

Der Haines Highway, 1943 erbaut als Nachschub-Straße vom Pazifikhafen

Haines zu einer Baustelle des Alaska Highway, folgt über lange Strecken einer solchen Route, auf der die Chilkat-Indianer Fischöl über die Küstenberge zu den Stämmen im Inneren brachten, um es dort gegen Felle einzutauschen. Jack Dalton, einer der ersten weißen Händler der Region, machte daraus gegen Ende der 1880er Jahre einen für Packpferde gangbaren Weg nach Fort Selkirk am Yukon River. Auf ihm lief während des bald darauf einsetzenden Gold Rush ein Teil des Verkehrs nach Dawson City, und Dalton kassierte dafür, notfalls mit der Schrotflinte im Arm, einen entsprechenden Wegezoll.

Noch Jahrzehnte nach dem Bau entsprach die Strecke ihrer ursprünglichen Spezifikation: *A pioneer road, rough and unfinished* ..., man fuhr auf einem schmalen Schotterweg durch die Wälder, immer im Kampf mit Staubwolken, engen Kurven und nervenzermürbenden Rüttelstrecken. Heute ist – glücklicherweise – alles anders: Die Besucher rollen auf einem breiten Asphaltband mühelos durch großartige Landschaft und noch immer ungezähmte Natur. Die Gefahren der Strecke sind eher visueller denn fahr-technischer Natur: Hohe Gipfel erheben sich über ewig grünen, unberührten Wäldern in den Himmel, die Schmelzwasser der Gletscher rauschen tief unten im Tal als Serie weißer Stromschnellen zum Meer oder stauen sich als tiefgründig dunkelblau bis türkis gefärb-

te Seen zwischen den Bergen. Eine beeindruckende Selbstinszenierung der
Natur, die auch den gewissenhaftesten
Fahrer dazu verleitet, dem Panorama
um ihn herum mehr Aufmerksamkeit
zu schenken als der Straße. Besonders
schön ist die Fahrt im *indian summer*,
wenn der Winter langsam seine Fühler
ausstreckt und die höheren Lagen der
Berge mit dem ersten Schnee pudert,
während weiter unten das goldene Gelb
der Espen und das Purpurrot der Eber-
eschen leuchtet.

Auf der Pazifik-Seite, zu Füßen der
vergletscherten Takhinsha Mountains
wälzt sich der **Chilkat River** durch ein
breites Tal zum Meer. Jeden Winter, von
Oktober bis Januar versammeln sich
Weißkopf-Seeadler an einem eisfreien
Abschnitt des Flusses, um sich auf die
um diese Zeit hier laichenden Chum-
Lachse zu stürzen. Etwa Mitte Novem-
ber bevölkern etwa 3 000 Adler das 35
Kilometer außerhalb des Orts gelegene
Bald Eagle Preserve. Wer sich um diese
Zeit in das unwirtliche Wetter Südost-
Alaskas wagt, kann sie vom Highway

Totempfahl der Tlingit-Indianer in Haines

aus beobachten und fotografieren.
Sommergäste können sich in Haines,
im interessanten Museum der **American
Bald Eagle Foundation**, über die Seeadler, ihr Leben und ihren Lebensraum
informieren. Das Museum ist eine Art
großes Diorama, dessen Sammlung an
ausgestopften Tieren die Vielfalt des
Ökosystems im Chilkat-Tal demonstriert. Im angrenzenden Kino läuft ein Video der winterlichen Adlerversammlung
am Fluss.

Keimzelle der Ortschaft **Haines** war
eine presbyterianische Missionsstation,
die nach ihrer Geldgeberin Francina
Haines benannt wurde. Nur eine Berg-
kette trennt den landschaftlich reizvoll
gelegenen Ort vom Glacier Bay National Park. Wer die Route durch Südost-
Alaska nicht bereist, hat hier die Möglichkeit zu einem Rundflug über diese
Wildnis aus Fels, Eis und Wasser. Dass
der Tourismus inzwischen zur wichtigsten Verdienstquelle für die Gegend geworden ist, fällt eigentlich nur auf, wenn
eines der Kreuzfahrtschiffe am Port
Chilkoot Dock festmacht und 1 500
oder mehr Passagiere für ein paar Stunden ausspeit. Aber auch der Besucher-
andrang vom Meer aus hält sich in
Grenzen, ans Dock passt, anders als im
benachbarten Skagway, nur ein Schiff.
Den besten Blick auf Haines hat man
vom Deck eines einlaufenden Fähr-
schiffs oder ersatzweise von der Straße
zum Fährhafen. Rechts liegt der Bootshafen vor dem kleinen Ort zu beiden
Seiten der kurzen Main Street. Links, am
Hang eines sanft ansteigenden Hügels
zu Füßen der Chilkat Mountain Range,
leuchten weiß die Offiziershäuser des
früheren Militärpostens Fort William H.
Seward vor dunkelgrüner Waldkulisse.

Fort William H. Seward wurde 1901
als Folge des Grenzstreits zwischen Kanada und den USA gebaut. Als Außen-

posten sollte es territoriale Souveränität der USA über die Wildnis Alaskas demonstrieren. Nachdem es nach dem Ende des Zweiten Weltkriegs aufgegeben wurde, erwarben Veteranen die Gebäude, um eine Kooperative aufzubauen. In einigen der gut erhaltenen historischen Gebäude befinden sich die Studios einheimischer Künstler, andere dienen als Wohnhäuser oder als Nobel-Bed & Breakfast. Das **Hotel Hälsingland** am Nordrand des Paradeplatzes war das Wohnhaus des Kommandeurs, eines der repräsentativen Gebäude gegenüber mit Traumblick auf das Wasser des Lynn Canal beherbergt heute die Werkstatt von **Alaska Indian Arts**, in der das traditionelle Kunsthandwerk der Tlingit-Indianer gepflegt wird. Totempfähle, Masken, Silberarbeiten und die ornamentalen Chilkat-Decken entstehen hier. Das braune Gebäude direkt nebenan ist das **Totem Village Tribal House**, auf dessen Bühne die Chilkat Dancers alte Legenden ihres Stammes interpretieren. Auch das **Sheldon Museum and Cultural Center** gegenüber vom Bootshafen beschäftigt sich mit der Geschichte und Kultur der Tlingit, erinnert aber auch an die ersten weißen Pioniere.

Für den nächsten Tag steht eine kurze Fährpassage nach **Skagway**, dem historischen Startpunkt der Route zu den Goldfeldern am Klondike auf dem Programm. Ganze 13 Meilen beziehungsweise eine Stunde Fahrzeit sind es zum Ende des Lynn Canal – wenn man rechtzeitig einen Platz auf der Fähre gebucht hat.

Sonst heißt es warten und auf einen *No Show* hoffen oder 580 Kilometer über Haines Junction und Whitehorse nach Skagway fahren. Es ist natürlich auch möglich, mit der Fast Ferry nach Skagway überzusetzen und am gleichen Tag wieder nach Haines zurückzukom-

Helikopterausflug von Skagway über die Inside Passage und die umgebende Gletscherwelt

men, aber dann versäumt man die sehr schöne Strecke auf dem Klondike Highway von Whitehorse über den White Pass nach Skagway – und das wäre schade. ✦

Schlepper vor der Hafeneinfahrt von Skagway

Weitere Infos zu Haines Junction finden Sie auf S. 232 f.

 Kluane National Park Visitor Centre
Logan St., Haines Junction, YT Y0B 1L0
 ℰ (867) 634-7100
www.pc.gc.ca/kluane
Mitte Mai–Mitte Sept. tägl. 9–17 Uhr
Informationen zum Nationalpark und zum Yukon. Interessante halbstündige audiovisuelle Show.

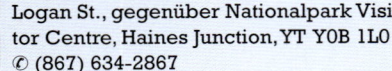 **Village Bakery & Deli**
Logan St., gegenüber Nationalpark Visitor Centre, Haines Junction, YT Y0B 1L0
ℰ (867) 634-2867
www.junctionbakery.com
Mai–Sept.
Bäckerei und Coffee Shop. Gutes Sauerteig-Brot, Kaffeestückchen und Espresso. Freitagabends Lachs-Barbecue mit Live-Musik ab 18.30 Uhr. $–$$

 Haines Yukon Visitor Information Center
122 Second Ave., Haines, AK 99827
ℰ (907) 766-2234 oder 1-800-458-3579
www.haines.ak.us
Mitte Mai–Mitte Sept. tägl. 8–20 Uhr
Hier gibt es die Broschüre »A Historic Walking Tour of Fort William H. Seward« und Wegbeschreibungen für Wandertouren, z. B. auf den Mt. Ripinski.

 Lynn View Lodge and Cabins
Lutak Rd., P.O. Box 1553
Haines, AK 99827
ℰ 1-907-766-3713
www.lynnviewlodge.com
Direkt am Lynn Fjord gelegen mit einer traumhaften Aussicht. $$–$$$

 Captain's Choice Motel
108 2nd Ave. N.
Haines, AK 99827
ℰ (907) 766-3111 oder 1-800-478-2345
www.capchoice.com
Gutes Motel, 39 Zimmer. Mit Blick auf den Hafen. $$$

 Hotel Hälsingland
Im Fort William H. Seward
Haines, AK 99827
ℰ (907) 766-2000 oder 1-800-542-6363
www.hotelhalsingland.com
Historisches Haus mit 60 Zimmern. Gut verpflegen kann man sich in dem eleganten Restaurant »The Commander´s Room« und in der »Officer´s Club Lounge« samt Barbetrieb. Hinter dem Hotel befindet sich der Port Chilkoot Camper Park. Hotel $$$, Restaurant $$$

 Fort Seward Bed & Breakfast
Im Fort William H. Seward
Haines, AK 99827
ℰ (907) 766-2856 oder 1-800-615-6676
www.fortsewardalaska.com
Nette Wirtsleute, schönes altes Haus. Nur für Nichtraucher. $$$

 Port Chilkoot Camper Park
An der Mud Bay Rd., beim Fort William H. Seward, Haines, AK 99827
ℰ (907) 766-2000 oder 1-800-542-6363
Campground unter Bäumen; Waschmaschinen, Duschen.

 The Summer Inn Bed & Breakfast
117 Second Ave., Haines, AK 99827
ℰ (907) 766-2970
www.summerinnbnb.com
Charmantes, altes Haus mit fünf Zimmern und Blick auf den schönen Lynn Canal. $$$

 Oceanside RV Park
10 Front St., Haines, AK 99827
ℰ (907) 766-2437
www.oceansiderv.com
Großer Platz am Small Boat Harbor am Lynn Canal, Spaziergang nach Downtown.

 Haines Hitch-Up RV Park
851 Main St., Haines, AK 99827
ℰ (907) 766-2882
www.hitchuprv.com
Großer Platz mit allen Einrichtungen, direkt am Highway.

Fort William H. Seward
www.fortsewardalaska.com/history
Als Außenposten der USA in der Wildnis Alaskas 1901 entstanden. Vom Staat nach dem Zweiten Weltkrieg aufgegeben, wurde es von privaten Investoren übernommen. Zahlreiche historische Attraktionen von Haines sind hier angesiedelt.

 Alaska Indian Arts
13 Fort Seward Dr., Haines, AK 99827
© (907) 766-2160
www.alaskaindianarts.com
Mo–Fr 9–12 und 13–17 Uhr
Hier werden nach althergebrachter Art Totempfähle geschnitzt, Einbaum-Kanus, Masken, Schmuck und andere traditionelle Gegenstände hergestellt.

 Sheldon Museum and Cultural Center
11 Main & Front Sts., Haines, AK 99827
© (907) 766-2366
www.sheldonmuseum.org
Mitte Mai–Mitte Sept. Mo–Fr 10–17, Sa/So 13–16, im Winter Mo–Sa 13–16 Uhr
Eintritt $ 5
Mehrere Ausstellungen zur Indianerkultur und zur Geschichte der frühen Siedler.

 Die Weißkopf-Seeadler von Haines
 Jeden Winter, ungefähr von Mitte Okt.–
 Dez., versammeln sich rund 3 500 Weißkopf-Seeadler an einem eisfreien Abschnitt des Chilkat River, der als Chilkat Bald EaglePreserve geschützt ist. Infos im Internet: www.baldeagles.org.

American Bald Eagle Foundation/ Natural History Museum
113 Haines Hwy.
© (907) 766-3094, www.baldeagles.org
Mai–Sept. Mo–Sa 9–18, sonst Mo–Fr 10–14, Eintritt $ 3
Anschaulich informiert das Museum über die prächtigen Weißkopf-Seeadler, die Wappentiere der USA, und ihre tierischen Nachbarn im Bald Eagle Pre-

serve. Faszinierende Video- und Fotopräsentationen sowie Vorträge, Filme und Lektüre dokumentieren die winterlichen Adler-Treffen.

 The Chilkat Restaurant & Bakery
5th Ave., Nähe Main St.
Haines, AK 99827, © (907) 766-3653
Frühstück und Lunch. $–$$

 Fort Seward Restaurant & Saloon
39 Mud Bay Rd., Haines, AK 99827
© (907) 766-2009 oder 1-877-617-3418
Beliebtes Restaurant am Fort Seward, allseits bekannt für seine frischen *Dungeness*-Krabben. $$–$$$

 Fähre nach Skagway
Regelmäßig verbinden die Fähren Haines und Skagway miteinander. Die Fahrtzeit beträgt 1 Std. Nehmen Sie die Reservierung für die Hin- und Rückfahrt nach Haines so früh wie möglich vor, entweder in Anchorage (s. S. 42) oder bei:
Alaska Marine Highway System (AMHS), Reservations
6858 Glacier Hwy., Juneau, AK 99801
© 1-800-642-0066
Haines Ferry Terminal: © (907) 766-2111
www.dot.state.ak.us/amhs, Fahrpreis: $ 31
Überprüfen Sie unbedingt vor Reiseantritt die **aktuellen Abfahrtszeiten**, u. a. anhand des Alaska Marine Highway Schedule für das Jahr Ihrer Reise.

 Chilkat Cruises & Tours Fast Ferry
142 Beach Rd.
Haines, AK 99827
© (907) 766-2100 oder 1-888-766-2103
www.hainesskagwayfastferry.com
Fahrpreis: $ 35 und $ 68 (hin/zurück)
Als Alternative zur Fähre von Haines nach Skagway bietet sich die Fast Ferry an, allerdings nur für eine Passage ohne Auto. Abfahrt vom Chilkat Cruises Terminal mehrmals tägl., Dauer 35 Min. Man kann eine Fährfahrt mit einem Ausflug mit der »White Pass & Yukon Route Railroad« kombinieren ($ 135 bzw. 168).

❼ Goldrausch und Gauner
Ein Besuch in Skagway

7. Route: Haines – Skagway

Zeit	Route
ca. 10.30 Uhr	Check-in am Fährenter- minal* in **Haines**.
12.30/13.30 Uhr	Abfahrt der Fähre.
13.30/14.30 Uhr	Ankunft in **Skagway:**
15.00 Uhr	Geführter Rundgang durch die Skagway Unit des **Klondike Gold Rush National Histori- cal Park**, danach Be- such im **National Park Services Visitor Cen- ter** und Fahrt zum **Skagway Overlook**.

* Überprüfen Sie die aktuellen Ab- fahrtszeiten anhand des Fährenfahr- plans (erhältlich bei Alaska Marine Highway, Adresse s. S. 239) für das Jahr Ihrer Reise!

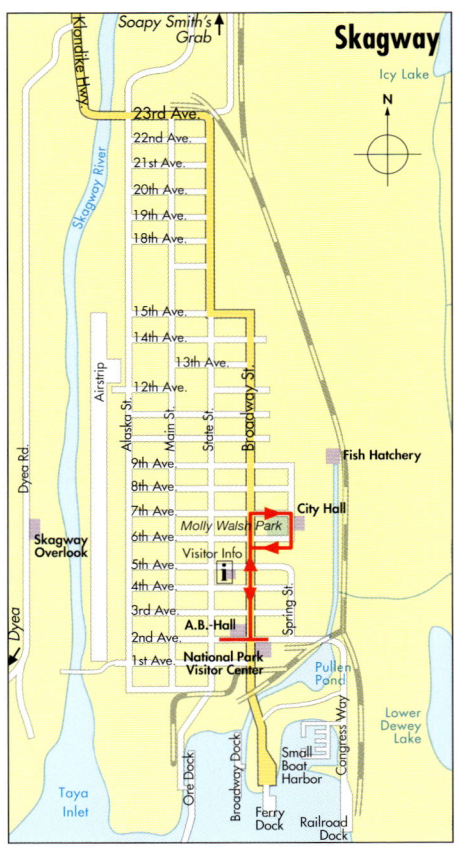

Anschluss an die Route durch Südost-Alaska:
In Haines oder in Skagway beginnt die Route durch Südost-Alaska mit der Fähr- fahrt nach Juneau (s. S. 266 ff.).

Zusatztag in Skagway:
– Eine **Zugfahrt** mit der »White Pass & Yukon Route Railroad« zum **White Pass** (s. auch Chilkat Cruises, S. 239, und WP & YR, S. 245).
– Fahrt nach **Dyea** zum Beginn des **Chilkoot Trail**.
– Besuch der »**The Days of '98**«-**Show**.

Extratour:
Wanderung über den **Chilkoot Pass** auf den Spuren der Goldsucher. Zeitbedarf 4–5 Tage (s. Route 7.1, S. 246 ff.).

Zwei Worte bringen das Thema **Skag-way** auf den Punkt: Gold Rush. Wer nach der kurzen Fährfahrt auf dem Lynn Canal das Schiff verlässt, begibt sich sofort mitten hinein in ein Goldrausch-Freilichtmuseum. Der alte Teil des Ortes steht inzwischen als **Klondike Goldrush National Historical Park** unter Denkmalschutz. Links und rechts des Broadway reihen sich Originalgebäude aus der Zeit ab 1897, als Skagway die größte Stadt Alaskas war. Hier und im benachbarten **Dyea** landeten über 20 000 hoffnungsvolle Goldsucher und begannen auf zwei Routen den mühevollen und gefährlichen Marsch über die Berge zu den Quellseen des Yukon River.

Die Goldsucher waren aber nicht die ersten Bewohner, bereits 1887 hatten sich hier Captain William Moore und sein Sohn niedergelassen. Sie transportierten die Post von Juneau zu den Goldfeldern bei Fortymile und Circle City am Yukon. Die Moores waren überzeugt davon, dass es über kurz oder lang zu einem wirklich großen Goldfund kommen musste, sie suchten und entwickelten mit der Hilfe von »Skookum Jim« Mason (einem Tlingit-Indianer, der später zu den Entdeckern des Goldes am Klondike gehörte) die Route über den White Pass. Sie war zwar länger als der Weg über den Chilkoot, dafür war sie weniger steil und konnte mit Packpferden begangen werden. Am Ausgangspunkt dieser

Route ließen sie ihren Anspruch auf die üblichen 60 Hektar Land für eine *homestead* registrieren und bauten Haus und Landungssteg. Drüben auf der anderen Seite der Bucht gab es ein Dorf der Tlingit-Indianer am Ausgangspunkt des Pfades über den Chilkoot Pass.

Im Juli 1897 landete das erste Schiff mit goldhungrigen *stampeders,* und in wenigen Monaten entstand eine Stadt aus Holzhäusern. Die Moores wurden kurzerhand enteignet. Nicht besser ging es den Indianern, auf deren Land die Ortschaft Dyea entstand. Schon ein Jahr später begann der Bau der Eisenbahnstrecke über den White Pass. Nach Fertigstellung des ersten Teilstücks bis zum Bennett Lake, einem der Quellseen des Yukon River, war das Schicksal von

Verkehrsknotenpunkt Skagway

Dyea besiegelt. Eine Reihe von Pfostenstümpfen der Landungsbrücken im Uferschlick und ein kleiner Friedhof im Wald, mehr ist nicht geblieben.

Skagway, mit eisfreiem Hafen an der Inside Passage und Eisenbahn, etablierte sich als Warenumschlagplatz und Tor zum Landesinneren. Mit der Depression in den 1930er Jahren wäre beinahe auch das Aus für Skagway gekommen, erst der Bau des Alaska Highway brachte während des Zweiten Weltkriegs der Beinahe-Geisterstadt neues Leben. Die Züge der »White Pass & Yukon Route Railroad« (WP & YR) beförderten rund um die Uhr Menschen und Material für den Straßenbau nach Whitehorse. In der Nachkriegszeit diente Skagway den Blei-Zink-Minen des Yukon als Verschiffungshafen. Mittlerweile ist der Tourismus zur Haupteinnahmequelle geworden.

Die WP & YR hat den Passagierverkehr wieder aufgenommen und fährt mehrmals täglich hinauf zum White Pass oder bis zum Bennett Lake. Die Mehrzahl der Fahrgäste kommt von den Kreuzfahrtschiffen, die in Südost-Alaska unterwegs sind. Besonders zwischen Dienstag und Donnerstag können dann täglich bis zu 6 000 Passagiere von fünf oder sechs Schiffen den kleinen Ort überrennen. Eine Atmosphäre irgendwo zwischen Jahrmarkt und Disneyland ist die Folge. Wer zeitlich unabhängig ist, sollte Skagway daher möglichst am Wochenende besuchen, wenn »nur« 800 bis 2 000 Tagesgäste an Land gehen. Die »stillen« Monate Mai und September sind ebenfalls eine gute Zeit für einen Besuch.

Nach dem Bau der WP & YR fuhren die Züge vom Hafen mitten auf Skagways Hauptstraße, dem Broadway. Heute starten sie immer noch in der Nähe der Docks, machen aber einen Bogen um die historische Altstadt. Im historischen Bahnhofsgebäude am Hafenende des Broadway befindet sich heute das **Visitor Center** des Klondike Gold Rush National Historical Park mit Filmen über den Goldrausch und einer Ausstellung über den Chilkoot Pass und die Bahnlinie. Fünf Mal täglich beginnt hier der geführte Rundgang durch Skagway. Auf der gegenüberliegenden Seite des Broadway steht die **Arctic Brotherhood Hall**, deren Fassade von einem Mitglied der Bruderschaft namens Charly Walker mit 20 000 am Strand aufgesammelten Treibholzstücken verziert wurde. Im Versammlungshaus der Bruderschaft ist heute das Visitor Center Skagways untergebracht, in dem es Informationen, darunter die Broschüre »Skagway Walking Tour«, und mehrmals am Tag Filmvorführungen zur Geschichte der Stadt gibt.

Links und rechts des Broadway spaziert man auf hölzernen Gehsteigen bis zur 7th Avenue an einer Anzahl alter Gebäude aus der Goldrausch-Zeit vorbei. Darunter der **Red Onion Saloon**, früher ein Bordell und heute eine bei Einheimischen und Besuchern beliebte Kneipe, und der originalgetreu restaurierte **Mascot Saloon**, einst eine der übelsten Adressen der Stadt (rechts an der Ecke zur 3rd Avenue), das **Skagway Inn** und Skagways ältestes Hotel, das **Golden North**. **Jeff Smith's Parlor**, das Hauptquartier von Skagways berühmtem Gauner »Soapy« Smith, ist ein kleines, fast unscheinbares Gebäude links in der 2nd Avenue. Jefferson Randolph Smith war ein wortgewandter und trickreicher Ganove, ein Meister seines Faches, der es verstand, selbst misstrauische und vorsichtige Neuankömmlinge um ihr Geld zu prellen. Er kassierte für Telegramme, die nie abgeschickt wurden, weil Skagway keine Telegrafenleitung hatte, erpresste Schutzgelder, beschäftigte eine Horde von Taschendie-

Ein Abenteuer auf den Spuren der Goldgräber: die Fahrt mit der White Pass & Yukon Route Railroad

ben, log, stahl, betrog. Auf dem Höhepunkt seiner Macht kontrollierte er 200 Ganoven und Spieler.

Seine Gaunerkarriere und sein stilgerechtes Ende in einer Schießerei sind das Thema der Revue »The Days of '98«, die jeden Abend in der **Eagles Hall** an der Ecke 6th Avenue und Broadway über die Bühne geht. Die Gräber von Soapy Smith und seines Widersachers Frank Reid befinden sich auf dem circa 2,5 Kilometer außerhalb gelegenen **Gold Rush Graveyard**. Man erreicht ihn und den benachbarten Reid-Wasserfall über die State Street. Er liegt hinter dem Eisenbahngelände am Fuß des Berghangs.

Rechts am Ende der 7th Avenue steht die **City Hall**, das einzige Steingebäude von Skagway, mit dem **Skagway Museum**, in dem neben allerlei Goldrausch-Hinterlassenschaften auch einige von Soapy Smiths Habseligkeiten ausgestellt sind. Zurück in Richtung Hafen, trifft man an der 5th Avenue zwischen Spring Street und Broadway auf **Cap-**

tain Moore's Cabin. Das im Zustand von 1904 restaurierte und mit vielen Originalmöbeln ausgestattete Haus dokumentiert das Leben in einer Pionierstadt Alaskas während der ausgehenden viktorianischen Epoche.

Gegen Abend, wenn die Kreuzfahrtschiffe ablegen und die Hektik des Tages von Skagway abfällt, gibt es wieder Platz in den Restaurants, und in den Bars trifft sich der harte Kern der Einheimischen und Individualreisenden. Wer in einem der plüschigen, mit Gold-Rush-Antiquitäten möblierten Zimmer des Golden North die Nacht verbringt, hat, gewissermaßen als Bonus, eine gewisse Chance dem Hausgeist Mary zu begegnen. Man sagt, die Original-Mary sei eine junge Dame gewesen, die im Hotel so lange vergeblich auf die Rückkehr ihres Verlobten von den Goldfeldern wartete, bis sie dort an Tuberkulose starb. Seitdem nimmt sie nächtens mit Vorliebe die männlichen Gäste in Augenschein. ☀

Skagway Convention & Visitors Bureau
Broadway, in der Arctic Brotherhood Hall
Skagway, AK 99840
ℂ (907) 983-2854 oder 1-888-762-1898
www.skagway.com
Tägl. 8–17 Uhr
Hier gibt es eine Zimmervermittlung, Restaurantlisten und zusätzlich die sehr informative »Skagway Walking Tour Map«. Beginnen Sie den Stadtrundgang an der Ecke 2nd Ave. und Broadway beim Red Onion Saloon.

 Klondike Gold Rush National Historical Park Visitor Center
Im alten Bahnhof der »White Pass & Yukon Route Railroad«, 2nd Ave. & Broadway, Skagway, AK 99840
ℂ (907) 983-2921
www.nps.gov/klgo
Im Sommer tägl. 8–18, im Winter 8–17 Uhr
Informationen zum Nationalpark, Filme und Ausstellungen zum Thema Gold Rush und Hiking Permits.

 Chilkoot Trail Outpost
Am Chilkoot Trail, 7 Meilen nach Skagway, 0.5 Meilen zum Chilkoot Trail
Skagway/Dyea, AK
ℂ (907) 983-3799
www.chilkoottrailoutpost.com
Luxuriöse Holzhütten inmitten des Dyea Valleys mit wundervollem Panoramablick auf den Face Mountain. Die Anlage bietet Platz für 36 Gäste und zählt zu den besten Unterkünften Alaskas. $$$$

 Sgt. Preston's Lodge
670 6th Ave., zwischen Broadway & State St., Skagway, AK 99840
ℂ (907) 983-2521 oder 1-866-983-2521
http://sgtprestons.eskagway.com
Angenehmes Downtown-Motel mit 40 Zimmern. $$$–$$$$

 Historic Skagway Inn
Broadway & 7th Ave.
Skagway, AK 99840

ℂ (907) 983-2289 oder 1-888-752-4929
www.skagwayinn.com
In einem ehemaligen Bordell aus der Goldrauschzeit. Die zehn einfachen Zimmer sind nach den Prostituierten benannt, die im Haus gearbeitet haben. Nur Etagen-Bäder. $$$–$$$$

 Pullen Creek RV Park
Skagway, AK 99840
ℂ (907) 983-2768 oder 1-800-936-3731
www.pullencreekrv.com
An der Waterfront neben dem Fährenanleger. Duschen.

 Skagway Mountain View RV Park
246 12th Ave.
Skagway, AK 99840
ℂ (907) 983-3333 oder 1-800-778-7700
www.bestofalaskatravel.com
Campground unter Bäumen. Mit Duschen, Wasser- und Stromanschluss, Waschmaschinen.

 Garden City RV Park
1517 State St., Skagway, AK 99840
ℂ (907) 983-2378 oder 1-866-983-2378
Full hookups, Waschmaschinen, Duschen. Laut, direkt an der Hauptstraße.

 Geführter Spaziergang durch Skagway
Beginn um 9, 10, 11, 14 und 15 Uhr am National Park Services Visitor Center. Hier sind auch die kostenlosen Tickets erhältlich.

 Geführte Tour mit der Skagway Street Car Company
270 2nd Ave., Skagway, AK 99840
ℂ (907) 983-2908
www.skagwaystreetcar.com
Viermal tägl. amüsante Tour (2 Std.) durch Skagway mit antikem Fahrzeug.

 Fjord Express
ℂ 1-800-320-0146
www.alaskafjordlines.com
Mitte Mai–Anfang Sept. Abfahrt: 8 Uhr ab Skagway, 8.45 Uhr ab Haines, Rückkehr:

19.30 Uhr Haines, 20.15 Uhr Skagway
Fahrpreis: $ 165, Kinder $ 135
Wunderbare Fahrt mit dem Katamaran
durch die Inside Passage nach Juneau,
Alaskas Hauptstadt. Um 11.45 Uhr An-
kunft in Yankee Cove, Bustransfer nach
Juneau, 3 Std. Aufenthalt, danach folgt
ein Abstecher zum Mendenhall Glacier.
Rückfahrt ab Yankee Cove um 17.30 Uhr.
Walbeobachtungen sind nicht selten.

Arctic Brotherhood Hall
Broadway, Skagway, AK 99840
© (907) 983-2854
In der 1899 gebauten Lodge der »Arkti-
schen Brüder« residiert das Skagway
Visitor Center. Die fotogen verwitterte
Fassade ist aus Tausenden von Stücken
Treibholz gestaltet.

Captain Moore's Cabin
Nahe 5th Ave./Spring St.
Eine rustikale Blockhütte, aber das erste
Haus in Skagway. 1887, d. h. elf Jahre vor
den Goldfunden, erbaut.

Red Onion Saloon
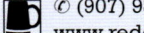
2nd Ave. & Broadway, Skagway, AK 99840
 © (907) 983-2414
www.redonion1898.com
April–Okt. ab 10 Uhr
Beliebte Kneipe, nachmittags und am
Abend mit Blues und Jazz.

Skagway Museum
7th Ave. & Spring St., Skagway, AK 99840
© (907) 983-2420
www.skagwaymuseum.org
Ganzjährig geöffnet, Mai–Sept. Mo–Fr
9–17, Sa 10–17, So 10–16 Uhr, Eintritt $ 2
Vormals Trail of '98 Museum, mit zahlreichen Relikten aus der Goldrauschzeit.

Skagway Overlook
Nach ca. 2,5 km auf der Dyea Rd. kommt
man zu einem Parkplatz mit Aussichtsplattform und (an klaren Tagen) schönem Blick auf Skagway unten im Tal und
auf die Taiya-Bucht.

Zugfahrt mit der White Pass & Yukon Route Railroad
231 2nd Ave., Skagway, AK 99840
© (907) 983-2217 oder 1-800-343-7373
www.wpyr.com
Abfahrten und Fahrpreise: Mai–Sept.
tägl. 8.15 und 12.45 Uhr (Dauer 3 Std.,
$ 110), Di und Mi auch 16.30 Uhr (Dauer
2,5 Std.)
Startpunkt für die Zugfahrten ist der
Bahnhof an der 1st Ave. Ruckelnd und
schmauchend fährt der Dampfzug auf
der historischen Schmalspurstrecke
zum 873 m hohen White Pass in den
Bergen. An bestimmten Tagen fährt ein
Zug auch zum Bennett Lake. Pro Person
kostet die Fahrt inklusive eines Mittag-
essens $ 185. Buchen Sie die Rückfahrt
im Bus mit, beträgt der Preis $ 2259.

The Days of '98 Show
Eagles Hall, 598 Broadway
Skagway, AK 99840
Mai–Sept. viermal tägl. (genaue Zeiten
bitte erfragen)
Eintritt $ 22
Kartenreservierung bei:
Gold Rush Productions
© (907) 983-2545
www.soapysmith.net oder
http://thedaysof98show.eskagway.com
Musical-Komödie über den legendären
Soapy Smith und die wilden Tage von
Skagway.

Alaska Garden Gourmet
Im Erdgeschoss des Historic Skagway
Inn, Skagway, AK 99840
© (907) 983-2289
Eines der besten Restaurants in Skag-
way. $$–$$$

Skagway Brewing Company
7th Ave. & Broadway
Skagway, AK 99840
© (907) 983-2739
www.skagwaybrewing.com
Skagways Brauhaus mit Ausschank und
Restaurant. $$

7.1 The Trail of '98

Auf den Spuren des Goldrauschs über den Chilkoot Trail

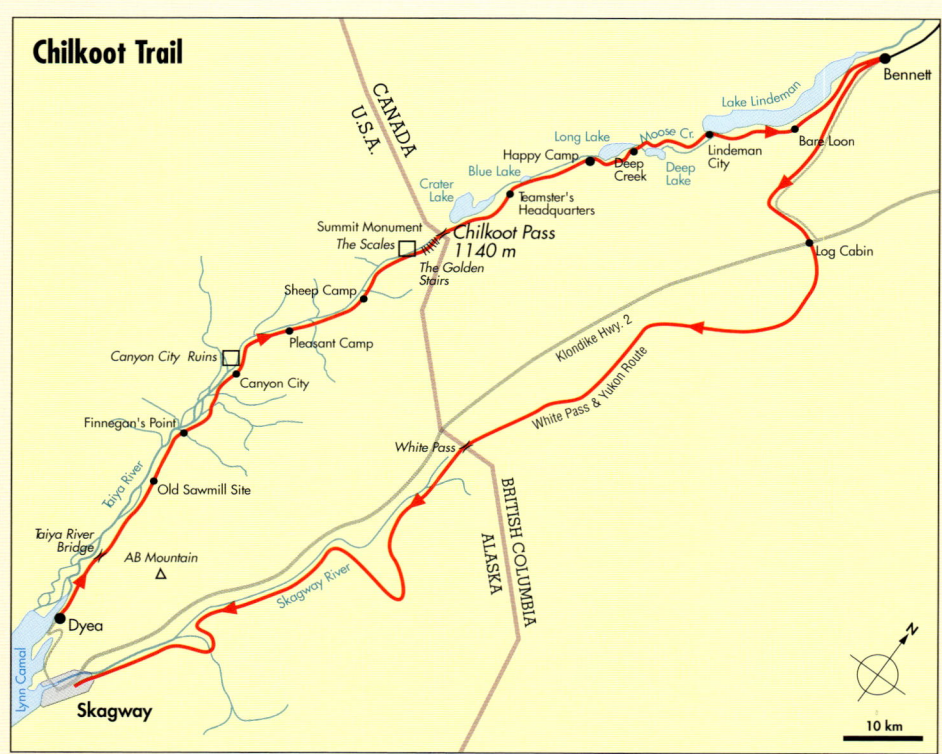

Chilkoot Trail

7.1 Extratour – Route: Chilkoot Trail

53 Kilometer lange Wanderstrecke von **Dyea**, Alaska, über die Küstenberge nach **Bennett,** British Columbia. Der Weg führt auf seiner gesamten Länge durch den **Klondike Gold Rush National Historical Park** (USA) bzw. den **Chilkoot Trail National Historic Site** (Kanada). Sein Status entspricht in etwa dem eines Freiluftmuseums. Das bedeutet, dass alle herumliegenden Goldrauschrelikte geschützt sind. Sammeln, Entfernen vom Fundort oder Beschädigen von Artefakten ist unter Strafandrohung verboten! Alle Wanderer, die den Trail in Kanada benutzen wollen, benötigen einen **Permit** von »Parks Canada« (s. Infos). Dauer der Tour: 3–5 Tage.

Schwer trugen die Männer mit den wetter-gegerbten Gesichtern und der abgerissenen Kleidung an ihrem Gepäck, als sie im Juli 1897 im Hafen von San Francisco von Bord des kleinen Dampfers »Excelsior« gingen. Es dauerte nur Stunden, bis es die ganze Stadt wusste: Die Kisten, Säcke, Koffer und Packtaschen enthielten Gold! Vor anderthalb Wochen hatte die »Excelsior« den arktischen Hafen St. Michael nahe der Mündung des Yukon River in die Beringsee verlassen. Und irgendwo am Oberlauf des Yukon, mitten im weglosen Norden des Kontinents gab es Gold! Viel Gold! Man musste sich nur bücken und es aus dem Kies der Bäche herauswaschen!

Am 17. Juli kam ein zweiter Dampfer aus dem Norden an, diesmal in Seattle, und in riesengroßen Lettern schrie es von der Titelseite des »Seattle Intelligencer«: »Eine Tonne Gold!« Es bedurfte nur dieses einen Satzes, um den ganzen Kontinent in Aufruhr zu versetzen: »Der Dampfer Portland, auf dem Weg von St. Michael, Alaska, nach Seattle, lief heute Morgen mit einer Tonne Gold an Bord in den Sund ein.« Binnen Stunden begann eine Massenhysterie, eine Art kollektiver Wahnsinn, der als Gold Rush in die Geschichte eingehen sollte. An die Hunderttausend Menschen kehrten dem rezessionsgeplagten Süden den Rücken, verließen Familie und Job und machten sich auf den Weg nach Norden. Geblendet von der Aussicht auf Gold und nur mit der allervagesten Vorstellung davon, was ihnen bevorstand, stürzten sie sich in »das letzte große Abenteuer der Menschheit« (Jack London). Jedes verfügbare Schiff, bis hin zum letzten schwimmenden Seelenverkäufer, machte sich, voll gepfropft mit Stampeders (so genannt, weil sie kopflos voranstürmten wie eine durchgegangene Rinderherde) auf den Weg durch die Inside Passage an der unübersichtlichen Küste British Columbias nach Alaska.

Wer Glück und viel Geld hatte, nahm den langen Weg mit dem Schiff nach St. Michael und von dort mit dem Raddampfer den Yukon hinauf bis Dawson City. Für die meisten Goldsucher war diese Möglichkeit jedoch genauso unerschwinglich wie Jack Daltons Trail von Haines über Land zum flussauf von

Die Hängebrücke führt zu den Überresten von Canyon City

Dawson gelegenen Fort Selkirk, für den er 250 Dollar Maut kassierte. Die Masse der Stampeders wurde am Ende des Lynn Canal, an den Stränden von **Skagway** und **Dyea**, an Land gesetzt. Hier begannen die Bergpfade zu den Pässen. Und hinter den Pässen lagen die Seen, in denen der große Fluss begann. Und irgendwo am Fluss lag das erträumte Eldorado.

Aber noch waren sie nicht dort: Wer sich Maut und Packpferde leisten konnte und rechtzeitig vor Wintereinbruch eingetroffen war, wählte die Route von Skagway über den **White Pass,** kämpfte sich über schmale Pfade an der Flanke steiler Felswände, durch Schlammbäche und den Aasgestank Tausender am Wegrand verendeter Pferde bergauf. Alle anderen benutzten den alten Handelsweg der Indianer von Dyea über den Chilkoot Pass.

Oben auf der Passhöhe an der kanadischen Grenze, warteten die Männer der North West

Mounted Police, erhoben Einfuhrzoll und kontrollierten Ausrüstung und Vorräte derjenigen, die es bis hierher geschafft hatten. Im Landesinneren gab es keine Nahrung. Die schnellsten unter den Stampeders, denen es noch im Herbst vor dem Zufrieren des Flusses gelungen war den Klondike zu erreichen, hungerten bereits auf ihren Claims. Nur wer Lebensmittel für ein Jahr und eine zum Überleben in der Wildnis geeignete Ausrüstung vorweisen konnte, durfte passieren. Das bedeutete, dass jeder etwa eine Tonne Gepäck über den Berg transportieren musste. Die wenigsten konnten mehr als 25 oder 30 Kilogramm auf einmal tragen oder Träger anheuern, die ihnen halfen. So schleppten sie in einer endlosen Springprozession Tag für Tag ihre Last voran, legten sie in einem möglichst wetterfesten Versteck ab und gingen zurück um das nächste Teil zu holen. Auf diese Weise waren sie etliche Wochen unterwegs, ständig in der Gefahr im nächsten Schneesturm zu erfrieren oder von einer Lawine weggefegt zu werden. Erst am Lake Bennett konnten sie dann endlich Bäume fällen und sich daran machen die Boote zu bauen, die sie nach Aufbrechen des Eises den Fluss hinunter zum ersehnten Reichtum tragen sollten.

Unter den etwa 22 000, die im Winter 1897/98 auf dem »Marsch durch die Hölle« den Chilkoot überquerten, war auch ein einundzwanzigjähriger Kalifornier. Wie fast alle seiner Weggenossen fand Jack London kein Gold. Die Erfolg versprechenden Claims waren schon vergeben, als die Stampeder am Klondike eintrafen. Dafür waren seine Bücher, in denen er die Härte und Schönheit des Nordens, die Erlebnisse am Chilkoot (»Alaska Kid«) und im Yukon (»Lockruf des Goldes«) beschreibt, umso erfolgreicher. Noch heute antwortet die Mehrzahl der Wanderer auf die Frage, was sie zum Chilkoot bringt, mit seinem Namen.

Der etwas über 50 Kilometer lange **Chilkoot Trail** ist heute auf der amerikanischen Seite Teil des **Klondike Gold Rush National Historical Park**, auf der kanadischen gehört er zum **Chilkoot Trail National Historic Site**. Die Wanderung auf dem Trail ist sicher kein Spaziergang, sondern eher ein gebremstes

Abenteuer. Man muss dazu kein hoch trainierter Outdoor-Spezialist oder Bergwanderer sein; jeder, der gut zu Fuß ist, etwas Ausdauer zeigt und sinnvoll, den möglichen Wetterverhältnissen entsprechend, ausgerüstet ist, kann die zugegeben manchmal schweißtreibende Strecke in vier Tagen bewältigen. Fürsorgliche Ranger patrouillieren auf dem Trail und achten darauf, dass möglichst keiner der 50 pro Tag zugelassenen Wanderer zu Schaden kommt. Brücken aus Baumstämmen überspannen die Bäche, damit sich niemand nasse Füße holt. Oberhalb der Baumgrenze weisen Markierungen den rechten Weg durch die Geröllhalden und über die Schneefelder, auf der Passhöhe bietet die Biwakschachtel der Ranger frierenden und durchnässten Wanderern eine Gelegenheit zum Aufwärmen.

Der Trail beginnt an der Straßenbrücke über den **Taiya River** und führt auf relativ bequemen Weg parallel zum Fluss hinein ins üppige Grün des pazifischen Regenwalds. Wäldchen aus Pappeln, Fichten, Birken und Weiden, ab und zu eine Blumenwiese, moosbedeckte Stämme, mannshohe Farne, *devils club*, ein äußerst unangenehm mit feinen Stacheln überzogenes Gestrüpp, und natürlich Wolken von Moskitos begleiten den Weg. Ab **Finnegan's Point** führt dann ein schmaler Pfad in ständigem Bergauf und Bergab immer tiefer hinein in den Wald aus Sitka- und Hemlock-Tannen. Mal geht es zwischen Granitblöcken hindurch hinunter zum Fluss und auf hölzernen Brücken über das eiskalte, schnell fließende Wasser, dann wieder einen Hang hinauf und über das spärlich bewachsene Geröll eines alten Bachbetts zurück ins üppige Grün des Waldes.

Die feuchte Pazifikluft, vom steten Westwind in die Berge gedrückt, sorgt hier für reichlich Niederschlag. Nieselt es mal wieder, ist die feuchtigkeitsgesättigte Luft durchdrungen von den Farben des Waldes, und der Weg führt durch eine fast surreal anmutende grüne Nebelwelt aus Gestrüpp, Farn und nässetriefenden Bäumen. Aber genauso plötzlich, wie das wuchernde Grün den Wanderer verschluckt, weicht es von Zeit zu Zeit zurück und gibt den Blick frei auf die andere Seite des Tales, wo weiß-blaues

Gletschereis aus der Höhe herabkriecht und Schmelzwasserbäche als weiße Girlanden den Berg verzieren.

Bei **Canyon City** führt eine schwankende Hängebrücke aus Holz und Stahlseilen über den Fluss zu den Resten längst in sich zusammengefallener Blockhütten. Das Skelett eines Herdes, rostende Kaminrohre und die Überreste eines Dampfkessels verstecken sich zwischen Büschen und spärlichen jungen Bäumen. Im Sommer 1897 entwickelte sich hier am Eingang der zwei Meilen langen und nur 20 Meter breiten Schlucht des Taiya River eine Siedlung, Rast- und Umladestation vor dem Anstieg zum Pass. Hinter Canyon City beginnt der steile Aufstieg zum Canyonrand. Bemooste Granitfelsen, dichter Wald und Reste einer Telegrafenleitung begleiten den Weg.

Sheep Camp, das im Wald unterhalb der Baumgrenze gelegen ist, war schon vor dem Ansturm der Goldsucher Lager- und Übernachtungsplatz von Jägern, Indianern und Prospektoren auf dem Weg in den Yukon.

Hier steht eine Schutzhütte, hoch willkommener Unterschlupf für vom pazifischen Nieselregen durchnässte Wanderer und Börse für die neuesten Informationen über den Zustand des Weges über den Pass. Jenseits von Sheep Camp beginnt der längste und härteste Teil der Strecke. Zwölf bis 18 Grad Steigung auf den ersten drei Meilen, dann 25 Grad bis in das kleine Tal zu Füßen des Passes, das als *The Scales*, die Waage, bekannt wurde: Hier pausierten die Träger und wogen ihre Lasten, bevor sie die »Goldene Treppe«, die letzte zermürbende 45-Grad-Steigung hinauf zur Passhöhe in Angriff nahmen. Zahnräder und Rollen, die Überreste von Seilbahnstützen und stählerne Telegrafenmasten, von den Lawinen vergangener Jahrzehnte zu skurrilen Formen verbogen, säumen den Weg zu The Scales.

Viele Stampeder standen damals an dieser Stelle, blickten den vereisten steilen Hang hinauf und verkauften voller Verzweiflung ihre Habe, die sie in wochenlanger Schinderei hierher getragen hatten. Andere ließen ein-

Sonst ist von Dyea nichts geblieben

fach alles liegen und gingen, ohne einen Blick zurück zu werfen, wieder nach Dyea, um in die Zivilisation zurückzukehren. Der Rest nahm die Lasten wieder auf und begann mit dem Aufstieg. Auf über 1 200 Stufen quälte sich damals ein endloses Band schwer bepackter Gestalten den Hang hinauf. »Eine Kette von Verdammten« nannte sie Jack London. Für jeden dreißig bis vierzig Mal die selbe Qual, bis er endlich die vorgeschriebene Menge an Ausrüstung und Lebensmitteln hinauf geschafft hatte. Der Weg nach oben ist gesäumt von weggeworfenen Requisiten dieses kollektiven Wahnsinns, der sich Goldrausch nannte. Rostende Wasserkessel und modernde Schuhe, Fetzen von Stoff, Stahlseile und Maschinenteile, Schaufelblätter und zerbrochenes Geschirr liegen herum. Eine Hangkante gaukelt das

Ziel vor, offenbart dann aber als herbe Enttäuschung den letzten geröllübersäten Steilhang hinauf zur Grenze zwischen Himmel und Berg. Noch eine weitere keuchende Anstrengung zwischen Felsbrocken, Balken, Seilen und allerlei rostenden Utensilien – dann steht man endlich oben auf der Passhöhe mit dem Obelisk zur Erinnerung an die Stampeder, die den »Vorraum der Hölle«, wie ihn Jack London nannte, bezwungen hatten.

Ein letzter Blick nach Alaska, hinunter zum **Lynn Canal** und über die vergletscherten Küstenberge, dann gehen die Füße fast von alleine weiter. Über ein Schneefeld und Geröll geht es hinunter zum **Crater Lake.** Hier oben über der Baumgrenze beeindruckt die grandiose Aussicht auf die Gipfel und Gletscher der **Coast Mountains.** Auch rund um den See finden sich Überreste des Gold

Letzte Etappe: Deep Lake und Lake Lindeman

Manche Stampeder ließen einfach alles stehen und liegen: Goldrausch-Relikte am Chilkoot Pass

Rush: die Reste eines eisernen Boots, Wagenräder, Wagenspuren, Grundrisse von Zeltplätzen und eine kleine Wiese mit Präriegras, die wohl aus den Samen von hier gelagertem Heu entstanden ist. Der Weg vom Crater Lake hinunter zum Canyon vor dem **Long Lake** führt relativ eben und bequem durch Heide, Moos und blühende Wildblumen, am Wasserfall des Coltsfoot Creek vorbei zum nächsten Lagerplatz, nach dem langen Weg von Sheep Camp über den Pass ganz treffend **Happy Camp** genannt.

Die nächste Etappe führt durch den Schotter am Flussufer im Canyon, klettert dann in Serpentinen hinauf zum Bergrücken über dem Long Lake, hinunter zum Ende dieses Sees und über eine Brücke zum Camp am **Deep Lake**. Auf den letzten 16 Kilometern des Wegs führt ein schon fast komfortabler Pfad am Ufer des Deep Lanke entlang hinüber zum Canyon, wo der Moose Creek als Wasserfall den See verlässt. Am Rand des scharf eingeschnittenen Canyons geht es zwischen einzelnen Fichten und Gebüsch hinab in den Wald zum Camp am **Lindeman Lake** und wieder hinauf auf einen Hügelrücken über dem See zu einer gemütlichen Wanderung auf weichem Waldboden. Kleine Seen, Blaubeergebüsch und eine verfallene Blockhütte säumen den Weg zur hölzernen

Goldsucher-Kirche auf einem sandigen Hügel über dem Ende des **Bennett Lake** und der Eisenbahnstation am Ufer. Für Wanderer ist hier der Weg zu Ende. Entweder fährt man mit dem Zug zurück nach **Skagway** oder man folgt den Schienen der Eisenbahn nach **Log Cabin** an der Straße nach Skagway und nimmt den Bus oder das vorher bestellte Boot nach Carcross.

Die Stampeder begannen in **Bennett** die letzte Etappe ihres Weges auf dem Weg zum noch immer 600 Meilen entfernten Gold am Klondike. In mühsamer Handarbeit sägten sie hier aus Bäumen Bretter, zimmerten daraus »Boote«, die oft nichts anderes waren als große hölzerne Wannen, und warteten auf das Aufbrechen des Eises auf dem See. Am 29. Mai 1898 war es dann so weit: Eine Flotille von mehr als 7000 Wasserfahrzeugen bewegte sich über die Seen und den Yukon hinab. In Dawson City angekommen, fanden die Stampeder schnell heraus, dass alle Erfolg versprechenden Claims bereits vergeben waren. Viele fuhren einfach weiter, den Yukon hinab Richtung Heimat. Andere blieben, verdingten sich als Lohnarbeiter auf den Goldfeldern und zogen zwei Jahre später weiter nach Nome am Ufer der Beringsee, wo neue Goldfunde ein weiteres Eldorado verhießen. ✤

Chilkoot Trail National Historic Site Parks Canada

300 Main St.
Whitehorse, YT Y1A 2B5
© (867) 667-3910 oder 1-800-661-0486
www.pc.gc.ca/chilkoot
Permit-Reservierungen Mo–Fr 8–17 Uhr für den Chilkoot Trail auf der kanadischen Seite.

Klondike Gold Rush National Historical Park/Trail Center

2nd Ave. & Broadway
Skagway, AK 99840
© (907) 983-2921, www.nps.gov/klgo
Infos über den alaskanischen Teil des Chilkoot Trail.

Hiking Permits

Pro Tag sind nur 50 Wanderer auf dem kanadischen Teil des Trails zugelassen. 42 Permits können für je $ 34.30 plus $ 12 Reservierungsgebühr pro Person bei Parks Canada reserviert werden, acht Permits werden ohne Reservierung nach dem Prinzip »wer zuerst kommt ...« vergeben. Die Permits müssen bis 12 Uhr des ersten reservierten Tages abgeholt werden, sonst werden sie storniert und um 13 Uhr an möglicherweise Wartende vergeben.

Während der Saison, Mai bis Mitte Sept., können die Permits auch bei The Trail Center in Skagway (Broadway & 2nd Ave.) abgeholt werden. Dabei muss für den kompletten Trail (USA und Kanada) die Permit Fee von $ 50.80 gezahlt werden. Das Trail Center (© 907-983-9324) ist 8–17 Uhr geöffnet.

Wanderer, die sich nur auf dem amerikanischen Teil des Trails (Dyea bis zur Passhöhe) bewegen, benötigen ein Backcounty Permit, das sie im National Park Services Visitor Center in Skagway, Broadway & 2nd Ave., erhalten und das ca. $ 16.50 kostet.

Zoll- und Passkontrolle

Wanderer müssen sich unmittelbar nach Ende der Wanderung bei der Passkontrolle des Ankunftslandes melden. Auf der kanadischen Seite ist dies entweder

Canada Customs and Immigration
Fraser (an der Straße nach Skagway)
© (867) 667-3943 oder 821-4111
24 Std. geöffnet
oder

Canada Customs and Immigration
Whitehorse
© (867) 667-3943, www.cic.gc.ca
Mo–Fr 8.30 bis 16.30 Uhr

Wanderer, die den Chilkoot Trail in umgekehrter Richtung begehen, melden sich bei

US Customs
Meile 6.8 Klondike Hwy.
Skagway, AK 99840
© (907) 983-3144 oder 983-2325
www.uscis.gov
24 Std. geöffnet

Ausrüstung

Der Trip über den Chilkoot ist kein Spaziergang! Er kann (oft) sehr kalt und nass oder, falls die Sonne scheint (weniger oft), sehr schweißtreibend sein. Wanderer müssen auf alles, auch auf Schneefall an der Passhöhe im Sommer, vorbereitet sein. Ausreichend Proviant mitnehmen, mindestens für einen Tag mehr als geplant! Gefriergetrockneten Proviant und Ausrüstungsgegenstände gibt es in Skagway. Ein Zelt ist unerlässlich, die Unterstände in Canyon City, Sheep Camp und Lake Lindemann sind nur zum Kochen und Aufwärmen bzw. zum Trocknen der Kleidung gedacht. Zelten ist nur in den Camps (Finnegan's Point, Canyon City, Pleasant Camp, Sheep Camp, Happy Camp, Deep Lake, Lindeman, Bare Loon Lake und Bennett) erlaubt.

 White Pass & Yukon Route Railroad
Chilkoot Trail Hikers Service
Skagway, AK 99840
© 1-800-343-7373, www.wpyr.com

Juni–Aug Abfahrt in Bennet um 12.15 Uhr nach Carcross (So, Do, Ankunft 14 Uhr) und um 14 Uhr via Fraser nach Skagway (Mo, Di, Fr, Ankunft 16.30 Uhr), Achtung: Yukon-Zeit = Alaska-Zeit + 1 Stunde Fahrpreis: $ 63 nach Carcross, $ 50 nach Fraser, $ 95 nach Skagway

 Yukon Alaska Tourist Tours
91091 Alaska Hwy.
Whitehorse, YT Y1A 5V9
✆ (867) 668-5944 oder 1-866-626-7383
www.yukonalaskatouristtours.com
Ende Mai–Anf. Sept. tägl. Busservice zwischen Skagway und Whitehorse (ab $ 60).

 White Pass & Yukon Route
Skagway, AK 99840
 ✆ 1-800-343-7373, www.wpyr.com
Kombinierte Zug- und Busfahrt zwischen Skagway und Whitehorse ($ 110).

 Frontier Excursions
Broadway & 3rd St., Skagway, AK 99840
✆ (907) 983-2512 oder 1-877-983-2512
www.frontierexcursions.com
Busservice u. a. von Skagway nach Dyea und von Log Cabin nach Skagway.

 Skagway Municipal and Regional Transit (SMART)
P.O. Box 1094, Skagway, AK 99840
✆ (907) 983-2743
www.skagway.com/gettingaround.html
Ende Mai–Anf. Sept.
Fahrpreis: $ 2, $ 5 Tagespass
Busservice zwischen Dock und Downtown.

 Shuttle Service/Leihwagen
Sourdough Vehicle Rentals: ✆ (907) 983-2523, www.www.sourdoughrentals.com
Dyea Dave: ✆ (907) 209-5031, www.dyeadavetours.com

Tipps zur Vorbereitung
– »A Hikers Guide to the Chilkoot Trail« Broschüre von »Parks Canada«. Basiswissen für alle, die den Chilkoot Trail

Historischer Sperrmüll am Bennett Lake

begehen wollen. Weitere Infos unter: www.pc.gc.ca/chilkoot oder www.nps.gov/klgo

– Topografische Karte »Chilkoot Trail« Maßstab 1 : 86 000 (Trails Illustrated No. 254)

– Archie Satterfield: »Chilkoot Pass« Sehr ausführlicher Wander- und Geschichts-Führer für den Chilkoot Trail. In englischer Sprache (Alaska Northwest Publishing).

– Dieter Reinmuth: »Kanada: Chilkoot Trail« Wanderführer für den Chilkoot Pass in deutscher Sprache (Conrad Stein Verlag).

❽ Die Eisenbahn zum Gold und Matthew Watsons Kramladen
Von Skagway nach Whitehorse

8. Route: Skagway – Whitehorse (187 km/116 mi)

km/mi	Zeit	Route
0	9.00 Uhr	Abfahrt in **Skagway** auf dem Klondike Hwy. (Hwy. 2) nach Norden bis zur
15/ 9		**US-Grenzstation** (Zeitzonenwechsel: Stellen Sie Ihre Uhr eine Stunde vor!). Weiter über den
24/ 15		**White Pass** zur
27/ 16		**Kanadischen Grenzstation** und zur
82/ 51		**Venus Mine**. Bei km/mi
97/ 60		rechts Parkplatz mit schöner Aussicht auf Bove Island, Tagish Lake und Lime Mountain. Bei km/mi
106/ 68		rechts Abzweig zum **Carcross-Friedhof**, danach
112/69		links abbiegen zum Besuch in **Carcross**. Bei km/mi

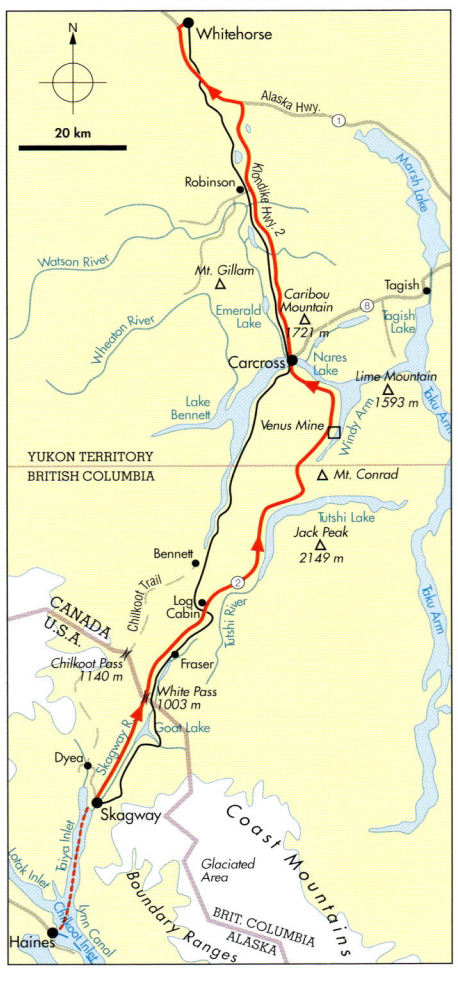

114/ 70	rechts die Sandfläche der **Carcross Desert**, kurz darauf **Caribou Crossing Trading Post**. Dann bis zum
133/ 76	**Emerald Lake** und bei km/mi
162/101	links abbiegen in den **Alaska Hwy.** Weiterfahrt Richtung Norden und bei km/mi
182/113	rechts abbiegen in die Zufahrtsstraße nach
187/116	15.00 Uhr **Whitehorse**.

Der 160 Kilometer lange **Klondike Highway** (Highway 2) führt von **Skagway** durch spektakuläre Landschaft ins Innere des Yukon Territory. Die gut ausgebaute Straße bildet, zusammen mit dem Haines Highway, eine der beiden Verbindungsstrecken von den Fährhäfen am Ende der Inside Passage zum Alaska Highway. Für Reisende in Richtung Norden ist diese Strecke allerdings knapp 100 Kilometer länger als die Fahrt auf dem Haines Highway nach Haines Junction. Die Strecke über die Berge, von den Einheimischen Skag-

way Road genannt, entstand 1978 als Fortsetzung des schon 1942 für den Bau einer Pipeline angelegten Wegs vom Alaska Highway nach Carcross.

Wenige Kilometer außerhalb von Skagway beginnt der Klondike Highway seinen steilen Aufstieg an der Flanke des Berges hinauf zum 1 000 Meter hohen **White Pass**. Weiter unten im Tal, parallel zum Skagway River, verlief der berüchtigte **White Pass Trail**, auf dem die wohlhabenderen unter den Goldsuchern mit Packpferden ihre Ausrüstung über die Berge zum Bennett Lake trans-

Die Farben der Natur: Emerald Lake

portierten, um sie dort in Boote für die Weiterreise auf dem Yukon River zu verladen. (Die mit weniger Geldmitteln ausgestatteten Stampeder mussten ihre Habe selbst über den wenige Kilometer weiter nordwestlich gelegenen Chilkoot Pass tragen.) Die White Pass Route begann ganz harmlos als breiter Feldweg, der sich zwischen hohen Bäumen am Talgrund dahinschlängelte. Dann kam der Devils Hill, und aus dem Feldweg wurde ein Pfad, der sich an steilen Felswänden entlang nach oben wand. Er war schlammig und schlüpfrig, im Schlamm lauerten scharfe Felsrippen, die den Pferden die Füße zerschneiden konnten. Ein falscher Tritt, ein Straucheln eines schlecht bepackten Pferdes konnten den Sturz über die Felsen hinunter ins Flussbett bedeuten.

Über 3 000 Pferde, überladen und von den rastlosen Stampeders unbarmherzig vorangetrieben, verendeten 1897 auf der Strecke, bevor sie der Wintereinbruch unpassierbar machte. *Dead Horse Gulch,* die Tote-Pferde-Schlucht, wurde nach den Packpferden benannt, die hier ihren letzten Atemzug aushauchten. Im darauf folgenden Frühling wurde entlang der White Pass Route mit dem Bau einer Schmalspureisenbahn begonnen.

Nach der Fertigstellung des ersten Teilstücks der »White Pass & Yukon Route Railroad« (WP&YR) bis hinüber ans Ufer des Lake Bennett erstarb der nach dem ersten Ansturm ohnehin zurückgegangene Verkehr auf den beiden Trails über die Berge völlig.

Die Schienen der WP&YR, die sich an den Felswänden entlangwinden, und die Brücken, die sich über tief eingeschnittene Schluchten spannen, sind drüben auf der anderen Talseite gut sichtbar. Wer Geduld hat, wird auch einen der antiken Personenzüge erspähen, die sich, von modernen Dieselloks gezogen, auf der malerischen Strecke bergauf quälen. Mit dem zugkräftigen Werbespruch *Ride the Railway built of Gold* hat die Eisenbahngesellschaft es verstanden, die in den 1980er Jahren schon stillgelegte Strecke neu zu beleben und aus dem Transport von Touristen auf die Passhöhe ein einträgliches Geschäft zu machen.

Auf dem White Pass führt die Fahrt für eine Weile durch alpine Tundralandschaft, vorbei an besenstielgroßen Krüppelbäumen und von Seen und Tümpeln überzogenen Hochtälern, bevor der Abstieg hinab zum knallblauen **Tutshi Lake** beginnt. Hier oben wendet sich auch oft

Gehören zu den Attraktionen von Carcross: Bennett Lake ...

das Wetter des Tages. Selbst wenn sich die vom Pazifik aufsteigende Feuchtigkeit am Westhang der Berge zu dicken grauen Wolken staut, aus denen es unaufhörlich nieselt, stehen die Chancen gut, dass hier auf der anderen Seite ihr Zusammenprall mit der trocken-warmen Luft des Inneren die grauen Schleier in einem wild verwirbelten Chaos auflöst und sie verschwinden lässt. Unten im Tal folgt die Straße dem Windy Arm des Tutshi Lake. Am steilen Uferhang stehen die Gebäude der **Venus Mine**, die an hundert Jahre mehr oder weniger erfolglose Suche nach Gold erinnern. Nach einem ersten aussichtsreichen Fund entstand hier 1905 ein Dorf mit 300 Einwohnern. Erzaufbereitungsanlagen wurden gebaut und eine Seilbahn – die Überreste sind noch sichtbar – führte am Montana Mountain hoch hinauf zum Mountain-Hero-Stollen. Doch schon 1911 war die Bergwerksgesellschaft bankrott, das Erz war weitaus weniger ergiebig, als man gehofft hatte. Seitdem gab es hier eine ganze Reihe von Versuchen, die *mother lode*, die reiche Ader, zu finden – und genauso viele Pleiten.

Bald darauf folgt eine Aussichtsplattform, die einen sehr schönen Blick auf die Einmündung des Windy Arm in den Tutshi Lake gestattet, in dem sich – hoffentlich – das Blau des Himmels und die Abbilder von Lime Mountain und Bove Island spiegeln. An dieser Stelle erhielt der Windy Arm seinen Namen. Als die Flottille der Goldsucher im Frühling 1898 hier vorbeitrieb, fegte ein Fallwind aus den Bergen heran – Hunderte von ihnen ertranken, als die Fahrtüchtigkeit der handgezimmerten und überladenen Boote im windgepeitschten Wasser zum ersten Mal auf die Probe gestellt wurde.

Ein wenig weiter liegt das idyllische Dörfchen **Carcross** an den Ufern des

... und Carcross Desert

Bennett Lake und des Natassaheenie River, der Verbindung zum Nares Lake. Noch vor der Brücke zweigt rechts ein Weg zum kleinen **Friedhof** des Ortes ab, auf dem drei der Entdecker des Goldes am Klondike, Kate Carmack, Skookum Jim und Tagish Charley, sowie Bischof Bompass begraben liegen. Carcross war ursprünglich ein indianisches Jagdcamp mit dem Namen Caribou Crossing. Nach dem Eisenbahnbau entstand hier ein Umschlagplatz für Passagiere und Fracht auf die Raddampfer, die die Verbindung zu den Orten am Oberlauf des Yukon und zu den Goldvorkommen bei Atlin herstellten. Dummerweise gab es auch in British Columbia und Alaska Orte mit dem gleichen Namen, was zu erheblicher Konfusion bei der Postzustellung führte. Besagter Bischof Bompass betrieb hier eine Missionsstation, er veranlasste die Änderung des Na-

Geldquelle modern: Andenkenladen in Carcross

mens auf Carcross, wohl weil er nie wusste, in welchem Caribou Crossing denn nun seine Post auf ihn wartete.

Anlaufstelle für alle Besucher ist die historische Eisenbahnstation, die heute das **Visitor Reception Centre** beherbergt. Die beiden Gebäude auf der anderen Seite der Gleise, das Caribou Hotel und der stilechte Kramladen mit dem Namen Matthew Watson's General Store sind zur gleichen Zeit entstanden und noch immer in Betrieb.

In Carcross zweigt der Highway 8 nach Tagish und Jake's Corner am Alaska Highway ab, von wo aus wiederum die Straße nach Atlin abbiegt (vgl. S. 162 ff.). Außerhalb, an der Straße nach Whitehorse, liegt die **Carcross Desert**, von der Tourismuswerbung zur kleinsten Wüste der Welt ernannt. Die Sandfläche zu Füßen des Caribou Mountain wurde von einem prähistorischen Gletschersee geschaffen und beherbergt ein besonderes Biotop. Der vom Bennett Lake heranpfeifende Wind verhindert im Grundsatz die Besiedelung durch Pflanzen, nur

kleine Kiefern, Fichten und *Kinnikinnick* (eine immergrüne Kriechpflanze, aus der die Indianer Tee bereiten) konnten hier Fuß fassen. Nebenan liegt der **Caribou Crossing Trading Post**, eine Art weitläufiger Abenteuerspielplatz mit Café für die Eltern und einem Museum mit ausgestopften einheimischen Tieren.

Letzter Höhepunkt vor Whitehorse ist der intensiv blaugrün in der Sonne leuchtende **Emerald Lake**, den die einheimischen Yukoner auch den Rainbow Lake nennen. Seine grelle, chemieverdächtige Färbung rührt vom hellen Seeboden her, der das einfallende Tageslicht reflektiert. Je tiefer das Wasser des Sees ist, desto mehr verschluckt es dabei den rot-gelben Teil der Lichtwellen. Dort, wo nur wenig Wasser den Grund bedeckt, schimmert er hellgrün durch, an den tiefen Stellen dagegen erscheint der See schwarz, weil das ganze Licht absorbiert wird. Vom Emerald Lake sind es dann noch gut 50 Kilometer, bis die ersten Häuser die Nähe von **Whitehorse** signalisieren. ✦

8 Infos: Carcross, Emerald Lake

Grenzstationen USA/Kanada

Im Sommer 24 Std. geöffnet, sonst Info über Öffnungszeiten: USA ☎ (907) 983-3144, Kanada ☎ (867) 821-4111.

Carcross Cemetery

Auf dem kleinen Friedhof sind drei der Entdecker des Goldes am Klondike, Kate Carmack, Skookum Jim und Tagish Charlie, außerdem Bischof Bompass, anglikanischer Missionar und der erste Bischof des Yukon, begraben.

Carcross

www.explorenorth.com/yukon/carcross.html

Ein pittoreskes Dorf mit Vergangenheit als Frachtumschlagplatz und Haltepunkt der Eisenbahn am Lake Bennett.

Carcross Visitor Reception Centre

Carcross, YT Y0B 1B0
☎ (867) 821-4431
www.tc.gov.yk.ca/128.html
Mitte Mai–Ende Sept. tägl. 8–20 Uhr
Untergebracht in der historischen Eisenbahnstation von Carcross.

 Gegenüber steht **Matthew Watson's General Store**, ein Kramladen, der seit der Wende vom 19. zum 20. Jh. in Betrieb ist (Mitte Mai–Ende Sept. 9–18 Uhr).

Caribou Crossing Trading Post

Ca. 3 km nördl. von Carcross am Hwy. 2
☎ (867) 821-4055
www.cariboucrossing.ca
Mai–Sept. tägl. 9–17 Uhr, Eintritt $ 8.50
Kleiner Tierpark, Museum mit ausgestopften Tieren, Goldwaschen, Hundeschlittenfahrten, Café.

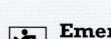 Emerald Lake Ranch/White Horse Riding Stable

South Klondike Hwy., Carcross, YT
☎ (867) 633-3086 oder 821-3921
www.yukonhorses.com
Auf das weiße Pferd am Highway achten! Auf der Ranch 11 km nördlich von

Das Nebeneinander der Kulturen in Carcross: die pittoreske anglikanische Kirche St. Saviour

Carcross kann man Pferde für mehrstündige Ausritte mieten. Auch Übernachtungen.

Emerald Lake

Die blaugrüne Farbe des Sees entsteht durch Reflexion des Sonnenlichts am weißen Sediment des Seebodens.

Infos zu Whitehorse finden Sie auf S. 158 ff.

... Totempfahl der Tagish-Indianer

Trawler, Totems und ein blaues Kanu

Südost-Alaska ist ein schmaler Festlandstreifen am Westhang des Küstenmassivs – rund 800 Kilometer lang und maximal 50 Kilometer breit – mit den vorgelagerten Inseln und Inselchen des Alexander-Archipels, überwuchert von der üppigen, verfilzten Vegetation des pazifischen Regenwalds. Zwischen den Inseln, und von ihnen vor den pazifischen Stürmen geschützt, verläuft die Hauptverkehrsader der Region: die **Inside Passage,** Fahrrinne für die Kreuzfahrtschiffe, Fähren, Frachter und Fischerboote. Die steilen Wände tiefer Fjorde, von den Gletschern der letzten Eiszeit aus dem Granit gehobelt, zerteilen die Festlandküste. Riesige Eisfelder auf dem Dach der Küstenberge schicken mehr als 60 blau-weiße Ströme aus Gletschereis hinunter zur Küste.

Die Bewohner der wenigen Orte leben am und vom Wasser. Die Anlage der Siedlungen ist immer gleich – egal ob Hauptstadt wie **Juneau** oder kleinstes Dorf: Zuallererst kommen das Dock und die Lager- oder Geschäftshäuser, auf Pfählen über das Wasser gebaut. Hinter der Straße, die stets nach wenigen Kilometern in der immergrünen Wildnis endet, klettern bunte Wohnhäuser die mit dunklem Nadelwald bewachsenen Hänge empor. Die Fischerboote am Kai entladen ungeheure Mengen Lachse und Heilbutt, *king crabs* und Langusten. Die Fähre der Alaska Marine Highway, wegen ihrer unverwechselbaren Bemalung liebevoll-spöttisch das »Blaue Kanu« genannt, entlässt Fahrzeuge und Fußgänger in das Gewimmel am Ufer. Im Hintergrund brummen die Motoren startender und landender Wasserflugzeuge.

Der Kuro-Shiwo-Strom spült warmes Meerwasser aus den Gewässern Japans vor die Küste Südost-Alaskas und sorgt für milde und schneereiche Winter. Die Temperaturen sinken nur dann wesentlich unter den Gefrierpunkt, wenn der *Williwaw* die kontinentale Eiseskälte des Landesinneren die Fjorde hinunterweht. Der Preis für die erträglichen Winter sind wolkenverhangene und regenreiche Sommertage, an denen sich alles auf drei Grundfarben reduziert: auf das Weißblau der Gletscher, das Dunkelgrün der Nadelwälder und das Grau des Wassers. Die gelegentlichen strahlenden Sonnentage mit kristallklarer Luft und tief blauem Himmel, laut Statistik besonders häufig im Mai und Juni, sind dann allerdings umso schöner.

In Südost-Alaskas Klima gedeihen Bäume besonders gut. Relativ kühle Sommer, milde Winter und viel Feuchtigkeit bieten ideale Wachstumsbedingungen für Fichten, Tannen, Pappeln, Hemlock-Tannen und Zedern. Reichliche Niederschläge – Schnee in den Bergen und Regen in den Wäldern – sind der Lebensquell einer tierreichen Welt. Die Bäche des Regenwalds und die Schmelzwasserströme der Gletscher tragen reichlich Nährstoffe ins Meer und fördern die Entstehung üppigen Planktons als Basis der Nahrungskette. In den Gewässern tummeln sich Lachs,

Auf der Reise durch die Inside Passage: der Glacier Bay National Park

Heilbutt und Hering, Krabben und Langusten in großer Zahl. Schwert- und Buckelwale, Seeotter und Robben sind in den *straits* und *coves, bays* und *channels* keine Seltenheit.

Das reichhaltige Nahrungsangebot bildete bei den Indianervölkern des Landes eine Gesellschaft heraus, die im Überfluss lebte und die Muße zur Entwicklung einer hoch stehenden kunsthandwerklichen Kultur hatte. Dieser Reichtum der Natur barg aber auch den Keim für den Beinahe-Niedergang der Stämme der Tlingit und Haida nach ihrer »Entdeckung« in sich.

Die jüngere Geschichte Südost-Alaskas ist von einem wechselvollen Auf und Ab geprägt. Die Kolonisation durch russische Walfänger und Pelztierjäger führte fast zur Ausrottung der Seeotter. Nach dem Verkauf von Russisch-Alaska an die USA ignorierten die neuen Herren ihre Erwerbung zunächst. Erst die Goldfunde fachten das Interesse an. Während die bald wieder abziehenden Horden von Goldsuchern verhältnismäßig wenig Schaden anrichteten, waren die Auswirkungen der von den reichen Fischgründen angelockten Konservenfabriken umso schlimmer. Bis sie sich mit ihrer rücksichtslosen Überfischung selbst die Existenzgrundlage entzogen hatten, waren auch die Lachsschwärme in ihrem Bestand gefährdet. Das Schlagwort des nächsten Booms war *timber*. Holzfäller-Crews begannen den Regenwald im großen Stil abzuholzen und hinterließen riesige Kahlschläge, die wie Geschwüre das Land bedecken.

Heute wird der Fischfang kontrolliert und reglementiert, und die Lachspopulation erlebt ein bescheidenes Comeback. Dem Holzeinschlag wurden inzwischen Grenzen gesetzt, um die allerschlimmsten Auswüchse zu vermeiden. Tourismus heißt die neue Wachstumsindustrie. Und die Indianer, lange Zeit ungeliebte Mündel der Bürokratie, erwachen aus der Lethargie und besinnen sich auf alte Werte. Sie arbeiten an der Wiederbelebung ihrer Kultur und erheben ihre Stimme, um ihre angestammten Rechte als Ureinwohner geltend zu machen. ⚜

261

Reiseplanung für Südost-Alaska

Die Fährrouten durch die **Inside Passage** führen streckenweise durch enge Passagen, in denen der Gezeitenstrom respektable sechs bis acht Knoten erreichen kann. Die Fahrpläne werden daher stets so ausgearbeitet, dass diese *narrows* zur Zeit des Wechsels zwischen Ebbe und Flut durchquert werden; so ändern sich die Abfahrtszeiten der Fähren von Woche zu Woche und von Monat zu Monat. Daher ist es unumgänglich, dass Sie vor der Reiseplanung den **aktuellen Fährfahrplan** einsehen, entweder auf der Website des Fremdenverkehrsamtes Alaska (Adresse s. S. 327) oder bei:

Alaska Marine Highway System
6858 Glacier Hwy.
Juneau, AK 99811-2505
✆ (907) 465-3941 oder 1-800-642-0066
www.dot.state.ak.us/amhs

Auch der **aktuelle Flugplan** ist für die Reiseplanung entscheidend:

Alaska Airlines
P. O. Box 24948
Seattle, WA 98124-0948
✆ 1-800-252-7522
www.alaskaair.com

Die stille Schönheit der Inside Passage

Der Fahrplan ist in der Regel ab Dezember für das kommende Jahr verfügbar. Beachten Sie bei Ihrer Planung auch die Anzahl der Stopps und die Dauer einer Fahrt. Die »Le Conte« zum Beispiel ist der »Bummelzug« unter den Fähren zwischen Juneau und Sitka. Sie ist kleiner als die übrigen Schiffe, hat keine Kabinen (ist also unbequemer bei Nachtfahrten) und legt unterwegs in drei Häfen an, was interessant sein kann, aber die Fahrzeit entsprechend verlängert.

Die in den folgenden Kapiteln beschriebene Route entspricht dem Musterfahrplan 1 (vgl. S. 264) und ist nach folgenden Gesichtspunkten zusammengestellt:

– Fährfahrt nur auf den landschaftlich reizvollsten Abschnitten und möglichst bei Tageslicht.

– Nur ein Tag Aufenthalt beim Besuch in Sitka.

Reise ohne Fahrzeug

Als Deckspassagier ohne eigene Kabine benötigen Sie keine Reservierung. Planen Sie die Fahrt so, dass Sie auf den landschaftlich besonders schönen Strecken von Juneau nach Sitka und von Petersburg nach Wrangell bei **Tageslicht** unterwegs sind! Die Tage in Juneau und im Glacier Bay National Park können Sie bei Bedarf in Abhängigkeit vom Fährenfahrplan vor oder nach dem Besuch in Sitka einschieben. Natürlich haben Sie auch die Möglichkeit – wieder in Abhängigkeit vom Fahrplan und Wetter – nach Sitka zu fliegen und mit der Fähre zurückzufahren. In diesem Falle haben Sie ab Juneau die Wahl zwischen einer Passage mit der Fähre nach Ketchikan und dem Flug nach Petersburg (der Flug Sitka – Petersburg erfordert das Umsteigen in Juneau).

Schöne Aussichten: Paraglider über dem Gastineau Channel vor Juneau und Leuchtturm am Ufer der Inside Passage

Musterfahrplan 1

Sonntag	**Flug** oder **Fähre nach Juneau**
Montag	Aufenthalt in **Juneau**
Dienstag	Aufenthalt in **Juneau**, mittags **Fährfahrt nach Gustavus**
Mittwoch	Besuch der **Glacier Bay**, abends **Flug nach Juneau**
Donnerstag	Sehr früh am Morgen **Fähre nach Sitka**
Freitag	Aufenthalt in **Sitka**
Samstag 6 Uhr	**Flug nach Juneau** und weiter nach **Petersburg**, Aufenthalt in **Petersburg**
Sonntag 9 Uhr	**Fähre nach Wrangell** und 16.25 Uhr **Flug nach Ketchikan**
Montag	Aufenthalt in **Ketchikan**
Dienstag	Aufenthalt in **Ketchikan** oder morgens um 1.45 Uhr **Fähre nach Hyder**
Mittwoch 23 Uhr	**Fähre nach Prince Rupert** oder 15 Uhr **Fähre nach Bellingham** oder **Weiterflug**

Musterfahrplan 2

Donnerstag	**Flug** oder **Fähre nach Juneau**
Freitag	Aufenthalt in **Juneau**
Samstag	**Flug** oder **Fähre nach Gustavus**
Sonntag	Besuch der **Glacier Bay**, abends **Flug** über **Juneau** nach **Sitka**
Montag	Aufenthalt in **Sitka**
Dienstag	Am frühen Morgen **Flug nach Juneau** und weiter nach **Petersburg**
Mittwoch	Mittags **Fähre nach Wrangell**
Donnerstag	Nachmittags **Flug nach Ketchikan**
Freitag	Aufenthalt in **Ketchikan**
Samstag	**Fähre nach Prince Rupert** oder **Weiterflug**

Reise mit Fahrzeug

Der Routenvorschlag erfordert die rechtzeitige Vorausbuchung von drei separaten Fährschiff-Etappen:
– Von Haines oder Skagway nach Juneau.
– Von Juneau nach Ketchikan.
– Von Ketchikan nach Prince Rupert, Hyder/Stewart oder Bellingham.

Für den Besuch von Sitka empfiehlt es sich, das Fahrzeug in Juneau stehen zu lassen, je eine Strecke mit Fähre und Flugzeug zu reisen, und dann in Juneau die zweite Fähretappe nach Ketchikan zu beginnen.

Es gibt jede Woche mindestens eine Fährverbindung von Juneau über Sitka nach Ketchikan. Die Liegezeit in Sitka reicht dabei aber leider nicht zu mehr als einer flüchtigen Stadtrundfahrt (Sitka Tours, ✆ 907-747-8443, www.sitka.org/tours.html). Eine Weiterfahrt von Sitka mit der nächsten Fähre ist möglich, erfordert aber einen mindestens zweitägigen, oft auch längeren Aufenthalt in der Stadt. Dazu kommt, dass bei bestimmten Abfahrten von Sitka nach Ketchikan die landschaftlich sehr schöne Strecke von Petersburg nach Wrangell nachts oder am sehr frühen Morgen zurückgelegt wird. Ein weiterer Vorteil der hier vorgeschlagenen Version ist die Möglichkeit, den Besuch von Juneau und im Glacier Bay National Park in Abhängigkeit von Fährenfahrplan und Wetter vor oder nach dem Besuch in Sitka einzuschieben.

Die folgenden Beispiele stellen lediglich Möglichkeiten vor, wie ein Reiseplan aussehen könnte! Mit den von den Gezeiten abhängigen Verschiebungen im Fährenfahrplan ändern sich natürlich auch von Jahr zu Jahr die entsprechenden Abfahrtstage.

Daher noch einmal der Tipp: **Besorgen Sie sich unbedingt den jeweils aktuellsten Fahrplan der Fähre (www. dot.state.ak.us/amhs) und die notwendigen Flugpläne (www.alaskaair. com, www.wingsofalaska.com) und stellen Sie sich damit nach Ihren Bedürfnissen einen individuellen Reiseverlauf zusammen!**

Downtown Juneau

Musterfahrplan 3 (mit Fahrzeug)

Donnerstag	**Fähre** oder **Flug nach Juneau**
Freitag	Aufenthalt in **Juneau**, spätnachmittags **Flug nach Gustavus**
Samstag	Besuch der **Glacier Bay** und abends **Flug** über **Juneau** nach **Sitka**
Sonntag	Aufenthalt in **Sitka**
Montag	**Fährfahrt nach Juneau**
Dienstag	Aufenthalt in **Juneau,** nachts **Fähre nach Ketchikan**
Mittwoch	Abends Ankunft in **Ketchikan**
Donnerstag	Aufenthalt in **Ketchikan**
Freitag	Morgens **Fähre nach Prince Rupert** (alternativ Samstagmorgen oder Sonntagabend)

① Bären hinterm Haus und ein
② Gletscher im Stadtpark
Von Skagway nach Juneau

1. Route: Skagway – Haines – Juneau (Fährfahrt oder Flug)

Fährfahrt:

Zeit	Route
ca. 14.00 Uhr	Einchecken am Fährenterminal von **Skagway**.
ca. 15.30 Uhr	Abfahrt.
17.30 Uhr	Abfahrt in **Haines**.
22.00 Uhr	Ankunft in **Juneau** am **Auke Bay Ferry Terminal**.

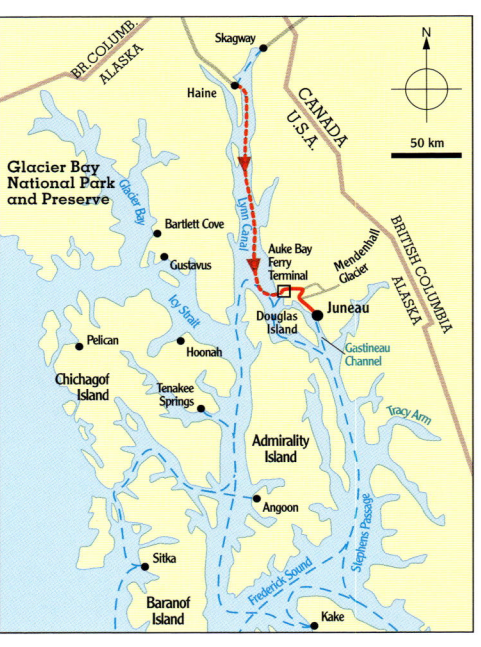

Flug nach Juneau:

Von Haines und Skagway gibt es mehrmals am Tag Flüge nach Juneau (z. B. mit Wings of Alaska, ℂ 907-789-0790, www.wingsofalaska.com, 8421 Livingston Way, Juneau, AK 99801-8098).

Hinweis: Details zu den Fährverbindungen zwischen Juneau und Skagway finden Sie im Fahrplan von Alaska Marine Highway. Wichtig: **Buchen Sie die Fähre so früh wie möglich!** (Adressen s. S. 273.)

Mietwagen: In Juneau ist es oft billiger, einen Mietwagen zu nehmen, als das Geld für die nötigen Taxifahrten auszugeben. Rechtzeitige Reservierung ist wegen der meist großen Nachfrage ratsam (Telefonnummern s. Infos). Auf dem Weg vom Flugplatz in die Stadt können Sie gleich einen Abstecher zum **Mendenhall Glacier** machen (Mendenhall Loop Rd.).

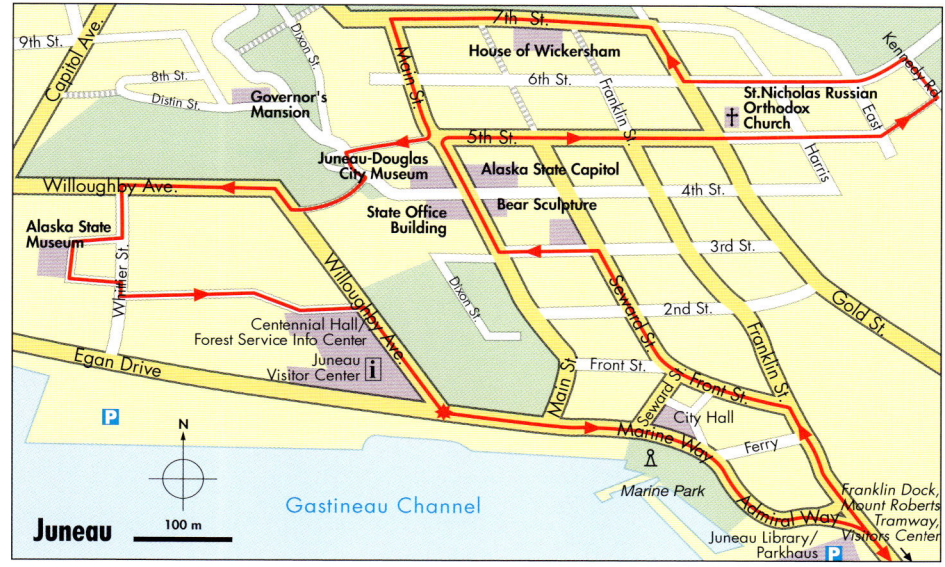

2. Programm: Juneau

Vormittag **Spaziergang durch Juneau:** Vom Ufer des Gastineau Channel am **Cruise Ship Pier** mit der **Mt. Roberts Tramway** zum Aussichtspunkt 600 m über der Stadt. Danach auf der Franklin St. in die Stadt. Links in die Front St., rechts in die Seward St. Auf der 3rd St. zur Main St., rechts am **Alaska State Capitol** und **Juneau-Douglas City Museum** vorbei zur 5th St. und diese nach rechts zur **St. Nicholas Church**. Auf der 5th St. bis zu den Treppen am Ende der Straße. Am oberen Ende der Treppe links zur Kennedy Rd. (sieht aus wie ein Hauseingang, ist aber ein öffentlicher Weg!). Am Ende der Kennedy Rd. bergab bis zur Gold St., rechts hinauf zur 7th St. An deren Ende die Main St. hinab und rechts in die 5th St., Brücke und Treppe hinunter zur 4th St., rechts die Treppe hinab zur Willoughby Ave. Dieser rechts folgen und nach zwei Blocks links in die Whittier St. Auf der Whittier St. links zum **Alaska State Museum.** Vom Museum die Whittier St. überqueren und zum großen braunen Gebäude der **Centennial Hall** mit dem **Visitor Information Center.** (Das Info Center kann auch Ausgangspunkt des weiteren Rundgangs sein.) Die Centennial Hall durch die Tür beim **Forest Service** verlassen und auf dem Marine Way zurück zum Ausgangspunkt.

Nachmittag Fahrt zu den **Glacier Gardens** und, falls sie ihn nicht schon bei der Ankunft am Tag zuvor gesehen haben, weiter zum **Mendenhall Glacier.** Alternative: Besuch der **Macaulay Salmon Hatchery**.

Extratouren in und um Juneau:
– Besuch in der **Macaulay Salmon Hatchery** (Details s. S. 276).
– **Rundflug** über das riesige **Juneau Icefield**, ein Gletschergebiet von der Größe der Schweiz, z. B. mit Temsco Helicopters, Juneau, AK 99801, 1650 Maplesden Way, ✆ (907) 789-9501 oder 1-877-789-9501, www.temscoair.com.
– **Wanderung** durch die Reste alter **Goldminen** (Treadwell Mine und Last Chance Basin). Hinweise und Wanderkarten gibt es beim Visitor Information Center.
– **Wanderung** auf dem sehr schönen **East Glacier Loop Trail** am Mendenhall Glacier.
– **Beobachtung von Braunbären** beim Fischen am Pack Creek. Buchungen über Mountain Travel Sobek oder Alaska Fly 'N Fish Charters (Adressen s. Infos S. 277).
– **Wandern** im **Tongass National Forest** oder **Kanu-/Kajak-Tour um Admirality Island**.
– **Wanderung** auf dem **Mt. Roberts Trail** (Regenwald, Bergpfade, Panoramablick). Der Trail beginnt am Ende der 6th St. und führt nach etwa zwei Stunden Weg an der Bergstation der Seilbahn vorbei (die Talfahrt bietet sich als Rückweg an).

Sechseinhalb beschauliche Stunden auf dem ruhigen Wasser des Lynn Canal braucht die Fähre von **Skagway** bis nach Auke Bay nördlich von Juneau. Gleich zum Beginn der Reise durch den tief ins Land reichenden Fjord macht sie Halt in **Haines**, dem zweiten Endpunkt des Alaska Marine Highway mit Straßenanschluss ins Landesinnere. Öde breitet sich aus: Öltanks, ein Parkplatz und ein Pier. Beeindruckend ist der Fährhafen von Haines nicht. Um so größer fällt die Überraschung aus, wenn nach dem Ablegen der Berghang zurückweicht und die Sicht auf Haines freigibt. Wie das Werk eines Landschaftsmalers mit perfektem Sinn für Komposition liegt der kleine Ort vor der gewaltigen Gebirgskulisse der **Chilkat Mountain Range.** Rechts dümpeln die Fischerboote vor den Fassaden der Main Street, links leuchten weiß die ehemaligen Offiziersvillen von Fort William H. Seward auf einer Anhöhe vor dem dunkelgrünen Fichtenwald.

Wenn die »Malaspina« spätabends in Auke Bay ankommt, sind noch 22 Kilometer Fahrt bis **Juneau** zu bewältigen, der Weg führt geradewegs zum Hotel oder Bed & Breakfast. Wer morgens früh oder am Nachmittag von einer der anderen Fähren rollt, sollte etwa auf halbem Weg in die Stadt, an der Mendenhall Loop Road, links abbiegen, um dem **Mendenhall-Gletscher** einen Besuch abzustatten. So weicht man den Scharen von Kreuzfahrtpassagieren aus, die ein schier unendlicher Strom von Autobussen fast täglich vor dem **Visitor Center** ausspeit. Diese Besucher bevölkern aber ausschließlich das Informationszentrum, das einen sehr schönen Film über Werden und Vergehen der Gletscher zeigt, und den Pfad hinunter zum *photo point* am Seeufer. Dem ganzen Trubel entgeht man auf dem fünfeinhalb Kilometer langen **East Glacier Loop Trail,** der am östlichen (rechten) Seeufer zum Nugget Creek und einem Wasserfall direkt neben der Eiskante führt.

Stadt am Wasser: Juneau

Der Stadtbezirk **Mendenhall Valley**, die Schlafstadt Juneaus, reicht bis an den Schmelzwassersee des Mendenhall Glacier heran. Die Häuser stehen teilweise auf Boden, der noch zu Beginn des 20. Jahrhunderts vom Eis bedeckt war, insgesamt vier Kilometer hat der Gletscher in den letzten 250 Jahren frei gegeben. Die anderthalb Meilen breite Eisfront zieht sich auch heute noch zurück, zur Zeit etwa zehn Meter pro Jahr.

Der Mendenhall Glacier ist nur einer der Ausläufer des fast 4 000 Quadratkilometer großen Juneau Icefield. Eine lohnende, wenn auch relativ teure Unternehmung ist ein Helikopterflug in die eisblaue Welt dieser alpinen Gletscherwüste. Man landet auf einem flachen Teil des Eises, umrahmt von wild gezackten Dreitausendern, und hat eine gute halbe Stunde Zeit sich umzusehen. Bächlein aus Schmelzwasser gluckern

in selbst gegrabenen Rinnen und verschwinden irgendwo in bodenlosen Gletscherspalten. An der nächsten Geländestufe reißt das Eis in der Bruchzone auf zu einem wild verschachtelten Durcheinander aus hausgroßen Eisblöcken und jähen Schründen, aus denen das milde Blau hundertjährigen Eises schimmert.

Trotz seiner enormen Ausdehnung von 8 000 Quadratkilometern (die größte Fläche aller Städte in Nordamerika) ist **Juneau** eigentlich nur ein Städtchen. Runde 30 000 Einwohner, von denen etwa die Hälfte ihr Einkommen in der rezessionsfreien Wachstumsindustrie mit dem Namen »Staatsbürokratie« verdient, bevölkern den Regierungssitz Alaskas. Zwar bestimmte 1979 ein Volksentscheid den kleinen Ort Willow an der Straße zwischen den Bevölkerungszentren Anchorage und Fairbanks zur neuen Hauptstadt, aber eine zweite Abstimmung, drei Jahre später, versagte trotz der reichlich fließenden Ölmillionen das nötige Geld für den Umzug – und es blieb alles beim Alten.

Downtown, auf einem Streifen halbwegs ebenen Landes am Ufer des **Gastineau Channel** gelegen, bestimmt eine Handvoll großer Gebäude in moderner Beton-und-Glas-Architektur die Skyline vor den Wänden von Mount Juneau und Mount Roberts. Dahinter klettert eine bunte Mischung malerischer Holzhäuser aus der Pionierzeit – Juneau wurde 1880 nach einem Goldfund gegründet – die von Tannenwäldern und Wasserfällen überzogenen Berghänge hinauf.

Juneau ist eine Stadt für Fußgänger. Die Straßen sind eng und steil, und nicht alles, was im Stadtplan als Straße bezeichnet wird, ist auch befahrbar: Manches Haus oben am Hang ist nur über eine lange Treppe zu erreichen. Ein großer Teil des Stadtspaziergangs führt durch dieses Gebiet zwischen Main und Nelson, 3rd und 7th Street. An ihrem oberen (östlichen) Ende führt die 6th Street direkt in die Wildnis.

Hier klettert der **Mount Roberts Trail** im Zickzack durch den steilen Bergwald hinauf zu einem Aussichtspunkt und weiter zum Gipfel. Wer sich von Pfad, Anstieg und der üblichen unübersehbaren Warnung vor den Bären nicht abschrecken lässt, wird schon nach 20 Minuten zum ersten Mal von einem beeindruckenden Blick auf die Stadt belohnt. Bequemer geht es mit der Seilbahn zu einer knapp 550 Meter über der Stadt gelegenen Terrasse auf dem Mount Roberts, deren Talstation strategisch günstig am Ende des Kais für die Kreuzfahrtschiffe gelegen ist. Oben gibt es, neben der großartigen Aussicht auf Stadt und Gastineau Channel, die Chilkat-Berge und die Inside Passage, Wan-

derwege und das **Chilkat Theater**, in dem der Film »Seeing Daylight« aus Sicht der Tlingit-Indianer schildert, wie sich die Eingeborenen Südost-Alaskas den Herausforderungen unserer Zeit angepasst haben. Wanderer, die den etwa zweistündigen Aufstieg zu der Bergstation zu Fuß bewältigt haben, können anschließend zum reduzierten Tarif zu Tal fahren.

Zur ersten Orientierung vor einem Spaziergang durch Downtown muss man nicht unbedingt auf den Berg. Von der Stadtbibliothek im obersten Stockwerk des Parkhauses am Kai hat man einen schönen Blick über Stadt und Hafen; auf dem Balkon glaubt man zur Brücke des nebenan liegenden Kreuzfahrtschiffes hinüberreichen zu können.

Noch umfassender, grandioser ist der Blick auf Stadt, Berge und Schiffe im Gastineau Channel von der **Pioneer Avenue** im Stadtteil Douglas. Man fährt auf der Brücke hinüber nach Douglas Island und biegt dort links ab Richtung Douglas. Die erste Querstraße, Cordova Street, führt hinauf zur Pioneer Avenue.

Der Spaziergang durch Juneau kann am Schiffsanleger neben der Stadtbücherei beginnen. Stadteinwärts markiert die große Uhr an der Ecke Front und Franklin Street das Zentrum des geschäftigen Business District, in dem es von Kreuzfahrt-Passagieren wimmelt.

An der Kreuzung von 4th und Main Street stößt man dann auf das »Regierungsviertel« Alaskas. Der bronzene Löwe vor dem **Gerichtsgebäude** ist Ausdruck alaskanischen Kunstverständnisses. Er ersetzt die durch Parlamentsbeschluss von ihrem Platz verbannte moderne Stahlskulptur »Nimbus«, die anschließend vor dem Alaska State Museum wieder aufgestellt wurde. Der nichts sagende Backsteinbau des **Alaska State Capitol** und das **State Of-**

fice Building sind keine architektonischen Meisterwerke, aber vom Balkon des Office Building hat man eine schöne Aussicht. An der vierten Ecke schließlich wartet das interessante kleine **Juneau-Douglas City Museum** mit Exponaten aus der Stadtgeschichte, insbesondere aus der Zeit des Goldbergbaus, auf Besucher.

Die russisch-orthodoxe Kirche **St. Nicholas** ist der älteste noch im Original erhaltene Sakralbau seiner Art im Südosten Alaskas. Ihre achteckige Form symbolisiert die sieben Wochentage und den »achten Tag«, den Tag der Ruhe. Sie entstand gegen Ende des 19. Jahrhunderts, als die einheimischen Tlingit-Indianer staatlichem Druck zur Christianisierung ausgesetzt waren und sich für die einzige Religion entschieden, die ihnen den Gebrauch ihrer Sprache im Gottesdienst gestattete.

Ein Leckerbissen für Museums-Fans und Liebhaber der Kunst der Eskimos und Nordwestküsten-Indianer ist das **Alaska State Museum**, das den Besuchern seine Exponate in ihrer typischen Umgebung nahe bringt – beispielsweise im Ambiente eines *longhouse.* Indianisches Kunsthandwerk, Schnitzereien, Textilien und Hausrat wurden früher eher als ethnologische »Merkwürdigkeiten« gesammelt und in den Museen ausgestellt. Erst unter dem Einfluss einiger Surrealisten wie André Breton, Max Ernst und Kurt Seligmann, die glaubten, hier genau die Elemente zu finden, um die sie sich schon in ihren eigenen Werken bemühten, begann der Wandel zur Anerkennung als »Kunst«.

Ironischerweise hat der von den Indianern zu Recht beklagte »Raub ihres Erbes« durch weiße Sammler und Museen wesentlich zum Erhalt der indianischen Volkskunst beigetragen. Die in den Museen vor dem Verfall bewahrten Stücke

Älteste Kirche in Südost-Alaska: St. Nicholas

dienen heute einer neuen Generation indianischer Künstler als Vorlagen bei der Wiederbelebung schon vergessener traditioneller Muster und Formen.

Ist man mit dem überall erhältlichen Stadtplan und Broschüren ausgestattet, kann man den Besuch des **Visitor Center** auch in die Mitte oder an den Schluss des Rundgangs legen. Das Center befindet sich in der Centennial Hall am Egan Drive, wo auch der Forest Service beheimatet ist.

Wer am Nachmittag zum Mendenhall-Gletscher hinausfährt, sollte am Weg einen Besuch der **Glacier Gardens** einschieben. Aus einem hübschen botanischen Garten führt ein steiler Weg durch ursprünglichen Regenwald zu einer Aussichtsplattform an der Flanke des Thunder Mountain. Damit's nicht zu anstrengend wird, fahren kleine elektrische Golfplatz-Wägelchen die Besucher auf den Berg. Eine interessante Alternative für den Nachmittag ist auch ein Besuch der **Macaulay Salmon Hatchery.** Von Mitte Juni bis Oktober schwimmen hier die Lachse eine Fischleiter hinauf, direkt in die Tanks des Zuchtbetriebes. Besucher können beobachten, wie die Fische ankommen, wie sie sortiert und die Eier entnommen und befruchtet werden. In zwei großen Aquarien tummeln sich zudem etwa hundert verschiedene Meeresbewohner, die vor den Küsten Südost-Alaskas ihre Heimat haben.

Tracy Arm, ein 25 Meilen langer Fjord südlich von Juneau, ist ein beeindruckendes Beispiel für ein erst vor relativ kurzer Zeit vom Gletschereis freigegebenes Tal. Zweieinhalb Millionen Jahre lang hobelten und schmirgelten die Gletscher Einschnitte wie diesen in die Küstenberge. An den senkrecht aus dem Wasser aufsteigenden Felswänden sind Risse zu sehen, die aussehen wie Kratzspuren einer gigantischen Pranke. Aus verborgenen Quellen über den Felswänden stürzen Wasserfälle in Kaska-

den zu Tal, das Ende des Fjords füllen die in milchigem Blau leuchtenden Eiswände von Sawyer und South Sawyer Glacier.

Wie in der Glacier Bay (siehe Seite 278 ff.) sind auch diese Gletscher auf dem Rückzug. Über 20 Meter verliert der Sawyer, bis zu 100 Meter der South Sawyer pro Jahr. Besonders der South Sawyer Glacier kalbt praktisch ununterbrochen: Ein Knall, dann trennt sich krachend und prasselnd ein haushohes Stück von der riesigen blauen Eiswand, überzieht sich mit Rissen, zerfällt in Blöcke und Säulen, stürzt ins aufschäumende Wasser. Die Fauna ist hier reichlich vertreten: Robben sonnen sich auf Eisschollen, in den Felswänden nisten zahlreiche Wasservogelarten, auf den Schwemmlandstreifen an den Bachmündungen ist gelegentlich ein Bär zu sehen, über allem kreisen die Seeadler. Tracy Arm ist eine attraktive verkleinerte Kopie der Glacier Bay: auf einem Tagesausflug ab Juneau zu erreichen, und ohne die langen Wege, die man bei der um einiges teureren Tour ab Gustavus zurücklegen muss. ❖

Der Gletscher vor der Haustür: Mendenhall Glacier

Fähre

Reservierungen werden jeweils ab Dezember des Vorjahres sowohl schriftlich als auch telefonisch entgegengenommen.

Tickets sind im Büro am Glacier Hwy. oder im Auke Bay Ferry Terminal erhältlich.

Reservierung von Europa aus:
Alaska Marine Highway System
6858 Glacier Hwy.
Juneau, AK 99811-2505
✆ (907) 465-3941 oder 1-800-642-0066
www.dot.state.ak.us/amhs

 Mendenhall Glacier Visitor Center

An der Mendenhall Loop Rd., 19 km vom Stadtzentrum von Juneau via SR 7
✆ (907) 789-0097
www.fs.fed.us/r10/tongass/districts/mendenhall/index.html
Mai–Sept. tägl. 8–19.30 Uhr
Eintritt $ 5
Der 2,5 km breite und 33 km lange Gletscher endet sozusagen im »Stadtpark« von Juneau. Vom informativen Visitor Center des US Forest Service aus hat man einen beeindruckenden Blick auf diese Eiszunge des Juneau Icefield.

 Centennial Hall/Juneau Visitor Information Center

101 Egan Dr., Juneau, AK 99801
✆ (907) 586-2201 oder 1-888-581-2201
www.traveljuneau.com
Ganzjährig Mo–Fr 8.30–17 Uhr, im Sommer zusätzlich Sa/So/Feiertage 9–17 Uhr

Infos aus dem Internet

www.juneau.com: Kommerziell geprägte Seite mit vielen interessanten Links
www.juneauempire.com: Homepage der örtlichen Zeitung und Online-Führer für Juneau
www.alaskainfo.org: Informationen zur Inside Passage und zu Südost-Alaska

 A Cozy Log Bed & Breakfast

8668 Dudley St.
Juneau, AK 99801
✆ (907) 789-2582
www.cozylog.net
Zwei wunderbare Zimmer im Blockhausstil. Etwa 20 Minuten sind es zum Stadtzentrum und 5 Minuten zum Flughafen. $$$$

 Fireweed House Bed & Breakfast

8530 N. Douglas Hwy.
Juneau, AK 99801
✆ (907) 586-3885
www.fireweedhouse.com
Angenehmes B&B mit Ferienhaus, Apartment und einem Zimmer auf Douglas Island. Einige Kilometer außerhalb der Stadt mitten im Wald mit Alaska-Ambiente. Sehr freundliche Wirtsleute. $$$$

 Alaska Wolf Lodge

1900 Wickersham Ave.
Juneau, AK 99801
✆ (907) 586-2422 oder 1-888-425-9653
www.alaskawolflodge.com
Blockhaus-Unterkunft zwischen Downtown und National Forest. Fünf Zimmer mit Aussicht auf Gastineau Channel und Douglas Island. Hervorragendes Frühstück. $$$$

Bed & Breakfasts

sind in Juneau, wie überall im Südosten Alaskas, oft die empfehlenswerte Alternative zu Hotels. Sie sind meist komfortabler und ruhiger gelegen, allerdings nicht unbedingt billiger. Die Wirtsleute und die anderen Gäste erweisen sich zudem meist als ausgezeichnete Informationsquellen. Das Visitor Information Center ist die beste Anlaufstelle, wenn es um Adressen für Bed & Breakfast geht.

 Juneau International Hostel

614 Harris St., Juneau, AK 99801
✆ (907) 586-9559, www.juneauhostel.net

Preiswerte Jugendherberge. Waschma-schinen, Küche. $

Goldbelt Hotel

51 W. Egan Dr., Juneau, AK 99801
✆ (907) 586-6900 oder 1-888-478-6909
www.goldbelthotel.com
Juneaus bestes Hotel mit 105 Zimmern und allen Annehmlichkeiten. Mit dem hervorragenden »Zen Restaurant«. Down-town. $$$–$$$$

Breakwater Inn

1711 Glacier Ave., Juneau, AK 99801
✆ (907) 586-6303 oder 1-888-586-6303
www.breakwaterinn.com
Hotel und Seafood-Restaurant. Die Zim-mer mit unterhaltsamem Blick auf den Jachthafen leiden etwas unter dem Ver-kehrslärm. Am Rande der Innenstadt gelegen, 41 Zimmer. $$$$

Westmark Baranof

127 N. Franklin St., Juneau, AK 99801
✆ (907) 586-2660 oder 1-800-544-0970
www.westmarkhotels.com/juneau.php
Großes Hotel (196 Zimmer) in der In-nenstadt von Juneau. Nur die Zimmer in den oberen Stockwerken haben Blick aufs Wasser. In der Hauptsaison viele Reisegruppen. Das Restaurant »Gold Room« im Hotel serviert seit 1930 Spe-zialitäten aus Karibu, Fasan, Lamm usw. ($$–$$$). $$$–$$$$

The Prospector Hotel

375 Whittier St., Juneau, AK 99801
✆ (907) 586-3737 oder 1-800-331-2711
www.prospectorhotel.com
Am Ufer in der Nähe des Alaska State Museum. Zimmer auf der Uferseite mit guter Aussicht. Insgesamt 62 Zimmer. Mit Restaurant. $$$

Driftwood Lodge

435 W. Willoughby Ave.
Juneau, AK 99801
✆ (907) 586-2280 oder 1-800-544-2239
www.driftwoodalaska.com

Motel mit 63 Zimmern im Zentrum. Kos-tenloser Zubringerdienst zum Airport. $$$

Auke Village Forest Service Camp-ground

Nähe Fährterminal, Meile 15.4 Glacier Hwy., Juneau, AK 99801
Einfacher, kleiner Platz mit Meerblick.

Mendenhall Lake Campground

Bei Meile 9.4 des Glacier Hwy. rechts ab in die Mendenhall Loop Rd. und links zum See
Juneau, AK 99801
✆ 1-877-444-6777
www.reserveusa.com
Platz der Forstverwaltung mit einfachem Standard, dafür Blick auf den Gletscher. Einige Stellplätze reservierbar.

Heritage Coffee Company & Café

174 S. Franklin St., Juneau, AK 99801
✆ (907) 586-1088 oder 1-800-478-5282
www.heritagecoffee.com
Kaffeerösterei mit Café, Downtown-Treffpunkt für Reisende und Einheimi-sche. $–$$

Sandpiper Café

429 W. Willoughby Ave., Juneau, AK 99801
✆ (907) 586-3150
Di geschl.
Kleines, modernes, familienfreundli-ches Bistro-Café für Frühstück und Lunch. Umfangreiche Speisekarte mit moderaten Preisen. An der Driftwood Lodge. $$

T.K. Maguire's

375 Whittier St., Juneau, AK 99801
✆ (907) 586-3737 oder 1-800-331-2711
www.prospectorhotel.com
Nach einem irischen Goldsucher des ausgehenden 19. Jh. benanntes Restau-rant im Prospector Hotel. Regionale Küche, der Sonntagsbrunch (10–14 Uhr) gilt als einer der besten in Juneau. $$–$$$

Infos: Juneau

 The Island Pub
 1102 2nd St.,Douglas, AK 99824
℘ (907) 364-1595
www.theislandpub.com
Gemütliche Restaurant-Kneipe im benachbarten Douglas, Treffpunkt für Einheimische und Zugereiste gleichermaßen. Pizza, Sandwiches, Salate u. a. gutes Essen, Weinliste. Schöne Aussicht übers Wasser auf die Stadt, manchmal sieht man in der Bucht schwimmende Schwertwale von dort oben. $$

 Douglas Cafe
916 3rd St. in Douglas (am Ende der Brücke links halten)
Douglas, AK 99824
℘ (907) 364-3307
Die kleine, nicht besonders gemütliche Gaststube täuscht: Das Essen ist ausgezeichnet. $$

 Silverbow Bagels
 120 2nd St., Juneau, AK 99801
℘ (907) 586-4146 oder 1-800-586-4146
www.silverbowinn.com
Gilt als älteste Bäckerei Alaskas, die immer noch mit dem Sauerteig »von damals« backt, immerhin war das um 1890. Probieren Sie die köstlichen Zimt-Bagels in diesem populären Frühstückslokal! Im Silver Bow B&B. $–$$

 Red Dog Saloon
278 S. Franklin St., Juneau, AK 99801
℘ (907) 463-3658
www.reddogsaloon.com
Touristenfalle neben der Polizeistation, beim Anleger für die Kreuzfahrtschiffe. Musik, Sägespäne, rauchgeschwängerte Luft und keineswegs so historisch, wie die Werbung glauben machen möchte. Wenn sich aber die richtigen Leute hier treffen, kann es sehr lustig sein.

 The Alaskan Hotel & Bar
167 S. Franklin St., Juneau, AK 99801
 ℘ (907) 586-1000 oder 1-800-327-9347
www.thealaskanhotel.com

Seit 1913 Hotel ($$$), Alt-Alaska-Atmosphäre, authentische Victorian-Ausstattung, Pianomusik, dabei preiswert. Treffpunkt der *locals*.

 Mietwagen
– Alamo ℘ (907) 789-9814 oder 1-877-222-9075
– Avis, ℘ (907) 789-9450 oder 1-800-331-1212
– Budget, ℘ (907) 790-1086 oder 1-800-527-0700
– Hertz, ℘ (907) 789-9494 oder 1-800-654-3131
– Kipco, ℘ (907) 796-2880
– National, ℘ (907) 789-9814 oder 1-877-222-9058

 Fahrten mit dem Bus
Der Stadtbus (www.juneau.org/capital transit) kostet in der Innenstadt nichts, in den Außenbezirken pro Fahrt $ 1.50. Er fährt zum Airport, es gibt allerdings keine Stadtbusverbindung zum Fähranleger oder Mendenhall Park. Der Bus hält in der Innenstadt nur an den bezeichneten Haltepunkten und außerhalb überall da, wo er herangewinkt wird. Vom Fähranleger fährt der blaue Bus von Mendenhall Glacier Transport ab zur Stadtrundfahrt samt Mendenhall Glacier (℘ 907-789-5460, www.mighty greattrips.com, Dauer ca. 2,5 Std., Fahrpreis $ 30).

 Mt. Roberts Tramway
490 S. Franklin St., Juneau, AK 99801
℘ (907) 463-3412 oder 1-888-820-2628
www.mountrobertstramway.com
Mai–Sept. Mo 12–21, Di–Do 8–21, Fr–So 9–21 Uhr
Ticket Erwachsene $ 27, Kinder $ 13.50
Seilbahn zu einer Aussichtsplattform in 600 m Höhe auf dem Mt. Roberts. Die Fahrkarte gilt für beliebig viele Fahrten am gleichen Tag. Wanderer, die zu Fuß auf den Berg gelangen, können für einen Bruchteil des Preises für Berg- und Talfahrt hinabfahren.

St. Nicholas Orthodox Church
326 5th & Gold Sts., Juneau, AK 99802-0130
✆ (907) 586-1023
www.stnicholasjuneau.org
Älteste erhaltene russisch-orthodoxe
Kirche Südost-Alaskas.

Juneau-Douglas City Museum
155 S. Seward St., Juneau, AK 99801
✆ (907) 586-3572
www.juneau.org/parkrec/museum
Mai–Sept. Mo–Fr 9–17, Sa/So 10–17,
sonst Di–Sa 10–16 Uhr
Eintritt $ 4 (im Winter gratis)
Exponate zur Geschichte der Stadt und
des Goldbergbaus in Juneau.

Alaska State Museum
395 Whittier St., Juneau, AK 99801-1718
✆ 1-888-913-6873
www.museums.state.ak.us
Mitte Mai–Ende Sept. tägl. 8.30–17.30,
sonst Di–Sa 10–16 Uhr
Eintritt $ 7, im Winter $ 3
Umfangreiche Sammlung zur Kultur der
Indianer und Eskimos, Bergbau- und Fi-
schereigeschichte; Kunst aus Alaska. Im
Museum ist der Alaska State Museum
Shop untergebracht, in dem es authenti-
sches Kunsthandwerk der Indianer und
Eskimo gibt.

US Forest Service Public
Information Center
Centennial Hall Convention Center
101 Egan Dr. & Willoughby St.
Juneau, AK 99801
✆ (907) 586-8800 oder 1-877-444-6777
(Campingplatz-Reservierungen)
www.reserveusa.com
Ende Mai–Mitte Sept. tägl. 8.30–17 Uhr,
sonst nur Mo–Fr
In der Lobby laufen einige interessante
Filme.

Gold Town Nickelodeon
Emporium Mall, 171 Shattuck Way (Ein-
gang neben Heritage Coffee)
Juneau, AK 99801

✆ (907) 586-2875, www.goldtownnick.com
Eintritt $ 9, Kinder $ 5
Das Kino bietet ein abwechslungsrei-
ches Programm.

Glacier Gardens Rainforest Adventure
7600 Glacier Hwy., Juneau, AK 99801
✆ (907) 790-3377
www.glaciergardens.com
Mai–Sept. tägl. 9–17.30 Uhr
Eintritt $ 25, Kinder $ 16
Blühender botanischer Garten und Ge-
wächshäuser, Fahrt durch ursprünglichen Regenwald zu einem Aussichtspunkt 150 m über dem Tal mit Blick auf
Gastineau Channel und die Chilkat
Mountains.

Macaulay Salmon Hatchery
2697 Channel Dr., Juneau, AK 99801
✆ (907) 463-4810 oder 1-877-463-2486
www.dipac.net
Mai–Sept. Mo–Fr 10–18, Sa/So 10–17
Uhr, Eintritt $ 3.25
Äußerst informative und interessante
Führung durch die Lachszuchtanlage
der Douglas Island Pink & Chum. Von
Mitte Juni bis Okt. sehen Sie hier Lachse
eine 150 m lange Fischleiter hinauf-
schwimmen. In der *hatchery* werden die
Fischeier entnommen, befruchtet und
anschließend in Inkubatoren deponiert.

Tracy Arm
Fjordartige Meeresbucht, in die zwei
Gletscher kalben. Spektakuläre Landschaft. Ausflug dorthin deutlich preiswerter und genau so schön wie ein Trip
in die Glacier Bay. Man sieht Adler, Robben, Delphine, Wale, zu Beginn der Saison auch Bergziegen und Bären. Es gibt
mehrere Unternehmen, die Tagestouren
ab Juneau anbieten, z. B. Tracy Arm
Fjord Tours (s. u.).

Tracy Arm Fjord Tours
76 Egan Drive, Juneau, AK 99802
✆ (907) 463-2509 oder 1-800-228-3875
www.adventureboundalaska.com

Zehnstündige Tagesfahrten mit der »Adventure Bound« in den Tracy Arm Fjord (8–18 Uhr) und zum Sawyer Glacier (Erwachsene $ 150, Kinder $ 95).

Bärenbeobachtung am Pack Creek/ Admiralty Island

40 km südl. von Juneau, erreichbar per Boot oder Wasserflugzeug; beste Zeit ist Mitte Juli–Ende Aug. Für Individualreisende ist eine schriftliche Reservierung (kein Fax) beim US Forest Service in Juneau (Adresse s. S. 276) erforderlich. Einfacher ist es, an einer kommerziellen Tour teilzunehmen, deren Veranstalter die erforderliche Genehmigung hat, z. B.:

Mountain Travel Sobek, ✆ 1-888-831-7526, 0800-182-3089 (von Deutschland aus), www.mtsobek.com

oder

Alaska Fly 'N Fish Charters, ✆ 907-790-2120, www.alaskabyair.com, Tagestour ca. $ 600 pro Person, 3 Std. $ 480

Annie Kaill's Arts & Craft Gallery

244 Front St., Juneau, AK 99801

✆ (907) 586-2880

www.anniekaills.com

Vielfältige Malerei, Töpferei, Schmuckstücke und andere Werke aus den Händen alaskanischer Künstler und Kunsthandwerker.

Taku Smokeries Marketplace

550 S. Franklin St., Juneau, AK 99801

✆ 1-800-582-5122

http://takustore.com

Lachs in Dosen, geräuchert oder gefroren. Auch Heilbutt. Alles ebenfalls zum Versand nach Hause.

Flug nach Gustavus

Alaska Airlines

✆ 1-800-252-7522

www.alaskaair.com

Mt. Roberts Tramway ▷

③ Eiszeit und ländlicher Charme
④ Gustavus und die Glacier Bay

3. Route: Fährfahrt nach Gustavus

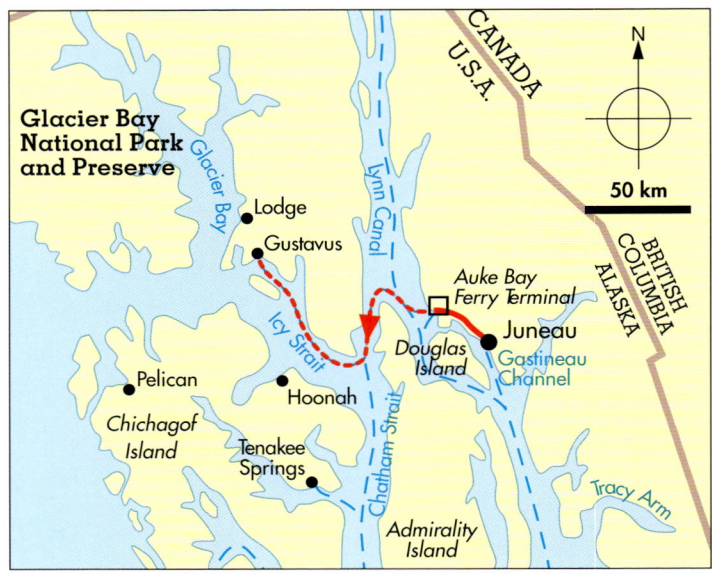

Zeit	Route
Vormittag	Abfahrt der Fähre vom **Fährhafen Auke Bay** bei Juneau.
Mittag	Ankunft in **Gustavus**.
Nachmittag	**Fahrradtour durch Gustavus**. Schauen Sie sich die Mobil-Tankstelle aus den 1930er Jahren an der (einzigen) Straßenkreuzung an! Ggf. Spaziergang am Ufer.

Alternativen & Extras: Am Nachmittag auf der Fähre bleiben und die Tour zur **Walbeobachtung** mitmachen. Das Schiff legt vor der Rückfahrt nach Juneau gegen 17.30 Uhr wieder in Gustavus an. Statt der Fährfahrt nach Gustavus mit an-

schließender Übernachtung kann man auch direkt **von Juneau aus** einen Einta-
gestrip mit Flugzeug und Boot in die **Glacier Bay** unternehmen (Anbieter: Alaska-
tours.com, © 907-277-3000 oder 1-866-317-3325, www.alaskatours.com). Abflug in Juneau
um ca. 6 Uhr (!). Der enge Fahrplan dieses Tages lässt nur Zeit für die neunstündige
Schiffstour in die Glacier Bay, der Trip kostet in etwa dasselbe wie ein Ausflugspaket
mit Übernachtung (ab ca. $ 540 pro Person).

Wichtig: Der Glacier Bay National Park ist in der Hauptsaison überlaufen. Buchen Sie
Fähre bzw. Flug, Unterkunft und Bootstour für den nächsten Tag so früh wie möglich!

4. **Programm/Route:** Glacier Bay und Rückflug nach Juneau

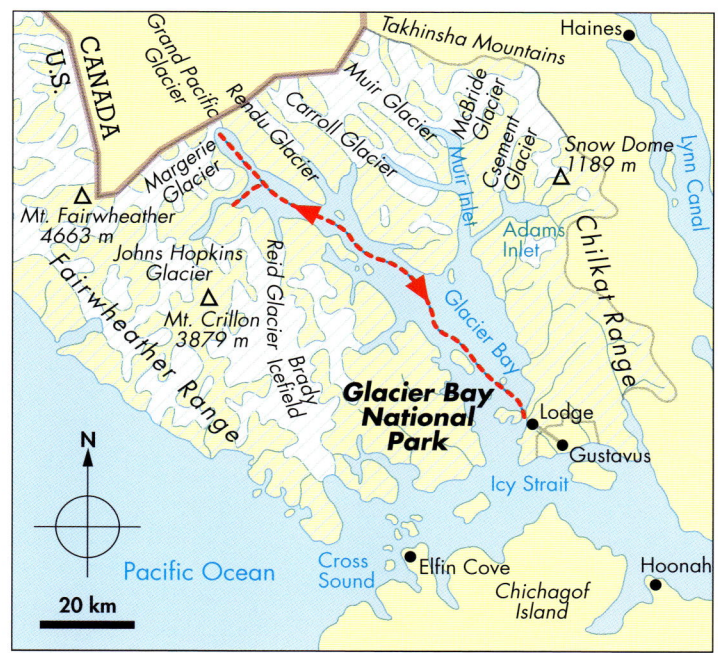

Zeit	Route
Vormittag	Bootstour in die **Glacier Bay** ab Bartlett Cove.
Später Nachmittag	Rückflug nach **Juneau**.

Alternativen & Extras: Glacier Bay ist sehr beliebt und überlaufen. Die Verwaltung hat die Anzahl der Schiffe, die den Nationalpark besuchen dürfen, zum Schutz der Wale reduziert. Wer nicht rechtzeitig reserviert hat oder dem Massenbetrieb entgehen will, sollte stattdessen von Juneau aus die mindestens genauso schöne Tagestour zum **Tracy Arm** unternehmen (s. S. 272).

Zusatztage in Gustavus:
– **Mehrtägige Bootstour** durch den Nationalpark mit Übernachtung auf dem Boot. Glacier Bay Tours des gleichnamigen Country Inn (s. S. 284) bietet Trips an. Gruppen ab 4 Personen können bei Gustavus Marine Charters eine Yacht mit Skipper chartern (ca. $ 1 800 pro Tag, ☏ 907-697-2233, www.gustavusmarinecharters.com).
– **Walbeobachtung** mit Goldbelt Tours (Adresse s. Infos, S. 284) oder einem der vielen kleinen Charterboote in Gustavus.
– **Rundflug** über den verschiedenen Gletschern und der Glacier Bay (Alaska Seaplanes, ☏ 907-697-2375, www.alaskaseaplanes.com).
– **Kajaktouren und Walbeobachtung,** z. B. mit Spirit Walker Expeditions, ☏ (907) 697-2266 oder 1-800-KAYAKER, www.seakayakalaska.com.

Der **Glacier Bay National Park** ist quasi ein Fenster, durch das man einen Blick auf das Ende der letzten Eiszeit auf dem amerikanischen Kontinent werfen kann. Als der britische Kapitän George Vancouver vor etwas mehr als zweihundert Jahren die Westküste kartierte, gab es die **Glacier Bay** noch nicht, an ihrer Stelle füllte ein riesiger Gletscher den Fjord aus. Vancouver beschreibt eine wenige Meilen tiefe Bucht, »begrenzt durch Berge massiven Eises, die senkrecht aus dem Wasser aufragen«.

Als der Amerikaner John Muir hundert Jahre später in die Bucht paddelt, ist sie bereits 77 Kilometer tief. Die Überreste seiner Hütte, die er am Fuße des nach ihm benannten Gletschers baute, finden sich heute im dicht wuchernden Regenwald, weit entfernt vom heutigen Ende der Eismassen. Bis heute gibt das abschmelzende Eis jungfräuliches Land frei für die Besiedelung durch Flora und Fauna. Wie in einem großen Freiluftlabor kann man hier beobachten, welche Pflanzen die kahlen Flächen Neulands besiedeln, wie sich der Bewuchs verdichtet und schließlich im vor 250 Jahren noch vergletscherten Bartlett Cove pazifischer Regenwald aus Sitka-Fichten und Hemlock-Tannen entsteht. Auch die Besiedelung des von hohen Bergen und Gletschern begrenzten Lands durch größere Landsäugetiere ist noch im Gange. Während Schneeziegen, Schwarz- und Grizzlybären bis zu den Ödflächen am Gletscherrand vorgestoßen sind, gibt es zum Beispiel bis heute keine Elche im Westteil des Nationalparks.

Der rasante Rückzug der Gletscher, der dieses einmalige Ökosystem entstehen ließ, bringt es aber auch mit sich, dass man heute während der achtstündigen Rundfahrt fast ununterbrochen unterwegs ist, bis das über 100 Kilometer entfernte Ende des Westarms der Glacier Bay erreicht ist. Dort kann man sehen, wie die schmutzig graue

Hochbetrieb an der Haustür: das Dock von Gustavus

Wand des **Margerie Glacier** langsam ins Meer abbröckelt. Zwischendurch gibt es einen kurzen Halt zum Betrachten der Seevogelkolonien von **North und South Marble Island**. Bei South Marble Island sind auch meist Steller-Seelöwen auf den Felsen zu bewundern.

Interessant, durch die Eisberge und einem sehr aktiven und sehenswert kalbenden Gletscher, wird es bei einem Besuch des **Johns Hopkins Inlet**. Zu Beginn des Sommers, während der Zeit, in der die Robben auf den Eisschollen

ihre Jungen bekommen, bleibt diese Bucht allerdings den Ausflugsbooten verschlossen. So kann es schon einmal passieren, dass sich auf den langen Fahrstrecken bei Sprühregen, kräftigem Wind und Temperaturen knapp über Null an Bord des »High Speed Catamaran« mit *comfortable inside view seating* oder der »Luxury Cruise Yacht« mit *large video units in dining room and lounge* die klammheimliche (selbstverständlich geleugnete) Langeweile anschleicht – trotz des aus dem Lautsprecher schallenden Kommentars des mitfahrenden Nationalpark-Rangers und der Begeisterungsschreie bei der Sichtung einer Walflosse oder eines Adlers.

Vermutlich kommen die meisten Besucher in die Glacier Bay, weil »man« eben da gewesen sein und Gletscher und Tiere gesehen haben muss. Doch es ist auch schwer etwas Vergleichbares an anderen Orten in Alaska zu entdecken. Zu erwähnen sind in dieser Hinsicht auf jeden Fall die Tiere und spektakulär kalbenden Gletscher, die man auf einer der Bootsfahrten von Seward in den Kenai Fjords National Park (siehe Seite 72) oder von Whittier in den College Fjord betrachten kann. Nicht weniger eindrucksvoll sind die himmelhohen Felswände, Wasserfälle und ebenfalls sehr aktiven Gletscher im Tracy Arm südlich von Juneau, der eine der Glacier Bay landschaftlich ebenbürtige Alternative darstellt (siehe Seite 272). Preiswerter und weniger zeitaufwändig sind diese Möglichkeiten auf jeden Fall.

Und dennoch: Ein Besuch der Glacier Bay lohnt sich, allerdings braucht man, um sie wirklich zu erleben, Zeit und etwas Kondition. Zeit für Wanderungen durch die feuchte Wildnis der Urwälder mit ihren Moospolstern und Farnen. Zeit für einen Besuch der Überreste eines Waldes, der vor etwa 7 000 Jahren unter den Gletschern verschwand und erst in unserer Zeit wieder zum Vorschein kam. Zeit für Kajakfahrten zwischen Seehunden und Eisschollen im **Muir Inlet**, dem östlichen Arm der Glacier Bay, oder in seinem wildreichen, engen Seitenarm, dem **Adams Inlet**, in den die großen Ausflugsschiffe nicht vordringen.

Sonnenbad auf der Eisscholle: Robben in der Glacier Bay

Gemütlich: Bear's Nest Cafe

Gustavus, mit Flugplatz und Anleger des kleinen Fährboots aus Juneau, liegt abseits der Route der Kreuzfahrtschiffe und blieb von der »Entwicklung«, die sonst mit Ankunft der Passagiermassen einsetzt, verschont. Seine Inns, Lodges und Bed & Breakfasts sind größtenteils komfortabel bis luxuriös. Mehrere Hotels in Gustavus und die Glacier Bay Lodge bieten Zimmer und Rundfahrten in verschiedenen Kombinationen als Paket an, teilweise einschließlich Flug von/bis Juneau. Trotz seiner Funktion als Transfer- und Übernachtungsstation für die Individual-Besucher des Nationalparks hat sich das 350-Seelen-Dorf seine authentische, freundliche Alaska-Atmosphäre erhalten. Die Mobil-Tankstelle aus den 1930er Jahren präsentiert sich als rot-weißes Gesamtkunstwerk an der (einzigen) Straßenkreuzung.

Weit verstreut stehen die hübschen Häuser am Ufer und im Wald am Rande des Nationalparks. Die Gründer des Orts waren Farmer, hier und da findet man in einer Rodung ein stattliches Haus, umgeben von Gemüsebeeten und Wiesen voller blühender Wildblumen. An den leider nicht allzu häufigen Sonnentagen kommt die einmalige Lage von Gustavus voll zur Geltung. Da leuchten die Schneegipfel der Fairweather Range und der Chilkat Range am Horizont, und über das schimmernde Wasser der **Icy Strait** fällt der Blick auf die grünen Waldberge der Chichagof-Insel. Auch ohne Glacier Bay kann man hier ein paar entspannte Urlaubstage verbringen, mit Spaziergängen am Strand, beim Radeln oder Wandern im Wald, beim Angeln oder einem Besuch bei den Buckelwalen, die sich im Sommer in der Icy Strait, sozusagen vor der »Haustür« von Gustavus, in großer Zahl das nötige Fett für den Rückweg nach Hawaii anfressen. ☀

Gustavus Visitors Association
Gustavus, AK 99826
 ℂ (907) 697-2454
www.gustavusak.com
Informiert über Unterkunftsmöglichkeiten, Restaurants, Aktivitäten und Veranstaltungen in Gustavus. Weitere Infos zu Gustavus: www.gustavus.com.

 Glacier Bay Lodge Tours
199 Bartlett Cove Rd., 16 km von Gustavus
 Gustavus, AK 99826
Telefonische Reservierung in Alaska:
ℂ (907) 697-4000 oder 1-888-229-8687
www.visitglacierbay.com
Der Nationalpark-Konzessionär betreibt auch Ausflugsschiffe von Glacier Bay Tours and Cruises. Das Hotel liegt ganz für sich im Nationalpark. $$$$

 Growley Bear B&B
Gustavus, AK 99826
ℂ (907) 697-2712 oder (907) 463-4635
www.gustavus.com/growleybear
B&B mit vier Zimmern in hübschem Alaska-Blockhaus. $$$$

 Gustavus Inn
Gustavus Rd., Gustavus, AK 99826
ℂ (907) 697-2254 oder 1-800-649-5220
www.gustavusinn.com
Netter Familienbetrieb mit Atmosphäre in einem alten Farmhaus. Sehr gastlich und komfortabel. Betreibt ebenfalls ein Tourboot, einen Katamaran für Rundfahrten in der Glacier Bay. $$$$

 The Annie Mae Lodge
2 Grandpa's Farm Rd.
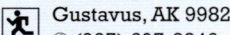 Gustavus, AK 99826
ℂ (907) 697-2346 oder 1-800-478-2346
www.anniemae.com
Typische traditionelle Alaska Lodge (11 Zimmer) in ruhiger Lage am Waldrand. Den Gästen stehen Fahrräder zur Verfügung. $$$$

 Glacier Bay Country Inn
Tong Rd., Gustavus, AK 99826

 ℂ 1-800-628-0912
 www.glacierbayalaska.com
Gemütliches kleines Hotel in einer alten *homestead* außerhalb des Orts. Bekannt für gutes Essen. Betreibt auch Ausflugsboote. Vollpension. $$$$

 Blue Heron Bed & Breakfast
Gustavus, AK 99826
ℂ (907) 697-2337
www.blueheronbnb.net
B&B mit zwei Zimmern und zwei Hütten. Tour-Arrangements möglich. $$$–$$$$

 Bear Track Inn
255 Rink Creek Rd., Gustavus, AK 99826
 ℂ (907) 697-3017 oder 1-888-697-2284
www.beartrackinn.com
Luxuriöses Blockhaus-Hotel mit ausgezeichneter Küche. $$$$

 Homestead Bed & Breakfast
Gustavus, AK 99826
ℂ (907) 697-2777
www.homesteadbedbreakfast.com
Zwei Gästezimmer in der idyllischen Umgebung einer ehemaligen Farm.

 Glacier Bay State Campground
Gustavus, AK 99826
Einfach-Campingplatz an der Glacier Bay Lodge.

 Glacier Bay National Park and Preserve
Gustavus, AK 99826-0140
 ℂ (907) 697-2230
www.nps.gov/glba
 Im Wasser tummeln sich Buckel- und Killerwale, Robben sonnen sich auf Eisschollen, und am Ufer sieht man mit etwas Glück Seeadler, Bären, Elche und Bergziegen.

Bartlett Cove
16 km von Gustavus; Straßenverbindung, Park-Hauptquartier und Abfahrtsstelle der Rundfahrtboote. Die Glacier Bay Lodge, das »offizielle« Hotel des Parks befindet sich hier.

Infos: Gustavus

 The Taz-Cross Sound Express
 ✆ (907) 321-2302 oder 1-888-698-2726
www.taz.gustavus.com
Tägl. 8.30 und 12.30 Uhr
Fahrpreis Erwachsene $120, Kinder $ 60
Tägl. zwei dreieinhalbstündige Touren
von Gustavus zu den Gründen der
Buckelwale bei Point Adolphus und in
den Icy Straits.

 Glacier Bay Sea Kayaks
1 Parker Dr.
Gustavus, AK 99826
✆ (907) 697-2257
www.glacierbayseakayaks.com
Geführte Kajaktouren in den Nationalpark. Auch Kajakverleih für individuelle
Paddelausflüge. Ab Bartlett Cove. Nach
Wunsch inklusive Planung und Reservierung der Unterkünfte.

 **Fairweather Adventures at Glacier
Bay**
 1010 Chase Dr., Gustavus, AK 99826
✆ (907) 697-2334
www.fishglacierbay.com
Walbeobachtungen, Sportfischen und
Sightseeing in der Glacier Bay. Zudem
Bed & Breakfast.

 Wings of Alaska
Gustavus, AK 99826
✆ (907) 697-2201, 789-0790 (Reservierung)
www.wingsofalaska.com
Fahrplanmäßige Flüge u. a. zwischen
Gustavus und Juneau.

Die authentische Mobil-Tankstelle von Gustavus aus den 1930er Jahren

⑤ Seh-Fahrt nach Russisch-Alaska
⑥ Mit dem Fährschiff nach Sitka

5. Programm: Fährfahrt von Juneau nach Sitka

Morgen

Check-in am Fähranleger in **Juneau** $1^1/_2$ Std. vor Abfahrt (Fahrtzeit ca. 9 Std.). Die Fähre umrundet das Nordende von **Admirality Island**. Halten Sie dort Ausschau nach dem einsam stehenden **Point-Retreat-Leuchtturm**. Später fährt man durch die enge **Peril Strait** und die **Sergius Narrows**. Hier gibt es gute Chancen, am Ufer Hirsche und Bären und im Wasser Delphine und Buckelwale zu sehen.

Nachmittag

Ankunft am Fährterminal, 11 km von **Sitka**.

6. Programm: Sitka

Vormittag

Spaziergang durch Sitka: Vom Aussichtspunkt auf dem **Castle Hill** zur **Harrigan Centennial Hall** mit Visitor Center und **Isabel Miller Museum**. Auf dem Harbor Dr. nach links, rechts in die Maksutoff Rd. zur unübersehbaren **St. Michael's Cathedral**. Auf der Lincoln St. nach links (Westen), rechts in die American St., links in die Seward

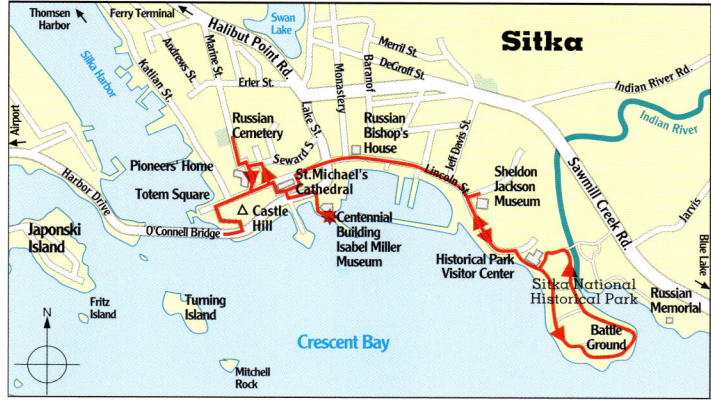

St.und rechts in die Marine St. zum **Russian Cemetery**. Zurück zur Seward St., am Sitka Pioneers' Home vorbei zum **Totem Square** am Hafen.

Nachmittag

Auf der Lincoln St. nach Osten zum **Russian Bishop's House**, dann in der gleichen Richtung weiter zum **Sheldon Jackson Museum** und weiter zum **Sitka National Historical Park**. Dort Spaziergang auf dem **Totempfad** am Ufer (rechts vom Visitor Center) zum **Battle Ground** und durch den Wald zurück zum National Historical Park Visitor Center. Auf der Lincoln St. den ganzen Weg zurück bis zum Castle Hill und zur O'Connell Bridge.

Alternative für den Vormittag: »Historic Sites of Sitka Walking Tour« mit Führer. Buchung im Visitor Center des Sitka National Historical Park.

Extratage in Sitka:
– Besuch im **Alaska Raptor Center**, in dem verletzte Raubvögel gepflegt werden (1000 Raptor Way, Sitka, AK 99835, ✆ 907-747-8662 oder 1-800-643-9425, www.alaskaraptor.org, Mai–Sept. tägl. 8–16 Uhr, Eintritt $ 12).
– **Sitka aus indianischer Sicht:** Besuch von National Historical Park, Tlingit-Dorf, Tlingit-Klanhaus und Tanzvorführung (mit Sitka Tribal Tours, ✆ 907-747-7290 oder 1-888-270-8687, www.sitkatours.com).
– Wildlife Tour zur Beobachtung von Flora und Fauna im **Salisbury Sound** (mit Allen Marine Tours, ✆ 907-747-8100 oder 1-888-747-8101, www.allenmarinetours.com).
– **Paddel-Tour** mit Alaska Travel Adventures (✆ 1-800-323-5757, www.alaskaadventures.com).
– **Sitka Summer Music Festival**. Im ganzen Monat Juni. Zu den Kammerkonzerten kommen international renommierte Musiker (www.sitkamusicfestival.org).

Im ersten Morgengrauen versammelt sich eine gähnende Gruppe am Fährterminal in **Auke Bay**. Der Kaffeeautomat brummt und gurgelt im Akkord. Während draußen die Fähre entladen wird und sich die wartenden Fahrzeuge auf dem Parkplatz zu ordentlichen Reihen formieren, blinken die ersten Flecken des blauen Himmels aus dem Morgennebel.

Einmal an Bord und das Gepäck im Schließfach verstaut, beginnt ein kurzer Streifzug durch das Schiff. Zuunterst, über dem Parkdeck für die Fahrzeuge, liegt das Kabinendeck mit dem *pursers office*, an dessen Schalter es die Schlüssel für die Kabinen gibt. Darüber befinden sich im Vorschiff die Lounges, Bar und Selbstbedienungsrestaurant und achtern das Bordrestaurant, in dem gleich nach dem Auslaufen das Frühstück serviert wird. Eine »Etage« höher, im überdachten Teil des Sonnendecks, verbringen die Rucksackreisenden unter Wärmestrahlern die Nacht. Von der Reling fällt der Blick hinunter zum unteren Sonnendeck, auf dem Langstreckenreisende Camper – zwischen Alaska und Washington ist die Fähre drei Tage und vier Nächte unterwegs – ihre Zelte aufgebaut haben.

Die Nacht war kurz, und die morgendliche Kühle treibt die meisten Fahrgäste bald wieder hinein ins Warme. Für ein ausgiebiges Frühstück oder ein kurzes Nickerchen bleibt noch Zeit, bevor die Sonne, die auch hier im Regengürtel Alaskas manchmal scheint, hoch genug über die Berge gestiegen ist und den restlichen Nebel weggebrannt hat.

Ein schneller Blick auf den Leuchtturm am **Point Retreat**, der Nordspitze von **Admirality Island**, dann gleitet das Schiff für einige Stunden durch das glitzernd blaue Wasser des **Chatham Channel**, immer geradeaus Richtung Süden.

Für den Betrachter läuft mit entspannender Langsamkeit ein Film ab, der blaugrüne Berge, gewaltige Kreuzfahrtschiffe, kleine Fischerboote und winzige Schlepper zeigt, die riesige Flöße aus Baumstämmen zum Sägewerk ziehen. Mit etwas Glück erspäht man vielleicht einen der vielen Buckelwale, die jeden Sommer in den planktonreichen Gewässern auftauchen.

Eine plötzliche Kursänderung nach Westen führt in eine scheinbare Sackgasse. Die Berge werden höher und die Ufer kommen näher, Inselchen und Felsklippen säumen den Weg. Die Lautsprecherstimme des Kapitäns kündigt **Peril Strait**, die Straße der Gefahr, an. Eine neue Kursänderung erfolgt vor dem Massiv des **Finger Mountain**; die Ufer rücken an das Schiff heran und locken auch die letzten entspannt in der Sonne dösenden Faulenzer an die Reling. Der Gezeitenstrom in den **Sergius Narrows** erreicht sechs bis acht Knoten; das Schiff durchfährt diese Engstelle deshalb stets bei Gezeitenwechsel, wenn die Strömung ihre Richtung umkehrt und für kurze Zeit ihre Kraft verliert.

Die Ufer sind zum Greifen nahe, hier und da lässt sich ein Vertreter der Tierwelt blicken. Weißkopf-Seeadler sitzen auf toten Bäumen, ein Bär verschwindet im dichten Unterholz, und die Sitka-Hirsche am Ufer einer Bucht beäugen misstrauisch die Fähre. Der **Salisbury Sound** gestattet für kurze Zeit den Blick auf den Pazifik, bevor die **Whitestone Narrows** das Schiff umschließen. Nach einer letzten Engstelle und hinter einem Schärengürtel taucht Sitka an der Westküste der Baranof-Insel auf.

Sitkas wechselvolle Geschichte begann, als die Russen auf der Suche nach Pelzen 1799 nahe dem Indianerdorf Shee Attika das Fort St. Michael (benannt nach dem Erzengel) anlegten.

1802 von aufgebrachten Indianern zerstört, ersetzte es Baranof 1804 an der Stelle des heutigen Sitka durch eine neue Befestigung, genannt Novo Archangelsk (*archangel:* Erzengel), das sich schnell zur wirtschaftlichen, religiösen und kulturellen Metropole von Russisch-Alaska entwickelte. Von den Aleuten bis nach Fort Ross nördlich von San Francisco reichte damals die russische Einflusssphäre.

Mit dem Verkauf der Kolonie an die Vereinigten Staaten im Jahr 1867 be-

gann der Niedergang unter einer unfähigen und korrupten Militärverwaltung. Anfang des 20. Jahrhunderts brachten Lachsfang und -verarbeitung einen bescheidenen Aufschwung. 1906 zogen die letzten Regierungsstellen nach Juneau um. Heute lebt die 8 700 Einwohner zählende Stadt von Tourismus, Fischerei und Holzverarbeitung.

Selbst auf den zweiten Blick ist Sitka einer der landschaftlich am schönsten gelegenen Orte Alaskas. Bunte Boote schaukeln auf den dunkelblauen Wellen

Futter für das Sägewerk

der Bucht, die goldenen Kreuze auf den Türmen der St. Michael's Cathedral leuchten vor den dunkelgrünen Bergen des Tongass-Waldes, und im Westen wacht der Kegel des **Mount Edgecumbe** über der Bucht. Der Ort hat sich sein authentisches Stadtbild und freundliches Flair erhalten, und trotz des Ansturms der Kreuzfahrtschiffe sind Sitkas Straßen noch nicht zu einer dicht an dicht gedrängten Aneinanderreihung von Andenkenläden verkommen.

Castle Hill, hier stand das Haus des russischen Gouverneurs Baranof und hier fand auch am 18. Oktober 1867 die Übergabezeremonie nach dem Verkauf Alaskas an die USA statt, ist heute Sitkas Aussichtsbalkon: Von hier aus genießt man den Blick auf Downtown, die Türme der Kirche, den Hafen mit

Totem im Sitka National Historical Park

den Fischerbooten und die Bucht voller bewaldeter Inseln und Inselchen. Und von hier aus kann man auch einen Rundgang durch den Ort beginnen.

In der Stadt, am Anleger neben dem **Visitor Center**, ist inzwischen der Teufel los. Hundertschaften von Kreuzfahrtschiffspassagieren werden von der **Harrigan Centennial Hall** aufgesogen und eine halbe Stunde später wieder ausgespien; drinnen legen die New Archangel Dancers ihre Version russischer Volkstänze aufs Parkett. *Shopping, shopping, shopping* summt es draußen im vielstimmigen Chor, gelegentlich unterbrochen von einem lauten »Can you take my picture?«. Drüben in der **St. Michael's Cathedral** präsentiert Father John, ein Baum von einem Indianer, im Priestertalar voller Stolz seine Kirche und die wertvollen Ikonen. St. Michael's ist eine originalgetreue Kopie der 1966 abgebrannten ersten orthodoxen Kathedrale in der neuen Welt. Die bis auf das 17. Jahrhundert zurückgehenden Ikonen, darunter die »wundertätige« *Sitka Madonna*, wurden damals gerettet und sind heute in der Kirche zu sehen.

Auf einem Hügel, ein paar Schritte von der Kirche entfernt, liegt der alte **russische Friedhof** mit Grabstätten aus längst vergangenen Zeiten, darunter der von Prinzessin Maksutov, der Frau des letzten russischen Gouverneurs von Alaska. Vom russischen Blockhaus nebenan führt ein Weg hinunter zum mit Gras bewachsenen **Totem Square** zwischen dem Ufer und dem stattlichen Pioneer Home, einem Altersheim für Alaska-Pioniere. Auf dem Totem Square gibt es eine russische Kanone, einen Totempfahl, verschiedene prähistorische Steinritzungen und drei alte Anker zu bewundern, die man aus dem Hafen geborgen hat. Eine Treppe führt von hier hinauf zum Castle Hill.

Ein geruhsamer Spaziergang führt am Nachmittag auf der Lincoln Street am Yachthafen entlang bis zum Sitka National Historical Park. Am Weg liegen das originalgetreu restaurierte **Russian Bishop's House** und, auf dem Gelände des College, das **Sheldon Jackson Museum** mit einer der besten Sammlungen indianischen Kunsthandwerks weltweit. Ivan Veniaminof, der spätere Bischof Innocent, kam in der ersten Hälfte des 19. Jahrhunderts als Missionar nach Alaska. Er übersetzte die Bibel in die Sprache der Tlingit und gestattete ihnen die Benutzung ihrer Sprache im Gottesdienst, was sich als wesentliches Element zur Erhaltung der Kultur der Eingeborenen erweisen sollte. Das Obergeschoss seines Hauses ist mit Originalmobiliar ausgestattet, im Erdgeschoss befindet sich ein Museum. Eine winzige Kapelle enthält Ikonen, die Veniaminof aus Russland mitgebracht hatte.

Im Visitor Center des **Sitka National Historical Park** sind Modelle von Sitka aus verschiedenen Geschichtsepochen zu sehen. Displays erläutern die Entwicklung des Kunsthandwerks der Indianer Südost-Alaskas, in den angeschlossenen Werkstätten kann man die Künstler bei der Herstellung von Schnitzereien, Silberarbeiten, Trommeln und traditioneller Kleidung beobachten.

Sehr beeindruckend ist der **Totem Park** im Wald hinter dem Visitor Center. Ein Pfad führt durch die schweigende Dämmerung des Regenwaldes, in dem wenige Sonnenstrahlen aus einem unsichtbaren Himmel wie Lichtvorhänge im Raum stehen. Totempfähle zwischen den riesigen Bäumen schauen hinaus auf die Bucht, in der die im Sommer in Südost-Alaskas allgegenwärtigen Kreuzfahrtschiffe ankern. Vor der Mündung des Baches, von dem behauptet wird, dass man ihn zur Zeit der Lachswande-

Tlingit-Indianer vor der »Dance Hall«

rung trockenen Fußes überqueren könne, treibt ein Otter im Wasser. Eine stille Wiese mitten im Wald markiert die Stelle der letzten entscheidenden Schlacht zwischen Baranof und den Tlingit.

Am späten Nachmittag strömen die Besucher zurück auf ihre Schiffe, die Stadt leert sich und findet ihren gewohnten Rhythmus. Die Fischerboote kehren zurück und entladen den Fang des Tages. Die Pioneer Bar an der Katlian Street füllt sich mit bekannten Gesichtern, teils Fischer, teils Bewohner des Alaska Pioneers' Home, die den hereingeschneiten Besucher für ein Bier mit endlosen Geschichten – erfunden oder wahr – vom Leben in der Wildnis Alaskas unterhalten. ☀

Infos: Sitka

 Sitka
1799 von Alexander Baranof nahe einem
Tlingit-Indianerdorf gegründet. Bis 1867
als Novo Archangelsk die Hauptstadt von
Russisch-Alaska. Landschaftlich wunder-
schön an der dem Pazifik zugewandten
Seite von Baranof Island gelegen.

Sitka Convention and Visitors Bureau
303 Lincoln St.
Sitka, AK 99835
✆ (907) 747-5940
www.sitka.org

www.travelsitka.com
Alles, was man zu Sitka wissen will, und
dazu einige Links zu anderen interessanten Websites.

 Super 8 Motel Sitka
404 Sawmill Creek Rd.
Sitka, AK 99835-7446

✆ (907) 747-8804 oder 1-800-800-8000
www.super8.com
Einfaches Hotel (35 Zimmer), aber mit
allem, was notwendig ist. $$$

 Eagle Bay Inn
1321 Sawmill Rd.
 Sitka, AK 99835
✆ (907) 623-9973
www.sitkaseaglebayinn.com
Neuestes Hotel in Sitka, Eröffnung Früh-
jahr 2009. 16 Zimmer und Restaurant. $$$

 Westmark Sitka
330 Seward St.
Sitka, AK 99835-7523
✆ (907) 747-6241 oder 1-800-544-0970
www.westmarkhotels.com/sitka.php
Ein Haus der omnipräsenten Hotelkette
(101 Zimmer). Belebte Cocktail-Lounge,
Restaurant. Versuchen Sie ein Zimmer
mit Hafenblick zu bekommen. $$$–$$$$

Sitka – einer der landschaftlich am schönsten gelegenen Orte Alaskas

6 **Infos:** Sitka

A Blueberry Inn
4610 Halibut Point Rd.
Sitka, AK 99835
℃ (907) 747-4589
www.ablueberryinn.com
Minihotel mit sechs Zimmern. $$$$

Bed & Breakfast
Sitkas Hotels sind oft ausgebucht und gehören außerdem nicht unbedingt zur Spitzenklasse. Eine interessante Alternative sind daher die vielen B&Bs. Eine ausführliche Liste erhält man beim Sitka Convention and Visitors Bureau.

Alaska Ocean View Bed & Breakfast
1101 Edgecumbe Dr.
Sitka, AK 99835
℃ (907) 747-8310 oder 1-888-811-6870
www.sitka-alaska-lodging.com
Komfortabel und sehr nette Wirtsleute, für Nichtraucher. Drei Zimmer. $$$–$$$$

Hannah's Bed & Breakfast
504 Monastery St.
Sitka, AK 99835
℃ (907) 747-8309
www.hannahsbandb.com
Hübsches, gemütliches B&B mit zwei großen Zimmern. $$$

Jamestown Bay Bed & Breakfast
117 Jamestown Dr.
Sitka, AK 99835
℃ (907) 747-5643
www.jamestownbay.com
Schön gelegen mit Blick auf die Jamestown Bay. Eine Suite. $$$

Sealing Cove RV Campground
Sitka, AK 99835
℃ (907) 747-3439
Auf Japonski Island, direkt hinter der Brücke links. Nur Stellplätze für Wohnmobile!

Starrigavan Campground
Meile 7.2 Halibut Point Rd.
Sitka, AK 99835

℃ 1-877-444-6777
www.recreation.gov
Einfach ausgestatteter Campingplatz 1 km nördl. des Fährhafens, am Ende der Halibut Point Rd.

Sitka Sportsman's Association RV Park
5211 Halibut Point Rd.
Sitka, AK 99835
℃ (907) 747-6033 oder 1-800-750-4712
www.rvsitka.com
Ein Block südlich des Fährterminals, westl. der Halibut Point Rd. über eine kleine Brücke.

The Ravens Room
Im Westmark Sitka
330 Seward St.
Sitka, AK 99835
℃ (907) 747-0979
Fischgerichte, Steaks und Ausblick auf den Sound. $$–$$$

Ludvig's Bistro
256 Katlian Ave., Sitka, AK 99835
℃ (907) 966-3663
www.ludvigsbistro.com
Fisch, Muscheln und Meeresfrüchte aus Alaskas Gewässern. Mediterran zubereitet. Cocktails. $$–$$$

Sitka Channel Club
2906 Halibut Point Rd.
Sitka, AK 99835
℃ (907) 747-7440
www.sitkachannelclub.com
6 km außerhalb der Stadt, schöne Aussicht auf den Sitka Sound. Steaks, Meeresfrüchte. Shuttle in die Stadt. Mit Bar. $$

Highliner Coffee
Etwas versteckt an der Rückseite der Seward Square Mall, 327 Seward St.
Sitka, AK 99835
℃ (907) 747-4924
www.highlinercoffee.com
Zahlreiche Kaffeespezialitäten, frische Bagels, Kuchen und Internetanschluss. $–$$

Pioneer Bar & Liquor Store
212 Katlian St.
Sitka, AK 99835
✆ (907) 747-3456
Interessante Kneipe, bekannt für die Hunderte von Bildern an den Wänden.

Zu den Fährzeiten gibt es eine **Busverbindung** zwischen Sitka und dem 11 km entfernten Fährterminal. Nach Ankunft eines Flugzeugs steht vor dem Terminal der Visitor´s Trolley Bus, der alle relevanten Stops in Sitka anfährt. Infos: ✆ (907) 747-5800, www.sitka.org, Ticket $ 5, Tagespass $ 10

Castle Hill
Zugang über die Treppe links neben dem Juweliergeschäft am Ende der Lincoln St. und vom Parkplatz neben der Brückenrampe. Hier stand bis 1898 Ba-

Totem im Sitka National Historical Park

ranofs Schloss. Sehr schöner Ausblick auf Stadt und Hafen.

Sitka Historical Museum
Im Harrigan Centennial Building
330 Harbor Dr.
Sitka, AK 99835
✆ (907) 747-6455
www.sitkahistory.org/museum.shtml
Mai–Sept. tägl. 8–17 Uhr, sonst kürzer
Ausstellung zur Geschichte Sitkas und seiner Einwohner, darunter ein Modell der Stadt im Jahr 1867, russische Werkzeuge und Gemälde aus verschiedenen Epochen.

St. Michael's Cathedral
240 Lincoln St. (Cathedral St.)
Downtown Sitka, AK 99835
✆ (907) 747-8120
www.dioceseofalaska.org
Juni–Sept. 9–16 Uhr
Originalgetreuer Nachbau der im Jahre 1966 niedergebrannten russisch-orthodoxen Kathedrale von 1848. Einmalige Ikonen, zum Teil aus dem 17. Jh. (darunter die »Sitka Madonna«).

Russian Cemetery
An der Marine St., Sitka, AK 99835
Gräber der Pioniere, darunter das von Prinzessin Maksutov, der Frau des letzten russischen Gouverneurs. Nebenan Replik eines Blockhauses aus der russischen Zeit.

Totem Square
Totempfahl, Felszeichnungen der Tlingit-Indianer, Anker von frühen britischen oder amerikanischen Schiffen und eine alte russische Kanone.

Alaska Raptor Center
1000 Raptor Way, Sitka, AK 99835
✆ (907) 747-8662 oder 1-800-643-9425
www.alaskaraptor.org
Mai–Sept. tägl. 8–16 Uhr, Eintritt $ 12
Greifvogelzentrum östlich des Ortszentrums.

⑥ **Infos:** Sitka

Haus in den Schären von Sitka

 Russian Bishop's House
Lincoln & Monastery Sts.
Sitka, AK 99835
✆ (907) 747-6281, www.nps.gov/sitk
Im Sommer tägl. 9–17 Uhr, Eintritt $ 4
Originalgebäude von 1842. Einstiges
Wohnhaus von Bischof Innocent.

 Sheldon Jackson Museum
 104 College Dr. & Lincoln St.
Sitka, AK 99835
✆ (907) 747-8981
www.museums.state.ak.us
Mitte Mai–Mitte Sept. tägl. 9–17, im Winter
Di–Sa 10–16 Uhr, Eintritt $ 4
Eine der besten völkerkundlichen Sammlungen zum Thema Alaska. Im Muse-
ums-Shop authentisches Kunsthandwerk der Indianer.

Sitka National Historical Park
 103 Monastery St.
Sitka, AK 99835
✆ (907) 747-0110 (Visitor Center)

 www.nps.gov/sitk
Visitor Center im Sommer tägl. 8–17,
Park 6–22 Uhr, Eintritt $ 4
Ansammlung von Totems und Visitor
Center mit Werkstätten, in denen heute
das Kunsthandwerk der Indianer ge-
pflegt wird. Im Park führt ein schöner
Spazierweg durch den Regenwald zum
Ort des Schlachtfelds von 1802 und des
Forts der Tlingit-Indianer. Im Visitor
Center erhält man den sehr empfeh-
lenswerten Stadtplan »Historic Sites of
Sitka«.

 O'Connell Bridge
Nachmittags der richtige Ort für Fotos
der Waterfront und des Hafens von Sitka.

 **Flug von Sitka nach Petersburg bzw.
Juneau**
Telefonisch buchen bei Alaska Airlines
✆ 1-800-252-7522
www.alaskaair.com

⑦ Norwegen in Alaska und ein
⑧ Slalom für die Fähre
Von Sitka nach Ketchikan

7. Route: Sitka – Petersburg

Zeit	Route
Früher Morgen	Abflug von **Sitka**, Flugzeit etwa 40 Min.
Früher Nachmittag	Flug **Juneau – Petersburg**, Flugzeit ca. 1 Std.
Später Nachmittag	**Spaziergang in Petersburg:** vom Fähranleger aus auf Mitkof Hwy. und Nordic Dr. in die Stadt bis zum North Harbor. Unterwegs die **Sons of Norway Hall** und die Board-walks am Hammer Slough. Besuch im **Clausen Memorial Museum**.

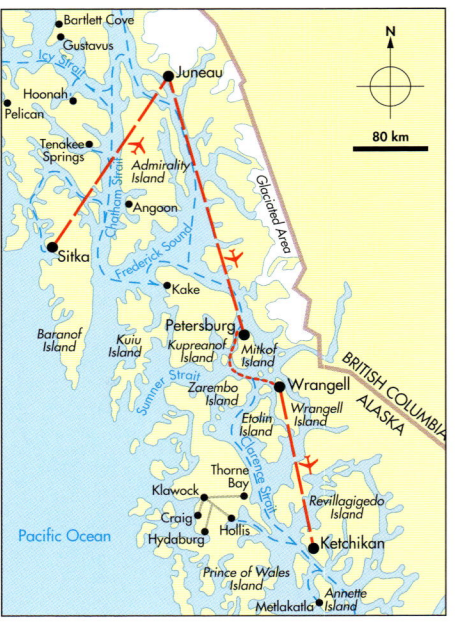

8. Route: Petersburg – Wrangell – Ketchikan

Zeit	Route
Vormittag	Fahrt mit der Fähre durch die **Wrangell Narrows** von Petersburg nach Wrangell, Ankunft ca. 12 Uhr, anschließend **Spaziergang durch Wrangell** zum Chief Shakes Island and Tribal House und zum Petroglyph Beach.
Nachmittag	Ca. 16 Uhr Flug nach **Ketchikan**.

Hinweis zur Reiseplanung: Der oben genannte Ablauf für den Abschnitt zwischen Sitka und Ketchikan ist nur eine von vielen Kombinationsmöglichkeiten, die sich, sofern man nicht in Petersburg und Wrangell Zusatztage einschiebt, mehr oder weniger zwingend aus dem Fährenfahrplan und dem Flugplan von Alaska Airlines für das Jahr Ihrer Reise ergeben. So kann es z. B. nötig sein, noch am Abend mit der Fähre nach Wrangell zu fahren und dort zu übernachten. Regnet es wieder einmal gnadenlos und ohne Ende, sind natürlich auch die **direkte Fährfahrt von Sitka nach Ketchikan** oder der Flug von Sitka nach Ketchikan erwägenswerte Alternativen. Achten Sie darauf, dass Sie bei einer Fährfahrt die sehenswerten **Wrangell Narrows** (in den ersten anderthalb Stunden Fahrt nach Süden ab Petersburg) möglichst bei Tageslicht passieren. Und: Der hier vorgestellte Reiseplan gilt selbstverständlich nur für Reisende ohne Auto. **Pkw-Fahrer** benutzen die Fähre von Juneau nach Ketchikan und machen in Wrangell nur kurz Zwischenstation.

Extratage in Petersburg:
– **Wale beobachten** mit Whale Song Cruises (℃ 907-772-9393, www.whalesong cruises.com).
– Besuch des **Stikine River Delta** und des **LeConte-Gletschers** mit Viking Travel (℃ 1-800-327-2571, www.alaskaferry.com).
– Besuch der **Fischverarbeitungsanlage** von Tonka Seafoods (℃ 1-888-560-3662, www.tonkaseafoods.com) oder Petersburg Fisheries (℃ 907-772-4294 oder 1-877-772-4294, www.hookedonfish.com).
– Weitere Vorschläge bietet Petersburg Creek (℃ 907-772-2425, http://home. gci.net/~psgcreek/).

Extratage in Wrangell:
– Jetboat-Tour auf dem Wildwasser des **Stikine River Canyon** mit Besuch der Granat-Fundstelle, des Shakes Glacier und der Chief Shakes Hot Springs (mit Stickeen Wilderness Adventures, ℃ 907-874-2085, www.akgetaway.com/wildside/jetboat.html, oder Alaska Waters, ℃ 907-874-2378 oder 1-800-347-4462, www.alaskawaters.com).
– Am **Anan Creek**, 50 km südl. von Wrangell, kann man von Anfang Juli–Mitte Aug. eine größere Anzahl Schwarz- und Braunbären beim Lachsfang beobachten. Tagestouren mit Boot oder Buschflugzeug (Sunrise Aviation, ℃ 907-874-2319 oder 1-800-874-2311, www. sunriseflights.com).

P**etersburg** hat keinen Tiefwasserhafen, wird nicht von den großen Kreuzfahrtschiffen angelaufen und blieb bisher verschont von den Massen der Tagesbesucher. Als 1897 Peter Buschman beschloss, hier ein Sägewerk und eine Fischkonservenfabrik zu bauen, nahm er jeden Norweger in seine Dienste, der den Weg zu seinem damals noch abgelegenen Außenposten in der Wildnis fand. Die Norweger blieben, holten ihre

Familien nach und begannen mit dem Bau der kleinen Stadt. Seit Buschmans Zeiten hat sich wenig geändert. Man lebt hauptsächlich von der Fischerei, der Fischverarbeitung und der Arbeit für die Regierung. Rund 400 Fischkutter, darunter Alaskas größte Heilbutt-Fangflotte, landen Unmengen von Lachsen, Heilbutt, Heringen und *black cods* (Kabeljau), Krabben und Shrimps an. Der Mehrzahl der rund 2 800 Petersburger

Einwohner ist das gerade recht so, man blickt mit Schaudern auf die Besuchermassen, die jeden Tag über Ketchikan und Juneau herfallen, und verzichtet gerne auf die ohnehin nur im Sommer geöffneten Boutiquen und Andenkenläden. Sommerjobs gibt es in der örtlichen Industrie genug, und im Winter macht halb Petersburg ohnehin Urlaub auf Hawaii oder in Mexiko.

So ist denn auch genau dieser Mangel an »touristischer Erschließung« die Hauptattraktion von Petersburg. Das Leben geht seinen gewohnt ruhigen Gang, im **Visitor Center** widmet man sich den Fragen und Wünschen der Besucher mit Hingabe und Geduld. Beim Spaziergang auf dem Nordic Drive sieht man höchst selten einen anderen fremden Besucher, dafür aber blonde Kinder auf Fahrrädern und stämmige Fischer im Pick-up. Petersburg ist Ausgangspunkt für eine ganze Anzahl von Unternehmungen an der frischen Luft: Es werden Touren zum **LeConte Glacier** und ins **Stikine River Delta** angeboten, man kann die Küste auf mehrtägigen Kajakexpeditionen erforschen, am **Petersburg Creek** im Regenwald von Hütte zu Hütte wandern, Wale beobachten oder mit einem kommerziellen Fischerboot zum Fang ausfahren. Die Nachteile Petersburgs seien jedoch nicht verschwiegen: der Mangel an guten Restaurants (nahrhaft und viel ist hier die Devise) und die begrenzten Übernachtungsmöglichkeiten. Und auch der Programmpunkt »Sightseeing« ist mit einem ein- bis zweistündigen Spaziergang schnell erledigt.

Die auf unzähligen Stelzen über das Wasser des Hammer Slough gebauten Häuser sind das Vorzeige-Fotomotiv für die Besucher von Petersburg. Außer den hektischen Aktivitäten der Fischereiflotte im Hafen, dem üblichen Lachs-bach mit Fischleiter und *hatchery*, einem *seafood processing plant*, den man besichtigen kann, und einem Rekordlachs von 57 Kilogramm im Lokalmuseum hat der Ort dem Kurzzeitbesucher sonst nicht viel mehr an touristischen Attraktionen zu bieten. Petersburgs ab und zu gepriesener *old world charm* beschränkt sich im Wesentlichen auf zwei hölzerne Häuserzeilen beiderseits der Sing Lee Alley und die schnörkelige Bemalung von Fensterläden. *Rosemaling* nennt man die gemalten Blumengirlanden, sie sollen die norwegische Herkunft vieler Bewohner der Stadt und ihre Verbundenheit mit der Alten Welt dokumentieren. Genaueres Hinsehen bringt dann auch ein Schild zum Vorschein, mit dem das Haus mit dem Modell eines Wikingerschiffs auf der Terrasse zur »Sons of Norway Hall« deklariert wird.

Ein letzter Blick, vom Achterdeck der Fähre über die Stadt hinweg auf die Granittürme über dem ewigen Eis der Coast Mountains, dann lockt die Aussicht an der Reling des Vorschiffs. Anderthalb Stunden lang dampft die Fähre in langsamer Fahrt durch die **Wrangell Narrows** zwischen Mitkof und Kupreanof Island. Hunderte Seezeichen markieren auf der 37 Kilometer langen Strecke den Slalom zwischen Inselchen und Felsriffen. Manchmal rücken die Ufer auf weniger als 300 Meter zusammen, die Fahrrinne verengt sich auf kaum mehr als Schiffsbreite, und Fischerboote und Fähre brüllen sich per Sirene an, um die Vorfahrt zu regeln. Die Wrangell Narrows sind eine der kritischen Stellen in der Fährroute durch die Inside Passage. Die Wassertiefe ist nur bei Flut ausreichend für den Tiefgang der Schiffe, so kann es schon einmal vorkommen, dass die Fähre drei oder vier Stunden im Hafen warten

Temperierter Regenwald des Tongass National Forest nahe Ketchikan

muss, bis die Tide gedreht hat und wieder ausreichende Wassertiefe zur Verfügung steht.

Irgendwann weichen die Ufer zurück, und über die **Summer Strait** geht es hinüber nach **Wrangell** auf der gleichnamigen Insel, benannt nach Baron von Wrangell, dem ehemaligen Gouverneur der Russisch-Amerikanischen Gesellschaft. Der Ort wurde 1834 als Fort St. Dionysius in der Nähe der Mündung des Stikine River, einer der traditionellen Handelsrouten der Tlingit-Indianer, gegründet. Es sollte den russischen Pelzhandel mit den in Europa so begehrten Seeotter-, Nerz- und Luchsfellen gegen den Konkurrenten Hudson's Bay Company abschotten. Sechs Jahre später verpachtete man den Außenposten für 2 000 Pelze pro Jahr an die ungeliebte Konkurrenz, die den Namen in Fort Stikine änderte und die britische Flagge aufzog. Nach dem Alaska-Handel zwischen Russland und den USA war dann wieder ein neuer, der heutige Name fällig.

Wrangell ist ein sehr ursprünglicher kleiner Ort, mit rund 2 100 Einwohnern und einer unkomplizierten und freundlichen Atmosphäre, der abseits der Hauptwege des Tourismus gelegen ist. Wer hierher kommt, will entweder Lachse angeln, mit dem Jetboot den wilden Stikine River hinauffahren oder zur Bärenbeobachtung an den Anan Creek. Für die Sehenswürdigkeiten des Orts reichen ein paar Stunden zwischen der Ankunft der Fähre und dem Abflug der Maschine von Alaska Airlines, die täglich nach **Ketchikan** fliegt. **Chief Shakes Island** ist ein Inselchen mitten im Bootshafen, auf deren manikürtem Rasen ein Klanhaus der Tlingit und eine Anzahl von Totempfählen stehen. Am **Petroglyph Beach**, ungefähr eine Meile nördlich des Fähranlegers, findet man Felsen mit Bildern, deren Konturen flach aus den Steinflächen herausgearbeitet sind. Die Tiere, Gesichter und geometrischen Formen sind die Hinterlassenschaft im Dunkel der Geschichte verschwundener Ureinwohner, die lange vor den Tlingit die

»Indian paintbrush« (Indianischer Malpinsel) im Tongass National Forest

Küste bewohnten. Im Visitor Information Center befindet sich das **Wrangell Museum**. Die Ausstellung veranschaulicht die verschiedenen Besiedelungsepochen in Wrangells Geschichte. Man kann sich vom ältesten Tlingit-Haus-Totempfahl bis hin zu Gegenständen des 20. Jahrhunderts alles Mögliche ansehen.

Für die Fährenpassagiere ist der Aufenthalt in Wrangell so kurz, dass er noch gerade für einen kleinen Handel mit den Kindern am Fähranleger ausreicht. Sie bieten Granate an, die sie aus einem Felsband am Stikine River herausmeißeln. Der Entdecker der Stelle vermachte die Rechte daran vor Jahren den *boy scouts*. Seitdem ist es das Privileg der Kinder von Wrangell, kleine Mengen der Halbedelsteine aus dem Fels zu brechen und zu verkaufen. Dem regen Handel mit den Fährschiffspassagieren und dem ausgeprägten Geschäftssinn nach zu urteilen, haben die Kleinen bestimmt keine Taschengeldsorgen.

Leinen los! Ein kurzes Tuten der Sirene, ein Zittern des Schiffs, wenn die Diesel hochfahren – und sechs weitere Stunden gemächlichen Gleitens durch die blaugrüne Welt der Inside Passage liegen vor dem Reisenden. Zeit zum Lesen, Dösen oder Hinausschauen auf Wasser, Inseln und Wälder.

Drinnen im Salon erzählt der mitreisende *forest interpreter* in seiner grünen Uniform vom Tongass National Forest, durch den die Reise führt, vom Tongass-Stamm der Tlingit-Indianer, den 11 000 Meilen Küste, den Fjorden und Bergen, Jagd- und Fischgründen und von **Ketchikan**, der Stadt mit drei Häfen, 30 Kirchen, 30 Bars und rund 7 500 Einwohnern.

Petroglyph Beach in Wrangell

Petersburg

Zentrum der Heilbuttfischerei in Alaska. Um 1897 von einem norwegischen Unternehmer als Fischereistützpunkt gegründet.

Petersburg Visitor Information Center

First & Fram Sts.
Petersburg, AK 99833
℡ (907) 772-4636 oder 1-866-484-4700
www.petersburg.org
Im Sommer Mo–Sa 9–17, So 12–16 Uhr
Visitor Center der Petersburg Chamber of Commerce und des U. S. Forest Service (www.fs.fed.us/r10/tongass).

Clausen Memorial Museum

203 Fram St., Petersburg, AK 99833
℡ (907) 772-3598
www.clausenmuseum.net
Anfang Mai–Mitte Sept. Mo–Sa 10–17, sonst Di–Sa 10–14 Uhr, Eintritt $ 3
Das Museum erzählt vom Leben der einheimischen Tlingit-Indianer und der eingewanderten Fischer und Holzfäller und zeigt den angeblich größten in den Gewässern Südost-Alaskas gefangenen Lachs.

Scandia House

110 Nordic Dr., Petersburg, AK 99833

℡ (907) 772-4281 oder 1-800-722-5006
www.scandiahousehotel.com
Zentral gelegenes, relativ neues Hotel mit 33 Zimmern. Auto-, Boots- und Fahrradvermietung. $$$

Tides Inn

307 N. 1st & Dolphin St.
Petersburg, AK 99833
℡ (907) 772-4288 oder 1-800-665-8433
www.tidesinnalaska.com
Die besseren der (45) Zimmer liegen im neuen Flügel, auf der Uferseite. $$

Waterfront B&B

1004 S. Nordic Dr., Petersburg, AK 99833
℡ (907) 772-9300 oder 1-866-772-9301
www.waterfrontbedandbreakfast.com

Fünf Zimmer, zwei davon mit Blick aufs Wasser. $$$

Broom Hus Bed & Breakfast

411 S. Nordic Dr.
Petersburg, Ak 99833
℡ (907) 772-3459, www.broomhus.com
Ferienhaus, hübsch am Wald gelegen, nur ca. 5 Minuten vom Ortszentrum und den Fähren. $$$–$$$$

Coastal Cold Storage Deli

306 N. Nordic Dr.
Petersburg, AK 99833
℡ (907) 772-4177 oder 1-877-257-4746
www.costalcoldstoragealaska.com
Ein Großhändler für Meeresfrüchte, der seine Ware »nebenbei« zum Lunch anbietet. Frischer geht's nicht! $–$$

Beachcomber Inn

384 Mitkof Hwy., Petersburg, AK 99833
℡ (907) 772-3888
Nur Dinner, Di–Sa ab 17 Uhr
Restaurant in ehemaliger Fischfabrik aus dem 19. Jh. Lachs und Heilbutt, Steaks und Burger. Blick auf die Wrangell Narrows.

Wrangell Narrows

37 km lange, sehr enge und nur bei Flut befahrbare Passage zwischen der Mitkof- und der Kupreanof-Insel. An manchen Stellen kommt das Schiff bis auf 100 m ans Ufer heran.

Wrangell

Ursprünglich ein Tlingit-Dorf, dann nacheinander russischer und ein Handelsposten der Hudson's Bay Company, bevor es 1867 amerikanisch wurde.

Wrangell Visitor Center

Im Nolan Center, 296 Campbell Dr.
Wrangell, AK 99929
℡ (907) 874-2381 oder 1-800-367-9745
www.wrangellalaska.org
Städtisches Visitor Center im James & Elsie Nolan Center.

Chief Shakes Island and Tribal House
Wrangell, AK 99929
© (907) 874-3097
www.shakesisland.com
Eintritt $ 5
Tlingit-Totempfähle und ein rekonstruiertes Klanhaus mit Einrichtung; auf einer Insel im Hafen von Wrangell. Via Fußbrücke vom Ende der Main St. erreichbar. Nur geöffnet, wenn Kreuzfahrtschiffe vor Anker gehen.

 Petroglyph Beach State Historic Park
An der Evergreen Ave., ca. 1,5 km nördl. des Orts, der Abzweig zum Strand ist beschildert
Prähistorische Steinritzungen (Tiere, Gesichter, geometrische Muster). Bei Flut nicht bzw. nur sehr schlecht zugänglich.

 Wrangell Museum
Im James & Elsie Nolan Center
Wrangell AK 99929
© (907) 874-3770
Mai–Sept. Mo–Sa 10–17 Uhr, So nach Bedarf, Eintritt $ 5
Ausstellung über Wrangells facettenreiche Geschichte, die Tlingit-Kultur, Pelzhandel, Militär, Bergbau und Holzindustrie.

 Grand View Bed & Breakfast
Meile 2 Zimovia Hwy.
Wrangell, AK 99929
© (907) 874-3225
www.grandviewbnb.com
Ansprechendes Haus mit netten Wirtsleuten auf einem Hügel am Rande von Wrangell. Drei Zimmer. Blick auf Wasser und Inseln. $$$

 Stikine Inn
107 Front St.
Wrangell, AK 99929
© (907) 874-3388 oder 1-888-874-3388
www.stikineinn.com
Am Ufer in der Nähe des Fähranlegers. Restaurant. 35 Zimmer. $$

 Alaskan Sourdough Lodge
1104 Peninsula St., Wrangell, AK 99929
© (907) 874-3613 oder 1-800-874-3613
www.akgetaway.com
Ca. 1,5 km außerhalb des Orts am Ufer. Gutes Essen. $$$–$$$$

 Ketchikan
Der Ort ist bekannt für seinen reichlich fallenden Regen, einen der größten bekannten Züge des *king salmon* und eine der größten Ansammlungen von Totempfählen. Viele Straßen und Häuser der Innenstadt stehen auf Stelzen. Treppen dienen als Querverbindung zwischen den Straßen am Hang eines steilen bewaldeten Hügels.

 Ketchikan Visitors Bureau
131 Front & Mission Sts., am Anleger der Kreuzfahrtschiffe, Ketchikan, AK 99901
© (907) 225-6166 oder 1-800-770-3300
www.visit-ketchikan.com

 Inter Island Ferry
© (907) 755-4848 oder 1-800-308-4848
www.interislandferry.com
Derzeit verbindet die MV »Prince of Wales« die Orte Ketchikan und Hollis miteinander.

 Cape Fox Lodge
800 Venetia Way
Ketchikan, AK 99901-6561
© (907) 225-8001 oder 1-866-225-8001
www.capefoxlodge.com
Auf einem Hügel über der Creek St. mit schöner Aussicht auf die Stadt und die Tongass Narrows. 72 Zimmer. Gutes Restaurant, ebenfalls mit schöner Aussicht. $$$$

The Cedars Lodge
1471 Tongass Ave.
Ketchikan, AK 99901
© (907) 225-1900 oder 1-800-813-4363
www.cedarslodge.com
Große angenehme Zimmer. Das Haus steht auf Stelzen über dem Wasser.

Geräusche von der Straße und den Wasserflugzeugen. $$$–$$$$

Black Bear Inn
5528 N. Tongass Hwy.
Ketchikan, AK 99901
✆ (907) 225-4343 (im Sommer)
✆ (760) 740-9143 (im Winter)
www.stayinalaska.com
Wunderbar im Grünen gelegenes, sehr hübsches B&B. Fünf Zimmer und eine Blockhütte. $$$$

Best Western Landing Hotel
3434 Tongass Ave.
Ketchikan, AK 99901
✆ (907) 225-5166 oder 1-800-428-8304
www.landinghotel.com
Am Fähranleger außerhalb der Stadt, 107 Zimmer, mit Restaurant. $$$–$$$$

Gilmore Hotel
326 Front St., Downtown am Hafen
Ketchikan, AK 99901
✆ (907) 225-9423 oder 1-800-275-9423
www.gilmorehotel.com
Mit Restaurant »Annabelle's«; besonders an Wochenenden Lärm von der

Straße. Nur die Zimmer mit Blick auf den Hafen sind schön. 38 Zimmer. $$–$$$

Captain's Quarters Bed & Breakfast
325 Lund St., Ketchikan, AK 99901
✆ (907) 225-4912
www.captainsquartersbb.com
Drei recht komfortable Zimmer mit Blick auf die Stadt und das Wasser. Allerdings keine Kinder, nur für Nichtraucher. $$$

Ketchikan Reservation Service
412 D-1 Loop Rd. , Ketchikan, AK 99901
✆ (907) 247-5337 oder 1-800-987-5337,
www.ketchikan-lodging.com
Vermittelt Bed & Breakfast-Unterkünfte und möblierte Apartments.

Camping
Es gibt drei kleine einfache Campgrounds, alle sind 13 km und mehr von der Stadt entfernt. Nur wenige Stellplätze sind zu reservieren, Informationen vom Forest Service: ✆ 1-877-444-6777, www.recreation.gov.

Weitere Infos zu Ketchikan finden Sie auf S. 310 f.

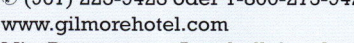

Fundsache: vor einer Fischerhütte in Petersburg

⑨ Totems und
⑩ Dollys Etablissement
Ketchikan: Abschied von Südost-Alaska

9. Programm: Ketchikan

Vormittag	**Spaziergang durch Ketchikan:** Beginn am **Visitors Bureau** am **Cruise Ship Dock** (Front St.). Der Front St. Richtung Hafen (Südosten) bis zum Ende folgen. Links in den Spruce Mill Way und gleich darauf links in die Main St. zum **South East Alaska Discovery Center**. Weiter auf der Mill St. zur Bawden St. und diese links hinauf zur Dock St. und rechts zum **Tongass Historical Museum**. Über die Brücke zur Creek St., diese rechts (Richtung Ufer) zu **Dolly's House**. Am Ende der Creek St. links in die Stedman St. und nach wenigen Schritten rechts in die Thomas St. Zurück zur Creek St. und mit der Seilbahn (Tramway) hinauf zum Lunch im **Cape Fox Hotel**.
Nachmittag	Am Eingang des Cape Fox Hotel links die Treppen hinunter und

links zur Park Ave. Diese rechts (stadtauswärts) zum City Park und dort über die Fußgängerbrücke zum **Totem Heritage Center** (alternativ Taxi ab Cape Fox Hotel). Danach mit dem Taxi entweder zum **Saxman Totem Park** (versuchen Sie Ihren Besuch so zu planen, dass Sie während einer Aufführung der **Cape-Fox-Tänzer** dort sind) oder zum **Totem Bight State Historical Park**.

Option für den frühen Abend

Auf der Edmond St. hinauf zur Grant St. und über Main St. und Pine St. zum **Front Street Overlook**. Die Treppen hinunter zur Front St. und weiter zur Water St. und dem **Harborview Park**, dort dem Betrieb auf den Fischtrawlern am City Float zuschauen.

Extratage in Ketchikan:
– Ganztages-Ausflug zum **Misty Fjords National Monument**.
– Besuch im **Totem Bight State Historical Park** oder im **Saxman Village**.
– Besuch in einem abgelegenen Dorf der Tsimshian-Indianer mit Metlakatla Tours (Adresse s. Infos s. S. 311).
– Wanderung auf dem **Deer Mountain Trail**.
– **Paddeltour** mit dem Kajak.

10. Programm: Möglichkeiten für die Weiterreise

1. **Flug** von Ketchikan nach Juneau, Haines, Skagway, Anchorage oder Seattle.

2. Mit der **Fähre** nach **Prince Rupert** (6 Std.) oder **Hyder/Stewart** (siehe Routen 3/4, S. 320 ff.) und anschließend **Rückfahrt nach Norden** oder **Weiterfahrt nach Süden** über Prince George. In Prince Rupert gibt es Anschluss an die kanadische Fähre nach Port Hardy auf Vancouver Island (vgl. Vista Point Reiseführer »West-Kanada«).

3. Mit der **Fähre** nach **Bellingham** im US-Staat Washington. Jeden Mittwoch ab Ketchikan, Fahrtdauer 36 Std.

Ketchikan, erst Gold Rush, dann *cannery town* und Anlaufstelle für Generationen von Holzfällern und Fischern auf der Suche nach den Vergnügungen einer Hafenstadt, lebt immer noch von Fisch und Holz. Dazu überfluten im Sommer jeden Tag aufs Neue Tausende von Kreuzfahrtschiffpassagieren die Stadt. Fünf Kilometer lang und eine Straße plus zwei Häuserzeilen breit, liegt der größte Teil von Ketchikan eingeklemmt auf einem schmalen Streifen Land zwischen Tongass Narrows und Deer Mountain. Hier stehen die Häuser an der Uferseite schon ganz oder teilweise auf Stelzen über dem Gezeitengürtel, während drüben lange Treppen zwischen den Häusern nach oben zur nächsten Straße am Berghang führen.

An jedem beliebigen Sommertag türmen sich die weiß gestrichenen Aufbauten der Kreuzfahrtschiffe wie gigantische neue Gebäude über dem Dock an der Front Street auf und lassen die Häuser der Stadt auf Spielzeuggröße schrumpfen. Um acht Uhr früh wimmelt es an der Waterfront. Alle sind da: Busfahrer und Fremdenführer, Wasserflugzeugpiloten und Charterboot-Kapitäne, Taxifahrer, Andenkenverkäufer und müßig gehende Zuschauer. Eine ganze Armada von weißen Autobussen steht fein säuberlich in Zweierreihe auf dem langen Kai und wartet darauf, dass ihr geschäftige *tour directors* ihre Fracht in Gruppen herbeitreiben. Dann ist es so weit: Die schnittigen weißen Kreuzfahrtschiffe am Dock schicken ihre Landungstruppen in die tägliche Dollar-Schlacht um Souvenirs, Kunst und Kitsch. Der tägliche Karneval kann beginnen.

Ketchikans neue Waterfront lebt für und vom Geschäft mit den Schiffspassagieren. Neongrelle Schilder versuchen die Besuchermassen von den verstopften Straßen in die T-Shirt-, Schmuck- und Souvenir-Geschäfte zu locken, Fastfood-Abfütterstellen, Restaurants und Bars säumen die Straßen am Hafen. Auf Front und Mill Street versuchen in Leuchtorange gekleidete *traffic wardens* ihren motorisierten Mitbürgern eine Gasse durch das Gewimmel offen zu halten. In den paar Stunden an Land machen die meisten Besucher einen Spaziergang durch die Straßen am Hafen, besuchen das Museum im South East Alaska Discovery Center und machen vielleicht noch einen Ausflug zu einem der Totem Parks. Dann kommt der Abend, die Straßen leeren sich und die Kreuzfahrtschiffe machen sich auf den Weg zum nächsten Hafen. Das ist die Zeit, in der etwas von der alten, rauen und etwas exotischen Atmosphäre der Holzfäller- und Fischer-Metropole zu spüren ist.

Beim Frühstück bei **Annabelles** lässt es sich genüsslich abwarten, bis draußen auf der Front Street das erste Chaos abgeflaut ist. Gestärkt geht's dann auf den Spaziergang durch die Stadt. Im **Visitors Bureau** am Kai gibt es die nötigen Informationen und eine Straßenkarte. Erster Stopp ist das **South East Alaska Discovery Center** mit einem sehr schönen Museum und einem der vier Public Lands Information Center (die anderen befinden sich in Anchorage, Fairbanks und Tok). Die anschaulichen Ausstellungen bieten Interessantes zur Natur- und Kulturgeschichte Südost-Alaskas.

Links vom unübersehbaren **Chief Johnson Totem** am Ende der Mission Street liegt das **Centennial Building** mit dem **Tongass Historical Museum**. Hier werden Ketchikans verblichener Ruhm als Lachshauptstadt der Welt, das Leben der Indianer und die Geschichte der ersten Unternehmen in Alaska dargestellt; und im *bunkhouse* erzählt Sam der Holzfäller seine Geschichten vom Leben in den Wäldern.

Gleich gegenüber führt eine Fußgängerbrücke über den Ketchikan Creek hinüber zur **Creek Street**, die keine Straße ist, sondern ein hölzerner Steg, der sich um die auf Stelzen über den Bach gebauten Häuser schlängelt. Brücke und Steg sind ideale Plätze zur Beobachtung der Lachse, die im Sommer den Creek zu ihren Laichgründen hinaufziehen.

Creek Street wurde 1903 der Rotlichtbezirk Ketchikans. Zeitweise säumten 20 Bordelle den Bohlenweg. Einige

Auf Stelzen über dem Gezeitengürtel: Creek Street Ketchikan

davon waren ein halbes Jahrhundert in Betrieb, bis sie 1954 geschlossen wurden; viele der historischen Häuser hat man inzwischen renoviert. Mit der Prohibition in den 1920er Jahren tat sich für die Häuser der Creek Street ein weiterer, noch lukrativerer Geschäftszweig auf: Durch eine Falltür im Boden lieferten die Schmuggler den verbotenen Schnaps vom Wasser her an. Dank einiger noch in den Wäldern verborgener Destillen – in den 1880er Jahren hatte die Armee schon einmal eine Prohibition über Ketchikan verhängt – und des stetigen Nachschubs aus Kanada musste in Ketchikan niemand auf den gewohnten Drink verzichten.

Creek Street ist längst reputierlich geworden und widmet sich mit Inbrunst dem Geschäft mit den reichlich vorbeiziehenden Touristen. An die wilde Vergangenheit erinnern nur noch das zum Bordell-Museum umfunktionierte **Haus von Dolly Arthur** – zu ihrer Zeit Ketchikans beliebteste »Madam« – und der Spruch, Ketchikan sei der Ort, »where salmon and fishermen go up the creek to spawn«.

Die **Thomas Street** ganz in der Nähe ist ein letztes Überbleibsel der früher in Ketchikan üblichen hölzernen Straßen, die auf Pfählen über den Schlamm des Gezeitengürtels führten. Ein schneller Blick auf das Bootsgewimmel im Hafen des Thomas Basin, und dann geht's zurück zur Creek Street und mit der Seilbahn hinauf zum **Cape Fox Hotel**. Weit schweift der Blick von hier oben über die Tongass Narrows und hinunter auf Stadt und Hafen. Wer zum Lunch einen Fensterplatz im Restaurant ergattert, kann die wunderschöne Aussicht in Ruhe genießen.

Nächster Stopp ist das **Totem Heritage Center:** Drinnen demonstrieren einheimische Tlingit-Künstler ihr Handwerk vor der Kulisse von Ketchikans berühmter Sammlung alter, vor dem Verfall geretteter Totempfähle aus verlassenen Tlingit- und Haida-Dörfern. Draußen arbeitet Israel Shotridge mit dem zungenbrecherischen Tlingit-Namen *Kinstaadaa'l* oder ein anderer talentierter Tlingit-Schnitzer an einem neuen Totempfahl und beantwortet mit großer Sachkenntnis und Engelsgeduld die Fragen der Besucher. Aus dem Stolz auf sein indianisches Erbe macht er dabei keinen Hehl.

Im **Totem Bight State Historical Park** außerhalb der Stadt stehen 13 nach historischen Vorbildern geschnitzte Totempfähle und ein Klanhaus der Tlingit auf einer Wiese. Die sehenswerte Anlage bekommt durch ihren authentische Standort im Wald am Ufer der Tongass Narrows eine ganz besondere Qualität. Anders als in den anderen Totemparks Alaskas gibt es hier Schilder und eine Broschüre, in der ausführlich erklärt wird, was man sich ansieht. Das Indianerdorf **Saxman**, auf der entgegengesetzten Seite von Ketchikan, kann ebenfalls eine Anlage mit Totempfählen und außerdem ein Haus des Biber-Klans vorweisen. Zum **Saxman Totem Park** gehört auch eine Werkstatt, in der stets Tlingit-Schnitzer arbeiten. Das Haus des Biber-Klans ist nur auf einer zweistündigen geführten Tour zugänglich, die auch eine Tanzvorführung der Cape Fox Dancers und einen Diavortrag einschließt. Da die Tour hauptsächlich für Gruppen von Kreuzfahrttouristen

Ein Totempfahl entsteht: Tlingit-Künstler bei der Arbeit

Klanhaus im Totem Bight State Historical Park

angeboten wird, findet sie je nach Ankunft der Schiffe zu unterschiedlichen
Zeiten statt.

Nach dem Rückweg ins Zentrum
heißt es steigen. Die Edmonds Street
ist keine Straße, sondern eine elend
lange Treppe, die den steilen Hang hi-
naufklettert. Aber die Mühe lohnt sich.
Der Blick von hier oben auf die Stadt,
den Hafen im Thomas Basin und den
weit nach Südosten bis hin zur Annette-
Insel einsehbaren Abschnitt der Inside
Passage ist beeindruckend. Einmal
oben, geht es gleich weiter zum **Front
Street Overlook** mit Blick auf Downtown
und die auf der anderen Seite der Front
Street am Pier festgemachten Kreuzfahrtschiffe.

Unten am Ende der Front-Street-
Treppe führt der Straßentunnel durch

den Fels zum kleinen **Harborview Park**
mit Blick auf die Fischerboote am *City
Float*. Die Bänke im Park laden dazu
ein, auszuruhen und den Aktivitäten auf
den Decks der Trollers, Trawlers, Sei-
ners und Longliners zuzusehen.

Als Abschluss der Reise durch Süd-
ost-Alaska bietet sich ein Ausflug zum
Misty Fjords National Monument an.
Im »nebligen Fjord« verlieren sich die
wenigen Besucher in mehr als 9 000
Quadratkilometern Wildnis aus dichtem
Regenwald, Eisfeldern und Flüssen,
Wasserfällen und tief eingeschnittenen
Fjorden zwischen himmelhohen Granit-
wänden; bevölkert von Seelöwen und
Robben, Bergziegen und Rehen, Bären
und Wölfen. Südost-Alaska zeigt sich
hier zum Abschied noch einmal von
seiner eindrucksvollsten Seite. ❖

Weitere Infos zu Ketchikan finden Sie auf S. 302 f.

Weitere Infos zu Ketchikan finden Sie auf S. 302 f.

Alaska Public Lands Information Center/South East Alaska Discovery Center
50 Main St., Ketchikan, AK 99901
© (907) 228-6220, www.fs.fed.us/r10/tongass/districts/discoverycenter
Mai–Sept. tägl. 8–17, im Winter Do–So 10–16 Uhr, Eintritt $ 5
Informationen zu Südost-Alaska, u. a. zum Misty Fjords National Monument, Multimediashow und Museum. Exzellenter Anlaufpunkt zur ersten Orientierung.

Tongass Historical Museum
629 Dock St., Centennial Building
Ketchikan, AK 99901

© (907) 225-5600, www.city.ketchikan.ak.us/departments/museums/tongass.html
Mai–Sept. tägl. 8–17 Uhr
Eintritt $ 2
Museum zur Tlingit-Kultur und zur Fischerei-Industrie; Lachs-Beobachtungsplattform. Berühmter Totempfahl »Raven Stealing The Sun«.

Creek Street

Hölzerner Gehsteig auf Pfählen über dem Ketchikan Creek. Bis 1952 der Rotlichtbezirk von Ketchikan; heute beherbergen die 20 zumeist restaurierten Häuser u. a. Kunst- und Souvenirshops.

Cape Fox Hill Funicular
Tägl. 6–24, im Winter ab 7 Uhr
Fahrpreis $ 2 (Hin- und Rückfahrt)
Standseilbahn mit bis zu 70 % Steigung von der Creek Street auf den Fox Hill.

Dolly's House Museum
24 Creek St., Ketchikan, AK 99901
© (907) 225-2279
Im Sommer tägl. 8–17 Uhr
Das Freudenhaus von Dolly Arthur. Heute ist es womöglich das einzige Bordell-Museum.

Totem Heritage Center
601 Deermount St., Ketchikan, AK 99901

© (907) 225-5900, www.city.ketchikan.ak.us/departments/museums/totem.html
Mitte Mai–Ende Sept. tägl. 8–17, sonst Mo–Fr 13–17 Uhr, Eintritt $ 5
33 Totempfähle oder Bruchstücke davon aus verlassenen Tlingit- oder Haida-Dörfern. Im Park kann man einem Schnitzer bei der Arbeit an einem neuen Totempfahl zusehen. Souvenirshop mit indianischem Kunsthandwerk.

Saxman Totem Park and Native Village
Meile 2.5 South Tongass Hwy.

Ketchikan, AK 99901
Freilichtmuseum mit 30 Totempfählen und Haus des Biber-Klans. Meist kann man Totemschnitzer bei der Arbeit sehen. Die 60 Cape Fox Dancers liefern mit ihrer Aufführung einen Einblick in die Tlingit-Kultur – die Termine erfährt man bei Cape Fox Tours, www.capefoxtours.com, oder im Saxman Village Store.

Totem Bight State Historical Park
© (907) 247-8574 (Ketchikan Ranger Station), http://dnr.alaska.gov/parks/units/totembgh.htm
16 km nördl. der Stadt am North Tongass Hwy. in schöner Lage im Wald. Beeindruckende Anlage mit 13 Totempfählen und einem schönen Tlingit-Klanhaus.

Misty Fjords National Monument
648 Mission St., Ketchikan, AK 99901

© (907) 225-3101, www.fs.fed.us/r10/tongass (US Forest Service)
Der völlig unerschlossene Wildnispark besteht aus einer Vielzahl grandioser Fjorde. 300 m hohe Wasserfälle stürzen über Granitwände in die Tiefe; die Ufer sind überzogen von Regenwald. In der Rudyerd Bay steigen in der Punchbowl Cove senkrechte Granitwände 1 000 m hoch aus dem 300 m tiefen Wasser. Im Wasser des Behm Canal steht der 80 m hohe Eddystone Rock, der Basaltkern eines längst abgetragenen Vulkans.

Misty Fjords Flightseeing

✆ (907) 277-3000 oder 1-866-317-3325
www.alaskatours.com/ketchikan-alaska.
htm
Von Mai bis Sept. anderthalbstündige
Rundflüge über die Misty Fjords ($ 206).

Taquan Air Alaska

4085 Tongass Ave., Ketchikan, AK 99901
✆ (907) 225-8800 oder 1-800-770-8800
www.taquanair.com
Wasserflugzeugtouren zum Misty Fjords
National Monument. Darunter der Besuch
des Anan Creek auf der Cleveland-Halb-
insel (Beobachtung fischender Bären).

Adressen anderer Tour Operators vermittelt das **Ketchikan Visitors Bureau**
(s. S. 302). Die großen, z. B. Gray Line,
sind auf die Abfertigung von Kreuzfahrtschiffen spezialisiert und weniger empfehlenswert.

Deer Mountain Trail

Beginnt am Parkplatz an der Ketchikan
Lakes Rd. 5 km lang, 1 000 m Höhenun-
terschied, ausgezeichneter Blick auf
Ketchikan und die Tongass Narrows.

Kajaktouren

Die Inseln, Buchten und Meeresarme
rund um Ketchikan sind ein ideales Pad-
delrevier. Southeast Exposure, 37 Potter
Rd., Ketchikan, AK 99901, ✆ (907) 225-
8829, www.southeastexposure.com, bietet 1- bis 6-tägige Touren an.

Metlakatla Tours & Salmon Bake

Ketchikan, AK 99901

✆ (907) 886-8687
www.metlakatlatours.com
Flug nach Annette Island mit dem Wasserflugzeug, Besuch eines Dorfes der
Tsimshian-Indianer, Lachs vom Grill.

Annabelle's Restaurant

Im Gilmore Hotel, 326 Front St.
Ketchikan, AK 99901
✆ (907) 225-6009, www.gilmorehotel.com

Eingerichtet mit viel Mahagoni und
Messing. Gute Küche. Für Lunch und
Dinner Reservierung nötig! $$–$$$

Steamers at the Dock Restaurant

76 Front St. (1. Stock, über Dockside
Trading), Ketchikan, AK 99901
✆ (907) 225-1600
Dish, Steaks, Pasta. Beliebt bei den Ein-
heimischen. $$$

Shogun Restaurant

1287 Tongass Ave., Ketchikan, AK 99901
✆ (907) 225-2202
Japanisches Restaurant. $$–$$$

The Narrows Restaurant and Thornlow's Waterfront Bar

4871 N. Tongass Hwy.
Ketchikan, AK 99901
✆ (907) 247-2600 oder 1-888-686-2600
www.narrowsinn.com
Vorzügliches Restaurant im The Narrows
Inn. Spezialität: Alaska Seafood. Mit Cock-
tailbar. $$–$$$

Alaska Fish House

3 Salmon Landing, Ketchikan, AK 99901
✆ (907) 247-4055 oder 1-877-732-9453
www.alaskafishhouse.com
Fangfrischer Fisch und Meeresfrüchte
nahe den Kreuzfahrtschiffen. $$

Arctic Bar & Liquor Store

509 Water St., Ketchikan, AK 99901
✆ (907) 225-4709, www.arcticbar.com
Lebhafte Bar, die nächstgelegene zu den
Kreuzfahrtschiffen. Seit 1937 in Betrieb.

Sourdough Bar & Liquor Store

301 Front St., Ketchikan, AK 99901
✆ (907) 225-2217
Keine Musik, doch interessante alte Fotos.

Feste in Ketchikan

2. Wochenende im August: **Blueberry
Arts Festival**. Musikfestival und Futter-
markt mit Blaubeerkuchen aller Art.

Eine Fährschiffreise durch Südost-Alaska kann, sofern man frühzeitig einen Platz auf der Fähre reserviert hat, Bestandteil einer **Rundreise mit dem eigenen Fahrzeug** sein. Die folgenden Kapitel beschreiben die Rückreise auf der Straße von Prince Rupert in British Columbia bis in den Yukon.

①
Dosenfisch und Totems
②
Von Prince Rupert bis nach Hazelton

1. Route
Vormittag   **Nachmittag**

1. Route: Fährfahrt Ketchikan – Prince Rupert

km/mi	Zeit	Route
	Abend/Nacht	Check-in am Fähranleger in **Ketchikan** 2 Std. vor Abfahrt der Fähre. Fahrzeit ca. 6 Std.
	Morgen	Ankunft in **Prince Rupert. Spaziergang durch den Ort** oder ein Besuch des **Museum of Northern British Columbia** und Lunch an der Cow Bay.
0	Nachmittag	Auf dem Hwy. 16 in östlicher Richtung, nach der Brücke von Kaien Island zum Festland rechts ab bis nach **Port Edward** und weiter zum
16/10		**North Pacific Historic Fishing Village**, anschließend Rückfahrt nach
32/20		**Prince Rupert**.

Zusatztag in Prince Rupert:
Besuch im **Museum of Northern British Columbia** (falls noch nicht am Tag zuvor absolviert), anschließend zu den **Totemschnitzern im Carving Shed,** dann weiter zum Viewpoint im **Roosevelt Park** an der Summit Ave. (beim Hospital); später Besuch des **Railway Museum** in der Kwinitsa Station am Ende des Bill Murray Dr. und ein **Küstenspaziergang** auf der alten Bahntrasse vom Ende des George Hills Way, am Rushbrook Dock vorbei bis zur Wasserflugzeugbasis an der Seal Cove.

---

2. Route: Prince Rupert – Terrace – Hazelton (298 km/186 mi)

km/mi	Zeit	Route	Karte vgl. S. 314.
0	10.00 Uhr	Von **Prince Rupert** auf dem Yellowhead Hwy. (Hwy. 16) bis	
148/ 92	12.00 Uhr	**Terrace**, Lunch. Weiter nach	
294/184		**New Hazelton**, links ab nach	
298/186	15.00 Uhr	**Hazelton**. Besichtigung der 'Ksan Historical Village'.	

Routenvariante: Von **Terrace** aus führt eine Straße durch beeindruckende Landschaft zum Indianerdorf **New Aiyansh** im Tal des Nass River (80 km, geteert). Am Weg liegt der **Nisga'a Memorial Lava Bed Park** mit der Hinterlassenschaft eines großen Vulkanausbruchs. Von New Aiyansh verläuft eine 55 km lange Schotterstraße (Nass River Forest Service Rd.) durch den Wald zur **Cranberry Junction** am Cassiar Hwy. Von dort geht es weiter auf der bei Route 3 beschriebenen Strecke nach Stewart (vgl. S. 320 f.).

Sechs Stunden ist die Fähre unterwegs, bis sie im milden Licht des frühen Morgens **Prince Rupert** in Kanada erreicht. Eine kurze Nacht, auch für die Glücklichen, die rechtzeitig eine Schlafkabine auf der Fähre reserviert hatten. Prince Rupert, Tiefwasserhafen, Endpunkt einer Eisenbahnlinie und Fischereizentrum, ist auch der nördliche Terminus der Fährlinie durch den kanadischen Teil der Inside Passage nach Port Hardy auf Vancouver Island und Ausgangspunkt für den Besuch der Queen-Charlotte-Inseln.

Die heute rund 13 000 Einwohner zählende Stadt verdankt ihre Entstehung Charles M. Hayes, der die Gegend an der Mündung des Skeena River für die am westlichen Ende der Grand Trunk Pacific Railroad zu bauende Hafenstadt auswählte. Diese zweite kanadische transkontinentale Eisenbahnstrecke entstand zu

Beginn des 20. Jahrhunderts, weil sich auch die neue liberale Regierung ein Denkmal setzen wollte (die erste Bahnlinie quer durch den Kontinent war während der Regierungszeit der konservativen Vorgänger entstanden). Es wurde ein teures Unternehmen: Mit 105 000 Dollar pro Meile oder insgesamt 300 Millionen Dollar war das »Schienendenkmal« so teuer wie der Panamakanal. Hayes hat die Vollendung der Bahnlinie und das Aufblühen der Stadt nicht mehr miterlebt. Er ging 1912 mit der »Titanic« unter. In der **Kwinitsa Station**, ehemals Bahnhof der Grand Trunk Pacific Railway, ist heute ein **Eisenbahnmuseum** untergebracht.

Das **Museum of Northern British Columbia** besitzt eine bemerkenswerte Sammlung von Körben und Schnitzereien der Nordwestküsten-Indianer. Im *carving shed* des Museums führen einheimische

Cow Bay: Drinks mit Blick auf Hafen und Sonnenuntergang

Schnitzer ihr Handwerk vor. Kopien von Tsimshian- und Haida-Totempfählen stehen an verschiedenen Plätzen der Stadt. Im Ortsteil **Cow Bay** gibt es einige Cafés und Geschäfte direkt an den Docks des Jacht- und Fischereihafens. Hier und in den Restaurants von Prince Rupert wird angeboten, was die Fischerboote tagsüber anlanden: fangfrischer Fisch.

Acht Kilometer außerhalb der Stadt biegt vom Highway 16 rechter Hand ein Sträßchen ab nach **Port Edward** und zum **North Pacific Historic Fishing Village**. Das malerische Dörfchen mit Fischkonservenfabrik, 1889 am Skeena River erbaut, ist die älteste überlebende von über 220 isolierten *canneries*, die es gegen Ende des 19. Jahrhunderts an der Westküste gab. Mit kleinen Ruderbooten fuhren damals die Fischer hinaus, um die riesigen Lachszüge in der Mündung des Skeena zu befischen.

Bis zu 400 Arbeiter, fast alle Indianer und Asiaten, verarbeiten den Fang zu Konserven. Effizientere Fangmethoden und die Einführung von Verarbeitungs-

maschinen – sinnigerweise *iron chinks*, »eiserne Chinesen«, geheißen – führten später zur Überfischung und zum Schwinden der einst schier unerschöpflichen Lachsschwärme. Die *cannery* wurde, wie viele andere entlang der Küste, geschlossen und begann zu verfallen. Heute bietet eine Führung durch die im Original erhaltene Anlage einen interessanten Einblick in das Leben in einer isolierten *cannery* an der damals noch wilden und unerschlossenen Küste des kanadischen Nordwestens, in die Fangmethoden und die Art und Weise der Weiterverarbeitung der gefangenen Lachse.

Die Sonne strahlt ganz untypisch für die Westküste vom Himmel und löst den Morgennebel an den Berghängen und über den Seen und Buchten auf. Auf dem **Yellowhead Highway,** benannt nach einem blonden Irokesen-Trapper der Hudson's Bay Company, geht die Fahrt nach Osten. Dicht an dicht zwängen sich Fluss, Straße und Eisenbahnlinie auf ihrem gemeinsamen Weg zum Pazifik durch eine schmale, von den Gletschern

Das wildschöne Tal des Skeena River

der Eiszeit in die Küstenberge geschlagene Bresche. Beiderseits ragen steile, von dichtem pazifischem Regenwald überzogene Berghänge auf, deren zahllose Bäche und Wasserfälle von den leider gar nicht seltenen Regenwolken des Pazifiks gespeist werden.

Der nächste Ort ist **Terrace**, regionaler Versorgungsort für die Holzindustrie und die wenigen Farmer der Gegend. Eine Seitenstraße führt hier zur Aluminiumstadt **Kitimat**, die in den 1950er Jahren als weltweit beachtetes technologisches Großprojekt mitten in die Wildnis gestellt wurde. Staudämme in den Bergen wandeln die reichlich vorhandene Wasserkraft um in Elektrizität für die Aluminiumhütte von Kitimat.

Eine interessante und landschaftlich reizvolle, aber nur für »holperstreckenfeste« Autofahrer geeignete Alternativroute für den Weg zum Cassiar Highway zweigt in Terrace nach Norden ab. Bis **New Aiyansh,** einem Dorf der Nisga'a- (Tsimshian-)Indianer ist die Straße asphaltiert, der weitere Weg zur Cranberry Junction am Cassiar Highway, die Nass River Road, ist eine raue *forestry road.* Südlich

von New Aiyansh liegt der **Nisga'a Memorial Lava Bed Park**. Er umfasst ein fast 40 Quadratkilometer großes Lava-Gebiet, auf dem die Vegetation erst vor nicht allzu langer Zeit wieder Fuß fassen konnte. Im September 1750 explodierte hier ein Vulkan, dessen Lava und Asche die Dörfer des Tals mit über 2 000 Indianern des Wolf-Klans der Tsimshian unter sich begruben.

Die Hauptroute, der Yellowhead Highway, folgt nun dem Skeena River durch die von Schneefeldern gekrönten Küstenberge nach Osten. **Hazelton**, eine Siedlung des Gitksan-Stammes der Tsimshian-Indianer, liegt auf einer flachen Landzunge an der Mündung des Bulkley in den Skeena River. Die Gitksan-Indianer lebten, wie ihre Vettern an der Pazifikküste auch, zum großen Teil vom Lachsfang. Gleichzeitig waren sie aber auch schon immer geschickte Händler, über die der Warenaustausch zwischen den Stämmen der Küste und des Landesinneren abgewickelt wurde. Ihr relativer Wohlstand ermöglichte es ihnen, Schnitzerei und Malerei zu hoher Blüte zu bringen.

Das **'Ksan-Museumsdorf** in Hazelton vermittelt dem Besucher einen hervorragenden Eindruck von der Stammeskultur der Gitksan-Indianer. Sechs der traditionellen *longhouses* mit bemalter Front beherbergen Ausstellungen und Werkstätten. Im Souvenirshop erhält man sehr schöne Drucke und Schnitzereien – nicht billig, aber authentisch. Vor den Longhouses stehen viele kunstvoll geschnitzte und bemalte Totempfähle. Sie erzählen die Geschichte einer einflussreichen Familie, geben alte Legenden wieder oder erinnern an berühmte Stammesmitglieder und wichtige Ereignisse vergangener Zeit wie Krieg oder Hungersnot.

Totempfähle »liest« man von oben nach unten. Die oberste Figur ist der Stammvater des Klans aus der Zeit, in der nach der Legende Mensch und Tier noch zusammenlebten und wechselseitig die Gestalt des jeweils anderen annehmen konnten. Dieses Totemtier vererbte dem Klan seine guten und bösen Eigenschaften. Es folgt die stilisierte Geschichte, die der Pfahl erzählt. Für einen Außenstehenden, der Familiengeschichte und Mythologie des Klans nicht kennt, ist die Entschlüsselung sehr schwierig.

Klein und eher selten sind Menschengestalten auf dem Pfahl dargestellt, die wichtigste findet sich in der Nähe des Pfahlfußes.

Traditionell war die Aufstellung eines Totempfahls ein bedeutendes gesellschaftliches Ereignis und immer von einem *potlatch*, einem zeremonienreichen und üppigen Fest für Gäste aus allen Stammesdörfern, begleitet. Der gesellschaftliche Rang des Gastgebers innerhalb des Stammesverbandes war davon abhängig, wie beeindruckt seine Gäste von den tagelangen Feierlichkeiten und den Geschenken waren, mit denen sie vor dem Heimweg überhäuft wurden.

Old Hazelton, das nebenan liegt, war ein Handelsposten der Hudson's Bay Company. Ein nicht sonderlich ergiebiger Goldfund und der Bau der Telegrafenlinie von Vancouver nach Dawson City ließen an dieser Stelle eine Ortschaft entstehen, die auch als Endstation der Schifffahrtsroute auf dem Skeena River und als Überwinterungsplatz für Prospektoren und Bergleute diente. Zum Wohl des Geschäfts mit den Touristen hat man »Historic Hazelton« im Stil der zweiten Hälfte des 19. Jahrhunderts nachgebaut. ✾

Authentisch: 'Ksan Indian Village

Prince Rupert Visitor Information Centre

100 1st Ave. W., im Museum of Northern British Columbia
Prince Rupert, BC V8J 1A8
℡ (250) 624-5637 oder 1-800-667-1994
www.tourismprincerupert.com
Tägl. 9–17 Uhr

Museum of Northern British Columbia

100 1st Ave. W., Prince Rupert, BC V8J 3S1
℡ (250) 624-3207
www.museumofnorthernbc.com
Juni–Aug. Mo–Sa 9–20, So bis 17, Sept.–
Mai Mo–Sa 9–17 Uhr, Eintritt $ 5
Präsentiert die indianische Geschichte
und Kultur der Nordküste seit der Eiszeit. Sehr schöner Museumsshop.

Kwinitsa Station Railway Museum

Bill Murray Dr., Prince Rupert, BC V8J 3S1
℡ (250) 627-3207
www.museumofnorthernbc.com
Juni–Aug. tägl. 9–12, 13–17 Uhr
Fotos, Videos und die Originaleinrich-
tung des Bahnhofs erzählen die Geschichte der »Grand Trunk Pacific Railway«, der Eisenbahner und der Grün-
dungsjahre von Prince Rupert.

Wichtig: Unterkünfte in Prince Rupert
sind an den Abfahrtstagen der Fähre
oft ausgebucht. Am besten gleich nach
Buchung der Fähre reservieren!

Crest Motor Hotel

222 1st Ave. W.
Prince Rupert, BC V8J 3P6
℡ (250) 624-6771 oder 1-800-663-8150
www.cresthotel.bc.ca
Das beste Haus am Platz mit 102 schönen Zimmern in herrlicher Lage auf einem Hügel über dem Hafen. Das Waterfront Cafe im Haus ist ein gutes Restaurant ($$–$$$). Von den Fensterplätzen
Blick auf die Berge und den Hafen. $$$$

Coast Prince Rupert Hotel

118 6th St.

Prince Rupert, BC V8J 3L7
℡ (250) 624-6711 oder 1-800-716-6199
www.coasthotels.com
Kettenhotel Downtown (92 Zimmer) mit
Blick auf den Hafen; Restaurant, Pub. $$$

Highliner Plaza Hotel & Conference Centre

815 1st Ave. W., Prince Rupert, BC V8J 1B3
℡ (250) 624-9060 oder 1-800-668-3115
www.highlinerplaza.com
Großes, solides Mittelklassehotel mit 94
Zimmern am Rand der Innenstadt; Bar
und Restaurant. $$–$$$

Pacific Inn

909 3rd Ave. W.

Prince Rupert, BC V8J 1M9
℡ (250) 627-1711 oder 1-888-663-1999
www.pacificinn.bc.ca
Ruhige Lage, Restaurant. 77 Zimmer.
$$$–$$$$

Rainforest Bed & Breakfast

706 Ritchie St., Prince Rupert, BC V8J 3N5
℡ (250) 624-9742 oder 1-888-923-9993
www.bbcanada.com/3312.html
Gemütliches B&B (3 Zimmer) in ruhiger
Lage, ca. 1 km vom Fährhafen. $$–$$$

Prince Rupert RV Campground

1750 Park Ave.
Prince Rupert, BC V8J 4P7
℡ (250) 627-1000
www.princerupertrv.com
Nahe dem Fährterminal, Duschen,
Waschmaschinen, *hookups.*

Kinnikinnick Campground

333 Skeena Dr.
Port Edward, BC V0V 1G0
℡ (250) 628-9449 oder 1-866-628-9449
www.kinnikcamp.com
Campground mit Strom, Wasser, Abwas-
ser. Ca 15 km außerhalb.

Prudhomme Lake Provincial Park

Am Hwy. 16, 16 km vor Prince Rupert
Kleiner Einfachst-Platz am Seeufer.

North Pacific Historic Fishing Village
1889 Skeena Dr.
Port Edward, BC V0V 1G0
✆ (250) 628-3538
www.tourismprincerupert.com
Mai/Juni, Sept. Di–So 12–16.30, Juli/Aug.
tägl. 11–17 Uhr, Eintritt $ 12
Die 1889 am Skeena River gebaute Fa-
brik produzierte bis 1968 Konserven
aus den vor der Haustür gefangenen
Lachsen. Heute vermittelt sie als Museum ein eindrucksvolles Bild vom Leben
und Arbeiten in einer isolierten *cannery
village* an der Pazifikküste.

 Smiles Seafood Cafe
113 Cow Bay Rd.
Prince Rupert, BC V8J 1A4
✆ (250) 624-3072, tägl. 10–22 Uhr
Existiert seit 60 Jahren und gilt als *die*
Adresse für Seafood. $$–$$$

 The Breakers Pub
117 George Hills Way (Cow Bay)
Prince Rupert, BC V8J 1A3
✆ (250) 624-5990, www.breakerspub.ca
Pub am Hafen mit *fish-and-chips, barbe-
cued ribs* u. Ä. $–$$

 Cow Bay Cafe
205 Cow Bay Rd.
Prince Rupert, BC V8J 1A2
✆ (250) 627-1212
Mit Blick über den Fischereihafen. $$

 Don Diego's
3212 Kalum St., Terrace, BC V8G 2M9
✆ (250) 635-2307
Mexikanischer Lunch. $$

 House of Sim-oi-Ghets
Am Hwy. 16, 5 km westl. von Terrace
✆ (250) 638-1629
www.kitsumkalum.bc.ca/hos.html
Mo–Sa 9–18, So 11–18, im Winter bis 17
Uhr
Authentische indianische Handarbeiten
des Kitsumkalum-Stammes in einem traditionell bemalten Haus.

 New Hazelton Visitor Info Centre
3026 Bowswer St., Hazelton, BC V0J 2J0
✆ (250) 842-6571, www.newhazelton.ca
April–Sept. 8–16 Uhr

 'Ksan Historical Village
Am Ortsrand von Old Hazelton
Hazelton, BC V0J 1Y0
✆ (250) 852-5544 oder 1-877-842-5518
www.ksan.org
Anlage ganzjährig, Gebäude Mitte April–
Mitte Okt. tägl. 9–17 Uhr geöffnet, Mitte
April–Ende Sept. Führungen
Eintritt $ 5 (ohne Häuser), Führung $ 10
Originalgetreue Rekonstruktion eines
Dorfes der Gitksan-Indianer; Häuser mit
bemalten Fronten und Totempfählen.
Führungen durch einheimische India-
ner. Ein Stammeshaus ist als Werkstatt
eingerichtet, in der man Kunsthandwer-
ker bei der Arbeit beobachten kann.

 28 Inn
4545 Hwy. 16, Hazelton, BC V0J 2J0
✆ (250) 842-6006 oder 1-877-842-2828
www.28inn.com
Mit Restaurant und Pub. 32 Zimmer. $$

 Robber's Roost Motel
Am Hwy. 16, Hazelton, BC V0J 2J0
✆ (250) 842-6916 oder 1-877-305-2233
www.robbersroost.ca
Einfaches, aber sehr gepflegtes Motel
in New Hazelton. 20 Zimmer. $$

 **Cataline Country Lodging Motel
& Campground**
2325 Omineca Ave.
South Hazelton, BC V0J 2R0
✆ (250) 842-5271
RV Campingplatz. Nebenan das Motel.

 'Ksan Campground
Neben dem 'Ksan Historical Village
Hazelton, BC V0J 1Y0
✆ (250) 842-5297 oder 1-800-663-4590
www.ksancampground.com
Gepflegter Platz mit Strom, Wasser, Abwasser, Duschen.

③ North to Alaska
④ Von Hazelton zurück nach Watson Lake

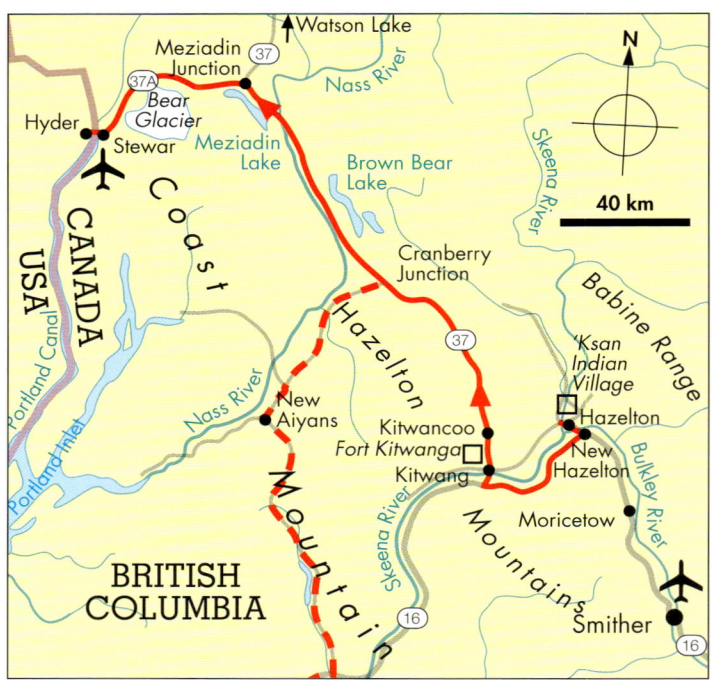

3. Route: Hazelton – Kitwanga – Stewart/Hyder (281 km/176 mi)

km/mi	Zeit	Route
0	9.00 Uhr	Abfahrt in **Hazelton** auf dem Hwy. 16 nach Westen (Richtung Prince Rupert), bei km/mi
45/28		rechts abbiegen in den Cassiar Hwy. (Hwy. 37), nach der Brücke Abstecher nach rechts zu den Totempfählen von **Gitwangak**, weiter auf dem Cassiar Hwy. nach Norden bis zum
49/31		Abstecher nach links zum **Kitwanga Fort National Historic Site**. Weiter bis
60/37,5		**Gitanyow** (Kitwancool), kurzer Halt bei den Totems, weiter auf dem Hwy. 37 bis

214/134		**Meziadin Junction**; hier links abbiegen in den Hwy. 37A, am Bear Glacier vorbei nach
281/176		**Stewart** und **Hyder**.

4. Route: Stewart/Hyder – Watson Lake (666 km/416 mi)

km/mi	Zeit	Route
0	9.00 Uhr	Abfahrt in **Stewart**, auf dem Hwy. 37A bis
67/ 42		Meziadin Junction, links in den Cassiar Hwy. (Hwy. 37) und diesen nach Norden bis
364/195		**Iskut**, weiter bis
407/254		**Dease Lake** und bei km/mi
644/403		rechts in den Alaska Hwy. (Hwy. 1). Auf dem Hwy. bis zum
666/416	19.00 Uhr	**Watson Lake Signpost Forest** und **Watson Lake**.

Von Watson Lake entweder Weiterfahrt nach **Whitehorse** (483 km) oder **Dawson City** (1146 km). Eine Beschreibung dieser Teilrouten finden Sie in den Kapiteln 2.1 (S. 178 ff.) und 2.2 (S. 194 ff.) der Yukon-Route.

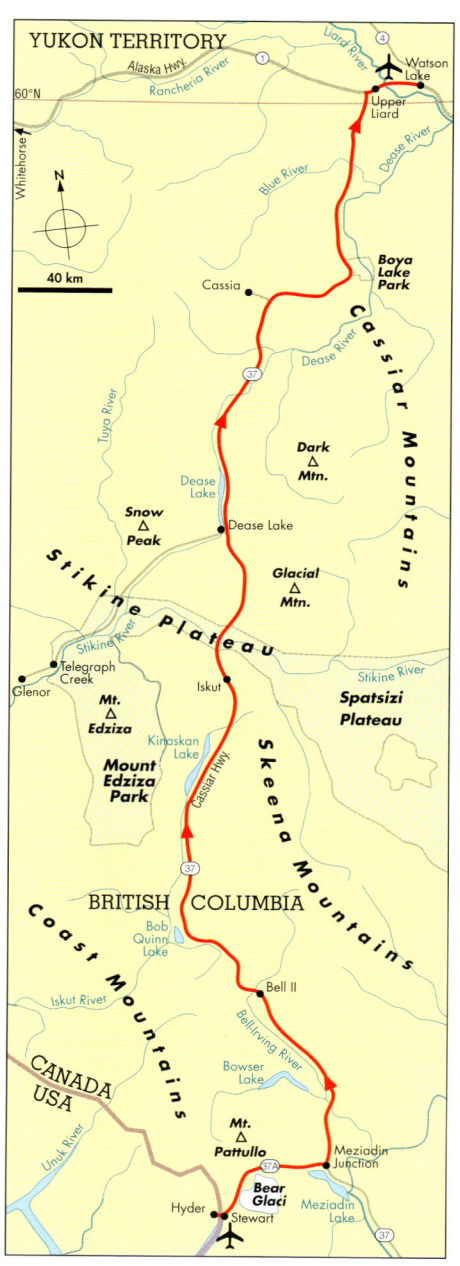

Von **Hazelton** geht es 45 Kilometer zurück bis nach Kitwanga, wo der Highway 37 nach Norden abzweigt. *North to Alaska* verkündet hier in großen Lettern das Schild vor der Tankstelle. Der über 700 Kilometer lange Highway 37 oder Cassiar Highway, die kürzeste Verbindung vom Südwesten Kanadas nach Norden zum Alaska Highway, entstand aus einem 1972 fertig gestellten Schotterweg, auf dem man Holz aus den Wäldern und vor allem das damals profitable Asbest aus der Cassiar-Mine zum eisfreien Pazifikhafen Prince Rupert transportierte. Inzwischen wurden die Wälder eingeschlagen und neu angepflanzt, und Asbest will heutzutage sowieso niemand mehr. Alle Hoffnung ruht nun auf den Touristen, die mit dem Slogan »North to Adventure« in eines der einsamsten und abgelegensten Wildnisgebiete von British Columbia gelockt werden sollen.

Da die Fahrt nach Norden auf dem Cassiar Highway um einige Stunden kürzer ist als auf dem Alaska Highway, donnern hier auch große Lastkraftwagen durch die Wildnis. Und man tut gut daran, ihnen respektvoll Platz zu machen. Die Stecke entlang der Küstenberge ist nicht neu: Sie folgt einem alten Handelsweg der Indianer, die einst Fischöl von der Küste zum Tausch gegen Elchhäute ins Landesinnere transportierten, die »Western Union Telegraph Company« schlug hier eine Schneise für eine nie fertig gestellte Telegrafenlinie über Alaska und Sibirien nach Europa durch den Busch. Während des Gold Rush zogen einige Hundert Goldgräber auf dieser Route nach Norden, und sogar eine Rinderherde wurde auf dem Trail nach Whitehorse getrieben.

Wer sich an Totempfählen noch nicht satt gesehen hat, macht gleich nach Überqueren des Skeena River einen kurzen Abstecher nach rechts, wo im Dörfchen **Gitwangak** ein Dutzend Exemplare aus dem 19. Jahrhundert vor der beeindruckenden Kulisse der Seven-Sisters-Berge auf einer Wiese am Flussufer steht. Ein paar Kilometer weiter, an der Straßenschleife durch den Ort **Kitwanga**, liegt der **Kitwanga Fort National Historic Site**. Hier erzählen Schautafeln die Geschichte vom mächtigen Krieger Nekt und seinem hölzernen Fort, das einst die Kuppe des Hügels krönte. Nochmals zwanzig Kilometer weiter, im Indianerdörfchen **Gitanyow** (vormals Kitwancool), lassen sich die ältesten noch erhaltenen Totems des Gitksan-Stammes auf einer Wiese bewundern. An ihrem Rande sind oft Schnitzer bei der Arbeit an neuen Pfählen.

Nach langer Fahrt durch niedrigen Jungwald – die Holzfäller haben vor Jahren ganze Arbeit geleistet – verlässt man an der **Meziadin Junction** den Cassiar Highway und biegt auf die Straße nach Stewart und Hyder ab. Hier beginnt die Panoramafahrt über die Coast Mountains. Grüne Berghänge führen hinauf zu den leuchtenden Schneefeldern der Gipfel, Wasserfälle rauschen auf beiden Seiten der Straße zu Tal, und der **Bear Glacier** schickt eine leuchtend blau-weiße Eiszunge aus einem Seitental bis zum Strohn Lake, in dessen milchkaffeefarbenes Wasser neben dem Highway er kalbt. Dann senkt sich die Straße immer am Bach entlang bis hinab nach **Stewart** und seinem »Anhängsel« **Hyder** jenseits der Grenze zu Alaska.

Beide Orte gingen durch die üblichen Zyklen von Boom und Bust des Edelmetallbergbaus. Seit die *miners* die Kassen nicht mehr so kräftig klingeln lassen, sind auch die immer öfter auftauchenden Touristen gern gesehene Gäste. Selbst die Filmindustrie hat die Gegend entdeckt: »Bear Island«, »The Iceman« und »The Thing« wurden hier vor der grandiosen Kulisse der Berge, Gletscher und verlassenen Bergwerke gedreht.

Das malerisch verlotterte Hyder, hundert Schritte und eine Zeitzonen-Stunde entfernt auf der anderen Seite der (unbewachten) US-Grenze, kokettiert mit dem selbst verliehenen Titel »freundlichste Geisterstadt in

Vom Pazifik zu den Gletschern: Vorschlag für einen Extratag

Stewart, Hyder und die grandiose Bergwelt rundum lieferten schon einige Male die Kulisse für Abenteuerfilme. Die **Salmon Glacier (oder Granduc-) Road**, ein stellenweise holpriger Schotterweg, führt über 48 spektakuläre Kilometer von Hyder hoch hinauf in die Berge. Den größten Teil der Strecke am **Salmon Glacier** entlang fährt man, nur wenige Höhenmeter über dem Gletschereis, vom Zehr- bis hinauf ins Nährgebiet oberhalb der Schneegrenze zu den Drehorten der Filme und den Überresten der Bergwerke, zu deren Versorgung die Straße ursprünglich gebaut wurde. Ab Kilometer 27 bietet sie, besonders bei schönem Wetter, grandiose Ausblicke auf den Gletscher und die Gipfel rundum. Vor der Fahrt sollte man unbedingt den aktuellen Straßenzustand im Visitor Info Centre in Stewart erfragen, hier gibt es auch das Faltblatt »Salmon Glacier Self Guided Auto Tour«, in dem die Sehenswürdigkeiten am Wege beschrieben sind. Am Anfang des Weges (bei Kilometer 9,6) liegt die **Fish Creek Wildlife Viewing Area**. Von Ende Juli bis Ende August ziehen Königs- und Chum-Lachse in großer Zahl zum Laichen den Bach hinauf. Dann stehen die Chancen gut, hier Weißkopf-Seeadler und Bären beim Fischen beobachten zu können.

Alaska« und sieht auch so aus. Aber immerhin legt hier einmal in der Woche eine Fähre aus Ketchikan an, die den Anschluss an den Alaska Marine Highway, die Fährlinie durch die Inside Passage Südost-Alaskas bis nach Haines und Skagway herstellt.

Eine Attraktion von Hyder sind die 23 Stunden am Tag geöffneten Bars, die auch die von den strengen kanadischen Kneipen-Konzessionen gegängelten Bewohner von Stewart schätzen. »Arbeit ist der Fluch der arbeitenden Klasse« steht über einem Tresen, und in einer anderen Bar schmückt eine teure Tapete die Wände: Seit die ersten *miners* begannen, mit ihrem Namen versehene Geldscheine an die Wände zu pinnen, damit sie nicht auf dem Trockenen sitzen, falls sie einmal pleite aus den Bergen zurückkommen, haben Legionen von Besuchern hier ihre signierten Geldscheine hinterlassen.

Zurück auf dem **Cassiar Highway** beginnt eine über 600 Kilometer lange Fahrt durch eines der ruhigsten und abgelegensten Gebiete von British Columbia. Hier wird die Wildnis wirklich einsam, die Abstände zwischen den Lodges und Tankstellen sind groß. Die Fahrt führt durch altes Indianerland vor der beeindruckenden Kulisse der schneebedeckten Küstenberge,

durch weite Wälder, vorbei an unzähligen stillen Seen und rauschenden Bächen. Ein Indianerdorf, einsame *fishing* oder *hunting lodges*, das Tal des wilden Stikine River, Gold- und Jademinen und **Dease Lake**, vor 120 Jahren Stützpunkt der Goldwäscher und heute Versorgungszentrum für die wenigen Bewohner, liegen am Weg. Die Fahrt ist lang, aber irgendwann signalisiert dann doch die Tankstelle am **Alaska Highway** die Nähe von **Watson Lake**.

Der Cassiar Highway im Hinterland der Coast Mountains in British Columbia

Fischender Petz im Fish Creek

Gitwangak Totem Poles
Am Anfang des Cassiar Hwy., direkt hinter der Brücke rechts ab. Eine Anzahl sehr schöner alter Totempfähle stehen auf einer Wiese am Fluss.

Kitwanga Fort National Historic Site
An der Kitwanga Access Road Loop
Auch unter dem Namen »Battle Hill« bekannt. Auf dem Hügel stand eine hölzerne Indianer-Festung; Schautafeln erläutern die Ausgrabungen.

Gitanyow
Das kleine Dorf der Gitksan-Indianer hieß früher Kitwancool. Totempfähle auf einer Wiese beim »Band Office«. Oft sind Schnitzer beim Anfertigen neuer Pfähle zu sehen.

Meziadin Lake Provincial Park
Am Hwy. 37A, 45 km nordöstl. von Stewart
Einfacher Campground in schöner Lage am Seeufer.

Bear Glacier
Am Hwy. 37A östl. von Stewart
Ein kleiner Schmelzwassersee trennt die Gletscherzunge von der Straße.

Stewart Visitor Info Centre
222 5th Ave., Stewart, BC V0T 1W0
✆ (250) 636-9224 oder 1-888-366-5999
www.stewart-hyder.com
Mitte Mai–Mitte Sept.

King Edward Hotel and Motel
5th & Columbia Sts.
Stewart, BC V0T 1W0
✆ (250) 636-2244 oder 1-800-663-3126
www.kingedwardhotel.com
30 Hotel- und 20 Motelzimmer. Mit Restaurant und Coffee Shop. $$–$$$

Kathi's Place B&B
8th & Brightwell Sts., Stewart, BC V0T 1W0
✆ (250) 636-2795
Gemütliche Zimmer, die Wirtin spricht deutsch. $$

Bear River RV Park
Am Hwy. 37A, Stewart, BC V0T 1W0
✆ (250) 636-9205
www.stewartbc.com/rvpark
Mitte Mai–Mitte Sept.
Strom, Wasser, Abwasser und Duschen.

Rainey Creek Municipal Campground
8th Ave., Stewart, BC V0T 1W0
✆ (250) 636-2537 oder 1-888-366-5999
Mai–Ende Sept.
Strom und Duschen, Nähe Downtown.

Bitter Creek Cafe
311 5th Ave., im Bayview Hotel
Stewart, BC V0T 1W0
✆ (250) 636-2166
Salat, Pizza, Fisch, selbst gebackenes Brot.

Silverado Café & Pizza Parlour
5th Ave., Stewart, BC V0T 1W0
℡ (250) 636-2727
Pizza, Suppe, Salat, Fish & Chips. $–$$

Grand View Inn
An der Hauptstraße, Hyder, AK 99923
℡ (250) 636-9174
Ruhig gelegenes Motel; einige der zehn
Zimmer mit Kitchenettes. $$

Sealaska Inn
An der Hauptstraße
Hyder, AK 99923
℡ (250) 636-9006 oder 1-888-393-1199
www.sealaskainn.com
Hotel mit Restaurant. $$

Camp Run-A-Muck
Hyder, AK 99923
℡ (250) 636-9006 oder 1-888-393-1199
Campground mit Duschen, Stroman-
schlüssen und Waschmaschinen. Gehört
zum Sealaska Inn.

Cassiar Highway
Insgesamt 724 km lange Straße Nr. 37
(auch Stewart-Cassiar Hwy. genannt)
vom Yellowhead zum Alaska Hwy. bei
Watson Lake, Yukon. Mit Ausnahme
zweier kurzer Abschnitte ist die Straße
durchgehend mit einer festen Allwetterdecke versehen. Etwas für Naturliebhaber: Die Strecke verläuft sehr einsam, es
gibt keine größeren Ansiedlungen unterwegs.

Feste

Jedes Jahr Anfang Juli finden während
der beiderseits der Grenze begangenen
International Days vielerlei Aktivitäten
statt, darunter Paraden am 1. und 4. Juli,
Schatzsuche, Flohmarkt, Pancake-Früh-
stück, Kinderbespaßungen etc.

**Infos zu Watson Lake finden Sie auf
Seite 182.**

Bilderbuch-Norden: Haus am Cassiar Highway

Service von A–Z

Kayaking vor der Küste von Ketchikan

An- und Einreise

Zu Einreise in die USA benötigen Besucher aus Deutschland, Österreich und der Schweiz (auch Babys und Kinder) einen **maschinenlesbaren Pass**, der mindestens bis zum Ende der geplanten Reise gültig sein muss. Für deutsche Staatsangehörige ist nur der **rote Europapass** zulässig (keine vorläufigen Reisepässe, Kinderausweise oder Einträge in den Pässen der Eltern). Alle Reisepässe, auch Kinderpässe, die nach dem 25. Oktober 2006 ausgestellt wur-

den, müssen zusätzlich über biometrische Daten in Chipform aufweisen. Das gilt nicht für Reisende, die über ein Visum verfügen.

Seit Januar 2009 müssen USA-Reisende zusätzlich und mindestens 72 Stunden vor Reiseantritt online eine sogenannte **ESTA-Genehmigung** *(Electronic System for Travel Authorization, https://esta.cbp.dhs.gov/esta)* beantragen, dies gilt auch für Kinder. Für diese Online-Reiseanmeldung ist ein Fragebogen mit persönlichen und anderen Daten im Internet auszufüllen, der bisher während des Flugs ausgeteilt wurde. Die ESTA-Genehmigungsnummer wird dem Reisenden per E-Mail zugeschickt. Sie ist bis zu zwei Jahre oder bis zum Ablaufen des Passes für mehrere Reisen gültig. Seit September 2010 muss darüber hinaus eine Einreisegebühr von $ 14 bezahlt werden, was man mit folgenden Kreditkarten tun kann: VISA, Mastercard, American Express und Discover.

Am besten erkundigt man sich vor seiner Abreise nach den aktuellsten Bestimmungen: ℂ 0900-185 00 55 (1,86 € pro Min.) oder www.usembassy.de.

Zu den strengeren Sicherheitsbestimmungen gehört auch, dass **verschlossene Gepäckstücke** mit großer Wahrscheinlichkeit von den Behörden aufgebrochen werden. Deshalb sollte man Koffer besser mit einem Gurt sichern als ein Zahlenschloss zu benutzen. Für die Einreise nach Kanada genügt der **Reisepass** bzw. **Kinderausweis,** der noch drei Monate über den letzten Reisetag hinaus gültig sein muss.

In beiden Ländern trifft man nach dem Aussteigen auf den *immigration officer,* der die Papiere kontrolliert (in den USA inkl. Fingerabdruck und Foto) und die Aufenthaltsdauer festsetzt. Er erkundigt sich nach Dauer und Zweck der Reise *(business* oder *vacation)*, einer korrekten Adresse (am besten die des vorgebuchten Hotels am Ankunftsort) und manchmal auch nach dem Rückflugticket und der finanziellen Ausstattung.

Unmittelbar darauf folgen Gepäckausgabe und Zollkontrolle. Gleich dahinter findet man die Schalter der Autovermieter, wo man das reservierte Fahrzeug übernimmt. Wohnmobilfahrer begeben sich zweckmäßigerweise erst einmal mit dem Taxi oder dem Hotelbus zur Unterkunft, um den Jetlag auszuschlafen, und lassen sich am nächsten Tag vom Vermieter zur Fahrzeugübernahme abholen.

Angeln

Dass die *graylings* (Äschen), *trouts* (Forellen) und *salmon* (Lachse) in den Flüssen und Seen des Nordens reichlich und im Allgemeinen auch beißwillig sind, hat sich auch in Europa schon herumgesprochen. *Fishing lodges* und *guides* bieten – gegen viel Geld – garantier-

ten Erfolg und kontrolliertes Abenteuer. Aber auch wer sich mit Rute und Blinker ans nächste Gewässer begibt, hat einige Aussicht auf Erfolg. Vorher allerdings bedarf es einer *fishing licence* für den jeweiligen Staat, die man in allen Sportgeschäften und Lodges kaufen kann. Dort informiert man Sie auch über die jeweils geltenden Regeln, wie z. B. das *bag limit* (die Anzahl der Fische, die man pro Tag aus dem Wasser holen darf).

Ärztliche Versorgung

Die ärztliche Versorgung ist auch in den abgelegenen Gebieten gesichert – aber teuer! In Alaska, dem Yukon und in BC sind Sie grundsätzlich Privatpatient. Informieren Sie sich bei Ihrer Krankenversicherung über den bestehenden Versicherungsschutz bzw. mögliche Rückerstattungen und schließen Sie auf jeden Fall eine zusätzliche Reisekrankenversicherung ab.

Medikamente erhalten Sie in der *pharmacy,* die sich meist in einem *drugstore,* manchmal auch im Supermarkt, befindet. Adressen entnehmen Sie den *Yellow Pages* des Telefonbuchs. Im *drugstore* erhalten Sie auch die für den Norden unerlässlichen Moskito-Abwehrmittel (s. S. 340 f.).

Nehmen Sie eine ausreichende Menge und den Beipackzettel von regelmäßig einzunehmenden Medikamenten mit, damit der Apotheker/Arzt das lokale Äquivalent finden kann. Viele bei uns rezeptfreie Medikamente sind vor Ort nur mit Rezept erhältlich.

In Notfällen hilft die Telefonvermittlung (Operator, »0«) weiter. Über die **Notrufnummer 911** erreichen Sie Ambulanz, Feuerwehr und Polizei.

Auskunft

Diplomatische Vertretungen in Deutschland:

Botschaft der USA
Pariser Platz 2, D-10117 Berlin

℡ (030) 238 51 74
www.usembassy.de oder
www.us-botschaft.de

Kanadische Botschaft
Leipziger Platz 17
D-10117 Berlin
℡ (030) 203 12-0
www.kanada.de

Erste Vorabinformationen erhält man von den Fremdenverkehrsämtern in Deutschland:

Canadian Tourism Commission
c/o Lange Touristik-Dienst
Eichenheege 1–5
D-63477 Maintal
℡ (018 05) 52 62 32 (= 01805-KANADA)
www.kanada-entdecker.de

Alaska Travel Industry Association
Postfach 1425
D-61284 Bad Homburg
www.alaska-travel.de oder
www.travelalaska.com

Im **Internet** gibt es unzählige Informationsquellen, empfehlenswert sind u.a. folgende Adressen:

www.travelyukon.com – Homepage von Tourism Yukon
www.pc.gc.ca – Alles Wissenswerte über die kanadischen Nationalparks
www.travelalaska.com – Offizieller Urlaubsplaner für Alaska
www.alaskacenters.gov – Infos über die und von den Alaska Public Lands Information Centers
http://dnr.alaska.gov/parks – Infos zu den Alaska State Parks
www.fs.fed.us/r10 – Camping-Reservierungen und Wissenswertes zu Alaskas National Forests
www.recreation.gov – Camping-Reservierungen und Informationen zu den US-Nationalparks und den National Forests
www.nps.gov – Informationen zu den US-Nationalparks

www.alaskainfo.org/ – Informationen zu Südost-Alaska, u.a. zur Inside Passage

Auskunft vor Ort

In den größeren Orten finden Sie, gut ausgeschildert, ein Visitor Reception Centre (Yukon) oder Visitor Information Center (Alaska). Hier hilft man durch Vermittlung von Unterkünften, mit Tipps für Unternehmungen oder Veranstaltungen und mit Auskünften allgemeiner Art. Detaillierte Adressenangaben finden Sie auf den blauen Info-Seiten der einzelnen Routen.

Auto oder Wohnmobil?

Die Antwort auf diese Frage hängt in erster Linie von den persönlichen Präferenzen des Reisenden ab. Mietwagen sind relativ billig, und preiswerte kleine Motels gibt es beinahe überall.

Mit dem Wohnmobil ist man natürlich mehr draußen in der Natur. Das Reisen mit dem Wohnmobil garantiert Freiheit und Flexibilität und vermeidet den Zwang, abends rechtzeitig dort zu sein, wo ein Zimmer reserviert ist. Auch das Problem der Zimmerreservierung in den Orten mit touristischen Schwerpunkten entfällt. Campgrounds, die auf Wohnmobile eingerichtet sind, gibt es fast überall. Selbst wenn ein Platz voll belegt ist, findet sich auf einem anderen in der Nähe immer noch ein Stellplatz.

Außerhalb der Städte ist die touristische Infrastruktur so dünn, dass hier die Benutzung eines Wohnmobils wegen der höheren Flexibilität deutliche Vorteile mit sich bringen kann. Auch die so mitgeführte Kücheneinrichtung erweist sich oft als Plus. Mit Ausnahme der Städte können Vielseitigkeit und Anzahl der Restaurants und leider auch oft die Qualität des Essens Wünsche offen lassen. Die spürbare Entlastung der Reisekasse bei Selbstversorgern wird für manchen ein zusätzliches Argument für das Wohnmobil sein.

Service von A–Z

Wohnmobile oder Mietwagen bucht man zweckmäßigerweise über ein Reisebüro oder einen spezialisierten Reiseveranstalter. Diese können durch Großeinkauf meist günstigere Preise erzielen, als es dem einzelnen Touristen möglich ist – es sei denn, man hat Freunde vor Ort, die sich nach einem »Schnäppchen« bei einer der kleineren, weniger bekannten Verleihfirmen umsehen. Das kann Geld sparen, aber man muss sich über mögliche Nachteile im Klaren sein: Im Fall einer (größeren) Panne sind meist nur die großen Verleihfirmen in der Lage, schnell für Abhilfe zu sorgen.

Zur Vermeidung unliebsamer Überraschungen nach der Ankunft ist es wichtig, noch vor der Buchung gezielt nach eventuellen **Nutzungsbeschränkungen** zu fragen. Einzelne Vermieter in Alaska verbieten nämlich die Benutzung ihrer Fahrzeuge auf Schotter- (dirt roads) und/oder bestimmten anderen Straßen. Um sicher zu gehen, sollten Sie sich vom Vermieter oder seinem Agenten in Deutschland schriftlich bestätigen lassen, dass die Benutzung des Fahrzeugs auf der von Ihnen gewählten Route gestattet ist. Die Vermieter im Yukon sind meist großzügiger und gestatten das Befahren von dirt roads, sofern es sich um public roads, also öffentliche Straßen mit einer Straßennummer, handelt. (Alle in diesem Buch beschriebenen Routen führen ausschließlich über public roads). Gegen Aufpreis sind auch Einwegmieten möglich.

Klären Sie auch, wie Sie sich bei eventuellen Reparaturen verhalten müssen, wer die Kosten dafür übernimmt, wer fürs Abschleppen, für ein Ersatzfahrzeug und notwendige Hotelübernachtungen aufkommt und was zurückerstattet wird, wenn das Fahrzeug ausfällt. Verlangen Sie eine Telefonnummer des Vermieters, die Sie in Notfällen anrufen können.

Von vielen Vermietern werden gegen Aufpreis »Versicherungen« angeboten, mit denen die Selbstbeteiligung bei Unfällen beschränkt werden kann und die bei Ausfall eines Fahrzeugs für Hotel- und andere Kosten aufkommen. Diese »Versicherungen« sind aber oft mit erheblichen Einschränkungen versehen, z. B. sind fast immer Schäden beim Rückwärtsfahren, Beschädigungen des Dachaufbaus usw. ausgenommen. Deshalb gilt: Erkundigen Sie sich genau und wägen Sie dann ab, welche Risikobegrenzung für Sie sinnvoll ist.

Wohnmobile gibt es in drei Varianten. Van Conversions sind umgebaute Lieferwagen, die bis zu zwei Personen (beengten) Platz bieten. Sie sind mit Spülbecken, Kochstelle sowie einem kleinen Kühlschrank ausgerüstet.

Camper sind Huckepack-Wohnkabinen auf der Ladefläche von Pickup genannten Kleinlastern. Die meisten Camper sind für zwei Erwachsene geeignet, die größeren Versionen (länger als zwölf Fuß) auch zur Not für einen dritten Erwachsenen oder ein bis zwei kleinere Kinder. Die größeren Camper haben eine separate Wasch-/Duschkabine mit Toilette. Versuchen Sie auf alle Fälle, auch wenn Sie nur zu zweit unterwegs sind, einen Pickup mit einer crew cab (zweite Sitzbank hinter den Frontsitzen) oder super cab (Klappsitze hinter den Frontsitzen) genannten Fahrerkabine zu bekommen. Da der Stauraum im Camper nicht allzu üppig bemessen ist, werden Sie den zusätzlichen Platz bald schätzen lernen.

Mobile homes entsprechen unseren Wohnmobilen, sind jedoch oft größer und sehr komfortabel eingerichtet. Servo-Lenkung, Servo-Bremsen und automatisches Getriebe gehören hier zur Standardausrüstung. Eine besonders praktische Version sind die so genannten 5th-Wheels. Hier ist der Wohnwagenteil als Auflieger in der Art eines Sattelschleppers an einem Pickup befestigt. Auf dem Campingplatz angekommen fährt man die Standbeine aus und kann danach mit dem abgekoppelten Zugwagen bequem einzelne Ziele anfahren.

Mietwagen kann man über das Reisebüro oder direkt über die großen internationalen Autovermieter bestellen. Besser ist es, Sie mieten keinen Kombi (station wagon). Der hat zwar schön viel Platz für das Gepäck, aber es ist für jedermann gut sichtbar, und die Gefahr eines Diebstahls wird dadurch erheblich höher.

Wer sich unter den verschiedenen Anbietern umsieht, wird bald feststellen, dass es für identische Leistungen deutlich unterschiedliche Preise gibt. Aber Vorsicht! Lesen Sie die Bedingungen aufmerksam durch und rechnen Sie nach! Achten Sie besonders bei Wohnmobilen auf versteckte Zusatzkosten – wie Vorbereitungsgebühr *(prep charge),* Miete für Bettwäsche, Geschirr usw. *(housekeeping kit),* Versicherung *(CDW)* –, die sich zu erheblichen Summen addieren können.

Die angebotene Kaskoversicherung *(CDW)* ist nicht billig, kann sich aber bei einem größeren Schaden bezahlt machen. Allerdings deckt sie bei Wohnmobilen in der Regel nicht alle Schäden ab. Dachschäden (durch Bäume, zu niedrige Tankstellendächer usw.) und Rangierschäden sind meist ebenso ausgenommen wie der Bruch der Windschutzscheibe. Nehmen Sie sich Zeit, das »Kleingedruckte« zu lesen, und lassen Sie sich alles erklären, was Sie nicht verstehen.

Bestehen Sie darauf, dass bei der Fahrzeugübergabe alle sichtbaren Mängel und Beschädigungen, und seien sie noch so klein, vom Zigarettenloch in der Polsterung bis zum Kratzer im Lack, im Übergabeprotokoll festgehalten werden. Es kann Ihnen sonst passieren, dass man versucht, Sie nach Ende der Reise zur Kasse zu bitten.

Für die in diesem Buch beschriebenen Routen kann es je nach Reisedauer, zurückgelegter Entfernung und gewährten Freikilometern pro Tag günstiger sein, eine *flat rate with unlimited mileage,* also eine Mietpauschale pro Tag ohne Gebühr für gefahrene Kilometer zu vereinbaren, sofern diese angeboten wird. Beim Abschätzen der zu fahrenden Kilometer sollten Sie daran denken, einen gewissen Zuschlag für Umwege usw. einzurechnen. Auch können die Kilometerzähler der Fahrzeuge Ungenauigkeiten von bis zu 10 % aufweisen.

Bei Übernahme Ihres Fahrzeugs werden Voucher des Reisebüros, nationaler Führerschein, Reisepass und eine Kreditkarte verlangt, die auf den Namen des Mieters ausgestellt sein muss. Die Kreditkarte erspart Ihnen Vorauszahlungen und die Hinterlegung einer Kaution. Ein internationaler Führerschein ist nicht nötig. Lassen Sie sich bei der Übergabe des Fahrzeugs Zeit, und fragen Sie ungeniert nach, falls Sie etwas nicht verstehen. Die wichtigsten Informationen sind:

– Wo sind Ersatzrad, Wagenheber und Werkzeug?
– Wo sind der Ölmessstab des Motors und der Einfüllstutzen für das Öl?
– Wie funktionieren Automatikschaltung und Klimaanlage?

Bei **Wohnmobilen** zusätzlich:
– Wo sind Füllstutzen und Absperrventil des Gastanks, bzw. wo sind die Gasflaschen?
– Wo sind Wasserschlauch und Füllstutzen des Wassertanks?
– Wie leert man die Abwassertanks?
– Wie stellt man den Kühlschrank an, und wie stellt man ihn von Gas auf Strom um?
– Wie funktioniert der Heißwasserbereiter?

Die Fahrzeugvermieter haben handliche Stadtpläne, die Ihnen das Navigieren am Ort der Übernahme erleichtern. Ihre Koffer können Sie fast ausnahmslos bei der Wohnmobil-Vermietstation für die Dauer der Fahrt einlagern. Sie sollten dies auch tun, der Stauraum im Fahrzeug ist begrenzt. Wichtiges Zubehör für Ihre Wohnmobilreise ist: Taschenlampe, Axt, kleiner Grill, Regenkleidung, Schirm, ein kleiner Rucksack für Wanderungen, Wäscheleine und Klammern.

Autofahren

An die Verkehrsdichte der Ballungszentren Europas gewöhnt, hat man im Norden leichtes Fahren. Man fährt rücksichtsvoll und gemächlich, meistens jedenfalls. Landkarten und Stadtpläne bekommt man in den Visitor Information Centers oder Visitor Reception Centres bzw. an Tankstellen.

Die Orientierung anhand von Straßenkarten ist sehr einfach. Die Straßen sind alle nummeriert und mit Ost, West, Süd oder Nord gekennzeichnet. Sie brauchen sich also nur die Generalrichtung Ihrer Fahrt und die Nummer der Straße zu merken und nicht die Ortsnamen, die möglicherweise auf Wegweisern stehen könnten.

Als Mitglied eines europäischen Automobilclubs kann man sich beim kanadischen Automobilclub CAA bzw. dem amerikanischen AAA gegen Vorlage des Mitgliedsausweises mit Karten, Informationen über den Straßenzustand usw. versorgen lassen.

Benzin *(gas oder gasoline)* gibt es als Normalbenzin *(regular)* und Super *(premium)*. Bleifreies Benzin ist der Normalfall, es wird als *no lead, unleaded* oder *lead free* bezeichnet. Tankstellen können, besonders an Nebenstrecken, sehr weit auseinander liegen, deshalb rechtzeitig voll tanken *(fill it up, please)*.

Bei **Pannen** sollten Sie sich zunächst mit dem Fahrzeugvermieter in Verbindung setzen, um die weiteren Schritte (Reparatur, Ersatzfahrzeug) abzusprechen. Eine Panne signalisiert man mit hochgestellter Motorhaube. Ein weißes Tuch im Fenster oder ein großes Stück Papier U-förmig auf die Antenne gespießt, bedeutet, dass Sie unterwegs sind, um Hilfe zu holen.

Verlassen Sie in einsamen Gegenden auf keinen Fall Ihr Fahrzeug, um zu Fuß Hilfe zu holen. Warten Sie bei Ihrem Wagen, bis jemand hält und Sie zur nächsten Werkstatt oder Tankstelle mitnimmt. Notrufsäulen gibt es nicht, Sie müssen zusehen, dass Sie irgendwie zum nächsten Telefon (Kneipe, Tankstelle, Hotel usw.) kommen. Von dort wenden Sie sich bei Unfällen an die örtliche Polizei. Diese informiert dann den Abschleppdienst, Notarzt usw. AAA und CAA unterhalten einen eigenen Pannendienst, den man als Mitglied des ADAC, ÖAMTC und anderer Clubs beanspruchen kann.

Die **Höchstgeschwindigkeit** beträgt meistens 65 m. p. h. bzw. 90 km/h in Kanada. In Ortschaften, sofern nicht anders ausgeschildert, 30 m .p. h. *Speeding,* schneller als erlaubt zu fahren, kann auch auf den Überlandstraßen teuer werden. Die oft nicht gekennzeichneten Streifenwagen können auch die Geschwindigkeit entgegenkommender Fahrzeuge messen. Bis zu 10 km/h werden oft toleriert, wer jedoch schneller ist, wird kräftig zur (finanziellen) Ader gelassen.

Alle **Entfernungen** in Kanada sind, da das Land inzwischen schon eine ganze Weile das metrische System eingeführt hat, im Gegensatz zu Alaska in Kilometern angegeben. Bei mündlichen Auskünften geht es mit Meilen und Kilometern noch bunt durcheinander, alte Gewohnheiten haben eben ein zähes Leben. Falls Sie eine Entfernungsangabe in *klicks* hören: Dies ist eine Dialektbezeichnung für Kilometer.

Es herrscht **Gurtpflicht** für alle Insassen eines Fahrzeugs. Darüber hinaus gilt es, folgende von Europa abweichende Regeln zu beachten:

– **Schulbusse** mit blinkender Warnanlage dürfen nicht passiert werden.

– **Rechtsabbiegen** an roten Ampeln ist erlaubt, aber erst nach vollständigem Halt und nur, wenn keine Fußgänger oder andere Verkehrsteilnehmer behindert werden.

– **Fußgänger,** besonders Kinder, haben immer und unter allen Umständen Vorrang. Sobald sie auch nur einen Fuß auf die Fahrbahn setzen, wird angehalten!

– Der Zusatz »**4-way**« an einem Stoppschild bedeutet, dass alle anhalten müssen, und derjenige, der zuerst gehalten hat auch zuerst wieder losfahren darf.

– Beim **Parken** in den Städten unbedingt die Beschilderung und die farbige Bemalung der Bordsteine beachten:

Rot: Halteverbot

Gelb: Parkverbot

Schwarz und Gelb: Ladezone für Lkw

Blau: Parkplatz für Behinderte

Grün: 10 Minuten Parken erlaubt

Weiß: 5 Minuten Parken erlaubt

Öffentliche **Parkplätze** heißen *public parking,* und *park in rear* bedeutet, dass man auf dem Grundstück hinter dem Geschäft oder Restaurant parken kann. Niemals vor einem Hydranten, in einer *tow away zone* oder an einer Bushaltestelle parken. Die Abschleppwagen sind schnell zur Stelle. Strafzettel gibt es auch bei abgelaufener Parkuhr *(parking meter)*. Hängt einmal ein Strafzettel *(ticket)* an der Scheibe, sollten Sie ihn auch bezahlen. Dazu kauft man auf der Post eine *money order.* Nicht bezahlte Tickets folgen Ihnen, mit zusätzlichen Gebühren beladen, über die Vermietfirma nach Hause. Außerhalb der Ortschaften muss man zum Parken oder Anhalten **vollständig von der Straße herunterfahren.**

Einkaufen

Lebensmittel und andere Artikel für die Rundfahrt bekommen Sie problemlos in den Supermärkten der größeren Orte. Genussvolles Shopping findet, wenn überhaupt, nur in Anchorage oder Fairbanks statt. Weil in den kleineren Orten entlang der Strecke die Auswahl oft beschränkt ist, sollte man, wenn sich die Gelegenheit bietet, die Vorräte jeweils so weit auffüllen, dass man auch eine »Durststrecke« von mehreren Tagen überstehen kann.

Beliebte Souvenirs aus dem Norden sind die verschiedenen kunsthandwerklichen Erzeugnisse der Indianer und Inuit: Dazu gehören Schnitzereien, Schmuck, Mokassins, Skulpturen und Drucke. Wirklich authentische Arbeiten sind allerdings meistens sehr teuer. Die *gift shops* der Museen haben oft qualitativ hochwertige und günstige Angebote an guten Repliken, Kunstdrucken usw.

In Geschäften lautet die Standardfrage des Verkaufspersonals: *Can I help you?* Die Standardantworten sind: *No, thank you, I am just looking* oder *Yes, I am looking for...* Bei Kleidungsstücken fragt man unter Umständen: *Is this my size?* und *May I try it on?* An der Kasse lautet die Standardfrage: *Will that be cash or credit card?* (wird bar oder mit Kreditkarte bezahlt?).

Feiertage/Feste

An den großen Feiertagswochenenden im Sommer – die meisten Feiertage haben kein festes Datum, sondern werden jeweils auf den nächstgelegenen Montag geschoben – werden die Hotelzimmer und die Campingplätze in den Urlaubsgebieten knapp. Rechtzeitige Reservierungen sind an diesen Tagen ein Muss! Gleiches gilt für die Feste in Dawson City (s. S. 205). Banken, öffentliche Gebäude und viele Museen sind an Feiertagen geschlossen.

Offizielle Feiertage in Alaska:
Neujahrstag (1. Januar)
Martin Luther King Day (3. Montag im Januar)
President's Day (3. Montag im Februar)
Memorial Day (letzter Montag im Mai)
Unabhängigkeitstag (4. Juli)
Labor Day (1. Montag im September)
Veterans Day (11. November)
Thanksgiving (4. Donnerstag im November)
Christmas Day (25. Dezember)

Offizielle Feiertage in Kanada:
Neujahrstag (1. Januar)
Good Friday (Karfreitag)
Easter Monday (Ostermontag)
Victoria Day (Montag vor dem 25. Mai)
Canada Day (1. Juli)
Provincial Holiday (1. Montag im August)
Labour Day (1. Montag im September)
Thanksgiving (2. Montag im Oktober)
Remembrance Day (11. November)
Christmas Day (25. Dezember)
Boxing Day (26. Dezember)

Geld/Devisen

Am besten verteilen Sie die Reisekasse auf einen kleineren **Bargeld**-Betrag in Dollar ($), **Reiseschecks** und eine oder mehrere **Kreditkarten**. Geeignet sind vor allem die an Mastercharge angeschlossene Eurocard und die VISA-Karte. Mit diesen Kreditkarten können Sie fast überall zahlen und ersparen sich viele Schwierigkeiten, z. B. bei der Hotelreservierung und der Fahrzeugmiete. Dollar-Reiseschecks einzulösen ist unproblematisch. Man zahlt damit direkt im Restaurant, an der Tankstelle oder im Geschäft und bekommt das Wechselgeld bar zurück. In Euro oder einer anderen europäischen Währung sind Reiseschecks ziemlich unpraktisch, sie können nämlich nur bei den großen Banken in den Städten eingelöst werden.

Da die Reise durch Kanada und die USA führt, reicht die Mitnahme von US-Dollars nicht aus. Die amerikanische Währung wird zwar im Yukon akzeptiert, doch es empfiehlt sich auf jeden Fall das Zahlen mit kanadischen Dollars.

Der amerikanische und der kanadische Dollar sind in 100 Cents unterteilt. Es gibt **Münzen** zu 1 Cent *(penny),* 5 Cent *(nickel),* 10 Cent *(dime),* 25 Cent *(quarter),* 50 Cent *(half dollar)* und 1 Dollar. Die Stückelung der kanadischen Münzen ist die gleiche, das 1-Dollar-Stück wird in der Umgangssprache oft als *loonie* (wegen des eingeprägten Vogels mit dem Namen »Loon«) bezeichnet. Wichtigste Münze ist der *quarter,* von dem Sie stets einen Vorrat in der Tasche haben sollten. Sie brauchen ihn fürs Telefon und alle Arten von Automaten (von der Waschmaschine bis zu Getränken).

Amerikanische Dollarscheine *(bills* oder *notes)* gibt es im Wert von 1, 2, 5, 10, 20, 50 und 100 Dollar. Sie sind alle gleich groß, grün und auf den ersten Blick nur durch die aufgedruckte Zahl zu unterscheiden. Neueste Ausnahme: Die 20-Dollar-Noten, die am meisten gefälschten Geldscheine der USA, sind seit 2003 pfirsichfarben. 100-Dollar-Scheine und 100-Dollar-Reiseschecks werden manchmal ungern gesehen und (vor allem nachts) nicht akzeptiert.

Kanadische Geldscheine gibt es von 2 bis 100 Dollar in der gleichen Stückelung, allerdings unterscheiden sie sich alle durch Größe und Farbe. Der 2-Dollar-Schein wurde weitgehend durch eine Münze ersetzt.

In Alaska gibt es, im Gegensatz zu den meisten anderen US-Bundesstaaten, keine staatliche **Mehrwertsteuer** *(Sales Tax).* Der Staat Alaska finanziert sich allein durch seine Einnahmen aus dem Ölgeschäft. Im Yukon existiert keine territoriale Steuer, aber es wird die gesamtkanadische Steuer namens *Federal Goods and Services Tax,* kurz GST, von 5 % auf die Preise aufgeschlagen.

Gepäck/Kleidung/Reisezeit/Klima

Packen Sie bequeme Freizeitkleidung ein! Nur wer in die elegantesten Restaurants von Anchorage oder Fairbanks will, benötigt ein Jackett. Aber auch hier bedeutet das Schild *proper attire required* lediglich, dass man keine Gäste in Jeans, T-Shirt oder Turnschuhen wünscht. Falls Sie Zweifel haben, rufen Sie einfach an, und fragen Sie nach dem *dress code.* Ein offener Kragen wird fast immer akzeptiert, wenn Sie ein Jackett tragen. Ansonsten liegen Sie mit Freizeitkleidung genau richtig. Auch Badekleidung gehört ins Gepäck, um die *jacuzzis* der Hotels und die Thermalbäder nutzen zu können. Rasierapparat und Föhn müssen auf 110 Volt umstellbar sein. Einen passenden Adapter sollten Sie von zu Hause mitbringen, unterwegs ist er kaum zu finden.

Wer Wanderungen plant, braucht feste, am besten knöchelhohe Wanderstiefel, Tagesrucksack, Windjacke und Regenkleidung. Mehrtägige Wanderungen oder Kanutouren erfordern Schlafsack, Unterlage, Zelt, Kompass, Messer, Erste-Hilfe- und Überlebens-Paket. Die Touren in den Nationalparks oder im *bush* des Nordens sind kein Picknick und erfordern Planung und eine gewisse Erfahrung. Neulingen sei dringend geraten, sich den örtlichen *tour operators* und *outfitters* anzuvertrauen, die die benötigte Ausrüstung stellen.

Während der Reise kann es heiße Sommertage mit über 30 °C und kühle, regnerische Tage von 10–15 °C geben. Statt ein ganzes Sammelsurium von T-Shirts und Shorts, Pullovern samt Parka mitzuschleppen, ist es sinnvoller, sich nach dem »Zwiebelprinzip« zu kleiden: Statt einer dicken trägt man dabei mehrere dünne Lagen (außen wind- und wasserdicht) übereinander, die man nach Bedarf Stück für Stück wieder ablegen kann. Generell gilt: Nicht zu viel Kleidung mitnehmen. Auf den meisten privaten Campgrounds und in den größeren Orten gibt es Waschsalons mit Münzwaschmaschinen und Trocknern.

Die **Reisesaison** dauert von Mitte Mai bis September. Statistisch gesehen gibt es in Mai und Juni in ganz Alaska die geringsten Niederschläge. Ab Ende August beginnt der Herbst; die Tage sind im Binnenland oft kühl, sonnig und klar, die Nächte schon empfindlich kalt, und die Laubfärbung taucht die Landschaft in leuchtendes Rot und Gelb.

Der Südosten ist die Region mit den höchsten und, speziell zu Ende des Sommers, häufigsten Niederschlägen. Ketchikan ist einer der »feuchtesten« Orte, hier kann der Wechsel von Sonnenschein zu Regen mehrmals am Tage stattfinden. Generell sind Zentral-Alaska und der Yukon die trockeneren Regionen mit Kontinentalklima.

Auch im Spätwinter kann man in Alaska Urlaub machen. Die Fahrt auf einer der beschriebenen Routen ist dann allerdings wenig sinnvoll: Obwohl alle Hauptverbindungsstraßen weiterhin befahrbar sind, haben die Attraktionen der Sommerzeit fast alle geschlossen oder sind unzugänglich. Stattdessen sucht man sich für seinen Aufenthalt eine der gemütlichen Lodges aus und genießt die Jahreszeit auf einheimische Manier. Die vorherrschende trockene Kälte ist gut verträglich und der Winter noch richtig weiß, mit viel Schnee und Eiszapfen vor dem Fenster. Abwechslung bieten der Besuch der großen Hundeschlittenrennen Iditarod und Yukon Quest, Skilanglauf und Touren mit Hunde- oder Motorschlitten. Am Abend, wenn das Nordlicht am Himmel schimmert, lässt man es sich am Kaminfeuer der Lodge oder im Thermalpool wohl sein.

Kinder

Der lange Flug über acht oder neun Zeitzonen ist auch für Kinder eine Strapaze. Es empfiehlt sich, wegen der Zeitumstellung besonders zu Beginn der Reise zusätzliche Ruhezeit einzuplanen. Unterwegs gibt es wenig Probleme: Die Fahrzeugvermieter halten spezielle Kindersitze mit Anschnallgurten bereit, in den Hotels und Motels übernachten Kinder im Zimmer der Eltern umsonst. Ein zusätzliches Bett kostet nur einen kleinen Aufpreis. Beachten Sie, dass teurere Bed & Breakfasts oft keine Kinder als Gäste aufnehmen,

vorher erkundigen. In den Restaurants sind Kinder willkommen, es gibt Kinderstühle und oft auch spezielle Kindermenüs, die Hotels in den großen Städten vermitteln Babysitter.

Wohnmobilreisen sind für Kinder ideal. Lagerfeuer, Grillen, Angeln usw. lassen keine Langeweile aufkommen. Es empfiehlt sich, mit Kindern die Tage etwas lockerer zu planen und eventuell Zusatztage einzuschieben, damit sie ausreichend Pausen und Bewegung haben und nicht zu quängelnden Nervensägen werden. Unterwegs gibt es selten deutschsprachige Gesellschaft, und mangelnde Sprachkenntnisse können zu Kontaktschwierigkeiten führen. Allerdings reisen die Kanadier und Amerikaner gern und bevölkern mit Kind und Kegel die Campingplätze, und da Kinder sehr kontaktfreudig sind, finden sie auf dem Campingplatz meist schnell Anschluss.

Maße und Gewichte

Kanada, und damit der Yukon, hat schon seit längerer Zeit das metrische System eingeführt: Man tankt Benzin in Litern, fährt Kilometer und schwitzt oder friert in Grad Celsius. Lediglich bei den Kleidergrößen sind die amerikanischen Angaben noch weit verbreitet. In Alaska sind nur die Nationalparks metrisch, ansonsten ist alles beim Alten geblie-

Längenmaße:	1 inch (in.)	= 2,54 cm
	1 foot (ft.)	= 30,48 cm
	1 yard (yd.)	= 0,9 m
	1 mile	= 1,609 km
Flächenmaße:	1 square foot	= 930 cm^2
	1 acre	= 0,4 Hektar
		(= 4 047 m^2)
	1 square mile	= 259 Hektar
		(= 2,59 km^2)
Hohlmaße:	1 pint	= 0,47 l
	1 quart	= 0,95 l
	1 gallon	= 3,79 l
Gewichte:	1 ounce (oz.)	= 28,35 g
	1 pound (lb.)	= 453,6 g
	1 ton	= 907 kg

Service von A–Z

Temperaturen:

Fahrenheit	104	100	90	86	80	70	68	50	40	32
Celsius	40	37,8	32,2	30	26,7	21,1	20	10	4,4	0

ben: Gallonen, Meilen, *pounds* und Grad Fahrenheit. Die Tabellen auf dieser und der vorherigen Seite helfen.

Mit der Fähre durch Südost-Alaska

Ohne das »Blue Canoe«, die Fähren des Alaska-Marine-Highway-Systems (www.dot.state.ak.us/amhs oder www.alaskaferry.org, siehe auch S. 337), geht nichts im *Panhandle,* dem Küstenstreifen im Südosten Alaskas. Die Kapazitäten für Fahrzeuge sind begrenzt und Kabinen, sofern vorhanden, schwierig zu ergattern. Will man sich nicht mit Reservierungsproblemen herumschlagen, lässt man sein Fahrzeug im Hafen stehen, nimmt Schlafsack oder warme Decke und Isomatte mit aufs Schiff und schläft im Liegestuhl oder auf dem Boden des teilweise überdachten und von Infrarotstrahlern gewärmten Sonnendecks. Diese Art zu reisen hat außerdem den Vorteil, dass man, um einer Nachtfahrt oder der Langeweile eines nebligen Regentages auf der Fähre zu entgehen, Teilstrecken mit dem Flugzeug zurücklegen kann.

Wer dem allgemeinen Reisestrom »entgegenschwimmt«, also zu Saisonbeginn von Norden nach Süden reist oder ab etwa Anfang oder Mitte August die Route umdreht und im Süden beginnt, der hat durchaus auch Chancen, auf Nachtfahrten ohne vorherige Reservierung eine der Kabinen mit zwei bis vier Betten zu erwischen. Der erste Weg nach Betreten der Fähre führt dann zielstrebig zum *purser's desk,* wo man den Wunsch nach einer Kabine vorbringt und sich gegebenenfalls in die Warteliste einträgt. Spätestens nach Abfahrt der Fähre, wenn feststeht, wie viele *no shows* es gibt, ruft der *purser* dann über den Bordlautsprecher zum *desk,* um nach Zahlung

des vergleichsweise mäßigen Aufpreises die verfügbaren Kabinenplätze noch zu vergeben.

Notfälle

Bei allen Arten von Notfällen kann man sich telefonisch an den Operator (»0«) oder die Notrufzentrale (911) wenden. Man nennt Namen, Adresse oder Standort und die Sachlage. Der Operator informiert Polizei, Rettungsdienst oder Feuerwehr. In den Nationalparks sind Ranger (in Kanada *park wardens*) für sämtliche Notfälle zuständig. Beim Verlust von Reisepass etc. wenden Sie sich an Ihr Konsulat.

Botschaften:

Deutsche Botschaft in USA
4645 Reservoir Rd. N.W.
Washington, D.C. 20007-1998
✆ (202) 298-4000
✆ (202) 298-4224 (Visa- und Pass-Fragen)
www.germany.info

Deutsches Honorarkonsulat
425 G St., Suite 650
Anchorage, AK 99501
✆ (907) 274-6537

Deutsche Botschaft in Kanada
1 Waverly St., Ottawa, ON K2P 0T8
✆ (613) 232-1101
✆ (613) 780-1529 (Visa- und Pass-Fragen)
www.ottawa.diplo.de

Deutsches Generalkonsulat
999 Canada Pl., World Trade Center, Suite 704
Vancouver, BC V6C 3E1
✆ (604) 684-8377
www.vancouver.diplo.de

Service von A–Z

Post

Postämter gibt es auch in den winzigsten Orten des Nordens. Briefe und Karten in die Heimat dauern mit Luftpost mindestens eine Woche. Lässt man sich postlagernde Sendungen nachschicken, müssen diese wie folgt adressiert sein:

(Name)
c/o General Delivery
Main Post Office
(Stadt)
Alaska (oder Yukon Territory)
USA (oder Canada)

Reisebuchung

Buchen Sie rechtzeitig: Alaska und der Yukon sind beliebte Reiseziele, und schon im Spätwinter oder zu Anfang des Frühjahres kann es häufig passieren, dass es heißt: Leider ausgebucht. Folgende Reservierungen sollten Sie deshalb so früh wie möglich vornehmen:

1. Flug
Besonders die preiswerten Holiday- und Sondertarife sind in der Hauptreisezeit oft Monate im Voraus ausgebucht. Besonders gilt dies für Nonstopflüge nach Whitehorse oder Anchorage, die ihr Ziel nach knapp elf Stunden erreichen. Direktflüge halten weniger als ihr Name verspricht, sie legen unterwegs immer mindestens einen Stopp ein, das verlängert die Reisezeit um mindestens eine Stunde pro Stopp. Umsteigeverbindungen verlängern die Flugzeit um mindestens drei Stunden. Bei einem Flug über acht bzw. neun Zeitzonen ist dies eine spürbare zusätzliche Belastung.

Anchorage und Whitehorse sind während des Sommers mit Umsteigeverbindungen per Linie täglich erreichbar. Sie werden außerdem von Mai bis September mehrmals wöchentlich nonstop ab Frankfurt, Köln und Zürich per Charter angeflogen. Der nicht zu unterschätzende Vorteil eines Charterflugs ist die Flugdauer, die mit 11 Stunden nur etwas mehr als halb so lang ist wie beim Linienflug.

Nicht an allen Tagen gibt es durchgehende Verbindungen, mit denen Sie Ihr Ziel noch am selben Tag erreichen, unter Umständen erfordert die Anreise daher eine Übernachtung am Umsteigeort. Eine solche Unterbrechung der Reise hat jedoch durchaus auch eine positive Seite: Die Übernachtung hilft den Schock des Jetlag zu mildern, der nach dem Flug über 10 Zeitzonen unweigerlich auftritt.

2. Hotel
Die Hotelzimmer für den Ankunftstag in Anchorage oder Whitehorse, in Homer, für den Denali National Park und die Nacht vor dem Heimflug sollte man auf jeden Fall frühzeitig buchen. Reservierungen für die Ankunftstage der Fähren sind ebenfalls sehr zu empfehlen. Ein fest reserviertes, halbwegs komfortables und vor allem ruhiges Hotelzimmer vermeidet Stress nach der Ankunft und hilft bei der Bewältigung des Jetlag. Die Übernahme des gebuchten Wohnmobils ist in der Regel am Ankunftstag nicht möglich.

3. Fahrzeugmiete
Insbesondere bei Wohnmobilen kommt es während der Hauptferienzeit zu Engpässen. Unbedingt also schon im Winter oder sogar im Herbst buchen! Je eher Sie reservieren, desto größer ist die Auswahl an Fahrzeugen und Vermietern.

4. Fähre
Die Fähren von Whittier nach Valdez, Haines nach Skagway und durch Südost-Alaska nehmen eine Schlüsselstellung in den in diesem Buch beschriebenen Route ein. Die Kapazitäten sind begrenzt, und die Chance, per Standby mitzukommen, ist relativ gering. Erscheinen Sie deshalb auch rechtzeitig zur Verladung. Wer die Fähre verpasst, hat seine Reservierung unwiderruflich verloren.

Am besten buchen Sie den Platz auf der Fähre schon im Winter vor Ihrer Reise zugleich mit der Reservierung von Flug und Auto oder Wohnmobil. Das Reisebüro oder der Reiseveranstalter, bei dem Sie buchen, übernimmt auch die Fährreservierung. Sie können natürlich auch direkt bei

Alaska Marine Highway System
6858 Glacier Hwy.
Juneau, AK 99801-2505
℗ (907) 465-3941 oder 1-800-642-0066
www.dot.state.ak.us/amhs oder
www.ferryalaska.com

schriftlich oder telefonisch buchen. Reservierungen werden ab Dezember des Vorjahres entgegengenommen.

Neben Namen und Adresse muss die Reservierung folgende Daten enthalten: Anzahl der erwachsenen Reisenden und der Kinder unter 12 Jahren, Art des Fahrzeugs (z. B. Pkw, *Camper* oder *Mobil home*), Länge, Höhe und Breite des Fahrzeugs. Wenn Sie neben dem gewünschten Passagedatum auch gleich ein oder zwei Ausweichtermine angeben, ersparen Sie sich und der Fährgesellschaft bei bereits ausgebuchtem Termin ein Zeit raubendes Hin und Her. Für die Fährschiffreise durch Südost-Alaskas (s. S. 260 ff.) benötigen Sie als Deckpassagier ohne eigene Kabine keine Reservierung.

Restaurants/Verpflegung

Die Restaurants im Norden orientieren sich, von wenigen Ausnahmen in den großen Städten abgesehen, am Prinzip »solide und reichlich«. Viele Restaurants an der Küste servieren ausgezeichneten Fisch. Steaks und Lachs, in Alaska auch die Beine der *king crab,* gehören zum Grundangebot der meisten Lokale. Wildgerichte findet man nur selten, denn gejagt wird eigentlich nur für den Hausgebrauch, und wegen der vielen Hygienevorschriften findet Wild nur selten den Weg in die Restaurantküche.

Außerhalb der Städte bietet sich ein mittägliches Picknick an, das erspart Zeit und Reinfälle in den *coffee shops* entlang der Straße. Das Schild *food to go* im Fenster eines Restaurants zeigt an, dass man die Gerichte auch zum Mitnehmen bekommen kann, man

hängt dann beim Bestellen an der Theke die Worte *to go* an. Kalte Getränke gibt es auch in jeder Tankstelle.

Die empfohlenen Restaurants auf den blauen Info-Seiten der einzelnen Kapitel sind nach folgenden Preiskategorien (pro Person, ohne Getränke) gestaffelt:

$	– unter 10 Dollar
$$	– 10 bis 20 Dollar
$$$	– 20 bis 30 Dollar
$$$$	– über 30 Dollar

Der Restaurantbesucher wartet am Eingang zum Speiseraum beim Schild *Please wait to be seated* darauf, dass ihm *host* oder *hostess* einen Tisch zuweist. Warten bereits andere Gäste, bildet man nach diszipliniert angelsächsischer Manier eine Schlange *(line)*. Im Zweifelsfall fragt man einen der Herumstehenden: *Excuse me, is this a line?*

Lines gibt es überall: an der Hotelrezeption, am Bankschalter, im Flughafen, einfach überall, wo mehrere Leute darauf warten, dass sie an die Reihe kommen. *Two for breakfast/lunch/dinner?* lautet die Standardfrage, bevor man zum Tisch begleitet wird. Wer es eilig hat, kann Frühstück oder Lunch auch an der Theke *(counter)* einnehmen, dort geht es schneller. Kaffee wird sofort angeboten, und mit der Frage *Have you decided?* oder *Are you ready to order?* erkundigt sich die Bedienung *(waiter* oder *waitress)* nach den Wünschen der Gäste. Wer mehr Zeit zur Entscheidung braucht, sagt: *I will need a little more time* oder *Can you come back in a little while, please.* Nach der Bedienung ruft man mit einem vernehmlichen *Excuse me, please.* Wer die Toilette sucht, stellt die Frage: *Where are the rest rooms?,* Damen auch: *Where is the ladies' room, please?*

Abends wird man in den besseren Restaurants nach der Reservierung gefragt: *Did you make a reservation?* Wenn ja, nennt man seinen Namen und die Anzahl der Gäste, also zum Beispiel: *Braun, party of four.* Hat man nicht reserviert und die Antwort lautet: *I am sorry, we are fully booked,* dann muss man sich für diesen Abend ein anderes Restaurant suchen. Anderenfalls heißt es: *It will be twenty minutes* oder *I will have a table for you in twenty minutes, do you want me to put your name down?* Die Wartezeit überbrückt man mit einem Drink in der Lounge oder an der Bar.

Drinks gibt es fast immer mit Eis, *on the rocks* (mit Eiswürfeln), *crushed* (zermahlenes Eis) oder *blended* (schaumig geschlagenes Eis). Wer kein Eis möchte, muss das mit *No ice, please!* auch bei *soft drinks* (alkoholfreien Getränken) schon bei der Bestellung sagen.

Am Tisch erkundigt sich die Bedienung zuerst nach den Getränkewünschen: *Would you like anything from the bar?* Wein muss man *right away* bestellen, sonst kommt er automatisch mit oder kurz vor dem Essen (*with the meal*). Vorspeisen heißen *starter* oder *appetizer,* das Hauptgericht *entrée.* Der Nachtisch (*dessert*) wird gesondert bestellt, nachdem die Hauptspeise verzehrt und das Geschirr abgeräumt ist. Eine Liste der gängigsten Namen für Speisen und Zubereitungsarten finden Sie im Kapitel »Wortschatz für unterwegs« (s. S. 344 ff.).

Irgendwann während des Essens wird man gefragt: *How are we all doing?* oder *How is your dinner?* Dann ist ein *great, delicious, excellent, fabulous* oder eine ähnliche Antwort fällig, nur nicht *good,* denn das bedeutet, dass man's »gerade noch« essen kann.

Mit der Frage *Would you care for anything else tonight?* erkundigt sich die Bedienung danach, ob es noch weitere Wünsche gibt oder ob es jetzt an der Zeit ist, die Rechnung fertig zu machen. Nach der Rechnung fragt man mit den Worten *Could we have the check, please?* Unter Umständen will die Bedienung dann noch wissen, ob man eine gemeinsame oder eine getrennte Rechnung haben möchte: *Will that be together or on separate checks?* Die Rechnung wird oft an der Kasse am Ausgang bezahlt, manchmal jedoch auch am Tisch.

Kreditkarten, zumindest Mastercharge und VISA, werden fast überall akzeptiert, wo das nicht der Fall ist, wird dieser Umstand unübersehbar auf einem Schild am Eingang und auf der Speisekarte verkündet.

Das Trinkgeld (*tip*) sollte mindestens 15 Prozent der Rechnungssumme betragen, da die Bedienung überwiegend vom Trinkgeld lebt und nicht von meist eher bescheidenen Gehalt. Wer mit Kreditkarte zahlt, schreibt das Trinkgeld mit auf den Kartenbeleg, anderenfalls lässt man es auf dem Tisch liegen.

Straßenkarten/Planungshilfen

Unerlässlich als Hilfsmittel zur Planung und später zur Orientierung während der Reise sind Straßenkarten, die man in jedem gut sortierten Visitor Center bekommt, oder ein Straßenatlas. Sehr gute Karten sind »Yukon« von dem kanadischen Kartenverlag ITM (1 : 1 000 000) und »Alaska« vom amerikanischen Verlag Rand McNally (1 : 2 200 000). Praktisch ist auch die Karte »Alaska/Northwest Canada« des amerikanischen Automobilclubs AAA. Sie hat zwar nur den Maßstab 1 : 4 000 000, präsentiert aber das komplette Gebiet übersichtlich auf einem Blatt.

Genauer und detailreicher ist der »Alaska Atlas & Gazetteer« des amerikanischen Verlags DeLorme. Seine topografischen Karten zeigen den mit Straßen erschlossenen Teil Alaskas im Maßstab 1 : 300 000 und den hohen Norden und den Westen im Maßstab 1 : 1 400 000. Neben Haupt- und Nebenstraßen enthält er Stadtpläne, Sonderkarten von Nationalparks, Hinweise auf Sehenswürdigkeiten, Campgrounds usw.

Eine als Routenprotokoll aufgebaute Beschreibung aller Straßen in Alaska, im Yukon, der Fährlinien und der Anreisestrecken aus dem Süden enthält die »Milepost«. Zwar gibt es hier kein detailliertes Kartenwerk, dafür aber schematische Streckenkarten, brauchbare Stadtpläne und viele nützlichen Adressen. Das stark mit Werbung durchsetzte Buch hat sich mit exakten Entfernungsangaben, Routenprotokollen, Fährenfahrplänen, Hinweisen auf Sehenswürdigkeiten plus wissenswerten allgemeinen geschichtlichen und touristischen Informationen für die Orte den Ruf einer »Bibel« für alle Alaska- und Nordkanadareisenden erworben.

Service von A–Z

Die zuvor genannten Publikationen bekommen Sie entweder in auf den Bereich Reise spezialisierten Buchhandlungen oder im Versand von

Gleumes
Hohenstaufenring 47–51
50674 Köln
✆ (02 21) 21 15 50
www.landkartenhaus-gleumes.de

Telefonieren

Telefone sind allgegenwärtig: Man findet sie an der Tankstelle, vor dem Supermarkt und manchmal sogar in freier Wildbahn. Allzeit hilfreich ist der *operator* (»0«), meist eine freundliche Dame, die Ferngespräche vermittelt, Vorwahlnummern *(area codes)* bekannt gibt und auch den Preis eines Gesprächs ansagt.

Mit dem Vormarsch der digitalen Telefone *(touch tone phone)* werden viele Aufgaben des *operator* – besonders in den Ballungszentren – inzwischen von einer Computerstimme übernommen. Sie nennt die angebotenen Optionen und fordert den Anrufer auf, seine Wahl durch Drücken bestimmter Zifferntasten bekannt zu geben.

Um eine Nummer herauszufinden, ruft man die *directory assistance* an. Innerhalb des Bereichs der eigenen Vorwahlnummer wählt man dazu die Nummer »411«, für andere Vorwahlbereiche wählt man »1«, den dreistelligen *area code* und die Nummer 555-1212. Auskunft über gebührenfreie 1-800-Nummern gibt es unter ✆ 1-800-555-1212. Die Auskunft meldet sich meist mit dem Satz: *Which area code do you wish?*, um sich zu vergewissern, dass man bei ihr richtig ist. Erst danach kann man dann sein Sprüchlein aufsagen, etwa: *I am looking for the number of Mr. Joe Brown at 2211 Sunset Boulevard in Calgary.*

Eine spezielle Auskunft für ausländische Telefonnummern gibt es nicht, Nummern außerhalb Nordamerikas vermittelt der *operator* (»0«).

Die Vorwahlnummern für West-Kanada und Alaska sind:

Alberta und Yukon Territory: 867
British Columbia: 250
Alaska: 907
Vancouver: 604

Das **Telefonieren aus der Telefonzelle,** dem *pay phone,* erfordert für ein Ortsgespräch *(local call)* 25 Cent, die man vor dem Wählen einwirft. Anders als bei uns meldet sich der Angerufene im Privatbereich nicht mit seinem Namen, sondern mit einem kurzen *hello.* Im gewerblichen Bereich hört man selbstverständlich zuerst den Namen von Hotel, Restaurant oder Firma. Danach ist man selbst an der Reihe: *This is Wolfgang Weber speaking, I would like to talk to …*

Für **Ferngespräche** innerhalb Nordamerikas wählt man innerhalb des eigenen *area code* eine »1« vor der Nummer, sonst 1-*area code*-Nummer. Für Gespräche ins Ausland *(overseas calls)* wählt man 011-Länderkennzahl-Vorwahl ohne die erste »0«. Also z. B. für Frankfurt am Main: 011-49-69-Telefonnummer. Danach meldet sich der *operator* oder eine Computerstimme und teilt die Gebühr für die ersten drei Minuten mit, die man dann in *quarters* (25-Cent-Münzen) einwirft, bevor die Verbindung hergestellt wird. Spricht man länger, kommt die Stimme wieder und verlangt mehr Geld.

Bargeldlos telefonieren kann man von allen Telefonen aus, sofern man eine vorbezahlte Telefonkarte (*prepaid calling* oder *phone card*) hat, die man an Tankstellen oder in Supermärkten zu verschiedenen Beträgen kaufen kann. Für ein solches Telefonat wählt man zunächst die gebührenfreie Einwahlnummer der jeweiligen Kartengesellschaft und gibt dann die persönliche PIN-Nummer ein, die man zuvor freigerubbelt hat. Anschließend teilt einem eine Computerstimme mit, wie viel vom ursprünglichen Kartenwert noch zur Verfügung steht. Man wählt dann ganz normal wie am *pay phone* mit 1-*area code*-Teilnehmernummer oder international mit 011-Länderkennzahl-Vorwahl ohne die erste »0« den gewünschten Anschluss. Die Telefonkarten kann man auch telefonisch »nachladen« lassen. Die entsprechende 1-800-Nummer ist immer auf der Karte angegeben.

Eine weitere Möglichkeit, zu Hause anzurufen, ist der Service **Deutschland Direkt** der Telekom. Von jedem Telefon in Kanada und Alaska kann man gebührenfrei eine Vermittlung in Deutschland anrufen, der man die gewünschte Teilnehmernummer auf Deutsch mitteilt. In Alaska wählt man dazu ✆ 1-800-292-0049, in Kanada ✆ 1-800-465-0049. Die Abrechnung erfolgt als R-Gespräch, für das der Angerufene zahlt. Die Gebühren sind € 10 für die ersten drei Minuten und danach € 1 pro Minute.

Vom **Hotel/Motel** aus kann man entweder über den Hotel-Operator telefonieren oder in den meisten Fällen auch direkt selbst wählen. Die Amtsleitung wählt man meist mit einer »8« oder »9« an (die Nummer ist auf den Apparaten immer genau angegeben). Die Prozedur für die Direktwahl ist den im Zimmer bzw. auf dem Telefon vorhandenen Instruktionen zu entnehmen. Sie ist jedoch im Wesentlichen immer so wie oben beschrieben. Bei *DD calls* (*direct dial,* direkt gewählten Anrufen) erscheint die Telefongebühr auf Ihrer Rechnung. Ansonsten kann man problemlos mit seiner »prepaid phone card« telefonieren.

Klappt das alles aus irgendeinem Grund nicht, dann rufen Sie einfach den Hotel-Operator oder den *front desk* an und fragen: *How do I make a call to Germany?* Dann fragt man Sie (in guten Hotels) nach der gewünschten Nummer und stellt die Verbindung für Sie her, oder man sagt Ihnen beispielsweise: *Dial 8 and 0.* Haben Sie die Ihnen angegebenen Nummern (es können natürlich auch andere sein) gewählt, meldet sich eine Stimme mit: *Overseas operator, may I help you?* Die Antwort könnte dann lauten: *Yes, I'd like to make a call to Germany, please. Es folgt die* Frage: *What is the number in Germany?* Sie antworten: *The country code is 49, the area code is ...* (Vorwahlnummer ohne die erste »0«!) *and the number is ...* Der *operator* sagt nun: *Thank you, and how would you like this billed?,* worauf Sie erwidern: *Charge it to my room number... (oder calling card number...).* Der *operator* stellt die Verbindung her oder meldet sich mit: *I am sorry, the line is busy* (besetzt) oder *I am sorry, there is no answer* (es meldet sich niemand).

Trinkgeld

Man gibt reichlich und bei jeder Gelegenheit in Nordamerika. Neben den mindestens 15–20% für die Bedienung im Restaurant sind in der Bar etwa 50 Cents pro Drink fällig. Im Hotel bekommt der *bellman,* der Kofferträger, je nach Hotelklasse $ 1–2 pro großem Gepäckstück und das Zimmermädchen bei mehrtägigem Aufenthalt mindestens $ 1–2 pro Tag. Der Taxifahrer erwartet 15–20 % vom Rechnungsbetrag.

Unliebsame Begegnungen der stechenden Art

Bestrebungen, den **Moskito** zum *state bird* von Alaska zu erklären, sind natürlich maßlos übertrieben – und ungerecht. Schließlich gibt es da ja noch die *deer fly* (die lokale Variante unserer Pferdebremse), die *no-see-um* (man kann sie wirklich kaum sehen) und die *black fly,* deren Biss eine Woche lang juckt. Am aktivsten sind die kleinen Biester im Juni und Juli während der Morgen- und Abendstunden und während windstiller Perioden. Mit den ersten kalten Nächten im August verschwindet diese Plage zum Glück fast vollständig.

Dunkelfarbige Kleidung und Parfüm scheinen auf die Moskitos eine ganz besondere Anziehungskraft auszuüben. Manche Leute schwören auf Vitamin B, andere auf »Skin-so-soft«-Badeöl von Avon oder eins der zahlreichen anderen Hausmittel mit entsprechendem Ruf, um sich die Tierchen vom Leib zu halten.

Wer mit Kindern unterwegs ist, unter Allergien leidet oder biologisch unbedenkliche Abwehrmittel sucht, sollte sich noch zu Hause eindecken. Im Bereich der in diesem Buch beschriebenen Reiseroute, insbesondere in den größeren Orten, sind auf ätherischen Ölen basierende Mittel als Schutz meist ausreichend, da die in jedem Frühling durchgeführte Bekämpfung der Larven für eine (relative) Dezimierung der Moskito-Population sorgt. Nachteil dieser Mittel ist ihre relativ kurze Wirkungsdauer.

Wer mit dem Kanu einen Wildfluss hinabpaddelt, einen Treck über die Tundra unternimmt oder sich sonst irgendwie im wirklichen *bush* bewegt und sich über längere Zeit mit Wolken von blutrünstigen schwarzen Moskitos konfrontiert sieht, der wird bald resignierend zu stärkeren Mitteln greifen. Handelsübliche *mosquito repellents,* beispielsweise die Marken »Off« und »Cutter«, enthalten toxische Stoffe, die von der menschlichen Haut absorbiert werden, sind aber über mehrere Stunden wirksam. Zurückhaltung beim Einsatz dieser Mittel ist besonders bei Kleinkindern geboten.

Praktisch sind die in den Supermärkten und Sportgeschäften des Nordens angebotenen *bug jackets* und *bug pants,* mit *mosquito repellent* getränkte weite Überkleidung aus grobem Netzgewebe, die über viele Tage hinweg schützt und immer wieder aufgefrischt werden kann.

Sinnvoll ist in jedem Fall entsprechende Kleidung, die möglichst viel Haut bedeckt. Dabei ist besonders weite Schlotterkleidung zu empfehlen, denn durch eng anliegende Hosenbeine stechen die Biester tatsächlich durch.

Unterkunft/Camping

Die Städte und größeren Orte in Alaska und im Yukon bieten eine Auswahl von einfachen bis luxuriösen Unterkünften. Außerhalb der Städte und in regelmäßigen Abständen entlang der Straßen findet man meist einfach und zweckmäßig gehaltene Motels. Die Zimmersuche ist im Normalfall unproblematisch. Fast überall zeigt eine gut sichtbare Leuchtreklame an, ob es noch Zimmer gibt (*va-*

cancy) oder ob schon alles belegt ist (*no vacancy).*

Langfristig im Voraus, am besten sobald die bestätigten Buchungen für Flug und Fähre vorliegen, sollten Sie unter allen Umständen das Hotel bzw. Motel für den Ankunftstag, die Nacht vor dem Abflug, die Übernachtungen im Denali National Park und die Nächte nach den Fährfahrten reservieren. (Beachten Sie dazu die Hinweise auf den blauen Info-Seiten der einzelnen Routen!) Unterwegs genügt meist ein Telefonat am Morgen vor der Abfahrt. Reservierungen macht man beispielsweise mit den Worten *I would like to reserve a room* (beim Campground: *space) for next tuesday, July 15. Two people, two beds, if possible.*

Bei telefonischer Reservierung müssen Sie **spätestens um 18 Uhr** einchecken, um sie nicht zu verlieren. Ist man spät dran und muss befürchten, dass man später als 18 Uhr im Hotel eintrifft, bestätigt man die Reservierung am besten mit den Worten: *I would like to confirm my reservation for tonight. My name is ... We are running late and will be there around 8 p. m.* (20 Uhr).

Einfacher ist es allerdings, wenn man schon bei der Reservierung auf die Frage: *Would you like to guarantee this reservation with your credit card?* mit einer Kreditkartennummer aufwarten kann. Dies garantiert die Zimmerreservierung auch bei später Ankunft. Sollten Sie dann allerdings trotz Reservierung nicht kommen, finden Sie später den Preis für das Zimmer auf Ihrer Kreditkartenrechnung. Muss man, aus welchen Gründen auch immer, absagen, tut man das am besten mit den Worten: *I am sorry, I have to cancel my reservation for tonight.*

Im **Hotel/Motel** angekommen geht man durch die *lobby* zur *reception* am *front desk* und meldet sich mit *I have a reservation for tonight, my name is ...* Kommt man ohne Reservierung an, muss man sehen, was frei ist und wie viel es kostet, z.B. mit: *I am looking for a room for tonight. What are your rates?* Wer länger bleiben möchte, fragt nach dem Wochenpreis, der *weekly rate.* Die Rückfragen beziehen sich meist auf die Größe von

Zimmer und Betten und auf die Anzahl der Gäste (s. »Abkürzungen und Kauderwelsch«, S. 343 f.). Bezahlt wird in der Regel im Voraus *(in advance)*, bar oder durch Abdruck der Kreditkarte.

Im Hotel muss man wissen, dass der Aufzug *elevator* und nicht Lift heißt und der *second floor* die erste Etage bezeichnet, weil man mit dem Zählen im Erdgeschoss anfängt. *Incidentals* (Nebenkosten) wie Telefon, Essen im Restaurant oder im Zimmer *(room service)*, Telefon usw. kann man sich auf die Zimmerrechnung setzen lassen *(charge this to my room, please)*.

Die Dollar-Zeichen unter den Hoteladressen auf den Info-Seiten der einzelnen Routen kennzeichnen die folgenden Preiskategorien:

$	–	unter 50 Dollar
$$	–	50 bis 80 Dollar
$$$	–	80 bis 120 Dollar
$$$$	–	über 120 Dollar

Die Preise gelten jeweils für einen *double room*. Einzelzimmer sind, wenn überhaupt, nur unwesentlich billiger. Kinder, die im Zimmer der Eltern schlafen, kosten meistens keinen Aufpreis.

Bed & Breakfast umfasst die ganze Bandbreite vom Hotel garni bis zum Zimmer mit Frühstück in Privathäusern. Die Unterkunft in Privathäusern ist empfehlenswert und für kontaktfreudige Reisende sicher eine interessante Alternative zum Hotel. Man lernt während dieser Zeit andere Reisende kennen, kann zum Teil am Familienalltag teilnehmen und erhält beim Frühstück gute Tipps für Ausflüge und Besichtigungen in der Umgebung.

Die Preise variieren auf großer Bandbreite. Und noch eine Besonderheit: nicht alle Bed & Breakfasts nehmen Gäste mit Kindern auf!

Zusätzlich zu den auf den blauen Info-Seiten der einzelnen Kapitel genannten Bed & Breakfasts erhalten Sie auf Anfrage weitere Adressen in den Visitor Information bzw. Visitor Reception Centres und von den lokalen B&B-Organisationen. Deren Kontaktadressen finden Sie bei den Informationen zu Anchorage, Whitehorse und Fairbanks (s. S. 38, 110 und 158).

Staatliche Campingplätze bieten viel Platz, aber wenig Service und Infrastruktur. Ein hölzerner Tisch mit zwei Bänken und eine Feuerstelle sind aber meist vorhanden. Die Preise für einen Stellplatz liegen pro Nacht zwischen $ 10 und $ 20.

Detaillierte Informationen für Alaska findet man auf der Website der Division of Parks and Outdoor Recreations: www.dnr.state.ak.us/parks.

Reservierungen sind allerdings, mit Ausnahme der Campgrounds im Denali National Park (s. S. 124 ff.), nicht möglich. Deshalb ist es ratsam, sich jeweils nach der Ankunft zunächst einen Stellplatz zu sichern, bevor man sich dem Rest des Tagesprogramms widmet.

Private Campingplätze, die man meist telefonisch vorab reservieren kann, kosten zwischen $ 20 und $ 30, sind oft exzellent ausgestattet und bieten Komfort wie heiße Duschen, Münzwaschmaschinen und Trockner, dazu Strom-, Wasser- und Abwasseranschluss.

Wildes Campen über einen Zeitraum von mehreren Tagen wird in der Nähe von Ortschaften nicht sehr gerne gesehen. In der Wildnis stört sich allerdings niemand daran, sofern es sich nicht gerade auf Privatgelände abspielt. Ein für nur eine Nacht auf einem Parkplatz abgestelltes *Mobile home* wird im Regelfall toleriert.

Zeitzonen

Die Reiseroute führt durch zwei Zeitzonen:

Yukon Time = MEZ minus 9 Stunden
Alaska Time = MEZ minus 10 Stunden.

Ähnlich wie in Europa gibt es auch hier in beiden Zonen eine Sommerzeit *(daylight saving time)*, somit ändert sich die absolute Zeitdifferenz nicht.

Service von A–Z

Zoll

Außer der persönlichen Reiseausrüstung dürfen zollfrei in die **USA** eingeführt werden:
– 200 Zigaretten oder 50 Zigarren oder 1500 g Tabak
– 1 Liter Alkohol
– Geschenke im Wert von bis zu $ 100.

In **Kanada** sind es:
– 200 Zigaretten oder 50 Zigarren oder 200 g Tabak
– 1,14 Liter Alkohol oder 1,5 Liter Wein
– Geschenke im Einzelwert von bis zu $ 60.

Für beide Länder gilt: **Tierische und pflanzliche Frischprodukte (Obst und Gemüse, Wurst und Schinken usw.) dürfen nicht eingeführt werden.** Versuchen Sie es erst gar nicht, die Zollbeamten konfiszieren unerbittlich. Darüber hinaus bekommen Sie noch reichlich Schwierigkeiten wegen falscher Angaben auf Ihrer Zolldeklaration. Käse, Gebäck, Süßigkeiten sind erlaubt.

Problemlos dürfen Angel- und Jagdausrüstungen, Fotoapparate und Videokameras eingeführt werden. Den eigenen Wagen darf man ebenfalls mitbringen, was sich aber nur bei einem mehrmonatigen Aufenthalt lohnt. Bleibt man länger als 12 Monate, muss das Fahrzeug nach den Bestimmungen des jeweiligen Gastlandes umgerüstet werden. Umrüsten und Zollzahlen sind bei einem Verkauf des Autos vor der Heimreise unvermeidlich. Spezielle Auskünfte erteilen die jeweiligen Konsulate. ✺

Sprachhilfen

Sprachgebrauch: Abkürzungen und Kauderwelsch

Wer auf der Reise durch Nordamerika Enttäuschungen vermeiden will, muss sich an den manchmal etwas eigenwilligen Umgang mit der Sprache gewöhnen und die gängigen Abkürzungen und Euphemismen richtig entschlüsseln können.

Auf der Suche nach einer Unterkunft kann man schon von der Straße aus erkennen, ob bei einem Hotel *RMS AVL (rooms available)*, d. h. Zimmer zu haben sind. Hat man sich entschieden und sein *DBL* oder *SGL* (Doppel- oder Einzelzimmer) bezogen, zeigt sich bald, ob man richtig gewählt hat. Ein mit *standard* klassifiziertes Zimmer ist zumeist klein und unter Standard, denn sonst hieße es *deluxe*. *Superior* bedeutet oft nichts anderes, als dass man mit einem etwas größeren Zimmer rechnen kann, in dem genug Handtücher vorhanden sind und dessen *AC* (*air conditioner*, Klimaanlage) nicht die Lautstärke einer Fabrik-

hallenentlüftung erreicht. Entsprechend ist eine *junior suite* keineswegs eine Suite, sondern ein größeres Zimmer mit Sitzgruppe und einem Schreibtisch, der möglicherweise neben *TV* und *DD phone* (Selbstwähltelefon) auch noch Platz für Schreibarbeiten bietet.

Für den Fernseher gibt es gleich ein ganzes Bündel von Möglichkeiten. Ist es ein *CTV* oder *COTV with HBO,* dann steht ein Farbfernseher mit Kabelanschluss und (meist kostenlosem) Spielfilmprogramm zur Verfügung. *In-house movies* dagegen, eine Auswahl von sechs bis acht aktuellen Spielfilmen, darunter meist zwei *blue movies* (Soft-Pornos), kosten in der Regel mindestens $ 6 pro Film. *CBLTV* verspricht Kabelfernsehen mit, zumindest theoretisch, besserer Empfangsqualität.

Bei den Betten ist der Bezeichnungswirrwarr nicht geringer. Ein *twin* ist kein Doppel-, sondern ein Einzelbett, mindestens 1 m breit und 1,93 m lang. Ein Beinahe-Doppelbett, das die Mindestabmessungen von 1,37 x 1,93 m besitzt, wird *full* genannt. Noch größer sind

Sprachhilfen

queen und *king* mit 1,52 bzw. 1,98 m Breite und 2,03 m Länge.

Der Zimmergrundpreis ohne Steuer, die mindestens 6 %, in manchen Städten aber auch 15 % oder 20 % beträgt, steht oft unübersehbar auf der Anzeigetafel schon an der Straße vor dem Hotel oder Motel. Dabei spielt es meist keine Rolle, ob ein oder zwei Personen im Zimmer nächtigen. Mit *T* oder *EP (extra person)* wird der Zuschlag für eine zusätzliche Person im Zimmer ausgewiesen. Ausnahmen für Kinder *(kid free)*, die im Zimmer der Eltern übernachten, sind häufig; und *TOTs,* das sind Kleinkinder, kosten in der Regel nichts, sofern sie kein zusätzliches Bett benötigen. Nicht verwechseln sollte man *kid,* wie Kind, mit der Abkürzung *KIT,* die eine Einbauküche verspricht.

Den abendlichen Drink nimmt der Reisende nicht in der Hotelbar, sondern in der *lounge.* Zur *happy hour,* der blauen Stunde am späten Nachmittag, gibt es dort oft *2-4-1 (two for one),* zwei Drinks zum Preis von einem. Folgt den Drinks ein Restaurantbesuch, hat es meist wenig Zweck, den in den Hotels herumliegenden Werbezetteln zu vertrauen. *Exquisite cuisine* entpuppt sich nur allzu oft als phantasielose Einheitsküche, serviert in dämmriger Umgebung, und *authentic local food* als ungenießbar. Eine bessere Empfehlung ist ein volles Restaurant mit einer Schlange wartender Gäste, die hinter dem Schild mit der Aufschrift *Q here* eine *line* bilden.

Wer beabsichtigt, längere Zeit an einem Ort zu bleiben, wird auf eine *kitchenette,* eine Einbauküche, Wert legen oder gleich versuchen, ein *FURN APT* (möblierte Wohnung) bzw. ein *CONDO* (Ferienwohnung) zu finden. Möglicherweise mit *OCV (ocean view),* also Blick aufs Meer. Aber weder *OCV* noch *OCF (ocean front)* sind eine Versicherung gegen eine möglicherweise zwischen Hotel und Strand verlaufende Straße, über die der Fernverkehr donnert. Mit dem *INDR POOL,* dem Schwimmbad im Haus, gibt es wenig Probleme. Aber *ACC TO POOL* (Zugang zu einem Pool) kann natürlich auch bedeuten, dass vor dem Badevergnügen ein längerer Fußmarsch zu einem anderen Haus nötig ist.

Wortschatz für unterwegs

Autofahren/Verkehr

ambulance	– Krankenwagen
brake	– Bremse
carburetor	– Vergaser
to charge the battery	– Batterie laden
clutch	– Kupplung
dead-end	– Sackgasse
detour	– Umleitung
dip	– Bodensenke
dip stick	– Messstab für das Motoröl
do not enter	– Einfahrt verboten
do not pass	– Überholverbot
engine	– Motor
falling rocks	– Steinschlag
fan belt	– Keilriemen
fender	– Kotflügel
to fill it up	– voll tanken
first-aid kit	– Verbandkasten
game crossing	– Wildwechsel
gas	– Benzin
gas station	– Tankstelle
generator	– Lichtmaschine
handicapped parking	– Parken nur für Behinderte
hose	– Schlauch
ignition lock	– Zündschloss
jack	– Wagenheber
lane closed	– Fahrbahn gesperrt
licence plate	– Nummernschild
to merge	– einfädeln
muffler	– Auspuff
no passing	– Überholverbot
no U-turn	– Wenden verboten
spare, spare tire	– Ersatzrad
spark plug	– Zündkerze
speed	– Geschwindigkeit
starter	– Anlasser
through traffic	– Durchgangsverkehr
tire, tyre	– Reifen
transmission	– Getriebe
trunk	– Kofferraum
to make an U-turn	– wenden
valve	– Ventil
wheel-nut	– Radmutter/-schraube

Sprachhilfen

windshield/ windscreen	– Windschutzscheibe	chicken	– Hühnchen
wiper	– Scheibenwischer	clams	– (Mies-) Muscheln
wrench	– Schraubenschlüssel	clam chowder	– gebundene Muschel- suppe
yield	– Vorfahrt beachten	corned beef hash	– Mischung aus Corned beef und Kartoffelwür- feln

Wohnmobil/Camping

		crabs	– Krebse, Krabben
barbecue	– Grill	duck	– Ente
(light) bulb	– (Glüh-) Birne	eggs	– Eier
campground	– Campingplatz	– boiled	– gekocht
coin laundry	– s. laundromat	– over easy	– von beiden Seiten ge- braten
dump station	– Stelle zum Leeren der Abwassertanks	– poached	– pochiert
electricity	– Elektrizität	– scrambled	– Rührei
full hook up	– Anschluss von Wasser, Strom, Abwasser	– sunny side up	– Spiegelei
		french fries	– Pommes frites
fuse	– Sicherung	fried	– frittiert
garbage	– Müll, Abfall	grilled	– gegrillt
heater/heating	– Heizung	halibut	– Heilbutt
laundromat	– Raum mit Münzwasch- maschinen und Trockner	ham	– gekochter Schinken
		hash browns	– ähnlich wie Rösti
motor home	– Wohnmobil	home fries/home fried potatoes	– Bratkartoffeln
oven	– Backofen	king crab	– Riesenkrabbe
plug	– Stecker	lamb	– Lamm
plug in	– Steckdose	lobster	– Hummer
propane	– Propangas	lox	– geräucherter Lachs
pump	– Pumpe	mashed potatoes	– Kartoffelbrei
refrigerator/ fridge	– Kühlschrank	oyster	– Auster
rest room	– Toilette, Waschraum	pork	– Schweinefleisch
RV Park	– Campingplatz nur für Wohnmobile	potatoes au gratin	– Kartoffelgratin
		potato pancakes	– Kartoffelpuffer
sewage	– Abwasser	prime rib	– Hochrippe (Rind)
short circuit	– Kurzschluss	raisin toast	– getoastetes Rosinenbrot
shower	– Dusche	salmon	– Lachs
		sauteed	– gedünstet
		seafood	– Meeresfrüchte
		shellfish	– Schalentiere
		shrimp	– Garnele
		sour cream	– saure Sahne

Essen

		steak	– Steak
arctic char	– arktischer Saibling	– rare	– Zentrum rot und kühl
bacon	– Schinkenspeck	– medium	– Zentrum rosa und warm
baked potato	– Folienkartoffel, in der Schale gebacken	– well done	– durchgebraten
		swordfish	– Schwertfisch
bass	– Barsch	trout	– Forelle
beef	– Rindfleisch	tuna	– Thunfisch
bread	– Brot	turkey	– Truthahn
broiled	– gebraten		

Orts- und Sachregister

(Die *kursiv* gesetzten Begriffe bzw. Seitenzahlen beziehen sich auf Angaben im Serviceteil, **fette** Ziffern verweisen auf ausführliche Erwähnungen.)

Namenregister

Bildnachweis

Randy Brandon: S. 73
Fotolia/Natalia Bratslavsky: S. 175; Bryan Fisher: S. 262; Karrapavan: S. 114; Bernard Marschner: S. 111;
R. Peterkin: S. 307; Lee Prince: S. 243; Jochen Wenz: S. 129
iStockphoto/Bob Balestri: S. 105; Dean Bergmann: S. 45, 299; Natalia Bratslavsky: S. 201; Brytta: S. 54 u.,
95, 148, 236; Christopher Campbell: S. 94; Centrill: S. 237 o.; Linda Chisholm: S. 49 o.; Matt Cooper:
S. 150; Neta Degany: S. 323; Kim Diloreto: S. 261; Bojan Fatur: S. 91, 161, 255; Bryan Faust: S. 189 u.;
FloridaStock: S. 189 Mitte; Joseph Gareri: S. 14; Teresa Gueck: S. 78; Mark Herreid: S. 259 u.; Ron Hilton:
S. 85; Dave Hughes: S. 259 o.; Images in the Wild: S. 121 o.; Jeu: S. 188; Suzann Julien: S. 134 u., 189 o.;
David Klein: S. 11; Richard Larson: S. 149; Brandon Laufenberg: S. 7, 15, 49 u., 292; Bev McConnell:
S. 54 o.; Stephen Meese: S. 263 u.; Cheryl A. Meyer: S. 113; Kevin Miller: S. 77, 79; Nancy Nehring: S. 294,
300 o.; Nikontiger: S. 67; Steven Olender: S. 326; Photo168: S. 32; Richard Seeley: S. 125 o.; Maria Ade-
laide Silva: S. 47; Paul Tessier: S. 12/13, 121 u.; Len Tillim: S. 263 o.; Marco Tomasini: S. 134 o.; TT:
S. 10; Jason Verschoor: S. 316; Paul Wolf: S. 237 u.; Steven Wynn: S. 125 u.; King Ho Yim: S. 120
Kenai Fjords Tours Ltd., Seward: S. 70
Clark James Mishler: S. 36
Pixelio/Richard Scharpenberg: S. 44
M. T. Roberts Tramway, Juneau: S. 277
Wikipedia/Magnus Manske: S. 31
Wolfgang R. Weber, Darmstadt: S. 8/9, 19, 23, 24, 27, 30, 33, 35, 41, 52, 53, 55, 57, 60, 61, 63, 64, 69, 71,
75, 81, 84, 87, 88, 89, 92, 93, 96/97, 100, 101, 102, 103, 107, 108, 109, 115, 116, 117, 119, 127, 135,
136, 138, 139, 142, 144, 145, 151, 155, 157, 158, 163, 164/165, 166, 167, 169, 172/173, 174, 177, 179,
180/181, 183, 187, 190, 193, 197, 199, 202, 205, 208, 209, 210, 211, 212, 213, 216/217, 220, 221, 222,
223, 225, 228/229, 230, 231, 233, 241, 247, 249, 250, 251, 253, 256, 257, 258, 265, 269, 271, 272, 281,
282, 283, 285, 289, 290, 291, 295, 300 u., 303, 308, 309, 315, 317, 324, 325
Yukon Archivs, Whitehorse: S. 25

Umschlagvorderseite: Herbst im Denali National Park. Foto: Fotolia/EyeCatchLight
Vordere Umschlagklappe (außen): Kunstwerke aus Holz – die Totempfähle der indigenen Völker Alaskas.
Foto: iStockphoto/pr2is
Vordere Umschlagklappe (innen): Übersichtskarte des Reisegebietes
Schmutztitel (S. 1): Grizzly im Katmai-Nationalpark. Foto: iStockphoto/Christian Nafzger
Innentitel (S. 2/3): Wildnis, Einsamkeit und beeindruckende Panoramen auf dem Glenn Highway
Foto: iStockphoto/Patrik Kiefer
Hintere Umschlagklappe (außen): Auch Elche gehören zu den Bewohnern des Denali-Parks
Foto: Fotolia/Jochen Wenz
Umschlagrückseite: Auf Stelzen über dem Gezeitengürtel – Creek Street Ketchikan
Foto: Fotolia/R. Peterkin

© Vista Point Verlag, Potsdam
8. Auflage 2014
Alle Rechte vorbehalten
Verlegerische Leitung: Andreas Schulz
Reihenkonzeption: Horst Schmidt-Brümmer, Andreas Schulz
Bildredaktion: Andrea Herfurth-Schindler
Lektorat: Kristina Linke, Christine Berger
Layout und Herstellung: Sandra Penno-Vesper
Reproduktionen: Henning Rohm, Köln
Karten: Berndtson & Berndtson Productions GmbH, Fürstenfeldbruck
Gedruckt auf chlorfrei gebleichtem Papier

ISBN 978-3-86871-040-3